knowledge-power
读行者

天赐王国

三星堆与金沙遗址惊世记

岳南 著

湖南文艺出版社
博集天卷

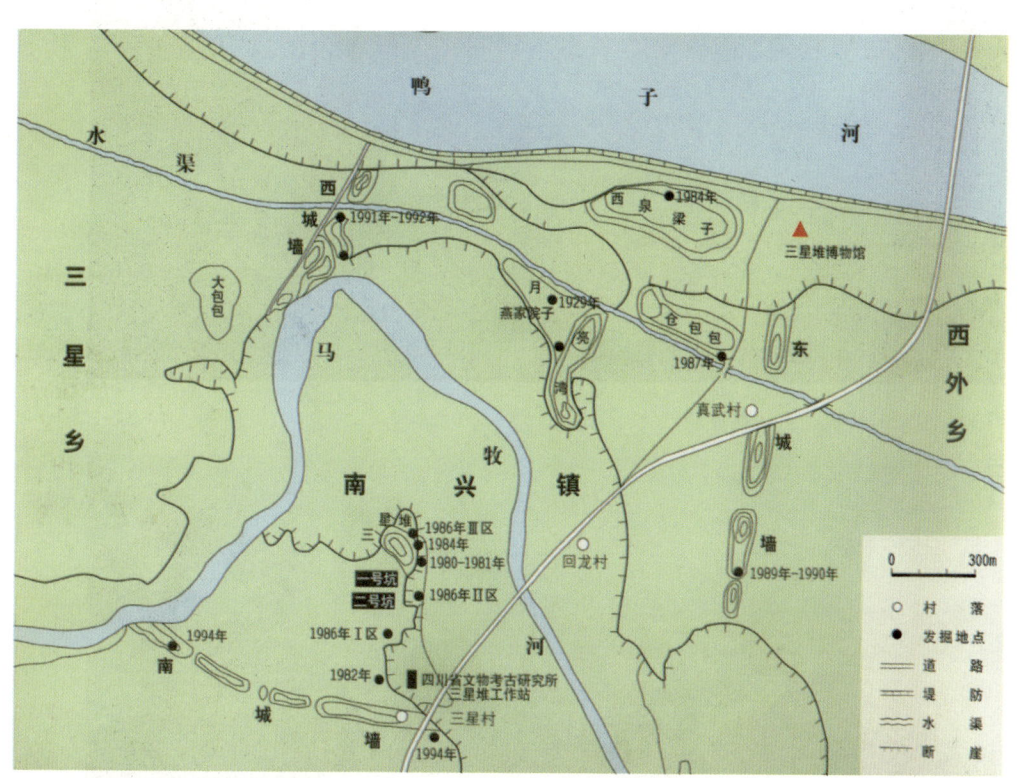

三星堆发掘年代与各遗址位置图

月亮湾地形，旁边是燕家院子

原三星堆被毁坏后仅存的半个土堆

燕家院子旁出土的玉琮

燕氏父子挖出的玉瑗

月亮湾出土的玉器

青铜面具被抬出坑外

三星堆遗址祭祀坑内器物分布情况

三星堆遗址出土的戴冠青铜纵目面具

三星堆遗址出土的青铜面具

三星堆遗址出土的青铜纵目面具

青铜大立人出土场面

三星堆遗址出土的青铜大立人

三星堆遗址出土的青铜纵目人头像初露

青铜人头像出土时情形

三星堆遗址出土的金面青铜人头像

三星堆遗址出土的圆头顶、戴椎髻的青铜人头像

三星堆遗址出土的圆头顶、戴椎髻的青铜人头像侧面

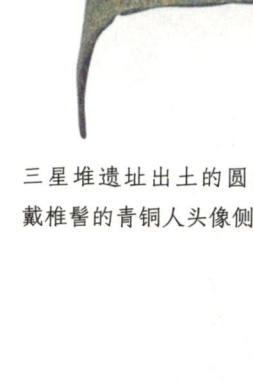

三星堆遗址出土的青铜人像

三星堆遗址出土的被焚毁的青铜人头像

三星堆遗址出土的金面平顶青铜人头像

三星堆遗址出土的平顶青铜人像

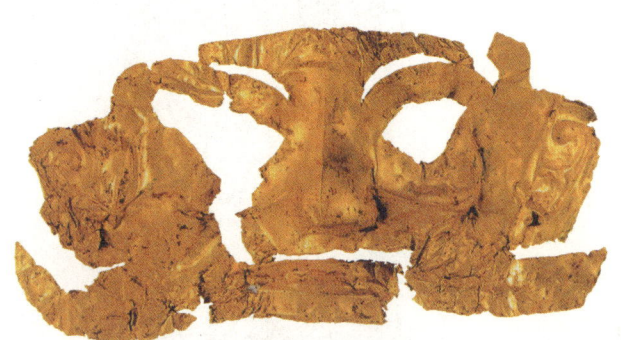

三星堆遗址出土的金面罩

三星堆遗址出土的金虎

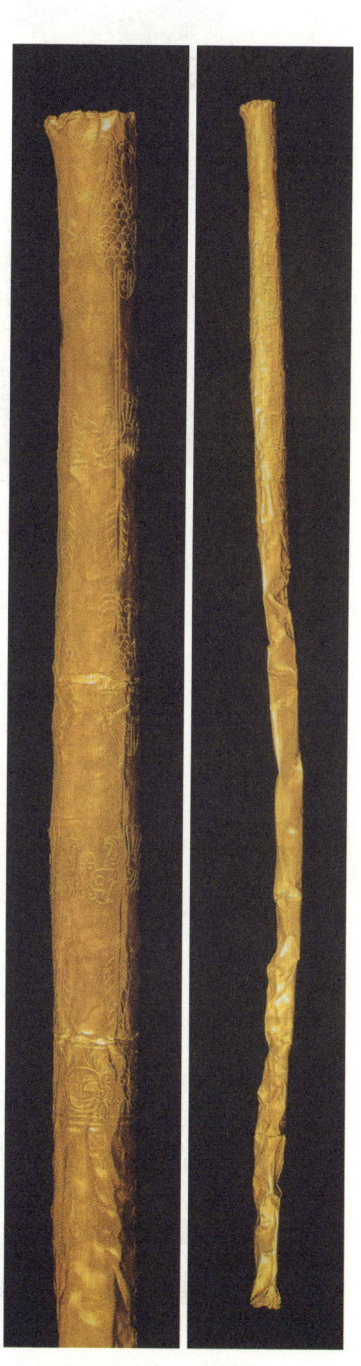

三星堆遗址出土的代表最高权力的金杖

三星堆遗址出土的跪坐青铜人

三星堆遗址出土的顶尊跪坐人青铜像

三星堆遗址出土的青铜鸟爪人像

三星堆遗址出土的青铜鸟头

三星堆遗址出土的青铜神树　　　　　三星堆遗址出土的青铜龙柱形器

三星堆遗址出土的象牙等埋葬物

三星堆遗址出土的青铜虎形器

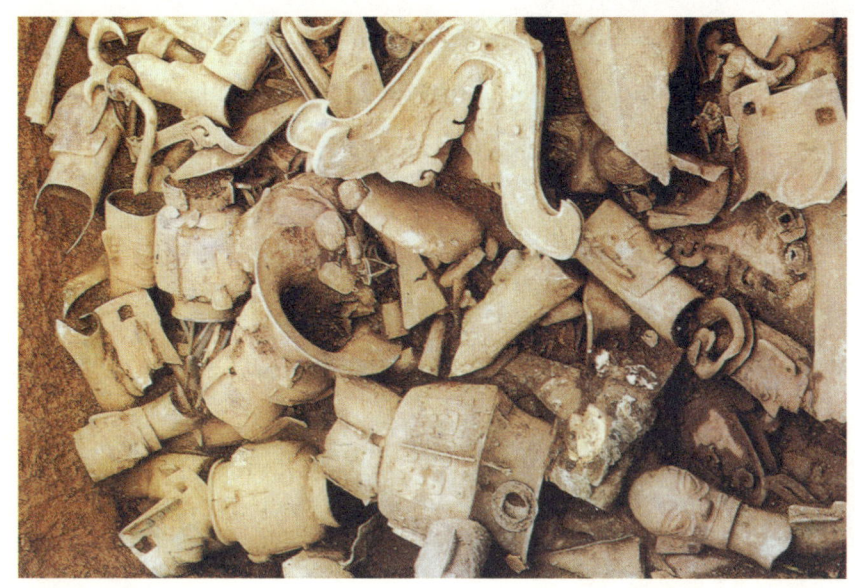

三星堆遗址器物出土情形

三星堆遗址出土的镶绿松石铜虎

三星堆遗址出土的用于祭祀的高级礼器

金沙遗址出土的"四鸟绕日"金饰，2005年被确定为中国文化遗产标徽

金沙遗址出土的金腰带

金沙遗址出土的金箔蛙形饰

金沙遗址出土的金面具

金沙遗址出土的古树

金沙遗址出土的玉琮

金沙遗址出土的玉环

  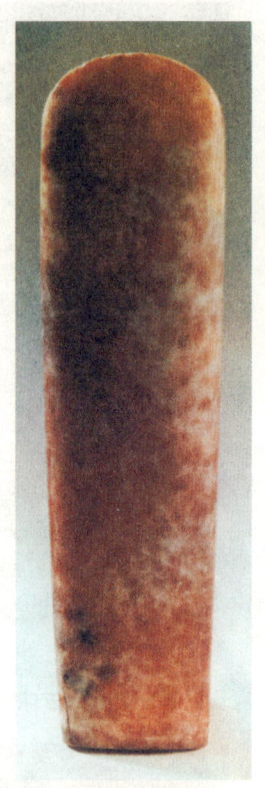 

金沙遗址出土的玉琮　　金沙遗址出土的玉璋　　金沙遗址出土的玉凿　　金沙遗址出土的玉戈

金沙遗址出土的石雕跪坐人像

金沙遗址出土的小铜人

金沙遗址出土的石雕虎

金沙遗址出土的石蛇

金沙遗址出土的象牙

目录
Contents

序 一　历史的影像（邹衡）/1

序 二　"三星堆事件"的全景报告（林向）/7

序 章　宝匣崩裂 /001

第一章　一醒惊天下 /017

　　月亮湾的发现 /018
　　天机泄露 /031
　　陶旅长的阴谋 /042

第二章　漫长的寻觅 /053
　　美国人插手发掘 /054
　　郭沫若东京来信 /065
　　冯汉骥的预言 /072
　　悲情时代 /085

第三章　新的起飞 /095
　　位卑未敢忘忧国 /096
　　三星堆的首次发掘 /105
　　航空考古 /117
　　古城初露 /127

第四章　地裂天惊 /137
　　国家文物局来人 /138
　　发现一号坑 /151
　　"金腰带"横空出世 /160
　　争夺文物大交锋 /175

第五章　五洲震荡 /189
　　二号坑再现人寰 /190
　　一件珍宝神秘失踪 /199
　　硝烟再起 /213

第六章　史影里的蜀国 /223
　　专家云集三星堆 /224
　　开国何茫然 /229
　　杜宇化鹃之谜 /242
　　古蜀国覆亡真相 /248

第七章　坑中珍宝之谜 /259

是人是兽难分晓 /260
举世无双的青铜巨人 /265
通天神树 /270
是神坛还是帽子 /279
海贝何处觅故乡 /285
车轮、盾牌颇思量 /292
权力的魔杖 /297

第八章　在迷雾中穿行 /303

祭祀坑之说的出笼 /304
两坑应是火葬墓 /316
亡国灭族之坑 /323
不祥宝器掩埋坑 /331

第九章　三星堆城破之谜 /337

宝墩、鱼凫城的发现 /338
蜀亡的另一种版本 /345
蜀人大迁徙 /349

第十章　金沙　金沙 /357

沙中觅珍宝 /358
大象来源之谜 /365
出土卜甲与龟城的传说 /372
血脉总相连 /376

末　章　悲回风 /381

主要参考文献 /405

后　记 /411

序一
历史的影像

邹 衡

天赐王国

  2003年岁末的一个下午，岳南先生冒着凛冽的寒风，从亚运村来到北京大学我的寓所，将他的新著《天赐王国》书稿示余，并请为其书序。我当时虽有些含糊地答应下来，但还是告之待看完全部书稿后再做最后定夺。岳南走后，我用了三四天的时间翻完了这部洋洋三十余万言的纪实文学作品，觉得有话要说，也有话可说。于是决定写出下面几段文字，与大家共享这部作品所展示的喜怒哀乐、悲欢离合，以及带给我们的香甜与酸涩。

  我真正接触和了解三星堆文化，是在1996年遗址内两个著名的祭祀坑发现、发掘之后。由于这两个坑出土文物的特殊性与重要性，当时在学术界和社会各界引起了极大震动。此后不久，四川有关方面在广汉召开了一个全国性的学术讨论会，我有幸被邀参加了这次会议并发表了自己的看法。之后几年中，又受四川省文物考古部门之邀，前往三星堆发掘工地和博物馆参观考察过几次，对遗址与出土文物的面貌、性质以及发生发展的源流等等，有了进一步了解。围绕这个文化主题，我也曾做过一点专门的研究。岳南先生在这部书稿中所涉及的一些人与事，特别是对三星堆遗址历史源流与文化方面的描述，我不但不感到陌生，应该说还比较熟悉，并有些亲近感与亲切感。

正是由于这部作品活灵活现的描述,引发了我的思绪再次向三星堆和曾在那里工作过的朋友们飞去。

记得在1997年那个炎热的夏天,我曾为四川省文物考古研究所编写的名著《三星堆·祭祀坑》写了一篇简短的序文。这篇序文和1986年在广汉召开的那次学术讨论会上的发言,基本上代表了我的观点和心声。我曾这样说过:

根据三星堆这个地方所出的陶器、陶片来看,它们的最早期肯定已经到了相当于中原地区的龙山文化时期,至少可以到龙山文化的晚期。因为有些陶片同中原龙山文化陶器口沿上的作风完全一样。从现场观察和从图上看,三星堆遗址很有可能是一个古城遗址,它的规模比之于在中原发现的其他商城也毫不逊色,文化内涵十分丰富,是值得特别重视的。如果三星堆真的是个城址,首先碰到的就是时代问题,讲到时代就同遗址的文化期有关系。所以,文化分期是个迫切需要解决的问题。前一个时期,以四川学术界为首的众多学者把三星堆文化分为四期是可以的,但是否还可以再细分或合并呢?我就不敢说了。谈分期一般总是以地层为依据,而地层又是不能与分期画等号的。这是个非常复杂的问题,要有一个较长时间的实践与研究才能够下最后结论。如果不把分期的问题解决,那么,关于其学术价值等一系列的问题就不好定下来,例如城址的问题、遗址的性质问题、祭祀坑的问题以及铜器问题等等,都不好解决。

三星堆遗址的绝对年代究竟为公元前多少年?这是个说不准的事情。但是,在这一个地方发现就证明有它的延续性。所以,这个遗址的发现、发掘对于探讨这一个地方的文明起源,或者国家起源等问题,都是很重要的。我曾对四川考古界的朋友们说过,只能从三星堆遗址这个地方来考虑,不必更多地同中原去联系。就是说,我们已经发现了很重要的遗址,工作就从解剖这个遗址开始。我看了几次之后,认为解决这个问题有很大的可能性,而这一问题对中国古代史的研究自然是很重要的。从三星堆遗址的发现,可以追溯巴文化、蜀文化的起源,探索它是怎么形成和发展的。从全国来讲,这么大的一个城址的发现是相当重要的,即在中国考古学领域占有相当重要的地位,绝不可轻视。

当然，三星堆遗址的两座商代祭祀坑的首次面世，可以说是四川省乃至整个中国西南地区最重要的考古发现。之所以说如此重要，是因为这两座祭祀坑并不是孤立存在的，在它的周围还分布有约十二平方公里的同时期遗址。现经查明，在此遗址之上还包围有边长1800—2000米左右的城墙，祭祀坑就在城内靠南偏西的位置。据发掘者对我说，三星堆遗址是蜀国早期都城的中心部分。我看了之后，感到城墙的规模与郑州商城不差上下，可以想见当时屹立在古代中国西南方的蜀国是何等气派。大家知道，关于早期蜀国的历史，文献记载极其简略，或者仅是神话传说而已。早期蜀国历史的重建，当然离不开考古学。由此发现，给四川省的考古工作开拓了广阔的前景，在新中国考古事业中也立下了耀眼的丰碑。两座祭祀坑发掘报告和相应的一些研究成果的出版发表揭开了早期蜀国历史研究的序幕，这一丰硕成果的公之于世，是值得学术界为之共同庆贺的。

以上就是我对三星堆遗址及两个大型祭祀坑发现、发掘之后，就文化分期和文化性质等问题发表的一点看法。尽管有些观点没有做出一个铁板钉钉的结论，但由于考古材料的限制，话也只能说到这个份上了。

望着案头上这部描写三星堆与金沙遗址的考古纪实文学作品，我不由得想起了老一辈考古学家夏鼐先生的一部书和他说过的话。

那是抗战后期的1944年，当时尚年轻的考古学家夏鼐参加了"中央研究院""中央博物院筹备处"和北京大学文科研究所三家合组的西北科学考察团，并对甘肃一带做了两年的考古调查。后来，已成为新中国考古学巨擘的夏先生根据在甘肃地区实地考察的日记等材料，写了一部《敦煌考古漫记》的书。作为一位学贯中西的考古学大师，夏先生对这部通俗性的"另类"作品，专门在序言中这样解说道："考古工作的目的，是想复原古代人类的生活状况。但是我们自己的考古生涯，尤其是在这一种情况下的考古生涯，不也是后世要知道的事吗？不也是同样地具有历史的价值？将来中国考古学发达后，以更精密的方法和更宏大的规模来做这些工作，必定有更丰富的收获。我们这次筚路蓝缕的工作，所收获的一些古物，数量上仅是沧海一粟，质量上也成为不足轻重的普通品。反倒是我们留下来的这些充满人间味的工作情况的记载，成为较稀有的东西，或许更可珍贵呢！至于考古方面的通俗

叙述,也是我的一种尝试。我们知道那些费了很大精力所写成的专门性考古报告,它们的命运常常是安放在图书馆书库中和极少数的学者的书室内,仅供专家的偶尔取阅。当那些专家偶尔由书架上取下考古报告来查阅时,也像对付从地下新发掘出来的古物一般,需先行拂去书皮上的尘土和蜘网。翻了几下之后,仍放回书架上。这些巨著又在书架上过它们漫漫悠长的空闲岁月。它们能够这样地偶尔被查阅,便算是尽了它们的功能。"对于这种颇为现实的状况,夏先生进一步解释说:"这本《漫记》把许多耳闻目见的各种琐事,也都记进去,并不限于考古方面。便是涉及发现遗址的情形及考古方面的收获,也力求通俗,不是专门研究考古学的读者,也可以感到有兴趣。至于欲做专门研究的学者,则另有《甘肃考古报告》一专书在写作中,可以供他们参考。不过那种枯燥的报告,便是专门学者,也没有几个人能从头到尾地看过一遍。"

夏先生作为我的前辈和授业的恩师,在这里说的可谓是大实话,不但显露了他非凡的眼光和见地,也道出了我和考古界同行们的心声。作为考古学教授或一名田野考古工作者,常常考虑和感到困惑的一个问题是,如何做到不仅仅用我们手中的锄头将"沉入或掩没于土壤之下,曾在流动的历史长河中闪烁过奇光异彩的古代文化遗存"发掘出来并使之重见天日,公之于世。而且是如何进一步把我们发现的这些文物史迹和研究成果,转化为推动社会发展的精神力量,以发挥它能够鼓舞和激励现代人类的最大时代效应和社会功能。现在,从岳南新著的这部纪实文学作品以及此前创作的同类作品中,我感到已经找到了知音和盟军,并看到了实现以上远大理想的曙光。就考古发现和发掘的宣示与流传而言,可以说纪实文学当是一个很好的传导形式,从事精神文化建设的文学家和记者朋友们在这块天地里也将大有作为。可以说,摆在我案头的《天赐王国》这部纪实文学作品,就是岳南先生在这块丰沃的园地里辛勤耕耘和为民所急、所需,且是在考古学界甚至是整个学术界不可或缺的最新奉献。

从这部作品的谋篇布局看,是以三星堆和金沙遗址的考古发现、发掘材料为依据,以三星堆和金沙埋藏的奇珍异宝及有关事件、人物为主轴,以古蜀国故地、黄帝子孙诞生的摇篮——岷山附近这块圣土上的历史为素地,并配以与三星堆、金沙文化相关的历史人物和文化风情,聚合而成为一个有历

4

史关联与传承相继的文化丛体，向读者展现出一幅卷帙浩繁、视野宏阔、情节曲折、意境深邃而画面优美的全景式长轴画卷。在这幅画卷中，作者极具文学功力地刻画了三星堆（月亮湾）玉器的最早发现人燕道诚父子，以及后来的董宜笃、戴谦和、葛维汉等外国学者的形象，特别是对郑德坤、冯汉骥、王家祐、林向、马继贤、王有鹏、赵殿增、敖天照和年轻的陈德安、陈显丹等几代中国知识分子为三星堆遗址的发掘、保护所做出的贡献，饱含感情地给予了客观而公允的评价。与此同时，作者还以辛辣的文笔，别开生面地描绘了大千世界无奇不有、无事不有、无事可以生非的众生影像。这个影像在三星堆两个祭祀坑文物出土之后，表现得分外扎眼和刺目，各色人等的嘴脸和做派无不有声有色、活灵活现、栩栩如生地表露出来，令人观之无不为之扼腕浩叹。当然，作者在一路铺陈刻画各色景观和人物表演之时，也不断迸发出学术上的真知灼见，提出了很有见地的颇为独到的见解和看法。从作者在笔下倾吐出的字里行间不难看出，这部作品既有广泛的包容性，亦有相当的深刻度，如果把这部作品看作三星堆遗址发现七十余年和金沙遗址发现三年来，最具体、最出色、最全面、最优秀、最具开拓性和独创精神地描述这一连串事件发生、发展、演化的纪实性文学作品，并不算过誉。甚至完全有理由认为，这是一部难得的具有科学依据、文学艺术价值的高品位的精神文化产品。读者若能细心品读，相信一定会获得良好助益和启迪。

　　我和岳南先生是在1996年国家组织的"夏商周断代工程"学术讨论会上才真正相识的，当时他是夏商周断代工程办公室所批准允许的唯一一位全程采访并执笔写作这一"工程"的记者兼作家。在"工程"研究论证的五年多来，由于工作的关系，我们相识相知并在心灵上有所沟通。其间陆续读过岳南本人或他和他的朋友合写的、在社会上流传甚广并好评如潮的《风雪定陵》《万世法门》《复活的军团》等描写考古发现、发掘的纪实文学作品，我感触良多。

　　通过交谈得知，岳南并不是学历史或考古出身，他在大学攻读的专业是文艺学。但由于自小对历史、考古有很大的兴趣，加上后来在北京求学有了一些条件和机遇，他自1990年便开始有意识地接触历史文物考古界，并试着把历史文物考古与文学结合起来开始写作，结果取得了较大的成功。这种走史学、考古学、文学相结合的路子创作出来的精神作品，被国内外评论界命

名为一种新的"考古文学",而岳南和与他合著这一批作品的朋友,也自然地成为中国开"考古文学"先河的第一批作家。从他初次尝试到现在已逾十几年,现仍在考古与历史这个园地和这方沃土里乐此不疲地来回奔波,并一直笔耕不辍。从岳南的创作体裁、创作方向与矢志不移的创作精神以及所取得的累累硕果来看,我得到一个体会,即古人所说的学贵有继,学贵有恒,学贵有志。而重要的是志,但志在人,人的因素是第一位的。作为人,必须有志,必须是一个有志于将整个身心投入事业的人,才能耿耿忠心结出丰硕的成果。天下无难事,只怕有心人,凡有心志的人必然能成就一番大事业,创造出一番大辉煌来,这部作品的出版,或许就是有志者事竟成的再次印证和权威诠释吧。

邹衡

【简介】邹衡(1927—2005),湖南省澧县人,1947年考入北京大学法律系,1949年转入史学系,1952年毕业后作为北大即将成立的考古专业第一位研究生,师从著名考古学家郭宝钧攻读考古学副博士学位,主要从事商周考古的学习与研究。现为北京大学考古文博学院教授、博士生导师。曾先后参加、主持郑州二里岗,河北邯郸涧沟、龟台寺,洛阳南王湾、东干沟,山东省临淄故城,北京房山琉璃河刘李店、董家林,湖北省黄陂盘龙城,山西省天马—曲村,陕西省扶风壹家堡等遗址的调查与发掘。主要学术论文一百余篇,另有专著《夏商周考古学论文集》《夏商周考古学论文集(续集)》《天马—曲村》等。其中《天马—曲村》获美国华盛顿沙可乐、佛利尔国立艺术馆及日本京都大都会远东艺术研究中心评选的东亚艺术史最佳著作"岛田奖"。

序二 "三星堆事件"的全景报告

林向

几十年前默默无闻的三星堆，如今成了学术界的热门、旅游业的明星，观者如鲫，著述如雪。但如仔细审视一番，就不难发现，在架床叠屋、洋洋洒洒的所谓大作之中，真正的科学论著并不多，而能为广大群众喜闻乐见，并具有较高品位的上乘之作更是凤毛麟角。

屈指算来，三星堆遗址群的考古发现到今天已七十余年，两个祭祀坑的考古发掘已过去将近二十年，而三星堆博物馆的建成也有十多年了。这中间围绕三星堆出现过多少人，发生过多少事，又产生过多少纠葛矛盾和奇闻逸传？可以毫不夸张地说，这一切已经构成了中国考古发现史上的"三星堆事件"，而这个事件实在值得追忆和关注。岳南先生的近著《天赐王国》，以其对整个事件翔实的采访、细致的描述而令人耳目一新，尤其作品能直面事实、揭示矛盾，把"三星堆事件"的里里外外都抖搂出来，公之于世，听凭众议，更属难能可贵。这一颇具胆识和才气的文本，相信会对公众产生巨大的冲击。因而，我极愿意向诸位郑重推荐这部全景式描述"三星堆考古事件"的纪实文学翘楚之作。

当然，这里我叙述的只是自己的一点粗浅感言，并未要强占话语霸权的意思。就我的人生经历而言，长期在四川大学从事考古教学和西南地区考古研究工作，曾一度担任川大考古专业的教研室主任，对那个年代为寻找考古教学基地及合作伙伴而遭遇的艰辛至今难忘。业内人士都知道，要搞好考古教学，不能总把学生关在屋子里死啃书本，非到田野现场实习不可。但我们几位教员常常为了安排每年的田野考古教学实习而弄得四处碰壁、焦头烂额。即便千辛万苦有了着落，在与地方文物部门的合作中，多半会为了资料与经费等问题而发生矛盾，末了还会有成果的研究、署名，及谁署名谁不署名、谁署名在前、谁署在后等纠葛。一般来讲，在正常合作中双方有些摩擦也是在所难免的，但问题在于总有些人热衷于划地盘、搞垄断，他们找借口生事端，弄得大家土头灰脸的，最后合作伙伴成了冤家对头。这些错误做法成了考古文物界的一种痼疾，同行们多有同感，大家心中不快却又不好明说。至于发掘出土文物的归属问题更是棘手，就是北京与地方之间、地区单位之间的合作也累受困扰。岳南先生在这部作品中能把这种痼疾如实道来，点破症结，提出一个亟待解决的问题，即当下考古界能不能奉行"学术本天下之公器"的原则，并本着这一原则去揭示现实生活中发生的摩擦与矛盾的根源与背景。虽然有些问题也许不如《天赐王国》中所描写的那么简单，责任也不必归咎于某个人，但通过这部作品的描述能引起同行，特别是一些地方官员的自尊和自律，共同来消除划地盘、搞垄断的陋习，实在是一件大快人心之事。

按岳南先生此前对媒体的说法，他写的是文学作品，在采访与写作时"想的是怎样表现主题"，任何人和事在他看来都是表现主题的符号，并依据自己的构想来决定取舍，所以现在呈现在读者面前的这部书稿当然也应是纪实性的文学作品，而不是某个单位的年终总结和上报的邀功请赏的内部材料。因此只要是总体上反映了事实本质，则不必拘泥于小节的出入。不过岳南先生在他的作品中，对有些事件的描写则是独到而细腻的，我作为当事人之一，在读罢这部初稿之后，不由得想起了许多埋在心灵深处的陈年往事。

记得我正式介入"三星堆考古事件"是从1961年的调查开始的。那年春天，四川大学考古教研室主任冯汉骥教授根据他在四川省文物管理委员会掌握的情况，命当时他的研究生——我，与助教张勋燎同赴广汉，为张讲授《考古学通论》课程的学生进行考古调查做前期准备工作。记得我们到广汉之后，是由鸭子河的北岸下河，涉河到真武宫附近爬上南岸的。那时鸭子河

序　二　"三星堆事件"的全景报告

的南岸还没有移动到现在这个位置，由于每年受河水的冲刷，现在人们看到的南岸已较那时大大地南移了。当时发现被河水冲刷的南岸断崖上露出厚厚的文化层，其中嵌着陶片、烧土块，有的还暴露出灰坑剖面，而在河滩上散落的陶片更是俯拾皆是。我俩见状大喜过望，认为这里果然名不虚传，确实是学生实习的理想地点。此后我们还向南越过马牧河，顺新开的沟渠一直走到大土堆（三星堆）前，沿途采集到不少陶片。待由三星堆回到校园后，向教研室领导报告了这一情况，最后大家决定，这年的6月由张勋燎率队，与历史专业58级学生一起进行实地调查。这次考古调查取得的成果，后来由张勋燎执笔撰写了《广汉中兴公社古遗址调查简报》，刊登在《文物》1961年11期上。由于有了这一前期的工作，才催发了1963年9月四川大学考古专业与四川省博物馆合作对三星堆遗址群中的月亮湾遗址的发掘。这次发掘，川大实习队在现场是由当时的助教马继贤、童恩正、宋治民负责。四川省博物馆派出张才俊负责，还有技工戴堂才等参加。冯汉骥教授作为四川省博物馆馆长和川大考古教研室主任在发掘期间常带我们去工地指导，也让我们有实地观摩的机会，冯老师的谆谆教诲至今犹在耳际。这一些以及后来发生的事件大多都被岳南先生细微地描绘入他的《天赐王国》历史长卷中去了。

当我第二次到三星堆工作的时候，已经是23年后的1986年了。四川大学历史系考古教研室原主任冯汉骥教授已于1977年仙逝，由我和张勋燎接任川大考古教研室正、副主任。这时我正为学生的实习找点而四处奔走，后来找到四川省文物考古所的负责人赵殿增，经商谈后同意合作，于是组成川大考古专业84级实习队，我作为副教授，与助教霍巍、李永贤等一起于1986年3月1日开赴广汉三星堆发掘。按当时的分工，我担任川大考古实习队的领队，工地领队则是四川省考古所的陈德安，发掘分为三个区，指导的有省考古所的陈显丹（三区）和川大的霍巍（二区）、李永贤（一区）。参加这次发掘工作的，除省考古所与川大考古84级的二十多名学生外，还有广汉、德阳、绵竹等地的几位文物干部，另雇用民工一百多人。这支庞大的考古发掘队伍在早春的成都平原上显得热气腾腾，连残雪也为之消融，象征着川大与地方文物部门的合作开始了不同寻常的新阶段。

1986年春的田野发掘顺利地进行到6月初，这中间除了岳南先生的描述之外，我觉得有几点值得补充：由于这是四川省内规模空前的正式发掘，我

9

们对田野工作的质量抓得十分认真，按国家文物局颁发的《田野考古工作规程（稿）》严格执行。其中有这么一个细节，我固执地坚持要求每一个下坑操作者不能穿有跟皮鞋，因为凹凸的硬底会扰乱探坑地层平面的遗存现象。前面说过，当时参加发掘的各类人员有一百多位，一时间平底鞋严重短缺，造成恐慌。川大考古教研室派专人在成都紧急采购，才得以把这一难题解决，当年发给我的平底鞋一直保存到现在。有人可能说这些属于琐事，不值一提，但目前还有当年的川大学子、今日考古界的"一方诸侯"，对人绘声绘色地讲起此事，称受益匪浅。可见考古实习的教学环节无小事，一举一动都会对学子们今后的考古生涯产生长远的影响。

大概是1986年5月的某一个发掘工作日，我们几个发掘工地负责人，来到三星堆土堆以南的田埂旁时，发现当地农民挖出的土堆中有铜器残片，但考虑实习时间即将结束，若要扩方发掘无论如何来不及了，只好把标本暂时取回，并做了记录，存入三星堆工作站。后来得知，这个出土铜器残片的地点，与发现闻名于世的两个祭祀坑的地点处在同一地区并且相距不远。当祭祀坑出土的器物引起万人瞩目和世界性轰动时，有人在奔走相告、欢呼振奋之余对我说："你这是巧遇良机而失之交臂呵，不感到懊恼吗？"我的回答是："任何考古发现都有它的规律和概率，我带领学生实习的时间和发掘的地点是有限的，而考古发现的机会是无限的，谁发现就该向谁道贺好运气，何懊恼之有！"再说，考古收获不能总以挖到珍宝为标志，当年冯师汉骥教授就常对我们说："考古发现的有与无都是成果。"何况我们的发掘不是"无"，而是"有"。试看我们1986年3—6月在三星堆遗址发掘的1325平方米范围内，发现了房屋遗迹二十多处、灰坑104个，还发现典型陶器群，外有玉石璋、玉石瑗和陶塑鸟兽、石人雕像、漆髹陶器、雕花漆木器等等，这些都是在后来天下震动的祭祀坑中未曾出土的珍贵标本。除器物外，更有厚达2.5米、16层相叠压的文化堆积，构成从新石器时代晚期、夏商间、商末周初乃至汉唐宋明之间清晰的地层标尺——这些都是在东亚大陆中国西南地区的首次发现。如此成果说明我们已经在长江上游抓住了一根牵连着远古文明至关重要的历史藤蔓——三星堆祭祀坑不过是这根藤蔓上结着的两个大瓜罢了。要解析这两个坑的奥秘，就必须先解析那些地层中包含的极其丰富的历史文化信息，否则难以窥知历史的真颜。可惜的是由于合作双方存在的人力与经费的匮乏等种种原因，1986年春天发掘的资料至今未能整理公布，我作为川大实习队的负责人当然是难辞其咎的，热切地希望后继者能早日了此心愿。

就在1986年春天三星堆遗址发掘的后期，各种遗迹、遗物纷纷呈现，遂招来各级领导、群众和媒体的来访。应对方的要求，川大考古实习队开始接待并给予讲解。其间川大三位教师还应了参加发掘的绵竹文管所的邀请去当地给文物干部做讲演，临结束时我作为川大实习队的领队又应广汉县委的邀请向全县乡、村干部和教师及部分学生代表做"三星堆古遗址发掘情况报告会"。当时我们只想到普及考古科学义不容辞，但由于合作一方的我们曝光多了，就引起省考古所个别人的不满甚至指责，现在想来这些都有值得反省之处。不过我引以为豪的是自己曾经为"三星堆热"的持续升温奉献出摇旗呐喊之忱，包括以后十余年中我所付出的绵力。这次发掘之后，在我和几位学者朋友的鼓动、斡旋下，于1986年10月，有关单位在广汉召开了"巴蜀历史与文化学术讨论会"，会后出版论文集《巴蜀历史·民族·考古·文化》（李绍明、林向、徐南洲主编，巴蜀书社1991年版）。1992年4月又召开了"纪念三星堆考古发现六十周年暨巴蜀文化与历史国际学术讨论会"，会后出版论文集《三星堆与巴蜀文化》（李绍明、林向、赵殿增主编，巴蜀书社1993年版）。毋庸置疑的是，这些工作对当时三星堆学术热点的形成与推进起到了一定的作用。

直到20世纪90年代，我还时常来往于成都与三星堆之间，并做了一些有益的工作。岳南先生在其作品中已有较为详细的描述，即三星堆遗址作为古蜀都邑，相继发现了东、西城墙遗迹，北城墙疑被鸭子河冲毁成了河道，南城墙的位置过去一直认为就是三星堆的土堆。故包括我在内，都把两个器物埋藏坑推定为蜀都南郊之外的祭祀遗迹。这里有必要多说几句，虽然目前各家对三星堆的祭祀内涵认识并不一致，如我就认为古蜀的宗教礼仪中有强烈的"泛萨满文化"因素，不能硬套中原文化的《周礼》等所记的程式。古蜀因发生特大洪灾而失宠的神像法器，有可能被当作厌胜埋藏物，在古人举行祭祀仪式中（或后）被埋入坑中。对祭祀的含义各家可以认识不同，但土坑中是为祭祀仪式而埋藏的器物，则各家应该是一致的，所以把它们称为"祭祀坑"是能够成立的。

现在再回过头来讲述岳南先生在其作品中，没有向读者做详细描述的祭祀坑与南城墙的关系及其发现这个至关重要的问题。记得有一段时间我曾为整理三星堆遗址内86T1415探方出土的遗物住在三星堆工作站，其间我与陈德安到周围踏勘，在距三星堆以南约五百米处，突然发现了一条近东西走向的土埂，这条土埂隐露地面成一线与东、西城墙相对应，当时我们想，这会不会是南城墙呢？当陈德安从农民那里借来锄头，在土层中挖出一些三星堆文化的陶片并证明土埂是人工堆筑物时，我俩禁不住欢呼起来——南城墙终于找到了。我临时用纸包好陶片，并写上发现经过，存入三星堆工作站。如此一来，对这座古老都邑的认识就变了，三星堆有可能不是南城墙，而是处在城内中轴线上偏南的祭坛，难怪其周围会有许多个祭祀坑呢！这一发现使整个考古界对三星堆古蜀都邑的布局有了一个全新的认识。

最后还有一点也许并不算题外之话。从1986年起三星堆逐渐成为学术热点，各种学术观点的交锋在所难免，呈现出一派百花齐放的大好春光，这在岳南先生的《天赐王国》中都已有精彩的描述，有的还加以中肯平和的评论，这当是本书的又一亮点。不过我以为学术问题不存在终极结论，至少三星堆的问题离弄清楚还早着呢，绝不存在什么"总裁判"和"盖棺定论"，也绝不会有哪个学者会如此自封的。我和许多同行一直认为：以三星堆遗址为代表的古蜀文明构成长江上游的"古蜀文化区"，它是中华古代文明多元一体的有机构成部分，有着独树一帜的文化特征，特别是以礼仪与制度方面的差异最明显，所以这样的文化体系是不能硬套中原地区或其他什么地区的文明程式来简单类比的。关于古蜀文明尤其缺乏文献记载，新材料需要新探索，学术见解相左是难免的，对于貌似谬论的见解，只要是"持之有据，言之成理"，最好还是先把人家的见解弄清楚，再平心讨论为宜，因为是非尚难论断，人人都应有话语权，真理也许就在不起眼的人的手中。当然学术有专攻，大家都有权评论，却恐难以越俎代庖，学术问题还是让学术界去继续辩证为宜。有句名言是这样说的："我可以不同意你的观点，但我誓死捍卫你发表观点的权利。"愿我们大家共勉之。

岳南先生是中国考古文学的领军人物，他说过，他写的"是纯粹的报告文学"，"不是考古报告或哪个单位的年终总结"，在三星堆及金沙遗址的发现、发掘与研究中，谁的功劳大，谁的功劳小，谁应该加官晋职，谁应该得到表扬或奖金，这些并不是他所关心的。他关心的是他认为应该写出来公之于众的事——哪怕有些事并不能得到当事人的喜欢，他是按照自己的价值观来评价这一连串事件的。他自认为他的前几部作品"写作多是全景式的、慷慨激昂、个人情感宣泄多。而自描述陕西临潼秦始皇兵马俑发现发掘过程的《复活的军团》之后，他的作品中渐渐多了理性的思考"。看了这部《天赐王国》的书稿，我以为他的著述又向前推进了一大步，这一大步的特点就是直接干预现实，贬褒是非，颇具史法。他曾说"写作是有文化良知的，在褒贬中力求公正，为众人服之"。我想他是在这样努力着的，并相信这部《天赐王国》一定是岳南先生又一部受到公众欢迎的考古文学力作。

林 向

【简介】林向（1932—2021），四川大学考古系教授。主要论著有《巴蜀文化新论》《大溪文化与巫山大溪遗址》《邛海地陷辨》《成都地区历史地震考古调查报告》《凉山地区的地震考古研究》《羌族的创世纪神话》《清江深居集》。主编《巴蜀历史·民族·考古·文化》《三星堆与巴蜀文化》等。部分作品曾获四川省重大科技成果奖、四川省社会科学成果奖。

序 章

宝匣崩裂

天赐王国

新千年的第一个春天已悄然来临，但冬日的余韵犹在，整个成都被笼罩在一片迷蒙的细雨与萧瑟的寒风中。浓重的灰色雾霭裹挟着各色车辆，在城市丛林那一条条、一道道狭窄幽暗的空隙间蛇一样忽隐忽现地来回穿行。两边的行人裹了厚厚的棉衣，缩着脖子，将头埋进高高的衣领内，只露着两只滴溜溜乱转的蚕豆状的小眼睛，于细雨寒风中匆匆前行。常年不事农耕操作、专以茶馆为家的茶客们已无心天南地北地胡吹海侃，摆什么长城短墙与龙门阵了，一个个勾肩搭背钻出茶肆，悄然消失在暮色苍茫的雨雾中。

这是2001年2月8日的傍晚，成都市西郊苏坡乡①金沙村村外一块高洼不平、野草飘荡、乱石四散的工地上，几十名民工正随一台先进的现代化挖掘机，于寒风细雨中挖掘一条壕沟。工地的东家是中房集团成都房地产开发总公司，在全国骤然升起的圈地造宅风暴中，这家公司凭借庞大的经济实力和非凡的人脉背景，以"逼高山低头，让河水让路"的豪迈气势，在此处圈地几千亩，先是以人民政府征地拆迁的名义将附近几个村庄夷为平地，紧接着又以当年"大跃进"的豪情壮志和"群众利益无小事"的无产阶级高尚情操与阶级情感，欲兴建一座具有"大面积空中花园、屋顶花园和阳光露台，既传统又现代、既古典又蒙太奇的别墅型庞大、豪华的蜀风花园城"，"以实际行动实践'三个代表'，造福广大的人民群众，全面建设小康社会"。

此时，这些灰头土脸正在挖掘壕沟的民工，多数就是原金沙村和周围几个村庄的农民，他们在失去了祖辈赖以生存的土地和温馨的家园之后，开始沦为开发商的打工仔，以民工的新型名义和出卖苦力的方式，挣几个小钱用以养家糊口，勉强延续那尚存温热的生命。现在，由几十个老中青三结合的民工队伍，作为开发商雇用的一支最为直接和原始的建设力量，正为已经动工兴建的蜀风花园城"梅苑"铺设下水管道。

连续几天的挖掘使工地出现了一条不规则的壕沟，挖掘机伸着长而有力的钢筋铁臂，憋着劲儿在一阵又一阵轰鸣声中将沟中的泥土大块大块地铲起，再像螃蟹投入紧张的战斗一样转着圈儿张牙舞爪地掷于壕沟之外的平地上。几十名民工则在壕沟内外上蹿下跳地做着运土、平土、撒土、垫坑等事情。

天色越来越暗，成都平原特有的雨雾水汽越发浓重地向工地泼压下来，民工们早已全身沾满泥水，一个个像水耗子一样在壕沟内外蹿来拱去，其状虽有些行为艺术之感，但看上去不是很酷。正当众人在寒风苦雨中缩着瑟瑟发抖的身子，望眼欲穿地盼着"三个代表"的具体实践者——蜀风花

金沙遗址挖掘现场

序　章　宝匣崩裂

园城的开发商派出的监工代表前来宣布休工时，一件意想不到的大事发生了。

就在挖掘机伸出的巨手将紧攥着的一大堆泥土像平时一样向壕沟外抛撒开来的时候，负责运土的民工马步云因自己的打火机掉于泥土中，忙弯了腰捡拾。就在他抓住打火机的瞬间，一道异乎寻常的白光蓦地出现在他的眼前。这道白光若隐若现，忽明忽暗，形如鬼火，又似黄金闪出的光亮。

"咋回事，土里咋有光发出呢？"马步云不自觉地叫了一声，顺手打着了打火机，蹲下身好奇地在泥土中翻动起来。

旁边的几个人听到喊声，无精打采地围过来欲瞧个稀奇。在暗淡的火光映照下，只见湿漉漉的黑色泥土中掺杂着一根根、一块块白色骨头。这骨头形状不一，有的尖，有的圆，有的一头圆一头尖呈牛角状，只是比普通的牛角更为粗大。有的则像一根朽残的、掉了皮的木棍，只一拿就断成了几截。

"不就几根死人骨头，有啥子大惊小怪的嘛！小的时候听我爷爷说，这个地方埋过死人，有死人就有骨头嘛，瞎咋呼个啥？"一个瘦骨嶙峋、饥寒交迫、两眼发绿、浑身打晃，人送外号"见风倒"的中年汉子对马步云刚才的表现颇不以为然，骂骂咧咧地扔下了一句，然后搓了搓手，缩着脖子走开了。

挖出的小型青铜人

其时，另一位姓李名树龙，人送外号"钻山蛇"的民工怀着好奇凑了上来。他一边用脚尖踢着泥土，一边弯了腰默不作声地进行观察，并不时地动手在泥土里翻动，似在期待着什么。不多时，在他的脚下出现了几块残破的陶片，接着一个薄薄的、窄窄的东西被抠了出来。钻山蛇将东西托在手里端详了一会儿，轻轻擦去上面的泥土，只见一柄小巧玲珑的约有几寸长的玉石刀映于眼帘。望着这柄显然是古物的玉石刀，钻山蛇周身的血液一下子冲上了脑门儿，顿时来了精神，弯腰伸臂加速了翻动的力度。很快，又一个十几厘米长

003

出土的青铜牛头

的小铜人出现了。

"铜佛,我找到了一个铜佛!"钻山蛇盯着铜人两眼放光,情不自禁地喊了一声。旁边的几条汉子听到这一声喊,忙凑上前来观看。当发现那玉刀和小铜人实实在在地呈现在眼前时,于惊愕中嘴里咕噜着什么,立即扑向土堆,学着钻山蛇李树龙的样子,弯腰伸臂在泥土里翻找起来。不一会儿,一个相貌奇特的小铜人、一件精美的玉镯和几件玉璧从泥土中露出。面对这一连串的收获,钻山蛇突然悟到了什么,他站起身有几分卖弄又信心十足地大声对众人说道:"现在我晓得了,下面是一座古墓。这墓中一定有不少值钱的宝贝,快看看那边的一堆土里还有些啥!"

钻山蛇李树龙的一席话,如同一个小地雷在坑中"咚"的一声引爆,使周围的人从懵懵懂懂中一下子回过神来。是呵,要不是发现了古墓,哪会有这些奇特的玩意儿?"是古墓,是古墓,快掏,掏着看哪!"几个人嘴里叫嚷着转身向刚刚被挖掘机抛出的一堆泥土狂奔而去。

钻山蛇不幸而言中,几个民工很快从一堆新鲜的泥土中翻出了十几件石人、玉人、铜人、铜牛头、玉镯、玉璧等精美的古器物。尽管天色灰暗,但这些器物一经擦去身上的泥水,立刻泛出青幽幽、蓝莹莹的光。这光如同爆裂的火花,耀眼夺目、灿烂辉煌,直刺得人心里发痒,周身发烫。随着一阵又一阵光的闪耀,壕沟里发现古墓的消息迅速在工地传播开来。

"不,这不是古墓,一定是专门藏宝的地方,小的时候听我外祖父说过,蒋介石率领大军撤退时,在成都郊外埋了大量的黑匣子,这匣子里盛了无数的金条和宝物。说不定下面就是老蒋藏宝的地方,那黑匣子一定是被挖掘机弄碎了,宝物从崩裂的匣子中散了出来。快,快向沟内看看,赶紧找到黑匣子呀!"一个姓胡名思良,人送外号"铁嘴公鸡"的六十多岁的白发老者当场推翻了钻山蛇自以为得意的理论,另辟蹊径，突发奇想，提出了新的高见。铁嘴公鸡的即席发言，如同一针高强度的兴奋剂，再次注入众人已有些发烫的血液中。此时，每个人心中都已经明白，不管是古墓还是老蒋埋下的黑匣子，眼下这条壕沟里埋有宝物已是不争的事实了。机不可失，时不再来，眼看肥肉已到了嘴边，再不咬住那不就是傻子一个吗？在强大的物质利益和一种说不清、道不明的光辉前景诱惑下，民工们一扫刚才那萎靡颓丧的神情，一个个如同雪野泥水中卧伏多时的猎狗突然听到了追捕的号令与枪声，先是从原地"嗖嗖"地腾空而起，随之箭一样向壕沟撞去。霎时，几十名民工号叫着蜂拥到沟内，个个圆睁二目，两耳耸起，弯腰弓背，借着昏沉沉的一丝亮色，四处寻觅着古墓和黑匣子的确切位置。只几分钟的光景，就有人于沟底的土壁下发现了一堆白骨。这堆白骨如一捆被折断的大号竹竿，静静地横卧在泥水中。待把四周的覆土剥去，发现每根白骨如小碗的碗口般粗细，足有三四尺的长度。几个人一拥而上，很快将这捆竹竿样的白骨扒出来抛于坑外。此时，连聪明过人、号称见多识广的钻山蛇李树龙也没有意识到，这些白骨其实是几千年前大象的牙齿。由于白骨被当作无用的破烂折断、踩碎和随意抛掉，给后来的文物收藏保护造成了无可弥补的损失。但没有人去管这些，也没有人知道这些，大家关心和关注的是那些认为值钱的宝物，是黄澄澄的金条和金人、金马等罕世珍宝。而此时，又有几条汉子于壕壁和沟底接连抠出了十几件玉器和青铜器。这器物比刚才在挖出的土堆中发现的东西更为庞大和精美。面对如此壮观的场景，每个人的内心都翻腾着欲望的波澜，两眼跳动着渴望的火苗，周身充溢着一定能在很短的时间内寻到墓葬或宝匣子并占为己有的信念与豪气。于是，在这条夜色朦胧、泥水混合的壕沟内，一场声势浩大、混乱不堪的寻墓挖宝行动全面展开了。

坐在挖掘机上方一个铁盒子样驾驶室里的驾驶员小窦，正疲惫地注视着每一次挖掘方位，脑海里做着赶紧收工回家，就着盐煮花生豆和麻辣豆腐喝二两小酒，与新婚不久的老婆好好耍几个回合的白日梦。冷不丁发现下面的人群拖着铁锹、镢头等工具像受惊的兔子连跳带蹦地进了壕沟，并不顾挖掘机那硕长的铁臂和利爪是否拍到或抓到自己的身上，疯了一样在壕沟内抠挖着什么。在纳闷中，小窦停止了操作，怀着好奇与迷惑从铁盒子样的驾驶室钻出，悄悄来到沟边，对一个叫二狗子的小伙子喊道："狗子，狗子，这像锅里煮饺子一样，搞啥子鬼名堂？"二狗子约十六七岁的年纪，平时总骑着摩托车东游西逛，因无钱购买大量消耗的汽油，便和小窦交上了朋友。小窦隔三岔五地偷偷从挖土机中弄出些汽油给狗子，二人交情越来越浓，越来越厚，并结成了要好的酒肉朋友。狗子听到喊声，于乱哄哄大呼小叫的人群中抬起头，急促地说道："窦大哥，你还在那里愣着做啥？快下来。古墓，黑匣子，宝，摸宝呵！"说完又低了头钻进纷乱的人群中不见踪影。小窦听罢这几句没头没脑的话，张了张嘴，自言自语地重复了一句："宝，黑匣子，摸宝？"随之恍然大悟，心想原来这帮家伙是在寻找、抠摸、哄抢我的机器挖出来的黑匣子和宝物呵。按说这地下宝物由我开着的挖掘机弄出来，应该先归我这个国家正式职工所有，想不到竟没有人对自己吭一声，真是有眼不识泰山。小窦感到自己的优越地位和尊严受到了空前挑战，顿时火起。"你们这帮没吃没喝的乌合之众瞎鼓捣什么？都给我滚开，老子来也！"话音未落，整个身子已腾空而起，鹰一样跃入坑中抢夺抓挠起来。

此时，另一批在"梅苑"工地上盖简易房的三十多名民工正休工回家，当他们缩着脖子弓着腰在急速奔跑中即将接近壕边时，猛地发现一堆乱哄哄的人群正在壕沟内外搜寻、争抢着什么。于是，他们心怀好奇欲上前看个究竟。当他们得知此处发现了古墓和黑匣子以及大量宝藏之后，顿时如炸了锅似的，争先恐后，连滚带爬钻进沟内，汇入到纷乱的挖宝人群之中。

天渐渐黑了，由两股势力会合而成的近百人的挖宝队伍在壕沟内外急速流窜荡动。尽管古墓和黑匣子的确切位置依然没有发现，且由于天空的雾气与灰暗使分散匿藏于泥土中的器物已很难辨别，但没有一个人有退缩的打算，仍瞪着已变得猩红的眼睛，挥动各种工具四处刨着、挖着、抠着、摸着、翻腾着。最早发现宝物的钻山蛇李树龙夹杂在气喘吁吁、挥锨弄镐的人群中，他那有些破旧的棉袄口袋已塞满了十几件铜人、玉璧等大大小小的器物。面对已经黑下来的夜幕和搜寻的艰难，他挤出人群，直起腰，抬手抹了把脸上由汗水、雨水、泥水混合在一起的黏糊糊的浆液，望了望锅底一样阴沉厚重的天空。随着一阵寒风吹过面庞，灵感的火花突然迸发，他决定先将已经到手的器物送回家中，然后弄一个手电筒来继续战斗。想到此处，他将身上的棉袄紧了一把，悄无声息地离开纷乱的人群，爬出壕沟，撒腿向家中跑去。

李树龙原属金沙村村民，现在他的家就在花园城外那几栋被开发商特别安置的板楼内，离现场大约有二里地的路程。只见他两手死死地攥着盛放宝物的衣兜，脚下生风，身子轻起，像武打电影中的游侠剑客，只片刻工夫就到了家中。在把宝物安置妥当后，他又携带一只手电筒迅速返回工地。

　　当钻山蛇再次站在壕沟内，面对乱作一团、挤在一起、东窜西撞、无头苍蝇一样不得要领的同乡近邻时，他的脸上露出了一丝鄙夷的狞笑。众人在黑暗中突然见到手电的光亮，燥热紧张的心如同触电般一震，待回过神来看到李树龙已在手电的光亮中开始寻宝、拾宝时，便于吃惊中暗自骂道："还是这小子心眼活，来得快，真不愧是有名的钻山蛇呵，看来这财宝要便宜这个王八蛋了！"众人在短暂的嫉妒与咒骂之后，如冬眠的菜花蛇突然见到了春天的阳光，很快苏醒过来，开始如法炮制。紧接着一个个不声不响地钻出壕沟，于黑沉沉的夜幕中向花园城外那几栋板楼狂奔而去。

　　十几分钟后，从工地到板楼之间的小路上，亮起了无数的手电、灯笼和火把，在各色光亮的照耀中，一群群由男人、女人、老叟、顽童组成的家庭挖宝队伍，扛着铁锹，背着麻袋，挑着箩筐，在一片大呼小叫、呼儿唤女的嘈杂声中，呼呼隆隆地向工地壕沟方向奔去，新的一轮更加宏大的哄抢劫掠文物的行动由此开始了。

　　寒风细雨笼罩下的建筑工地，由于有了女人、孩子以及七姑八姨九妗子的加盟，更加乱腾起来。只见壕沟内外灯火闪耀，人声鼎沸。在势如蛙塘的嘈杂鼓噪声中，不时传出男人粗壮如牛的气喘与女人们尖厉的叫喊声。

　　就在这场大混乱、大抢掠中，有两位名叫沈旭贻、吴正冲的民工突然意识到了事态的严重。二人的年纪都是五十岁多一点，原是金沙村的村民，略通文墨，在前些年的人民公社时代，一人出任过金沙大队的民兵副连长，一人当过生产队副队长兼民兵排长。他们比普通的社员多了一些见识和威风，平时在村里也算得上是爱好担负点公共事务、热心处理点邻里纠纷的五好社员与模范老百姓。在今天的施工中，自钻山蛇李树龙那伙人号称发现古墓和老蒋埋下的黑匣子并引发了一场哄抢器物的大混乱之后，沈、吴二人就不约而同地意识到被哄抢的东西可能是需要保护的国家文物，便聚在一个角落，发表对事态的看法并讨论要不要出面制止。根据二人所掌握的法律、法规和生活常识，他们认为既然是属于国家的文物，那就抢掠不得。眼前这场哄抢地下器物的做法，肯定是违法乱纪的行为，是国家法律所不允许的，应该加以制止。如果此事发生在人民公社或者是更具体的"土改""抗美援朝""大跃进""三反五反""四清""反右"或"文革"时代，二人可凭借大队民兵副连长和生产队副队长兼民兵排长的官衔和身份，出面进行干涉。如果有人胆敢不听劝阻，或者做出强硬姿态表示对抗，他们可以马上以反革命分子的罪名号令基干民兵用枪托将其打翻在地，然后来个五花大绑，押入民兵连办公室。而如今人民公社已不复存在，今非昔比，过去的一切都成了落花流水春去也以及梦一般温馨的回忆了。现在作为同样失去家园，在政治、经济上不比其中的任何人高半个指头的社会最底层的百姓，除了统领老婆孩子跟随大家磕磕碰碰地摸着石头过河之外，手下再无一兵一卒可供驱使了。作为过气的民兵基层组织首领，自然是人微言轻，肯定不会有人不识时务地把自己当作一把热壶来尿了。讨论到此处，二人相望各叹了口气，然后做了如下结论："管他娘呢！他们有胆子爱咋弄咋弄去吧，咱不杀儿有杀儿的，谁犯了法谁承担。"

结论一旦做出，刚才憋在心中的道义感与责任感随之烟消云散，周身似乎轻松了许多。他们各自从腰里掏出烟包，拿纸卷了，点上火，哧哧啦啦地抽着，对各色人物的表演冷眼旁观起来。直到夜幕完全降临，哄抢现场在一片鬼哭狼嚎中出现了极其严重的以争夺宝藏为根本要害的火并后，眼看一个个黑影惨叫着摇摇晃晃地倒下。联想到"人为财死，鸟为食亡"的不祥谶语，沈旭贻、吴正冲才猛然觉得不能继续沉默下去了，人民公社时代的豪情壮志与崇高的革命责任感再次涌上心头。他二人开始对着壕沟内的人群喊话："快上来……宝物……不能抢……犯法……"但似乎没有一个人听得到，也没有一个人为此哪怕回敬一个眼神。面对这严酷的现实，沈、吴二人意识到单凭自己的力量已无法遏制眼前的混乱了。在经过一番商讨权衡之后，他们最终决定向110报警。主意已定，二人搓灭烟火，精神抖擞地奔向几里地之外一个灯光暗淡、风雨飘摇，名为"宇宙中心"的小卖部，借助那里的一部公用电话向警方报告。

几分钟后，一辆警车呼啸而至，在沈、吴二人的带领下，警车来到了工地现场。三名警察跳下车欲甩绳拿人，见场面如此宏大，人群如此庞杂，情绪如此亢奋疯狂，当即意识到事态的严重，未敢轻举妄动，装作没事一样悄

序　章　宝匣崩裂

悄撤出现场并迅速和警方的大本营取得联系，要求紧急增派警力前来支援。大约六七分钟之后，四辆警车鸣笛赶到，大批警察冲出车内呈虎狼之势对现场进行围捕。那些正打着灯笼哄抢器物的人一看警车突至，警察们手持枪棍在夜色中呈"人"字形包围过来，顿觉大祸临头，迅速扔掉灯笼火把，借着漆黑的夜幕，携妻带子连同刚刚挖出的宝物四散奔逃。整个工地只有老弱病残被当场擒获。

张擎在发掘现场向作者介绍事发经过（作者摄）

当混乱局势被控制之后，警方将现场情况及时通知了成都市文管会。文管会立即派文物科科长弋良胜和成都市考古队勘探研究一部副主任冯先成前往观察处理。弋、冯二人赶赴金沙工地后，同警方一道维持秩序，保护现场，并迅速和成都市考古研究所有关人员取得联系。时值考古所主要人员正在四川绵阳市临园宾馆参加"2001年及今后五年科研工作会议"。当所长王毅、副所长蒋成得知情报后，感到事关重大，当即派副所长江章华带领考古队勘探二部主任、当年曾参与著名的三星堆祭祀坑发掘的朱章义携同副主任张擎，星夜返回成都处理这一突发事件。当江章华等三人一路驾车急行赶到成都时，已接近子夜时分。此时天空已渐渐沥沥地下起了春雨，金沙村四周的灯光几乎全部熄灭，成都郊外的原野一片宁静。江章华等驾车在听说的地方转了几圈，由于报告者未能说清事件发生的具体方位，在暗夜里寻找就变得相当困难。眼看雨越下越大，所要搜寻的目标仍然没有显现，汽车已无法向野外的纵深前行，只好掉转车头直奔市考古研究所欲问明详情再做打算。当三人赶回考古所后，一位值班

出土的玉器

出土的小型玉器

地下出土器物

的领导告诉他们说:"所里已派人赶赴工地处理一切事务了,这黑灯瞎火的你们很难找到具体地方,还是先回家休息一下,待明天再去现场看做何安排吧。"三人听罢,只好把兴奋与激动之情暂时压在心底,揣着好奇与梦想回到了家中。

第二天一大早,江章华等三人和考古所的另外两名工作人员一同来到了现场。此时工地四周已布满了围观的人群,尚有一团团、一伙伙、一群群的人流,瞪着茫然又兴奋的眼睛,大呼小叫地向工地蜂拥而来。只见在人群围观的中心部位开挖出了一条长约二十米、宽约六米、深约五米的壕沟,壕沟内外一片狼藉。除了昨夜民工们扔掉的铁锹、镢头、麻袋和被踩碎压扁的箩筐等工具外,到处是玉石残片和象牙残渣。土壕里挖掘机留下的铲印清晰可见,壕四周的剖面上有三处明显的象牙堆积,壁上还残存有大量的玉器、石器,沟底散落着石璧、玉璋、玉琮残片和为数众多的象牙。很显然,这是一处重要的文化遗迹。由于事关国家重要文物遭遇哄抢,成都市公安局立即成立了专案组,专门负责追查处理此次哄抢事件中有关当事人与被哄抢文物的下落,此后将工地全部移交给市文管会保护、处理。在一时还不能判断这处遗址确切性质的情况下,江章华、朱章义等考古人员首先找来彩条布搭建临时隔离墙,并调集了三十余人的保安队伍火速赶赴现场予以增援,以确保文物的安全。当这一切安排妥当后,接着组织市考古所技工和从当地招募的民工开始清理散土中的文物,同时通过当地政府有关

序　章　宝匣崩裂

部门通知开发商，根据国家文物保护法的规定，蜀风花园城的建设工地应立即全部停工，协助文物考古部门做好现场的文物保护和调查工作，待考古部门对工地全面勘察后，根据情况再决定是否继续兴建"豪华别墅、空中花园和建设小康社会"。就在与开发商交涉的过程中，考古人员得知，此前挖壕时已有大量泥土被运出了工地，填入了一个大型垃圾坑中。鉴于出土地域的重要性，朱章义迅速派人找到并控制那个垃圾坑的堆积范围，使其与外界隔离，并着手进行清理。

2月9日下午，成都市考古所王毅、冷爱玲、蒋成等领导与四川大学考古系教授林向，于绵阳会议结束后驱车直奔金沙现场。经过一番细致的考察，认为此地很可能是一处重要的文化遗址，遂决定立即从其他工地调兵遣将对金沙遗址进行抢救性清理、发掘。当几十名得力干将从野外火速赶来时，考古队又在当地招募了近两百名民工协助工作，并按预定方案将人员分成五组，一部分在壕沟内搞清理发掘，一部分负责清理现场四个大土堆的散土和已抛弃到垃圾坑的泥土。仅一天工夫，就从散土中清理出金、铜、玉、石、象牙、骨器等精美文物四百多件。此后近两个月的时间，负责清理散土的考古人员在民工兄弟的协助下，又清理出金冠带、太阳神鸟金箔饰、金面具、金箔蛙形人、青铜立人、青铜立鸟、兽面纹玉圭形器、石虎、石蛇等极为珍贵文物一千三百余件。由于大多数器物被损坏，器物的定名、拼接、整理工作极其困难。考古人员经过多次努力，还是以最快的速度将第一批文物拼接成功，为了解金沙遗址出土文物的概貌以及遗址性质的最终定性提供了有力的实物证据。

出土的石蛇

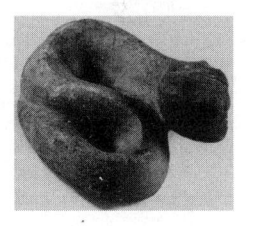

出土的金箔蛙形饰

鉴于金沙遗址发现重要宝藏并遭哄抢的消息在社会风传开来，且越传越烈，越传越神，应各界民众的强烈要求，成都市委宣传部指示市考古队和市公安局于2001年4月4日，就金沙遗址的清理、发掘、文物收缴等情况，召开新闻发布会，向国内外媒体公布阶段性成果，并组织媒体到现场做

了参观考察。会后,各家媒体除发表了派出记者撰写的通讯外,还在显著位置以大字号标题转发了新华社发出的电文:

又一个"三星堆"惊现成都

新近发现的金沙遗址已出土珍贵文物千余件

专家认为其重要性可与三星堆并驾齐驱

截至昨天,发现金沙遗址时

被哄抢的文物已被追回四百八十多件

新华社讯 四川广汉三星堆遗址以其神奇而辉煌的古代文明令世人瞠目,如今,又一个堪与三星堆遗址并驾齐驱的"金沙遗址"在成都西郊现身惊世。4月4日,记者从有关方面召开的新闻发布会上获悉,目前考古工作者已在此发掘出土一千多件极其珍贵的玉器、金器、青铜器、象牙器、石器等,其中有属"国宝"级的文物数件。会后,记者在发掘现场看到,两百多名考古人员与民工正在紧张发掘。据介绍,现共布探方五十多个,发掘面积达四千多平方米。目前的发掘工作仅是冰山一角。

今年2月8日下午,成都中房房地产开发总公司的民工在成都西郊的青羊区苏坡乡金沙村一队工地开挖蜀风花园地下

金沙遗址工地

序　章　宝匣崩裂

水道时，发现了一些象牙和玉器，经考古工作者进一步发掘整理，从现场发掘出了大批珍贵文物和几吨的象牙及陶器。出土玉器的精美程度，比三星堆遗址出土的玉器有过之而无不及。在两件珍贵的玉琮中，一件颜色为翡翠绿，其风格与良渚遗址出土的文物几乎一致，尤其是玉琮上的微雕更是令人叫绝。出土铜器中的青铜立人像与三星堆出土的完全一致，而出土的圭形玉凿和玉牌形饰在四川省内属首次发现。出土的珍贵文物几乎全是礼器，遗址很可能是继三星堆之后，商末至西周时期成都地区的一个政治、经济、文化中心。

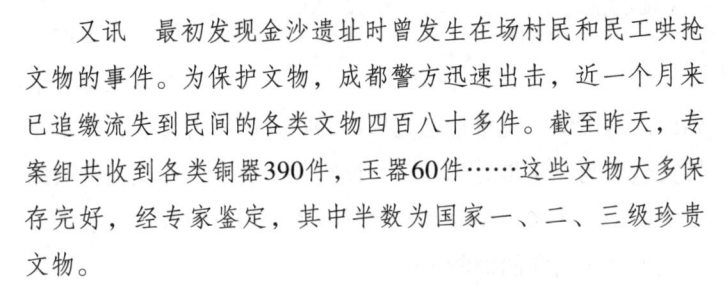

出土的玉琮

又讯　最初发现金沙遗址时曾发生在场村民和民工哄抢文物的事件。为保护文物，成都警方迅速出击，近一个月来已追缴流失到民间的各类文物四百八十多件。截至昨天，专案组共收到各类铜器390件，玉器60件……这些文物大多保存完好，经专家鉴定，其中半数为国家一、二、三级珍贵文物。

随着这一消息的公布，金沙遗址立即进入世人的视野并在国内外引起了强烈震动。人们以极大的热情与好奇将目光投向成都平原以及那个被称作金沙的城郊一角。在不到一个月的时间内，先后有八十多位国内外考古学家和有关学者从天南地北飞往成都，欲亲眼见识一下金沙遗址的盛况和考察出土器物的价值与性质。国家文物局闻风而动，迅速找来了国家文物专家组组长黄景略，北京大学著名考古学教授邹衡、严文明，中国历史博物馆馆长俞伟超，故宫博物院前院长张忠培等几个大内高手，组成一个道业高深的专家组亲赴金沙遗址进行视察。通过遗址的文化层位和出土文物显示的信息，各路专家学者通过媒体发出了几乎相同的声音："金沙遗址的文化发展期在商代晚期至西周中晚期约一千年的大框架之内，其早期文化与三星堆晚期正好衔接。这批文物跟三星堆出土的器物极其相像。由此可以断定，金沙遗址与三

综合新闻 第3版

"金沙遗址"
可破译三千年前古蜀悬案

据《华西都市报》报道,在"金沙遗址"引起社会各界强烈震撼和广泛关注的同时,考古界又掀开了一个个谜团。日前,一个较为一致的观点浮出水面:"金沙遗址"反映出成都是当时古蜀文明的权力中心,它的发现,破译了三星堆发掘后留给学术界的一大悬念,有可能3000多年前,三星古城从广汉搬走后到了成都。

据介绍,有迹象表明,代表着古蜀文化权力中心的三星古城是毁于洪灾。那么其后,这个中心去了哪里?从"金沙遗址"目前发掘的文物证据看,这个去向很可能就是成都。四川大学考古系教授林向认为:"金沙遗址"大量的象牙、玉器、金器,都不是生活用具,没有饮具,摆放亦是成批成捆,这些贵重物品是财富和权力的象征,而上古时期政治和宗教紧密联系,很可能这里当时就是政治文化中心;从考古学上讲,三星堆文化大约在商代,而附近发现的十二桥文化年代在西周,现在"金沙遗址"的年代还不能完全确定,但从金、玉器的制作图案与三星堆相衔接而制作水平超过三星堆这些方面来看,年代应稍晚一点。

"金沙遗址"让专家学者如获至宝,林向教授说:"金器上的鱼、鸟等神话动物,在《山海经》中有相应记载,记载的地区正好也在成都平原西北的山区里,用实物与文字相互印证的考古发现来破译历史之谜,正是学术界梦寐以求的。"

星堆文化作为一个大的文化系统并有密切的关联已无可怀疑。此前成都平原发现了一个三星堆就举世震动,现在又发现了足以与前者相匹敌的文化遗存,这是此前所有的专家学者都不曾预料到的。金沙遗址是长江上游及整个中国西南地区继三星堆遗址之后最为重大的考古发现,其重要性完全可与三星堆并驾齐驱。此次伟大神奇的发现和鲜活的事实证据,令考古学家和相关学者不得不重新改写此前关于三星堆文化去向的推断……"

这些大大小小、各门各派的考察组与相关学者跨越千山万水特地跑到成都郊外一个荒草遍地的金沙村发表一番浩叹与感慨,当然不是故弄玄虚的现场作秀,而是出于对学术的敏感与追求真理的一片至诚。遥想当年,三星堆遗址初露峥嵘,特别是1986年两个大型祭祀坑的发现与一大批青铜器的横空出世,在震惊寰宇的同时,也让见多识广的考古学家大开眼界、大长见识又大伤脑筋。成都平原突然出现的这批如此高度发达的青铜文明究竟是如何产生和发展的?这个文明为何到了商代晚期在毫无历史迹象和记载的情境中竟突然断裂消亡?消亡之后它的孑遗又去了哪里?……诸如此类的种种谜团,使无数专家学者于困惑之中在学术界掀起了一场空前的探讨热潮。在为期十几年连续不断的论争中,尽管有各种不同的观点、不同的猜测、不同的论证不断抛出,但参与论争的所有专家、学者都曾近乎一致地预言:"三星堆文明在商代晚期因某种外来的不可抗拒的力量突然断裂消亡之

序　章　宝匣崩裂

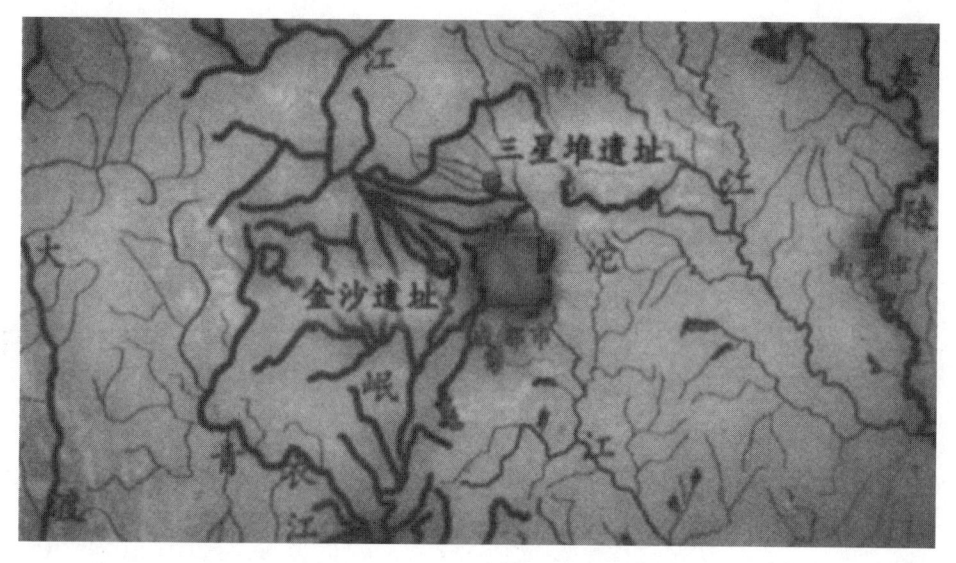

三星堆与金沙遗址位置示意图

后，他的子遗如同在滔滔洪水中漂流而去的挪亚方舟，永远地离开了成都平原，再也没有回来。这个辉煌盖世的文明可谓孤峰独立，一骑绝尘，整个成都平原甚至长江流域再也没有与其相匹敌的古代文明了……"

意想不到的是，随着金沙遗址地下宝匣的突然崩裂，此前各路专家的一系列论证、预言、神话甚至胡话相继宣告破灭，一件件鲜活的出土文物以叮当作响、清脆震耳的铁证，昭示着三星堆文明在突然消亡之后，并没有从蜀地这块热土上蒸发，而是从广汉悄然迁徙到了成都平原的腹心地带，继续维系和延续着这一文化血脉，并以其独特的风骚和更具魅力的文化气象迎来了古蜀文明第二个奇峰。面对金沙遗址这座突兀而起、诡谲奇异的文化昆仑，凡参与考察的专家学者们在大感惊讶与惊叹的同时，都不得不开始重新思索以下无法绕开的命题：三星堆文明是如何兴起与消亡的，它和金沙文明到底存在怎样的一种内在联系？金沙文明真的是三星堆文明的子遗吗？

015

注释：

①因本书写作时间较早，部分行政区划如今已发生改变，为尊重作者原意，书中部分地名以作者写作时的行政区划为准。——编者注

第一章 一醒惊天下

平静的月亮湾突现玉器坑，燕氏家人深夜挖宝，阴曹地府的召唤。成都街头天机泄露，古董商的狡诈与疯狂，灿烂珍宝在滚滚红尘中升降沉浮。英国牧师董宜笃的介入，陶旅长与川军部下的密谋，盗宝大行动。水晶猴子的盛怒，华西大学地质学家戴谦和的调查，一扇锈迹斑斑、充满了诱惑与希望的神秘之门即将开启。

月亮湾的发现

沿着时光隧道，由金沙地下宝匣崩裂上溯72年，便是三星堆遗址发现的肇端。

这是民国十八年（1929年）的阴历二月，位于蜀国腹地的川西坝子在经历了一个严冬的干旱和寒风的肆虐之后，终于迎来了明媚的春天。在这暖风吹得人心骚动、周身发痒的景致中，平日里靠天吃饭，从土里刨食的农民们，抓住这大好时机，开始紧张地修筑田埂，平整土地，挖渠引水，准备春耕春播，插秧栽苗。位于成都市以北90里的广汉县（今广汉市）太平场（后改为中兴乡）真武村的燕道诚一家同他的乡邻一样，将主要精力和生活目标，由冬季里每天吃饭睡觉，改投到紧张而繁忙的春耕春播之中。

阴历二月初八这天，燕道诚老汉一大早就起了床，待洗漱完毕，将身上的长衫和头上的礼帽对着镜子整了整，见无破绽，便提了早已备好的礼物跨出房门。当他来到儿子燕青保的房前时，突然想起了什么，遂立住脚，大声冲屋内喊了

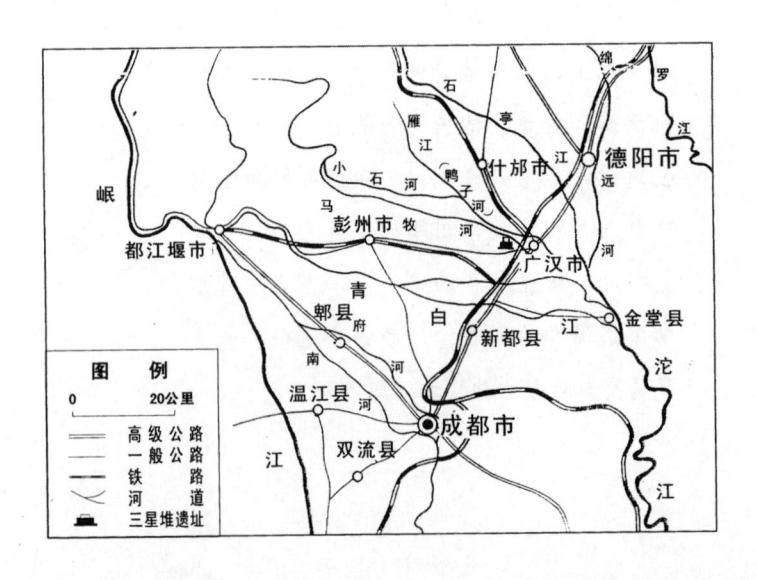

广汉地理位置示意图

第一章 一醒惊天下

句:"青保,起床了没?今儿个可别忘了给田里车水呵!"燕青保刚刚起床,正在屋里对着一个陶盆"哗哗啦啦"地洗脸,听到老子又在门前啰唆,便有些不耐烦地抬头应了声:"不是已说过了吗?忘不了,去你的吧。"一语双关,噎得燕老汉吭了一声,嘴里嘟囔着不满的话,转身在偌大的院子里转了一圈,觉得再无牵挂,便放心地提着礼品,精神抖擞地走出了大门。

生于清同治三年(公元1864年)的燕道诚,于光绪五年(公元1879年)十五岁时考中秀才,一时成为闻名乡里的少年天才和前程似锦的风云人物。可惜好景不长,后来却像清代著名作家蒲松龄年轻时一样科场失意,屡试不第。再后来随着操控大清国命运的慈禧老佛爷与光绪皇帝矛盾加深,又加上康有为、梁启超、谭嗣同等书生们在京城闹变法,世道越来越乱。燕道诚对依靠读书博取功名的路子渐渐心灰意冷,开始死心塌地地过起了娶妻生子的庄稼汉生活。想不到就在大清快要倒台的时候,他昔日一个吴姓同窗进士及第之后在京城数年打拼苦熬,突然衣锦还乡当了县令。这位新上任的吴县令念及当年同学十载的情谊,也为了建立一个自己的政治圈子,以便与已升任知府的原县令留下的余党爪牙们分庭抗礼,同时也有点夸示乡邻的多重意味,便请燕道诚出山到广汉县衙门当了一名司笔干,也就是类似师爷的差事。

从乡间稻田的泥塘里突然爬上岸的燕道诚来到县衙后,如藏羚羊占领了可可西里,野驴奔上了天山山脉,猫头鹰钻进了皇家陵园万顷密林,武林高手登上了华山顶峰。他凭着自己的机智与聪明,左右逢源,大显身手,很快就打拼出一块适合于自身立足发展的天地,博得了上下左右的好感与信任。有了这样的大好局面,精明过人的燕道诚开始想方设法抓住一切可能的机会于黑白两道之间敛财牟利。几年下来,居然也积攒了一笔数目可观的银子。口袋里有了沉甸甸的硬货,自然要像中国大多数官吏一样,开始琢磨着在官道宦海中兴风作浪,力主沉浮。经过一番思虑谋划之后,燕道诚决定先办三件眼前最要紧的实事。第一,花些银两在家乡月亮湾置一份像模像样的地产和房产,以扩大门面,显示一下燕家发迹后的气势;第二,娶一房年轻貌美的姨太太,好好享受享受这男女之间腾云驾雾的真正快乐;第三,按燕道诚的想法,要获取更大的物质利益和精神享受,将风浪真正地掀动起来,就必须要做一个能掌握实权的官僚,且官位越高越大越好。他深知在中国这块地盘上生存，要想不被别人欺负，就必须有能力欺负别人。而要欺负别人靠的是什么？当然是大的权势。要想得到大权势，摆在自己面前的只有一条路，那就是要尽快破财行贿，花钱送礼，趁眼前天下局势动荡，吏治腐败透顶之时，买到一顶官帽。若有了这顶帽子戴在头上，什么事情都不在话下了。待主意已定，燕道诚立即行动起来，并开始三箭齐发，朝着自己既定的目标奋勇前进。令他喜出望外的是，经过两年的上下折腾，竟一帆风顺，如愿以偿。既有了一份足以傲视乡邻的家业，又说定了一位年轻貌美的小姐充当自己的姨太太，只待选个大吉大利的日子娶回家中过一把男女欢乐之瘾。更为重要和令人心跳的是，上边已有告谕下来，将其调往相邻的彭县出任县知事。年近半百的燕道诚几乎在一夜之间三喜临门，惊喜得差点晕厥过去。像农民自有农民的本性一样，事情尚未办理，燕道诚的头脑就开始发热，并有些昏昏然与飘飘然起来。按照他对形势的估计，尽管此时南方有孙中山等革命党人挑着大旗要"驱逐鞑虏，恢复中华"，但大清一时半会儿倒不掉，朝廷分发到自己头上的那顶披着红缨毛毛的帽子也不会轻而易举随随便便地被风吹掉。在这顶帽子正式戴到那个圆滚滚的脑袋上之前，先借着自己在本县的人脉，将这迎娶姨太太的事红红火火地办了，让全身通泰舒服了再说。正当他和他的家人连同亲朋好友跑前忙后为迎娶那位秀色可餐的娇美小姐内外张罗之时，万万没有想到，正应了那句"祸不单行，福无双至"的古话，形势比人强，大清王朝在一夜之间"咔嚓"一声垮了台。当燕道诚从睡梦中醒来时，历史已进入了民国时代——这次天下真的变了。

眼看着大清这株常青树已倒地不起，且有被历史前进的滚滚车轮轧断碾碎的势头，依附在它身上的猢狲们自然四散而去，是谓树倒猢狲散也。燕道诚作为大清国的朝廷命官，眨眼间变成了历史车轮甩下的一具臭皮囊，他在感慨了一番世事无常、人生无定数之后，无奈中只好回到老家猫了起来，且整日提心吊胆，怕被革命党人深夜捉了去将肩膀上那个葫芦状的肉球给乱刀砍掉。即将娶过门的那位准姨太太的娘家人，看到未就任的燕知事已失了往日的威风，便以时局动荡、社会不安、大清已亡、契约自动失效、癞蛤蟆与天鹅不能在一个槽里吃食等种种理由做了一刀两断的终结。燕道诚算是弄了个鸡飞蛋打，人财两空。在事业和爱情上突遭如此巨变和打击，燕氏如同吃了几顿闷棍，自此开始变得神经兮兮、脾气古怪起来。每天早晨起床后，

第一章 一醒惊天下

既不洗脸，亦不吃饭，披头散发，赤脚跑到田地里对着空旷的原野与满地的稻秧发一些"世风不古，江河日下，举世皆浊我独清，众人皆醉我独醒，人生如梦，今朝有酒今朝醉"等对世事的感慨与豪言壮语。时间一长，当地人见他整日这副不伦不类、鬼里怪气、妖三魔五的样子，便不再请他到家中喝茶，也不再称他为燕师爷或燕知事，而是称他为燕疯子或燕神经。

燕道诚（左）与儿子燕青保

如此疯疯癫癫、五迷三道、人不人鬼不鬼地生活了七八年之后，随着袁世凯完蛋、孙中山去世、蒋介石和汪兆铭争权夺利，及各路军阀渐成割据之势等政治嬗变，燕道诚渐渐从痛苦与恐惧中解脱出来，不再整天围着稻田喊一些不着边际的口号，说一些外人很难听懂的胡话，逐步走上了正常的持家过日子的轨道。由于自己尚有一个瘦死的骆驼比马大的那种小康型家庭，经济方面还算殷实，儿子燕青保也已长大成人，燕道诚便恢复了当年做师爷时的那份精神与做派，隔三岔五地坐着鸡公车到广汉县县城或成都府去泡泡茶馆，坐坐戏楼，会会朋友，日子开始有滋有味地过了起来。

今天，燕道诚一大早就起床，是因为一位老友的小儿子要举行婚礼，特邀请他出席婚宴，据说还要请他在婚宴上讲几句。对方在广汉县算是有点身份的绅士，燕道诚在家闲得心慌也乐意凑个热闹，便办了份礼物前去贺喜，除了痛饮一场外，在可能的情况下还可摆摆派头，抖抖老来的威风。

燕道诚走后，已届四十岁的燕青保吃过早饭，喊上十四岁的儿子牵了牛，扛了锄头，向院墙外约二十米的一条堰沟旁走来，准备车水灌田。关于燕家院子此时的具体位置与周围的环境及相互之间的关系，后来的考古学家在发表的有关

雁江，又名鸭子河
（作者摄）

月亮湾遗址的文章或报告中多有叙述。20世纪40年代，华西大学博物馆教授林名均曾在《广汉古代遗物之发现及其发掘》一文中这样说道："广汉在成都北九十里，地势平行，无高山险岭，水利便易，宜于农田，且以地近成都，故开化较早。其西北十八里，沿江一小镇，名太平场。去场二里许有一小庙曰真武宫，位于一高平原之上。其侧有居民燕道诚者，年七十余，前清曾为官府司笔干，人呼曰燕师爷，现以务农为业。燕宅之旁有小溪，传为明代所掘凿。"

新中国成立后，四川省博物馆著名考古学家王家祐在他的考察报告中亦写道："广汉古时为秦汉的广汉郡治所在，县城在鸭子河（今雁江）南岸。城的一带田野中瓦砾陶片很多，即汉代广汉郡和雒城的遗址。沿江右岸上溯约十公里处，即达中兴乡之真武村。该村在鸭子河右岸，地形为三级台地，一般又称月亮湾。在最高一级台地上有一道土岗叫横梁子。岗的西南即马牧河，与鸭子河同起于彭县的关口，两河同向东南行。这道土岗即二水的分水岭，由此直达广汉城西外乡红水碾，并与平原相接。横梁子东面约五十米处，即燕姓的院落。院门前右侧有堰沟名倒流堰，由西向南流来穿过了这座土岗。新中国成立前燕姓农民掏堰沟时，曾在这里挖出大批玉器和石器。"

无论是林名均还是王家祐，他们叙述的中兴场，或曰真武村，或曰月亮湾的地点，其实是以燕家院子为中心的较小的同一个范围，若将这个范围再扩大一些看去，其大体景况是这样的：

在马牧河的北岸，有一块弯弯的台地高高突出，这就是著名的月亮湾。马牧河的南岸，有三个高出地面的黄土堆。由于这三个土堆在一马平川的土地上突兀而起，且块头较大，在本区域很是抢眼，远远看上去如同天上的三颗金星。而三星堆与月亮湾隔河相望，一片高大的柏树林和白果树林掩映其间。那树高大挺拔，孤傲苍劲，树冠高四五丈，遮天蔽日，蔚为壮观。粗硕的树干六条壮汉都难以合抱，其树龄久远得已没人知晓，当地人只称为"风水树"或尊称为"白果大将军"。由于月亮湾、风水树与三星堆的完美结合，在当地形成了一道亮丽诱人的风景。尤其到了庄稼长成的季节，远远望去，三星堆与月亮湾这一广袤地区，绿色荡漾，碧波万顷，有三颗发着灿烂光辉的金星正伴

燕家院子旁倒流堰图示（林名均绘）

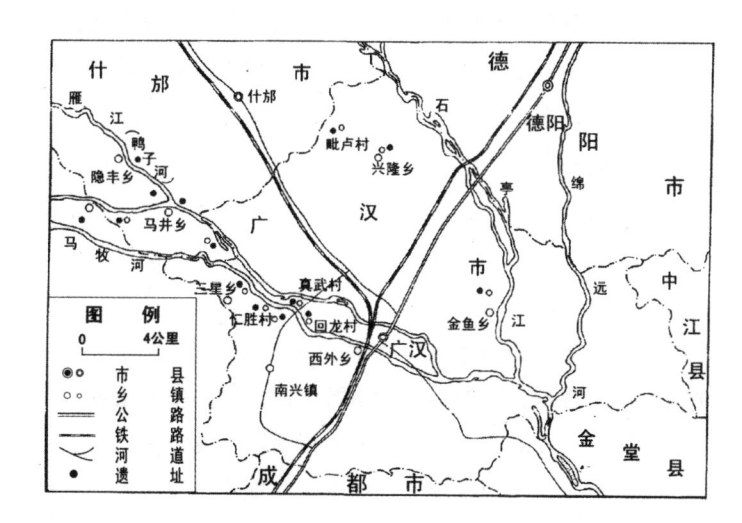

三星堆遗址方位图

燕家使用的
龙骨水车

着一钩弯弯的明月，镶嵌在无垠的苍穹。弯月内的吴刚不是整日扬着斧头，光着膀子大汗淋漓，没完没了地砍树，而是坐在树下，正和一群年轻漂亮的嫦娥连同其他天宫里的仙女们悠然自得地喝茶乘凉、谈情说爱。这样一种不凡的景致，自然令人产生了许多美好的遐想。从此，这里作为一个独特而神奇的人文景观留传下来，并在民间和官方有了一个公认的"三星伴明月"的名声。在清代嘉庆年间编修的《汉州志》等史籍中，编修者就曾对这一景观明确记载为"三星伴月"或"三星伴月堆"。随着名声越来越大，这一区域也渐渐被当地百姓视为广汉的"风水中心"，并成为古代汉州"八大人文景观"之一。许多年后，当著名的三星堆遗址被发现，有关部门在划定保护范围时，或中兴场，或真武村，或月亮湾，都作为整个区域的一部分，被统称为三星堆遗址了。当然这是后话。

现在接着要叙述的是，无论是林名均所说的小溪还是后来王家祐所称的堰沟，其实都是今天的燕青保即将走到跟前的同一条约1.5米宽的水沟。自从燕家搬到这块美丽又富饶的台地上定居以来，为灌田方便，就在水沟旁安了一部龙骨水车，车与沟之间有一条大约两米长的小水渠相连，车下是一个被当地百姓称作"龙窝"的水坑。此坑每到冬天闲置时便遭淤泥堵塞，待春天灌田时必先予以清除，龙骨水车方能正常运转，车出的水也才能"哗哗啦啦"地流向田地。当燕青

第一章 一醒惊天下

保父子二人来到水渠边时，先把那头老黄牛拴在车上，然后按照以往的惯例挥锹弄锄开始清淤铲泥。大约用了半个时辰多一点的工夫，就将"龙窝"掏成。老黄牛拉着龙骨水车慢慢腾腾地运转起来，清凌凌的水顺着铺好的渠道"哗哗"地流向了肥沃的稻田。

眼看日头偏西的时候，燕道诚从城里回来了。见孙子一人站在"龙窝"前照看龙骨水车，便径直走上前来醉意蒙眬地摇晃着身子，从随身携带的一个布口袋里掏出了一把糖块塞到孙子手中，嘴里咕噜着充满爱意的话，一边问道："咋就你一个人在这里，你格老子呢？"

"到家里搞别的事去了。"孙子答。

燕道诚望着水渠里流淌的水有几分浑浊，又低头看了看"龙窝"，便对孙子道："这'龙窝'太浅，水供不上嘛！都刮到泥底了。咋搞的，快去叫你老子把这个窝窝再往下刨一刨。"孙子将一块刚剥了纸皮的糖果放入早已涎水四流的嘴中，点了下头向家中跑去。不一会儿，燕青保扛着锄头来到了"龙窝"前重新操作起来。燕道诚站在沟边一棵歪脖子柳树下，慢悠悠地从布包里掏出一盒婚礼酒席上得到的良友牌高级香烟，先抽出一支给青保，而后径自抽出一支，点了火，滋滋地吸着，很惬意地向他的孙子有声有色地讲起自己赴县城参加婚宴的情形。

燕青保弯腰弓背挥动锄头连续挖出了十几撮箕稀泥，"龙窝"明显加深加大，待他举起锄头想加把劲再挖深些时，想不到锄头刚一落地，就传出

燕道诚在倒流堰旁的龙骨水车前（孙永健绘制）

燕家院子外的倒流堰水渠现状（作者摄）

025

"砰"的一声闷响,两手的虎口被震得有些麻酥酥地发胀、发痛。青保心想是不是遇到了一块小顽石,便换了个角度再次扬起锄头劈将下去,而这次又是"砰"的一声响,除两手再度被震麻之外,翻起的污泥还溅了自己一身。将锄头抬起来察看,只见刃锋被锛掉了一块。"日他娘,这是咋回事,难道是遇到地鬼了不成?"青保有点恼怒地小声骂着,不再用力刨掘,而是变换战术在周边慢慢清理起来。大约过了半个时辰,一块长约五尺、宽三尺,比普通桌子面大得多的石板显露了出来。

"这好好的'龙窝'咋会有块石板呢?"燕青保不解地小声问着,转身对树下的儿子说道,"小子,这里有块石板,面光得很,拿回家可用得,赶紧过来帮我撬。"燕道诚正对他的孙子眉飞色舞地大吹特吹着中午那场婚宴如何气派非凡,直惹得这未出过家门的小孙子两眼发直,口水直流。此时听到青保这一声喊,忙停了讲演,和孙子一同来到"龙窝"前观看。此时青保已用锄柄将石板撬开了一条缝隙,他的儿子忙跑过去将锄柄按住,青保腾出双手把住大石板的边缘,嘴里喊声"给我起来吧!",两膀一用力,大石板带着泥水"哗"的一下被掀起,直愣愣地立在了"龙窝"边。就在燕氏一家老少三代把目光移到石板下方时,不禁大惊失色。他们一个个瞪大了眼睛,张着嘴,呆愣愣地望着面前的一切,好半天没有缓过神来。只见石板之下是一个长方形的深坑,坑中堆满了一件件大小不一、形态各异、色彩斑斓的玉石器。

"宝,下面是宝贝呵!"燕道诚好半天才于惊愕之中嘴唇哆嗦着喊了一声,随后情不自禁地弯下腰去,伸手抓起了一件玉瑗和一件玉琮。只见两件器物在夕阳的余晖照耀下放射出青幽幽的光,直让人觉得眼前异彩纷呈,雾气迷蒙又晕眩缭乱。

"爷爷,这是啥子东西?"身旁的孙子望着燕道诚那肃穆惊异的神情,小声问道。燕道诚顾不得答话,警觉地向四周瞥了一眼,只见不远处有几个本村的农民正扛着工具走了过来。为防暴露秘密,他将手中的两件玉器重新扔入坑中,压低了声音说道:"快,快,赶快盖上。"燕青保与儿子顿时心领神会,那扶着石板的手在松开的同时轻轻向身前一用力,硕大的石板又"扑通"一声回归原位。随着一片泥浆"哗"地溅出,满藏奇珍异宝的神秘土坑被重新遮盖了起来。燕青保顺势摸起锄头刚在石板上覆了几铲土,远处的几个村民就走到了近前。眼望着对方越走越近，燕氏三代顿时紧张起来，故意低了头装作各自忙着什么，想以此避开可能遭遇的纠缠。但对方似乎是故意跟他们作对，竟一个个含着长长的烟袋，顺着田埂慢腾腾地斜插过来，一边和燕道诚打招呼一边问道："水咋停了，是龙骨车坏掉了？"燕道诚听着，心中恨恨地骂道："这车是坏是好关你娘的屁事？"尽管心中如此咒骂，但表面上还是装出几分热情地应道："呵，呵，是有点小毛病，有点小毛病……"说着又低头摸起锄头，做出一副忙碌的样子刨起沟槽来。这时有一人突然看到"龙窝"里那块裸露着一多半的石板，略做吃惊地说道："咋有这么大的石板，埋在地里多可惜呵，撬出来弄回家磨刀用，趁大家都在，我们哥几个帮着把它弄出来好了。"说罢摩拳擦掌地就要动手。望着此人的言行举止，燕道诚的头"嗡"的一声，觉得自己的心一下蹦到了嗓子眼儿，脉管的血液在呼呼地流窜奔腾。他的脸有些发涨，各个部位如同肿了起来令人好不自在，张开的嘴急忙结结巴巴地应对道："呵，呵，放在这里有用，现在不拿，灌完田再说，灌完田再说……青保呵，快拾掇拾掇休工回家了。"边说边做出一番不耐烦和欲收工的样子。旁边的几人见燕氏三代不再和自己搭腔，顿觉无趣，狠狠地吧嗒了几口烟，有些不满，嘴里小声咕噜着"狗鸡巴毛，装疯卖傻地搞啥子鬼名堂……"，无精打采地离去了。

眼看几个人渐渐远去，燕道诚才长长嘘了一口气。他脱掉礼帽，用手理了理稀疏的头发，竟发现额头已沁出了一层湿漉漉的汗水。"好险哪，差点被他们看破了暗道机关。"燕道诚小声说着，从长衫的衣兜里又摸索出一支香烟点上火吸将起来，由于刚才的紧张和惊慌，那夹烟的手指不停地颤抖。此时他没有想到，一扇封闭了三千多年的古蜀王国的大门，悄然洞开了。过了好久一会儿，怦怦乱跳的心才逐渐平静下来。他伸手抚摸着孙子的头压低声音神秘地说道："现在爷爷告诉你，下面坑里埋的是玉器。这些东西埋在这里不知道做啥用，但肯定是稀有的古物，很贵重，说不准地下是一处古墓，坑中的东西就是为这坟墓陪葬的。我琢磨着在这堆玉器下面还会有更贵重的金银财宝哩……"燕道诚毕竟是见过世面的读书人，尽管他对这坑器物的来龙去脉还弄不明白，但却清楚地知道眼前这一坑东西是属于古物和值钱的宝贝。既然是宝贝就要把它弄到手为自己所用，否则便是糊涂虫一个。于是他对燕青保吩咐道："把石板埋好，东西收拾了赶紧回家，免得在这里招人显眼，待天黑之后再来挖掘。"说完收起几件工具同孙子一步三回头地先行回到家中。

此物是吉是凶，是福是祸？难道是天国里的上帝故意埋在这里一堆金银财宝，要试探一下燕家人的心灵吗？抑或是看看燕家有没有将这笔财宝弄到手的运气？要不就是自家祖宗在地下冥宫里发了横财，故意显露于此，让燕家子孙作为中间人穿梭于红尘滚滚的大千世界与鬼气迷蒙的阴曹地府之间，以此来完成祖先们的心愿吗？……这天夜里，燕氏一家在一炷燃起的香火前，于激动兴奋中一边对这坑神秘的珍宝做着种种猜测，一边压低了声音，焦躁不安地商讨着在什么时间行动和如何行动的计划。待全家人大眼瞪小眼地总算熬到了二更时分，只见窗外北风飕飕，天空阴云密布，大有下雨的异兆。月黑杀人夜，风高放火天。此时正是打家劫舍、抢掠盗偷、杀人越货的最佳时刻。昏暗的灯光下，燕道诚将含在嘴里的烟头用两根蜡黄色手指捏下来，轻轻放在脚下搓灭，小声地说了句："时候不早了，青保，再去探探动静。"

青保听罢，一声不吭地站起身向外走去。只一会儿工

燕道诚全家合影（前排右一燕青保，右二燕道诚）

夫，便又回到了屋里，压低声音说："外头静得很，没得人走动，动手吧。"

燕道诚转头望了望窗外，略做沉思，终于下定了决心。香火缭绕、灯光摇曳中，只见他两眼喷着欲望之火，将手臂往空中用力一挥，声音低沉略带沙哑地说了个重重的"走"字。屋子里早已整装待发的男女老少如同听到了出征的号令，一个个神色庄严，面目凝重地"唰唰"站了起来，各自抓了工具向外走去。

敖天照说："这是燕家院子的老院墙，我的身后就是倒流堰。"（作者摄）

墨一样的天幕将大地严严实实地罩住，寒意颇重的北风越刮越大。那风在穿越燕家大院时发出"吱溜溜"怪异的声响，似是阴曹地府祖宗幽灵或招魂的夜鬼发出的凄厉呼叫。就在这风声大作、声响怪异的遮掩下，燕家大院那扇已脱落漆皮的宽大厚实的木门"吱呀呀"地开了一条缝，燕青保小心地将头伸出向四处张望了一会儿，见并无异常，便提着马灯快步闪了出来。随后他的父亲、母亲、妻子、儿子等全家老少，一个个拿着箩筐、布袋、扁担、锄头、铁锹等运载工具与挖掘工具，跟在燕青保的身后悄悄向"龙窝"方向摸去。当到达预定位置后，燕道诚令婆媳两员女将在旁边站岗放哨，严密注意各种可疑的动静，自己和儿、孙三人共同承担挖宝事宜。

夜色笼罩下的月亮湾田野，四周分外空旷寂静，一盏马灯如同跳跃的鬼火忽明忽暗地照着那块已重新裸露在外的大石板，远处的树林在劲风的吹动中发出唰唰啦啦的声响，不时夹杂着阵阵微弱的犬吠声，让人感到有些莫名的惊慌与恐怖。很快，大石板被青保父子合力掀开并移到了一旁，

当时出土的玉琮

土坑中的珍宝显露出来。燕道诚提着马灯负责照明和指挥,青保父子蹲在坑边将掏摸出的玉石器一件件小心谨慎地放于箩筐中。面对燕氏祖孙三代暗夜中这番鬼打墙一样的动作,两位放哨的女将按捺不住心中的好奇,便不再顾及自己的职责,悄悄凑上前来瞪大了眼睛欲看个稀奇。面对惨淡的灯光下整整一坑形态各异并散发着幽暗光泽的器物,燕道诚的夫人禁不住失声叫道:"哎呀,我的老天,真的有这么多宝贝哎!"这一声喊把在场的人吓了一跳。燕道诚打了个哆嗦,随之火起,咬着牙压低了声音恶狠狠地道:"找死,闭上你的嘴巴,一边待着去吧!"老夫人自知失言,赶紧溜到一边不再吭声,尽职尽责地放起哨来。

大约到了三更时分,坑里的器物全部被掏拿干净。尽管灯光暗淡看不太分明,但总体上还是有一个大概的了解。所出器物几乎全部为玉石器,此前燕道诚所期望的金银器始终没有露面。于心不甘的他让青保拿了锄头将坑中的边边角角又详细地搜寻了一遍,仍未发现金银一类更加"贵重"的东西。对于这个结局,燕道诚多少感到有些失望,但事已至此,不便继续耽误工夫,遂和家人匆匆忙忙将挖出的器物连背带抬陆续弄回家中。

燕家挖出的大石璧及玉璋

当破旧笨重的大门吱吱呀呀地关闭后,一家人顾不上饥寒交迫与身心疲惫,于惊喜中聚在灯下开始检点刚才的收获,计有璧、璋、圭、圈、钏、珠、斧、刀及玉石器半成品共四百余件,摆放在一起差不多占了半间屋子。出土器物中最小的只有指头般粗细,最

030

大的一副石璧直径将近八十厘米。当擦去上面附着的泥土时,各种器物鲜亮如新,光彩夺目,精美诱人。为了预防不测,避免事情泄露引起官府、村民以及土匪强盗的窥视,从而惹来杀身之祸,精明的燕道诚当即决定将这批器物在家中院内选四个点和猪圈内分别挖坑埋藏。于是,燕氏祖孙在家中几个角落悄然行动起来。待将几个深坑一气挖成并把所有的器物掩埋妥当之后,家中的公鸡已叫了三遍,东方的天幕泛出鱼肚白,天就要大亮了。

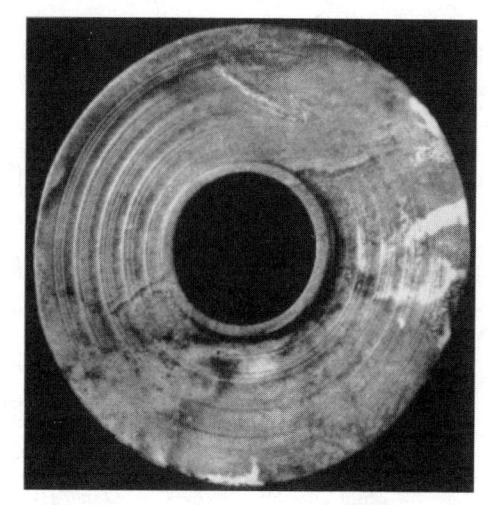

燕家挖出的玉璧

天机泄露

就在坑中挖出的宝物被埋入院内几个角落的当夜,燕道诚曾满脸严肃和神秘地向全家人宣告:从今以后,无论遇到什么人、什么事,都不许将燕家挖宝、藏宝的秘密泄露出去,平时一定要小心防范,万不可麻痹大意,否则家法伺候。鉴于"隔墙有耳"的古训,即使是自家人在一起也不要轻易谈及此事,最好是当作什么事也没有发生一样从心中忘掉它。至于这批器物要在燕家院子埋藏多久,最终做何处理,待自己考虑成熟后再做打算。这个铁定的旨意下达后,整个燕家老老少少都闭上了嘴巴,一如既往地劳作和生活,不但对外守口如瓶,即使是自家人在一起闲谈,也没有人主动去触及这个敏感的话题,此事似乎真的从燕氏家族的记忆中抹去了。

然而,要真的抹去是不可能的。这种记忆不但不能抹去，反而随着时间的流逝在脑海里逐渐发酵、膨胀、躁动、生长、鲜活起来，并催发着燕氏家人特别是燕道诚要尽快做出抉择，因为那毕竟是一批整日踩在自己脚下，并与燕家老少朝夕相伴、诱人遐想的秘密珍宝呵！但燕道诚却以出奇的耐性在心中强憋着，像搭箭在弦的长弓，总是张之以待，引而不发。眼看大半年过去了，通过仔细观察，他发现周围的乡民依旧像平时一样安详平静，在同自己或整个燕家的交往中，也依然保持着老腔、老调、老习惯、老动作，毫无出格的表现。有好几次燕道诚试图从对方的话语和眼神中捕捉一点异常的变化或者蛛丝马迹，但都未能找到切实的证据。在确信没有引起外人注意和警觉的情况下，他便放下心来，开始着手第二步行动。

　　按照燕道诚对家乡这块土地的了解，此地挖出藏宝坑绝非偶然。早在清代的时候，这一带就不断有古物出现，出土的器物以玉石器居多，但偶尔也有小件的青铜器出土，只是没有引起外界广泛的注意。据老人们代代流传的说法，此处在遥远的古代，是蜀王鳖灵的都城，后来由于一场特大洪水灾害将都城冲毁掩埋了，从此这里成了废墟，再之后就成了人们耕种的土地，并一直延续至今。不管这个传说是真是假，燕道诚有一种预感，他于"龙窝"发现的这个器物坑既不是孤立的，也不是偶然的，一定还有其他的器物坑秘藏于这块土地的某个角落，并且一定会埋藏着令世人为之怦然心动、梦寐以求、价值连城的金银翡翠，或更神秘、更值钱的奇珍异宝。在这个念头和思路的指导下，他决定将"龙窝"中发现的那个坑再好好地翻腾一遍，看看到底有没有金子银子暗藏在里边。于是在一个夜深人静的时刻，在燕道诚的指挥下，燕青保再次来到院外继续掏挖"龙窝"中的那个土坑。但一个夜晚下来，土坑被掘开之后又向四周掏了几个大窟窿，依然没有找到心中渴望的宝物。面对这一结果，燕道诚并未灰心，根据自己的设想和推理，又在院外的稻田里选择了几个地点，像在赌桌上押宝一样指挥自己的儿子暗中挖掘。为了做到神不知鬼不觉，燕青保白天猫在家中蒙头大睡，每到夜晚二更时分，便悄悄带着工具溜出家门，不声不响地在既定地点按计划有目的地打起洞来。每当鸡叫两遍之时，下挖的土坑一般就能没住人的头顶，燕青保便停止挖掘，爬出坑外将掘出的泥土回填，以免引起外人的猜疑。天亮之前，回填完毕，收拾工具回家吃饭睡觉。如此循环往复，大约半个月之后，已在不同的方位挖了十二个洞穴，遗憾的是除了掘出一些破盆烂罐和一堆做工残缺

第一章 一醒惊天下

的石头器物外,梦想中的金银玛瑙器物一件也没有发现。就在燕青保于一个风清月明、万籁俱寂的秋夜,撅着屁股汗流浃背地挖掘到第十三个土坑时,意外的事情发生了。村里的公鸡刚叫头遍,燕青保挖掘的洞穴就达到了一人多深,此时他突然觉得浑身如同散架一样疲惫不堪、麻木酸痛,他感到再也不能挖掘下去了,便想就此收工回家歇息。就在他沿着坑壁往上爬时,坑壁的上半部突然"轰隆"一声塌了下来,泥土的冲击力把燕青保当场击倒,并将他下半截身子埋入坑底。面对这突如其来的灾难,燕青保打了个冷战,差点昏厥过去。他想喊家人救命,但又不能惊动四邻,只好咬紧牙关强撑着施以自救。经过一番折腾,终于从坑中爬了出来。

由于当夜过度疲劳并受到塌方的猛烈撞击与惊吓,燕青保回家之后便开始上吐下泻,发高烧说胡话。家人一看这情形,知道大事不好,忙从县城请了一位号称吴一针的著名老中医为其把脉诊治。这位老先生平时为人看病宣称一针见好,再重的病人也不会超过三针。但此次在燕青保身上又是扎针又是灌药,先后折腾了半个月才略见好转。尽管如此,燕家老少总算从巨大的惊恐与愁苦中松了一口气。

本来十三个土坑的连续挖掘,都一个个成了竹篮打水——一场空,令燕道诚心灰意冷,信心顿消。这次燕青保突遭厄运,燕老汉认为是冥冥之中地下那些小鬼或阎王的报复。惊恐、困惑之余,便断了继续寻珍挖宝的念头,开始转而琢磨如何将家中埋藏的玉器尽快脱手,换来钱财,也好做一个彻底的了断。一个月之后,燕道诚独自走出家门,来到成都少城路古董市场(今人民公园一带),暗中观察摸底,探听行情。此时的少城路古董市场乃整个中国西

成都少城路店铺的古董商人

南部最大的旧货集散地，除四川本省外，与其相邻的云南、贵州、西藏、青海、甘肃甚至陕西等地的古董商，都经常携大批在当地收购的真古董与假冒伪劣产品来此进行交易。各种瓷器、木器、玉石器、铜器、金银器等琳琅满目，应有尽有。燕道诚来回转悠了几次，渐渐瞅出了点门道，认为时机已经成熟，便借着夜幕回到月亮湾，掘开家中埋藏的土坑，挑了几件上等玉器，神不知鬼不觉地来到成都少城路兜售。尽管燕道诚是读书人出身，做过师爷和未上任的知事，见多识广，但毕竟隔行如隔山，对于古董市场以及商人之间的尔虞我诈总是缺乏了解，难免上当。当他将怀中的几件玉器冷不丁亮出时，正在信口开河坑蒙拐骗的古董商当即两眼放光，激动不已。而当他发现燕道诚在生意场上并不是行家里手后，便一边不失时机地同他套近乎，一边拼命压价收购。燕道诚禁不住对方花言巧语的引诱，很快云里雾里地将所带玉器以极其低廉的价格抛出。

古董商得到这批玉器后，很快以天价转手倒卖，众多的业内行家突然看到这批玉器，惊叹不已，连呼稀世之宝，纷纷追索探寻它的来源。当最后得知来自四川广汉县时，唯利是图的古董商们怀揣一夜暴富的妄念，潮水一样蜂拥而至，四处打听玉器的拥有者和知情人。燕道诚以读书人特有的狡黠，在古董市场上只暴露了广汉县地名，而未进一步说出中兴场，或更具体的月亮湾甚至自己的家庭住址与姓名。这一手让古董商们在广汉城和四周费尽心机，吃尽苦头却总是得不到确切的情报。当然，古董商们自有古董商的斜招歪术，在一时得不到燕道诚下落的情况下，便开始大规模制作赝品，号称广汉最新出土的玉器投入市场，以进行鱼目混珠，蒙骗钱财。一时间，广汉玉器在古董商和古玩家之间被炒得沸沸扬扬，真的假的都成为市场内外关注的焦点、追逐的目标和猎获的对象。在这股真假难辨的强劲旋风中，不知有多少人为此一夜暴富，更不知有多少人受骗上当，家财顿空。在巨额利润的强大诱惑下，古董商们并未放弃对燕道诚的搜索追寻。随着各种渠道和信息的不断打通，终于有人打探到了燕道诚一家挖宝藏宝的秘密，并亲自登门收购。燕氏一家开始尚能守口如瓶，故作糊涂，推托躲避，但最后还是禁不住利益的诱惑，终于吐出真情，将成百件精美玉器从家中猪圈里扒出，以低价大肆抛售。一时间，来燕家收购玉器者络绎不绝。尽管当时买卖双方都是在暗夜里秘密进行，但这批价值连城的宝物，还是很快流散出去，或落入古董商之手；或经古董商转外国人，而外国人又转移到国外；或被骗子骗去流散于民间而不知去向。就在这批宝藏惨遭瓜分割裂、流失损毁的大劫难之时，华西大学博物馆出于对文物保护、收藏的目的闻风而动，四处打听收购出售的广汉玉器。经过一番努力，总算购到了几十件大小不同的器物。遗憾的是，后来经科学鉴定，多数为古董商制造的赝品，毫无收藏价值（有些赝品直到现在仍在四川大学博物馆当作真品展出），而真品，正通过地下渠道源源不断地向西方列强那边流去。就在这个关键时刻，一个关键人物适时出现了，此人就是居住在广汉县大北街圣公会的英籍基督教传教士董宜笃。

董宜笃（V. H. Donnithome）早年毕业于英国剑桥大学，获哲学博士学位。大学期间，因受欧洲著名探险家如斯文·赫定、斯坦因等辈赴亚洲腹地探险并取得辉煌成就的影响，开始对世界历史、地理尤其是远东历史发生兴趣，从此开始了对这方面的热切关注与研究。当他完成学业走出剑桥的校门后，他根据自己所学专长，到英国一个势力庞大的基督教会——圣公会工作。19世纪末20世纪初，美国、加拿大、英国三国基督教会中著名的"美以美会""浸礼会""英美会""公益会"和"圣公会"等各种名称不同但目的相同的教会，纷纷派出传教士奔赴远东，开始对这里的"愚民"与"野蛮人"进行基督教义、教理的启蒙和文明洗礼。据后来三星堆遗址发掘的主持人之一陈显丹对广汉县民国时期的档案考察称："当查到英国牧师董宜笃条时，记录中明确记载董是在1936年10月从云南省入境，他的妻子和女儿于1937年从上海入境。但不知何故，在后来的有关报道中说他1931年就在四川广汉、成都等地进行传教活动了。这也算是一个悬而未决的谜吧！"其实陈显丹所说的这个谜未必就那么悬而不能决，他不过

传教士在中国印行的福音书

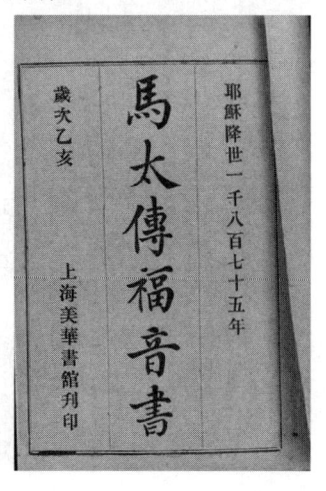

是只知其一不知其二罢了，所查到的结果当是这位董牧师第二次或第三次来广汉和成都的时间，其首次来川的日期要么未入记录，要么缺失。因为在20世纪下半叶，当年董牧师在广汉传教时的教徒有许多人还活着，他们都曾肯定地说，"董师傅于1936年之前就已经在广汉传教布道了"。董宜笃与燕道诚的不期而遇，在当地则是一个饶有兴趣的话题，燕家的许多邻居以及与这一事件有关的人员都还清楚地记得。因而，董宜笃来广汉的具体时间在1936年之前当是个不争的事实。

董宜笃来广汉后，便入乡随俗，学着当地绅士和读书人的样子穿起了长袍马褂，有些别扭地使用起具有中华民族特色的木头筷子，说一口有些生硬但并不令人讨厌的汉语。他除了平时腋下夹着一本《圣经》或其他的耶稣语录在广汉的大街小巷来往穿行，认真地传经布道外，还经常骑驴或乘坐鸡公车到广汉城外的乡村特别是有名胜古迹的地方转转，做些测绘和调查，同时也搜集各种流散于市井和古董商手中的古物进行收藏和研究。就是在这样的背景和条件下，他与燕氏一家遭遇，并最终引发了对月亮湾一连串具有科学性质的考古发掘。

古董商人甘怀庆

1931年春天的某个下午，董宜笃像往常一样腋下夹着几本快要翻烂了的福音书，晃晃悠悠地来到县城南一个叫甘怀庆的古董商人兼基督教徒家中"传经送宝"。当一壶茶喝得只剩下白开水时，闲谈吹牛中甘怀庆无意间告诉董宜笃，说是最近在广汉中兴场一带出土了一批精美绝伦、价值连城的古玉器。这批玉器已在成都市场上抛售，引起业界的轰动，而器物的拥有者，就是中兴场月亮湾的燕道诚燕师爷。此前，当甘怀庆通过业内朋友辗转得知这一信息后，曾专程跑到燕家欲购买几件玉器，但此时聪明狡猾的燕道诚面对古董商如饿狗扑食一样狂奔而来的情形，突然有些不安和警觉起来。他深知这批东西的来路不是光明正大，怕树大招风，弄不好要引来灾祸，遂遮遮盖盖，不敢再明目张胆地向外抛售。每有古董商登门，他要么压根儿就不承认自己卖过什么玉器，要么在摆脱不掉对方纠缠的情况下，便谎称自家的确有过几块与众不同的石头，但那是自己的爷爷早年到外地谋生，于岷山附近的峡谷中，在一场大水过后，偶尔捡了几件特殊好看一点的带回了家中。多少年来，这几块石头一直扔在家中并没有引起重视，直到前些日子有一古董商下乡收购古物，偶尔发现了此石，便以微薄的价钱收走了，自此之后燕家再也没有半块玉石之器了……甘怀庆在燕家碰了壁之后，明知燕氏是在搪塞捣鬼，于心不甘但又无可奈何。情急之下，甘怀庆也只好像大多数古董商一样，弄了几件赝品以充真货，开始在成都市场上骗人赚钱。正在这个节骨眼上，董宜笃登门来访。面对这位爱好、收集、研究古物的洋师傅，甘怀庆将这个猛料抖了出来，并以一个古董商的眼界和判断力，颇具天才地预言燕家那批玉器祖传的可能性很小，而出土于古代窖藏或古墓葬的可能性却很大，由于燕氏父子目力所及十分有限，出土地点亦很可能就在中兴场月亮湾这个极小的范围之内。

董宜笃听了甘怀庆那绘声绘色、活灵活现，又有鼻子有眼、激情荡漾的描述，顿时神情大振，旌摇心动。他琢磨着如何才能亲眼看看燕家那批被吹捧得神乎其神的玉器并把它搞到自己手中。

第二天上午，董宜笃邀请了当地一个基督徒作陪，以传播主的教义为名，骑着毛驴来到了中兴场月亮湾燕家。燕道诚见一位身穿马褂、头戴瓜皮帽的洋人前来拜会，便知与自家的玉器有关，心想这是黄鼠狼给鸡拜年来了。他一边小心谨慎地伺候着，一边像平时对付古董商一样打着哈哈摇头做了应对。董宜笃见无法撬开燕氏的嘴巴，也不好撕破脸皮逼问，只得将气憋在肚里，先打道回府再另想计谋。临走时，董宜笃在月亮湾燕家大院周围转了数圈，从稻田和沟梁中捡拾了半袋子陶片和几件残缺的打制石器。根据此处的地理位置、周边环境及暴露出的古文化遗存、遗物等迹象分析，董宜笃相信古董商甘怀庆所言不虚，燕道诚一定是在月亮湾挖到了古墓或窖藏。既是古墓或窖藏，好东西一定不少，绝不能让燕氏独吞或私自藏匿，无论如何也要从燕家弄出几件开开眼界。这样想着，董宜笃越发坚定了信心，心情也随之渐渐明朗顺畅起来。夕阳映照中，他与同来的那位教徒骑着毛驴，沐浴着温暖的春风，嗅着满地的油菜花香，在四处飞舞鸣唱的蜜蜂彩蝶的簇拥下，沿着鸭子河岸边一条弯曲的小路向县城走去。

当天晚上，董牧师失眠了。经过一夜辗转反侧的思考，他决定去广汉县文昌宫找陶旅长，或许只有他才能撬开燕道诚那铁一样的嘴巴，并让他把吃进去的肥肉加骨头全部吐出来。

陶旅长姓陶名凯，字宗伯，年方三十四岁，北川人士。早年肄业于华西大学，在家乡当过小学教员。辛亥革命事起，受时势的影响，立志掌握枪杆子来治国平天下，遂入成都讲武堂学习军事，毕业后在刘湘任总司令的川军邓锡侯部当了一名排长。由于他是军中少有的文化人，加上办事干练，作战勇敢，深得上司的赏识，不久便作为一名复合型人才，由排长一路连长、营长升至川军邓锡侯任军长、陈离任旅长的二十八军第二混成旅二十团团长兼广汉县知事。之后陈离出任第四师师长，由陶凯接替第二混成旅旅长一职，防区在土地肥沃的广汉、彭县一带，军中所需给养全部由这几个地方的政府供应。由于陶凯少年时代父亲去世，家道衰落，他目睹了世事沧桑和人间大起大落的爱恨情仇，在咬紧牙关刻苦读书考入华西大学后，开始接触基督教教义并受到了较大影响。当他投笔从戎升至团长并驻防广汉后，董宜笃深知此人在这块地盘上所具有的举足轻重的地位，便主动接近结交，并希望对方能加入基督教会，成为信奉耶稣的基督徒，以代表上帝来拯救苦难深重的广汉人民。此时的陶凯对当时的政治形势已有了较为深刻的认识，借助于洋人的势力为自己撑腰或狐假虎威是政客、军阀们惯用的手法。他深知自己无论代表上帝还是什么救世主，都无法挽救那三分之二，或者是三分之二点九九的中国劳苦大众的悲惨命运。但既然董牧师亲自上门，自己不妨先答应下来，顺水推舟卖个人情，也好依靠洋人为日后扩大自己的势力和地盘做个铺垫。于是，时任川军团长兼广汉县县知事的陶凯便痛快地加入了圣公会，成了一名基督教徒。今天，董宜笃以驻广汉圣公会主教的名义和身份来到驻扎在广汉县文昌宫的川军第二混成旅旅部，拜访自己的教徒——这位早已升为旅长的一方诸侯陶宗伯。

第一章 一醒惊天下

陶凯听到董宜笃拜见的禀报，抛下繁忙的公务，亲自到大堂迎接。师徒落座，香茶饮过，董宜笃开始将此次来访的目的和盘托出，希望陶凯不负所望，一定想方设法从燕家鼓捣出几件上等玉器过过眼瘾，以了平生嗜好之愿。陶凯听罢微微一笑，当场表示燕道诚此人跟自己有过几面之交，算是熟人，如果他不是一条糊涂虫，家中真有这种被吹得神乎其神的东西，只要陶某人出面，他是不看僧面也要看佛面，肯定会乖乖地交出来的，否则就是狗坐轿子——不识抬举。现在所担心的是，燕氏藏的原本就是赝品，古董市场的奸商们怀揣不可告人的目的，编造出一个美丽的谎言，并以讹传讹，弄得沸沸扬扬，使众人皆以为真，才随波逐流，挖空心思要得到它。

董宜笃听罢当场答道："只要你陶旅长能将东西弄到手，我过目后即可送到华西大学请专家朋友们鉴定，到时真假自明。"见董牧师如此执着，陶旅长觉得不好推辞，便说这燕师爷毕竟在广汉地面上还算是个士绅与贤达一类人物，不好随便将他牵来弄去地搞得他没得半点尊严，多少得给他点面子，这样无论对哪方面都有好处。言毕让董氏安心等待消息，过几天自己跑一趟试试看。

一个星期之后，陶凯亲自带着一帮官兵以检查防区军务为名，顺道来到了中兴场月亮湾燕家。燕道诚一看广汉地盘上的活阎王、威名显赫的陶旅长突然大驾光临，尽管彼此相识，但心中还是情不自禁地"扑腾"了一下，心想：这个祖宗怎么来了，难道又是为了玉器之事？看来今天又免不了一番唇枪舌战，斗智斗勇了，不知能否混过这道鬼门关。燕老汉不愧是在官场上混迹多年的老油子，心虽忐忑不安，扑扑直跳，但表面上却装得镇静自若，不露一丝破绽。待寒暄过后，略做交谈，果然不出所料，陶旅长直言不讳地提到了玉器并要"借"几件把玩一番，以过好古之瘾。同时还真诚地表示要找明白人看看成色，如果真的是上等玉器，自己愿意出高价买下，倘是赝品，就如数归还。燕道诚闻听此言，心想：你这位混账旅长也太他娘的会算计了，如果我给你真的，你非要说是假的，用调包计还过来一堆赝品，我岂不是哑巴吃黄连——有苦难言。想到此处便强打精神，大着胆子想以打发古董商和董宜笃那样的老策略搪塞过去。但想不到这位陶旅长是有备而来，看到燕道诚支支吾吾东一句西一句，天上地下没头没尾地胡吹海侃故伎重演，脸色立即大变，压低了声音，将脖子伸长了，头轻轻凑上前来，柔中带刀地说

燕道诚送给陶旅长的玉琮

道："燕师爷，你也算是在官场混过多年的老前辈了，按官场规矩，什么时候、在什么人面前装憨鲁人，都是有个界限的。常言道，有来无往非礼也，今天我陶某撇开繁忙的公务专程登门拜访，总不能让我两手空空打道回府吧。"陶旅长说着目露凶光，语气咬钢嚼铁般生硬。燕道诚一看这阵势，心中蓦地打了个冷战，知道躲过了初一也很难躲过十五，这位活阎王既然来了，就不会轻易放过小鬼。还是按识时务者为俊杰的古训，索性卖个人情吧。想到此处一咬牙，强作笑颜，身子前倾，嘴脸对着对方的耳朵，抬手半遮半掩小声说道："陶旅座今天大驾光临，使我燕家蓬荜生辉，这份深情厚谊燕某还能没有点表示？不瞒您说，孝敬旅座的那一份儿我都给您留着呢，本想亲自奉到府上，但近来土匪、盗贼闹得凶，怕中间有个闪失或三长两短的，就一直放在家中没动。刚才我怕人多嘴杂，就没敢说出实情，您先喝口茶水润润嗓子，我这就去拿来。"说罢转身进了里屋。

不一会儿，燕道诚两手捧着一个红色的布包满脸堆笑地走了出来，待来到厅堂将包放到一张枣木茶桌上，故作慌张地用眼角的余光冲四周望了望。陶旅长心领神会，抬手屏退左右护卫人员，径自将包慢慢揭开，那原本有些灰暗的屋子瞬时华光四射，通透明亮起来。陶旅长"啊"了一声，情不自禁地起身伸长了脖子瞪大着眼睛进行观看。只见面前摆放着的玉璋、玉琮、玉刀等五件器物，件件玲珑剔透，精美异常。

"不成敬意，请旅座笑纳，哈……哈……"燕道诚一改刚才那担惊受怕、沮丧、晦气的神情，穿着长衫的手臂冲空中一挥，划了个优美的弧线，颇具潇洒意味地说着。

陶旅长一看对方的言行，很是舒畅，心想这老家伙还算是个识时务之人呵，不愧做过师爷。遂故作惊讶状，打着圆腔道："哎呀，您看燕知事，这说哪儿去了，一家人不说两

第一章 一醒惊天下

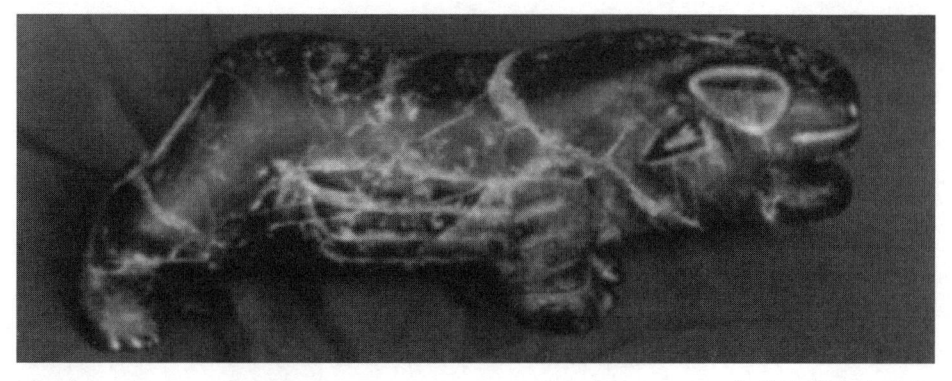

燕道诚送给陶旅长的墨玉翼兽

家话嘛！礼重了，礼重了，哈……哈……"说着将器物重新包好放入腰间，遂立即告辞。待一行人走出燕家大院，宾主就要分手之时，陶凯又像突然想起了什么，转身拉着燕道诚的手，半低着头，两道透着寒气的目光逼视着对方的脸，压低了声音说道："燕知事，我们都是官道上的人，明人不做暗事，你实话对我说，这些东西到底是从哪里弄出来的？"

燕道诚听罢，顿感愕然，嘴里哼哼哈哈地说着"这个……这个嘛……"很快又将心一横，牙一咬，铁青着脸冷冷地说："陶旅长，看来你真是一个不到黄河心不死，不见棺材不落泪的人呵！明人不做暗事，事到如今对您我也就不隐瞒了，就在那块稻田的下面，家里人种地时刨出来的。"说着抬头撅着下巴冲远处轻轻点了一下。

"呵，呵！"陶凯听罢点了点头，表示心领神会，而后又提高了声音道，"不要烦劳您再送了，请回府，请回府吧，你老汉要保重身体呵……"说话间转身跃上副官早已备好的高头大马，抖动缰绳，率领手下官兵趾高气扬地沿江岸绝尘而去。在骏马的奔驰和"哒哒"的马蹄声中，陶凯昂头挺胸，面对广袤的乡野田畴和川流不息的雁江波涛，两只不大的眼睛放出灿烂的光芒，微微翘起的嘴角露出了一丝外人难以察觉的微笑。

陶旅长的阴谋

陶旅长带着副官和四名卫士兴冲冲地来到了广汉县大北街圣公会驻地，尚未进门，就听到董宜笃牧师在用半生不熟的中国话，抑扬顿挫、振振有词地给一帮信徒朗诵《圣经》。

"你知道这个老家伙嘀里嘟噜讲的都是些啥吗？"陶旅长有些神秘地问副官。

"呵，呵，不知道，该不会是与中国为敌的反动口号吧？"副官摇了摇头道。

陶旅长得意地咧着嘴一笑道："反动口号倒是还谈不上，这是《圣经·旧约》，我学过，能听出来。别再让他讲什么《旧约》《新约》的了，还是讲一点现实的吧。走，进去！"说着，几个人大步进入了厅堂。

董牧师摇头晃脑地正讲到兴头上，突然看见陶旅长满面春风地走进来，立即意识到月亮湾的事情有了个八九不离十，便扔下几个信徒，径自领着对方悄悄进了自己设在后院的密室。

陶旅长令随行副官将一个大号黑色公文包打开，然后把五件玉器极其小心地捧出，轻轻摆放到一个檀木桌上。董牧师一见，脸上立即露出惊异之情，两只蓝眼睛顿时变成了绿色。他大张着嘴巴，嘴唇微微颤抖，用半生不熟的汉语赞叹道："太好了，你干得太好了，这玉器太出色了，愿上帝保佑你步步高升！"说着习惯地伸出大拇指在陶凯面前晃荡了几下。

在激动与兴奋之中，董宜笃将五件玉器一一捧在手中反复端详了半天，只觉得异常精美，是难得一见的古物，但对真品还是赝品的鉴别却没有十分把握。他思索了一会儿，建议陶凯将玉器暂时留下，待过两天自己专程赶往成都请华西大学研究这方面的朋友鉴定，到时将会水落石出。陶旅长觉得董牧师言之有理，又想到这几件玉器本来就是受对方所托搞来的，如果鉴定是真货，还怕日后少了自己的一份儿不成？只要燕道诚跑不掉，就有自己的财发，即使是燕老汉跑掉了，那也是跑了和尚跑不了庙，一切仍在自己的掌握之中。想到这里，遂点头表示同意。

第三天，董宜笃携带五件玉器乘车来到了华西协合大学。此时的华西大学位于成都古城南门外约两里，地处古南台寺之西的"华西坝"上。早在

1905年的时候，美国、英国、加拿大三国基督教会的"美以美会""浸礼会""英美会""公益会"和"圣公会"共同派出传教机构，决定联合创办一所"华西协合大学"。其中的"协合"即联合之意，而"华西"的定名则是指中国西部地区，其中包括甘肃、西藏、贵州、云南、四川等地。在西方传教士的眼里，四川在政治、经济、文化等方面的战略位置，无疑是中国西部地区的龙头老大，尤其是对千百万藏、回等少数民族的影响，则起着举足轻重的作用。当然"华西"也正好暗合了中华与西方的文化教育交流之意，至于"华西坝"的叫法则是当地人的一种习惯称谓而已。从华西大学校史中可以看到：这所大学的大规模建筑始于1915年，以后边招生边四处筹措资金建设，先后持续了几十年未曾中断。按校史的说法："这所大学，由于它的创建人毕启博士等具有较丰富的教育工作经验并能虚心学习，在筹办中反复争取牛津、剑桥、多伦多这些著名大学的帮助和指导，所以，他们拟订的大学组织方案和专业设置、课程计划、教育管理，以及华西教育会的活动安排，都采用了当时英美较先进的方式方法。校址选在既靠近城中心，又属于城郊有开发潜力的风景优美的地区。对于校舍的规划和设计，毕启很精心地做了三十年的建设计划，并聘请英国著名建筑师弗烈特·荣杜易来帮助规划设计……"

华西协合大学建成后，除预设的专业外，还非常注重社会调查，对四川及西南边疆的民族、社会、历史、文化、物产、资源甚至民俗民情、语言文字都有专门的考察。经过二十几年的努力，由学校派出的教职员工采集和积累的标本，在中国国内形成了第一流的馆藏。

华西协和大学创始人毕启博士

天赐王国

正是在这样的背景和条件下，华西大学才有可能在后来的岁月中，对月亮湾遗址实施首次科学的发掘。

却说董宜笃一路颠簸来到华西坝找到了他的朋友、华西协合大学美籍教授、地质学家戴谦和（D. S. Dye），请其鉴定所带玉器的真伪与年代。戴谦和对中国文物颇有研究，他反复用手摩挲着这五件温润的古玉，又用放大镜反复做了观察，然后毫不含糊地告诉董宜笃："这是有着重要文物价值和研究价值的古蜀遗物，具体年代应在三四千年前的商、周之间。"

董宜笃的好友、美国经济学家戴维·甘博乘坐鸡公车在新都与广汉一带考察

董宜笃一听这批玉器不但是货真价实的出土古物，且年代如此久远，他是既惊又喜，当晚在成都设宴请戴谦和与其他几位华西大学的朋友吃喝一通后，于第二天返回广汉，将鉴定结果告诉了陶凯。陶旅长一听这几件器物竟是三千年前的老家伙，大喜过望，当晚带着手下几名官员以给董牧师接风洗尘为名在广汉最豪华的饭馆摆了一桌，席间询问了一些古董方面的常识和这批玉器可能卖到的价钱。待酒足饭饱之后，陶凯率领手下弟兄回到旅部，借着酒劲极为得意地高声嚷了一句："看来这耶稣上帝是让我这个广汉地面上活着的阎王发一笔横财，弟兄们也要跟着沾点光了。"随之径直来到会议桌前坐定，精神亢奋、满嘴喷着酒气道："都往我跟前凑凑，弟兄们估摸一下，看这笔钱财到底是发还是不发，要发那咋个发法。"众军官围上来，你一言我一语，七嘴八

舌地发起了高见。就当时的情形而言，陶凯部下的日子过得并不舒坦，尽管广汉一带是天府之国的腹心，土地肥沃，物产丰富，扔到地里种子就能收到丰盛的粮食，但毕竟处于军阀混战的民国时期，除了政令不行，土匪横行，贪官污吏多如牛毛之外，仅强大的驻军供给就令各地官僚及百姓头痛万分，叫苦不迭。当时在广汉和川西十几个县的地盘上，就驻有邓锡侯二十八军下辖的杨荣尚的第一师、黄隐的第二师、陈书农的第三师、陈离的第四师、马德斋的第七师及一个独立旅和其他兵种共四万余人。可想而知，这四万多兵大爷每天要吃、要喝、要玩女人，开销是何等巨大，而这个开销几乎全赖地方供应，其状况只能形成僧多粥少，兵多粮少，官多钱少，姨太太多胭脂少的窘迫紧张局面。要改变这种被动局面，就要自己想些法子来填补日甚一日的亏空。今天夜里，陶凯受月亮湾出土玉器的启示，灵机一动，开始打起了掘宝的主意。想不到此议一出，立即得到了众军官的积极拥护和热烈响应。只见来自陶凯家乡且具有较高文化，人送外号花狐狸的二营营长胡汉九借着酒劲说道："那还用说，常言道，马无夜草不肥，人无横财不富嘛！要办此事并不困难，古书有云：'殷鉴不远，在夏之后。'三年前的民国十七年，著名的爱国将领、国民革命军第十二军军长孙殿英将军，不是率部在清东陵有过精彩表演吗，难道大伙忘了不成？"

"你……你是说炸乾隆爷和慈禧老佛爷陵墓地宫的事？"身边一个醉醺醺的军官直着脖子抢先问道。

"没错，当年孙大麻子在行动之前以军事演习为名封锁清东陵，最后如期将几座陵墓地下玄宫炸开，盗走了所有的奇珍异宝。我们为何不来个以剿匪为名封锁月亮湾？据我估计，一旦月亮湾被封锁，只投入一个工兵营的兵力，三天之后此事可成矣！"花狐狸胡汉九狂傲且胸有成竹的一番鼓动，激起了众军官的欲望与灵感，许多相关的话题开始涌到桌面。自川军第二混成旅驻防广汉后，这块地盘就理所当然地成了自家的院子，而第二混成旅在向当地百姓收捐要税的同时，也象征性地做了几件为士绅百姓所喜欢的事情，诸如剿匪、禁烟、修路、办学堂等等。此时广汉匪风正劲，许多土豪劣绅与大家富户的子弟不时遭到悍匪的绑票，这种绑票索要钱财的勾当，当地土著称作"绑肥猪"，由于不时有"肥猪"被不明不白地绑走，并将"猪"头砍下挂在道边树上示众，弄得城里城外人心惶惶，鸡犬不宁。如果这次行动打着剿匪的牌子制造假象，也可以蒙住外人的眼睛，只是需要多加些小心，把假戏演得像模像样罢了。这一夜，陶凯旅部灯火通明，群情激昂，争相发表自己的见解，为即将开始的挖宝大行动献计献策，直到天将拂晓，怀揣着发一笔横财梦想的众官兵，方意犹未尽地各自散去。

一个星期后，陶旅长按胡汉九的计谋，先后派出一个工兵营和一个加强连约四百五十人的队伍进驻月亮湾，对外宣称要在雁江一带设卡堵截悍匪朱小猪等作恶分子为民除害。在加强连架起的机枪与刺刀的包围中，工兵营官兵以燕家大院为中心，在方圆几公里的范围内老鼠打洞一样偷偷刨掘起来。此时的陶凯和胡汉九等尚未意识到，自己未免过于书呆子气了些，此一时彼一时，过去的老皇历已经不适应当前的新形势了。无论是天时还是地利，今天的月亮湾挖宝都不可与三年前孙殿英炸清东陵的情形同日而语。因而当陶凯的部队进入月亮湾的第三天，就有消息传到了广汉与成都，谓陶旅长在月亮湾与雁江两岸掘了蜀王鳖灵的坟，得了两口袋金珠玉贝，还有十几棵摇钱树，其中两棵最大的分别送给了邓锡侯和川军总司令刘湘等等。一时间，广汉驻军第二混成旅刨坟掘墓、劫财盗宝之事遂成为社会各界议论的焦点。

这个颇具刺激性的盗宝话题在大街小巷流动了一阵子之后，很快就灌进了陶凯的上司、川军第二十八军军长邓锡侯，又称邓汤元，人送外号"水晶猴子"的耳中。这邓锡侯乃川军将士公认的聪明绝顶之人，他姓名的最后一个字"侯"与动物之"猴"同音，而这猴子的材料是用锡做成的，锡又近同水晶，故人送外号水晶猴子。这猴子刚刚听到风声，便立即让师长陈离把陶凯弄到军部过问实情。陶旅长自恃有华西大学和成都讲武堂的双重资历，平时总以文武全才的大将军自居，在同行中有意无意地显现了趾高气扬、不可一世的派头，引得川军其他将领经常侧目与反感。这次邓锡侯也是受了其他将领的密报与蛊惑才将其招来准备教训

邓锡侯，四川营山人，时任川军第一纵队司令、第二十八军军长

第一章 一醒惊天下

一番以煞其威的。陶凯一看上司的表情，知道事已泄露，想强撑着抵赖死不承认，又深知这位水晶猴子的聪明与厉害，便支支吾吾不知如何是好。邓锡侯知道事情还没有闹大，尚有挽回之余地，想到川军内部近来局势不稳，急需对下属进行安抚与拉拢，同时也为了给陈离一点面子，便板着脸将这位毕恭毕敬的下级臭骂一顿，令其立即将兵撤回，做好善后事宜，同时要尽可能地消除不良影响等等。面对军座的训斥，陶凯立即失了往日的威风，像霜打的茄子样不住地点头称是。当他返回广汉驻地后，便迅速下令月亮湾的部队将所挖洞穴全部原样回填，人员立即撤回驻防地，算是对挖宝事件草草了结。正当陶凯为这次行动没捉到黄鼠狼，反而惹了一身臊，弄了个灰头土脸，里外不是人，而自己虽绞尽脑汁但迟迟找不到适当的方式方法以消除这恶劣影响与四处游荡的谣言之时，面前竟突然窜起一道亮色——华西大学美籍教授、著名地质学家戴谦和在牧师董宜笃的陪同下登门拜访来了。

川军三巨头。左起：刘文辉、杨森、邓锡侯

当陶旅长率部于月亮湾挖宝的传言在广汉、成都闹得沸沸扬扬之时，戴谦和也得到了消息。这位洋教授闻听极为震惊，心想这埋藏重要文物的地方理当采取科学的手段进行发掘，怎能任凭一帮军阀胡掘乱刨！为了弄清真伪，他决定亲自到广汉月亮湾看个究竟，如果事情果如传言所说的那样，自己将做些劝说工作，或在劝说无效的情况下尽可能地搜集些情报，以便向有关方面反映并予以阻止。在这个思想指导下，他特地邀约了华西大学地质系专门负责摄影的老晋一起于1931年6月来到了广汉。二人先找到了老朋友董宜笃询问情况。董称这两天也风言风语地听到了一些传闻，因为像这

月亮湾出土的刀具

月亮湾出土的刀具摹图

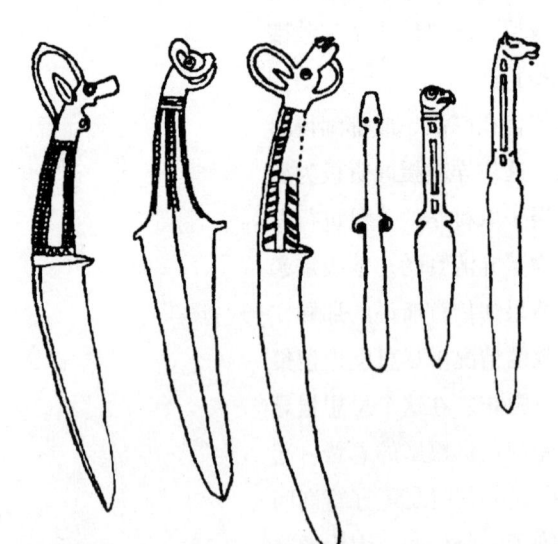

种事不宜公开询问，自己正琢磨着借个什么由头顺便探听一下陶凯的口信，这次算是巧了，索性一道去问个明白得了。于是他们结伴直奔陶凯的旅部而来。此前陶旅长听董宜笃说过戴谦和亲自鉴定那五件玉器的事，此次见这位蓝眼睛、长鼻子的洋教授专程从成都跑来询问月亮湾盗掘之情，并将外界的种种传闻叙说了一遍。陶凯听罢倒吸了口凉气，暗自庆幸军座的及时阻止与自己撤兵及时，否则事情将难以收拾。现在既然已经撤兵，就绝不能承认有过此事甚至企图，否则便是引火烧身，猪八戒照镜子——自找难看了。想到这里，陶旅长做出一副真诚加冤屈状，对此事做了全盘否定，并对制造谣言者做了一番虚情假意的口头讨伐。戴谦和听罢点了点头，似是对陶旅长遭受的不白之冤表示同情和理解，随后提出想到月亮湾亲自考察一下的想法。因自己对那里的情况不熟，怕再引起当地人的怀疑，希望陶旅长派几个士兵作为警卫一道前往。陶凯听罢先是有点厌烦之感，心想：我弄的这档子事还没整利索，你又来横插一杠子，这不是给我添乱吗？便要借故推托。但话尚未出口，灵感的火花"唰"地一闪，一条妙计袭上心头，随之很是痛快地答道："戴教授不辞劳苦，亲来广汉为考察保护文物古迹奔波，令人钦佩。其安全之责，当由卑职全程担负，派兵保护，理所应当。明天由旅部派专车，卑职亲自陪同，以尽对科学考察人员保护之责任。"陶旅长的一番豪言壮语，使戴谦和大为惊讶又大为感动，遂竖起大拇指连呼："OK！OK！"

第二天，戴谦和与摄影师老晋、董宜笃三人在陶旅长及其一大批官兵的陪同护卫下，或乘车或骑马或步行，浩浩荡荡地来到了月亮湾。此时的戴谦和觉得陶旅长是一位有文化、有品位、识大体、顾大局、尊重知识分子的新式军官，是中华民族走向伟大复兴的中坚力量。但就陶凯而言，他这样做的目的，是希望将自己盗宝的阴谋与在社会形成的负面影响，随着这些洋大人的考察而冲淡，并将人们的视线渐渐转移到洋人的行动与考察成果中来，自己从中好来个金蝉脱壳，溜之大吉。尽管陶凯的想法有些勉强，但在没有更好的办法的情况下，也只有如此这般去应对了。

到达月亮湾后，戴谦和、董宜笃等人在陶凯所部工兵营翻腾出的土中捡到了若干颇有研究价值的陶片和零零碎碎的小件玉石器。待检索完毕，老晋将该拍照的地方都做了实地拍摄，而后又在陶旅长的陪同下来到燕家进行访问。当听说他此前送给陶旅长的五件玉器转送戴谦和教授鉴定是距今三千多年的商周遗物，而这些遗物对研究古代历史、地理、人文环境都极其重要时，燕道诚好像突然找到了失散多年的知己，突发神经样地从家中一个地窖里拿出了几件玉刀、玉璧、石斧、石环等器物，嘴里嘟囔着非要请戴谦和鉴定，实则是想在洋人与陶旅长面前显耀一番。戴谦和接过器物细心察看后，认为同前几件属于同一文化类型，并进一步推测为商、周礼器。也就是说，这几件东西不是普通人家所用的普通器物，而是古人祭祀天地鬼神时专用的一种能沟通天地的特别器物。听了戴谦和一番旁征博引的解说，董宜笃似乎受到了感染，兴趣大发，当场提出购买几件上好的玉器送与华西博物馆予以收藏研究。陶旅长一听，立即意识到这

燕氏父子挖出的石璧（现藏于四川大学博物馆）

月亮湾出土的玉器
（原华西协和大学博物馆收藏）

正是洗刷自己污名的又一条渠道，遂眼珠一转，马上表示上次借走的五件和现在所要的几件，都以旅部的名义付款了结，并全部转赠自己的母校华西大学收藏。陶凯如此慷慨激昂的一番表示，令在场的戴、董两位洋人和燕道诚老汉都有点不好意思，经过一番客气性的争论与讨价还价，最后达成了一个协议：由陶旅长出资清算包括上次五件在内的共八件玉器；董宜笃以广汉圣公会教会的名义出资购买一件个头大、玉质精的玉琮；燕道诚则献出家中珍藏的一枚直径78厘米、厚近7厘米、重达百斤的特大型石璧和一柄大型琬圭给华西大学。不过燕道诚在赠送的同时又提出了一个附加条件，需在石璧上刻"燕师爷"三字，以示对捐献者永久纪念。经过一番讨论，在其中一枚石璧上刻了燕道诚的名字才算了结。以上所列器物全部造册登记，由戴谦和与摄影师老晋在册上签字画押后，带回华西大学博物馆收藏。

协议既定，陶旅长提前返回旅部处理一件紧急公务，戴谦和等一行则在数名官兵的保护下，开始在月亮湾周围再度展开调查。这次调查持续了三天方告结束。返回广汉后，陶旅长没让戴谦和急着回成都，而是将他与董宜笃等几人共同派兵护卫，携带此次调查中捡来的半口袋陶片、玉器残片以及从燕家两次收购的玉器和燕道诚捐赠的大石璧等，在广汉县几个重要的衙门和有影响的士绅之间有声有色地转了一圈，最后又派出专车由几名官兵护卫，将戴氏与器物一同送往成都。临起程时，并不知具有中国特色之内情的戴谦和握着陶凯的手，颇为激动地说：中国有陶旅长这样的精英人才竭诚为民服务，为国尽忠，真是百姓之幸、民族之幸、国家之大幸呵……"

"惭愧，惭愧，还请戴教授多多关照……"陶旅长打着哈哈，将戴谦和二人送上了旅部特别派出的汽车。当汽车抵达成都后，沿着街面转了几个圈，最后停在了华西大学博物馆大厅门前。按戴谦和的安排，他要将这批珍贵的器物亲自交到他的好朋友、华大博物馆馆长、美籍教授葛维汉（D. C. Graham）的手中。

第二章 漫长的寻觅

天赐王国

美国人组织的科学发掘，月亮湾的隐秘忽明忽暗，难窥真颜。古董商的阴谋，土匪地痞的捣乱，当地民众的恩怨，发掘工作被迫停顿。研究成果的公布，郭沫若闻讯东京来信。王家祐在燕家大院的夜话，引出了一段意外插曲。冯汉骥的月亮湾情结，联合发掘队进驻月亮湾。省博物馆与四川大学的纷争，悲情时代一连串悲情故事。

美国人插手发掘

戴谦和刚下车,正好遇到了外出归来的美国人葛维汉。葛氏是人类文化学教授,早年毕业于哈佛大学人类学系并留校任教多年,研究古物与古人类遗迹是他的本行,且造诣颇深,20年代末来华,在川南一带传教,同时做一些田野科学考察工作。当华西大学成立后,受他的好友、时任华大美方校长约瑟夫·毕启博士的邀请来到该校任教,后来兼任了华大博物馆馆长之职,自此更加注重对边疆地理的考察与古器物的搜集工作。在这期间还主持创办了华西边疆研究学会,定期编辑出版该会会志与博物馆馆刊,对推动中国西南边疆历史地理和古文化的考察研究做出了一定贡献(对戴氏的做法,国内有些学者如冯汉骥等曾有不同的看法和评价——作者注)。因戴、葛二人同在华西大学共事,平时经常在一起喝茶聊天摆长城吹牛皮,还几次结伴外出到川西搞过田野调查,遂成为要好的朋友。此次一见,戴谦和便用中国式的幽默说:"尊敬的馆长先生,我送您几块石头,不成敬意,万望笑纳。"

望着戴谦和风尘仆仆又精神抖擞的模样,看到一辆军车与几名荷枪实弹的川军官兵共同前来,葛维汉立即猜出这位神通广大、爱好古物的地质学教授此次肯定捞到了长江上游少有的"大鱼",便双手抱拳于胸前不无幽默地说:"欢迎,欢迎,在下求之不得。"说着将右手冲博物馆大厅一扬,做了个请的姿势。戴谦和让随行的官兵将盛

美籍教授葛维汉在川西考察

第二章 漫长的寻觅

装玉石器的箱子抬下来，同摄影师老晋一道跟着葛维汉到了一间办公室。在开箱之前，戴谦和又突发奇想，先让葛维汉闭了眼睛，待箱子打开，里边的玉器一件件被拿出摆放到办公桌上后，戴谦和说了声："好！"葛维汉才睁开眼睛。刹那间，几十件大小不一、精美异常、光芒四射的玉石器如同汹涌奔放的潮水"哗"的一下扑入眼帘，令人在短暂的惊异之中感到了一丝夹杂在诡谲神奇中的壮美与豪阔，其景观既撼人心魄，又撩人遐思。葛维汉于惊愕中张大了嘴巴似想喊句什么，但始终没能喊出。他静下神来，先是将摆放的所有器物用爱抚喜悦的眼神横扫了一遍，然后伸手捧起一件玉琮旁若无人地仔细观瞻起来。直到被晾在一旁的戴谦和大声"抗议"，指责对方见财眼开，不够哥们儿，葛维汉才从沉醉中猛醒过来，很不好意思地伸手拍了下戴氏的肩膀，又分别向摄影师老晋和抬箱的官兵点头致歉，各方人员才开始进行理智的交接与交流。

葛维汉以华大博物馆的名义接收了戴谦和交来的玉石器之后，对此视若珍宝，爱不释手，并以极大的热情和精力投入到研究之中。在此之前，葛维汉见过并亲手摩挲过许多玉石器，但从没见到有如此精美之器物。据稍后来到华西大学博物馆任职的郑德坤教授考证，西蜀石器文化的发现并不遥远，其肇始于1886年英人探险家巴伯（E. C. Baber），此人在这一年入川游历时，于重庆附近当地老乡手中收购了二件磨制石器，回国后对此做了研究并发表了学术论文，西蜀有史前石器文化遂闻于世。其后，居住在川康地区的传教士叶长青（J. H. Edgar）及华西大学的戴谦和、葛维汉等学者，以边疆学会的名义在各地展开调查，收获颇丰。所取标本除将少数捐赠上海亚洲文会博物馆及南京"中央研究院"外，其他的几百件各式石器全部收藏于成都华西大学博物馆。叶、戴、葛三人对当时采集到的石器进行了较为详细的研究后，先后在《华西边疆学会会志》《亚洲文会会报》等刊物发表了关于川康地区石器文章十余篇。由此，四川史前文化才引起了中外学者的关注，前来调查者接踵而至，一时出现了西南石器文化研究的热潮。1925年至1926年间，中亚探险队考古学部主任奈尔逊（N. C. Nelson）前往三峡调查史前遗迹。据郑德坤说：其人亲履洞穴数百处，考察精详，成绩笃著，所得遗物，除一部分留在北平地质调查所外，全部编号运至美国，存放于纽约自然博物馆。"关于这批器物的初步报告刊于美国《自然科学》杂志，后又刊于

055

《中亚自然科学》第一卷。1930年，广州中山大学美籍教授哈安姆（Arnold Heim）曾专程自广州跑到四川边疆考察地质，亦得石器数十件。1931年春，美国哈佛燕京学社派包戈登（Gordon Bowles）到川西调查民俗，在一个称作道孚的地方发现史前遗址多处，采集石器数十种。这批石器全部存放于华西大学博物馆保护、研究……正因为有了以上的工作基础，戴谦和把从广汉运来的这批玉石器交给华大博物馆也算是顺理成章的事情。

为弄清广汉玉器的情况，葛维汉曾多次向戴谦和请教，并会同华大博物馆副馆长林名均对摄影师老晋所拍的照片做了研究，初步认为"月亮湾一带很可能是一处重要的古代遗址"。同时预感到在出土器物坑的近旁必有其他遗物埋入地下，如果找到并挖出，可作为这个器物坑和掩埋器物的旁证加以考察研究。为了更详尽地了解这处遗址与出土器物的内在联系与文化性质，葛维汉以"广汉遗物之富于考古价值"为主题向华西大学校本部打报告，要求率领几名教职员工亲赴月亮湾玉器出土地点做一次考察，通过对这一地域的考察研究，从而得出合乎历史真实的结论。这个报告在得到校方批准后，葛维汉又决定干脆来个一不做二不休，索性筹集经费做一次科学的考古发掘，以找到更多的器物加以研究，尽快解开埋藏玉器之谜。为促成此事，他致函于广汉的董宜笃相商，请其出面和地方上的头头脑脑们联系，做些前期的宣传鼓动工作，争取地方当局和士绅们的同意与积极参与，至少不至于在背后捣鬼，中途下绊儿，将事情搞乱搅黄。同时葛氏又利用华大博物馆的影响力，一边筹款，一边积极做四川省教育厅的工作，最终办妥了针对广汉县中兴场月亮湾地区的考古发掘执照。广汉县方面在董宜笃的奔波说和以及陶旅长从中斡旋下，县长罗雨苍以广汉县政府的名义正式发函对此次发掘表示同意和支持。万事俱备，只欠东风，葛维汉得此消息兴奋不已，决定于民国二十二年（1933年）冬季水枯时期，在月亮湾燕家院子周围进行试掘。但由于其他事务耽搁，此次计划未能付诸实施就宣告流产。

到了民国二十三年（1934年）春，葛维汉决定再度组织人员对月亮湾进行发掘，在经过一段时间紧锣密鼓的筹备后，终于付诸行动。这年的阴历三月初四、初五两日，葛维汉、林名均等华大博物馆的四位教授，携带着测量器、绘图版、水准器、卷尺、铁锹、铲、锄、粗制毛刷、竹篾等发掘器物，连同十几名训练有素的发掘工人一起乘车来到了广汉。在董宜笃的引见下，很快与县长罗雨苍、当地驻军陶旅长等军政要人接上了头。罗雨苍与陶凯当晚共同设宴款待葛维汉等人的到来，并于席间商及发掘的具体事项。最后决定以"此项发掘，非以现代科学方法不能辨明其层位而求得时代之价值。然此事在蜀尚属创举，以西人主持其事，恐引起不必要之误会与纠纷，乃改用县政府名义，由罗氏出面主办"（林名均《广汉古代遗物之发现及其发掘》载《说文月刊》1942年3卷7期。以下引文同）。为了表示地方政府对此次发掘的支持和重视，罗县长指派两名亲信邓巨铺、萧仲源专门负责发掘中的人员组织、调配以及后勤服务等事项，其他诸如发掘计划、发掘地点以及发掘中的方式方法等科学方面的事项皆由葛维汉全权主持。由于月亮湾地下藏宝的秘密随着燕道诚的泄露，陶旅长手下官兵的发掘，董宜笃、戴谦和、葛维汉等洋人三番五次地光顾等举动，早已在社会中广泛传播开来。当秘密挖宝的陶凯军队撤走后，成都与广汉的古董商人、土匪、恶霸、地痞等各色人物，纷纷潜入月亮湾，欲发一笔横财。尤其是当地最有名的如王脚猪和人送外号鬼难拿、鬼见愁、鬼敲门三兄弟等悍匪，主动与当地社会不安定分子相勾结，利用各种机会和借口进驻月亮湾，在平坦的稻田和弯曲的水渠边大肆挖掘起来。在不算太长的日子里，整个月亮湾已不再是油菜花盛开，稻香四溢，曾养育了无数子民的温馨家园，瞬间变得千疮百孔，窟窿遍地。在这种情形下，负有地方治安之责的陶旅长曾多次派出军警进行弹压，但只收到一点暂时性效果，得到片刻的安宁，一旦军警撤出阵地，立即又恢复了原来的混乱局面。月亮湾那鸡犬不宁、狼烟不绝的状况，渐已成为广汉军政要人的一块心病。这次葛维汉一行的科学发掘，算是一个大的契机和转

广汉县县长罗雨苍

折点。为了保证发掘人员的安全,也为了当地治安状况尽快好转,罗县长和陶旅长商定,在发掘期间派出一个连约一百二十人的官兵与三十名团丁,日夜驻守在发掘现场,并集中部分精力合力围剿、堵截、消灭在月亮湾活动的不法分子,如有为非作歹或继续违抗者格杀勿论,或就地正法,或枭首示众,以从根本上扭转这种混乱态势。

第二天上午,葛维汉一行来到了月亮湾进行实际勘察,此前派来的官兵与团丁早已按照预定的守护、警卫方案部署完毕。为表示对此次发掘的重视,也为了彻底根除上次派兵挖宝的不良社会影响,陶旅长与罗雨苍县长等军政要人于第三天上午率一干人马来到月亮湾发掘工地进行视察。在葛维汉的陪同下,一行人先在燕家院子的四周和月亮湾台地转了几圈,葛维汉边走边指着眼前的地形,讲着自己对这一区域的推测与未来的发掘计划。看得出,葛氏的兴致很高,而重返月亮湾的陶旅长此时的心情更是出奇地好。当这群特殊的视察大员转到两个守护的机枪手面前时,陶旅长望着架在土堆上那散发着瓦蓝色光芒的德国造轻机枪,两眼放光,兴致大发,转身对陪同的守护连长明知故问道:"这枪的威力咋

葛维汉(右一)与县政府官员在发掘现场

样，大不大？"聪明伶俐的连长早已闻知面前的这位活阎王有好大喜功、爱慕虚荣、故弄玄虚的嗜好，立即站直了身子短促有力地回答道："报告旅座，威力巨大，比过去的机关枪可是厉害多了，不愧是德国造，真是名不虚传呵！"

听罢此言，陶旅长得意地点点头，接着大声对两个机枪手命令道："你们两个给我冲西边那个横梁子来一梭子，震一震王脚猪和鬼难拿这些个老王八，看他们还敢再来跟我陶某较劲。"两名机枪手不敢怠慢，立即掉转枪口，将一长串子弹"哗哗啦啦"地推上膛口，开始扣动扳机"咚咚隆隆"地放起枪来。密集的子弹飞出枪膛后在西边不远的横梁上"哧哧溜溜"地上下窜动，不时有飞弹发出"唧唧"的怪异而骇人的鸣响，流弹撩起的一串串火花与烟尘，蛇一样贴着地皮不住地窜动、翻腾、跳跃，形成了一道奇特而亮丽的风景。众人见状，识趣地齐声喝彩，陶旅长见这次在洋人面前都露了脸，遂得意忘形地大笑起来。

待罗雨苍、陶凯等军政要员例行完公事，前呼后拥地返回县城后，葛维汉与林名均决定找燕道诚了解当年挖出玉器的详情。此前，对燕道诚挖出玉器的具体情形，董宜笃曾对葛维汉说过，并言具体情形是"由小到大，分为三道，一列坑左，一列坑右，一列坑面，形如长方坑之装饰"。而随戴谦和赴月亮湾调查的摄影师老晋则对林名均说，坑中的玉器形状及放置情况是"大小不等，叠放如笋，横卧泥中"。为此老晋还特地说明，此种说法是从燕道诚之子燕青保口中得知的，当时"燕氏以事关风水，记忆甚确"。但这个说法显然与葛维汉听到的不合，到底孰是孰非，只有再请燕道诚出面回忆并决断。当几人来到燕家找到燕道诚，并请求其回忆那天晚上挖玉器的具体情形，以及玉器在坑内的布置状况时，燕氏摇了摇头，晃了晃脑袋，抬起袖子擦了把有些昏花的眼睛说："当晚由于老天黑得伸手不见五指，还刮着寒风，下着小雨，马灯的光亮既小且暗，加上当时怕被人望

燕道诚挖出的玉器

见，心惶惶的，只顾向外掏东西，没顾得详细观察器物之间有啥子联系。再说它们联系不联系与我们挖宝有啥子关系，我们只要把宝掏出来就对了。不过隐隐约约地还是有些印象，这个坑肯定是长方形的，坑中的玉石器整体的堆放情况似是圆形的器物如玉璧、石璧等，都是从大到小重叠在一起的，在坑的周边环放着一圈石璧，其他器物的堆放情形就模糊不清了。再说这事都过去几年了，我的身体也一天不如一天了，人老了，头昏了，也就懒得特意去记了。"

葛维汉等发掘人员听了这个模棱两可的描述，颇不甘心，又找来燕青保询问，对方的回忆跟燕道诚不相上下，同样稀里糊涂说不清楚。事实上，由于当时的心境和本人缺乏考古学方面的训练，所以燕氏父子对坑中玉石器情形的回忆，只能供考古人员做个参考，但不能看作结论。不过按燕氏父子的说法，此坑连同大批器物的出现，至少给研究者留下了三个未解之谜。一是这个坑是谁挖的，在什么时间挖的，为何不是其他形状而偏偏挖成长方形？二是坑里的玉石器为何要重叠堆放，横卧泥中或环坑一周？三是这些大大小小的石璧到底代表着什么意思，做何种用途？

为解开这一连串的谜团，葛维汉、林名均决定先将燕道诚挖出器物又回填的那个坑重新掘开看个究竟。此时坑边溪水暴涨，林名均只好指挥工人将欲发掘的一段用泥石断塞，并将坑之两边掘开，使溪水改道经坑边流出。后借助燕氏田溪中所设水车将水车干，慢慢寻找到当初发现遗物的原址开始发掘。经淘掘后，发现其为一长约七尺、宽三尺、深一尺多的土坑，坑中旧藏遗物已全部被燕氏取去。林名均等"仅得玉圭之残块两片及残缺小石璧数件而已"。因当年器物被取出之后，为寻找金银珠宝，燕青保又在坑中向四周乱挖一气，使考古人员再看到这个坑时就显得有些杂乱和不伦不类。尽管如此，原坑的轮廓还是能辨别出来。由于坑中受到严重破坏，整个坑壁已难觅到器物挤压停靠的痕迹，当年那些器物到底如何排列组合，也只有听燕氏父子的一面之词了。

对于这段发掘经历，林名均在他后来撰写的《广汉古代遗物之发现及其发掘》的报告中说道："此类石璧残块，尚有为前此燕氏弃掷于岸旁者，吾人亦一一拾取携归。此外尚有由坑中所散出之长方形绿色小玉块，及绿松石磨成之有孔石珠，混于溪底泥沙之内，吾人淘洗约近百件。据云，自燕氏淘溪之后，附近居民于其近旁拾得此类石珠甚多，用线穿连以为儿童玩具。然皆散失（吾人曾于一乡人手中购得数颗），小玉块则无人拾取，任水漂去。按周礼典瑞，'鄗圭璧琮琥璜之渠会，疏璧琮以敛尸'，则其地或为古代重要人物之坟墓，诸物乃殉之所用也。或为古代祭祀大地山川之所，亦有可能。"

面对这个已遭破坏的神秘的器物坑，葛维汉和林名均在此徘徊思考了很久，初步认定这个土坑是一座墓葬或者是一个祭祀坑。既然如此，像这样高规格的墓葬或祭祀坑就不是孤立的，它一定有相关配套的其他设施与器物。在这一思想指导下，葛维汉决定就土坑四周布网发掘，尽量搜寻与之相关联的遗迹遗物。于是，若干年后被命名为三星堆遗址的首次科学发掘，于1934年这个阳光明媚的春天正式拉开了序幕。

林名均发表论文影印件

根据考察的情况，葛维汉与燕道诚进行了一番交涉后，决定先在燕氏当年挖掘的坑边开两道探沟，视发掘的情形再做下一步的打算，发掘事宜由林名均具体指挥实施。关于此次发掘的详情，林名均在随后发表的考古报告中做了这样的叙述：

林名均报告中发掘的探沟

吾人预掘之工作地段，为小溪之左右两岸，惟溪南即紧接燕氏私宅，其人迷信风水，不允于其宅外发掘，乃就溪北葫豆田坝及溪底二处作为目标。于是先沿溪开一长四十尺广五尺之第一坑，经时四日，深达七尺。其地表面为近代之黑土层，平均深度约有三尺，其中所含陶片及破损陶器最为丰富，且有若干石器及

061

其残块混入其间，吾人发掘所得，皆在此层之内。以其土层辨别为红色，故葛氏疑其为古代之一陶窑。再次则为未曾翻动之黏土层，带黄褐色，以探锄击洞视之，亦无遗物发现，知再掘无益于事，乃停止第一坑工作改掘溪底。

……溪底工作既毕，便紧接第一坑之南开第二坑，同时依其北开第三坑，长宽均同第一坑。第三坑土层与第一坑相同，在第二层中亦掘得若干陶片与石器残块。二坑半属溪岸，较田坝约高尺余，上二层泥土系后人堆积，继有近代陶瓷残片，无何等价值。下

1934年葛维汉主持的发掘现场

第三层，与第一第二两坑之瓦砾层同，所得亦相似。再下即为未曾翻动之黄土层矣。

当发掘工作进行时，吾人即注意附近各地有无其他遗物，后果于小坡之上拾得石器残块两块，溪岸拾得少数陶足。后又由一农人处购得石斧一柄，柄刃及口部残缺。又得刀柄一段，尚存一孔，据谓亦得自溪中，距燕氏淘制处十余丈。此外尚购得红色小石凿一柄，谓于溪南土中所得。据此，则遗物散布之区域，甚为广大，若能用长时间做大规模之发掘，成绩必更有可观，唯因种种限制，吾人不得不暂时结束。将所掘之坑用泥土补填复原，并给地主以相当回报以赔偿其损失。

由于此时川西平原匪患严重，虽有陶旅长与罗县长派出的军兵、团丁共一百五十余人严防死守，并不时将那德国造轻机枪朝四周的土梁子和树林放上几梭子子弹，以示威胁与恫吓。但仍有为数众多的亡命之徒不吃这一套，他们置生死于度外，顶风而上，故意与守军官兵团丁们较劲，声言要血洗月亮湾，夺回失去的地盘，保家卫国，让洋人们统统

第二章 漫长的寻觅

滚蛋。他们白天在不为人知的地方悄然蛰伏，每到晚上便像狼虫蛇鼠一样从不同的地方钻将出来，开始对发掘工地及其相关人员进行骚扰。一批古董商人眼看自己的财路随着几个洋人的到来被封堵，于心不甘又颇不服气，便与地痞流氓勾结，四处散布流言，称县政府与二十八军第二混成旅军政要员挟洋人以自重，并与洋人勾搭成奸，出卖祖宗，将近千名驻军开赴月亮湾秘密挖宝。月亮湾下埋有古蜀国的开国之王——鳖灵王开金堂峡口的宝剑和他的坐骑等等。陶旅长的挖宝大军敲了蜀王的坟，得了这把宝剑和一匹镏金马，并挖出了两口袋金珠玉器与十几棵摇钱树。而这蜀王的坟一旦被挖开，月亮湾甚至整个中兴场和广汉的风水将遭到彻底的破坏，四方乡邻百姓即将大祸临头云云。由于这一番蛊惑煽动，使原本文化程度低下，整日在巫术与魔法的阴影中苦度时日的劳苦大众，由最初的嫉妒变为眼前的恐惧，由恐惧演变为对县政府与驻军的愤怒，再由愤怒的火星迅速燃起了仇恨的烈火。在烈火的燃烧中，这些哀其不幸、恨其不争的劳苦大众，怀揣着关乎自己生死存亡的恐惧与急欲摆脱灾难的焦急之情，开始主动与各路地痞、流氓、土匪及大胆的刁民勾结，嘴里狂喊着"地不分南北，人不分老幼，守土有责，共同对敌"的口号，秘密成立了一个"广汉民团乡勇爱国护

葛维汉与考古发掘人员撤离工地后在广汉教堂前留影

宝总指挥部"，开始与驻守的军队、团丁展开游击战。在如此民怨沸腾、险象环生的境况下，广汉县县长罗雨苍认为再这样折腾下去，不但发掘的器物有所闪失，几个洋大人的人头都可能要丢掉。如果这几个洋人真的在自己的地盘上被悍匪们作为"肥猪"绑去，将头砍下，那事情可就闹大了，不但自己要丢官罢职，脑袋都怕是很难保住。想到这里，遂以"匪风甚炽、安全堪忧"为名与陶旅长、葛维汉协商暂停发掘，待"匪患已除，民众息怨，事理尽晓后，再做发掘事宜之筹划"。本来陶旅长还想凭着自己的武力坚持一阵子，声言再派出一个团进驻月亮湾与悍匪刁民决一雌雄，但葛维汉此时早已吃尽了被骚扰的苦头，再加上怕事情越闹越大，于己于当地政府、百姓都没有好处，遂萌生退意，同意了罗县长的意见。于是，发掘队于3月26日撤出工地，整个发掘过程为期整整十天。

关于这段看起来有些意外的插曲，林名均在他的报告中曾说道：

三月六日发掘工作开始，然附近无知乡民，竟妄造谣言，谓吾人掘有金马，时邻境匪风正炽，恐因此发生不测，且夜间必须步至八九里以外住宿，为避匪患，众皆为苦，故甫十日即行结束。

此次发掘，在沟底和溪岸共开探方108平方米，出土、采集了六百多件器物。其中有石璧二十件，琬圭、石珠十余件，琮三件，玉圈、小玉块数十件。另外还有三件石斧、一件石锥、二件石刀、二件石杵、五件磨石和石珠等。文化层出土有灰陶钵及大量残陶片，其中以灰陶居多，纹饰简单，多为素面。所出器物分置六箱，全部押送至广汉县政府。罗县长在过目之后，便"以此有关文化之古物，分散之后不便研究整理，乃将全部移赠华西大学博物馆保存"。

按照林名均的说法，与罗县长的慷慨大度成鲜明对比的是，"惜燕氏私藏数器，几经交涉，未能购至，仅摄影以做参考而已"。

葛维汉、林名均等人怀揣复杂的心情返回成都后，尽管有时间短促、发掘计划未能全部实现的无奈与遗憾，但事已至此，只好将精力投入到发掘器物的整理与研究之中。20世纪50年代之后，著名的华西大学改为华西医科大学，华大博物馆的器物由四川大学博物馆接收保存，在馆内长期摆放展出的"广汉太平场遗物"，即有这次发掘出土的全部器物。

第二章 漫长的寻觅

🏛 郭沫若东京来信

就在葛维汉与林名均等学者在华西大学博物馆集中精力整理、研究广汉出土器物之时，1934年下半年，成都东方美术专科学校校刊创刊号突然发表了一篇题为《古玉考》的学术论文，论文的作者为成都古董商人兼金石学家龚希台。据该文称，1932年秋，龚氏从燕道诚手中购买了四件精美玉器。"其玉外作深褐色，或染朱，颇似出土器物。其一折断，其中略作灰色带浅红斑纹，质地不甚坚细，其质料又与其他玉器迥异。然四器之形制及制作仍与广汉文化遗物大同小异。四器并为圭璋之属，各长尺余，柄俱有孔有牙，与土坑出土琰圭之牙孔无殊。"龚希台经过对所购玉器的鉴别研究，认为"燕道诚掘出玉器之坑及其周围乃传说中古代蜀国望帝之所，出土的可以串联的绿松石珠则是古代帝王冕旒饰物……"。

此文发表之后，立即引起了学术界的瞩目与争鸣。一批中外著名学者如顾颉刚、蒙文通、徐中舒、郑德坤、卫聚贤、葛维汉、戴谦和、林名均等纷纷加入到了这场争鸣之中。据后来出任华西大学博物馆馆长的郑德坤说，到了"民国二十九年，龚氏已归道山，其戚某氏以重价（将四件玉

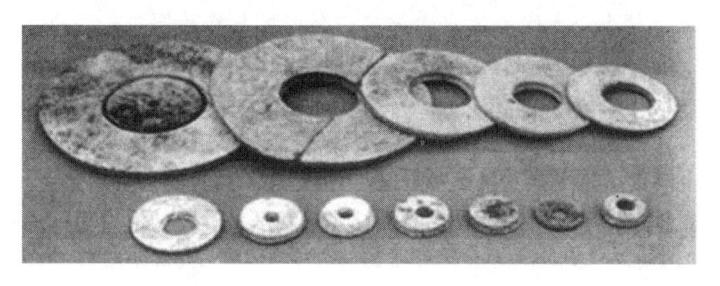

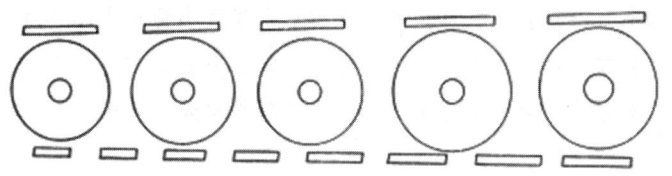

葛维汉在自己撰写的月亮湾发掘报告中，对燕道诚所挖器物坑玉器原状推想示意图。坑的顶部由大到小依次排列的石璧盖在上面，平放或呈水平状，墓边垂直排放的石璧也同样从大到小排列（葛维汉《汉州发掘简报》，载《华西边疆研究学会杂志》第六卷1933—1934年）。葛氏这一推想在后来几十年的不断发掘中，尚未得到考古实物证实，因而有专家认为葛氏这一推断不能成立

065

器）售归华西大学博物馆"。当时尚在馆内的林名均考察了这四件玉器后说道："其器质皆精美，各长尺余，柄俱有孔有牙，与前述琰圭之牙孔无殊。其一上部如戚形者，龚氏以为钺；其一上有三枝者，龚氏以为戟；上作半圆者，谓之为琰圭，与前所述之琰圭相同；上如刀形者，谓之为牙璋，皆治兵之器也。龚氏考证精详，惟质料与吾人所见略异，故有人疑其不真。"正如林名均所言，这几件玉器的真伪问题一直在学术界存有争议，没有人能做出一个权威性的令众人皆成共识的结论。

就在学术界围绕广汉出土的古玉与古器物所展开的研究与讨论方兴未艾之时，1936年，葛维汉于《华西边疆研究学会杂志》第六卷发表了历史上第一份有关广汉古蜀文化遗址的考古发掘报告——《汉州发掘最初报告》（A Preliminary Report of the Hanchow Excavation）。报告将月亮湾发掘出土的器物、纹饰与河南安阳殷墟、河南渑池仰韶村、奉天沙锅屯出土的器物做了比较，大胆而科学地提出了"广汉文化"这一学说，并断定这一文化其时代上限为新石器时代晚期，下限则为周代初期，也就是在公元前1100年左右。同时极富预见性地指出：

这次发现的器物，至少对研究古代东方文化给历史学者们提供了三种情况。第一，随葬器物可以帮助我们了解古代的葬俗、社会和宗教习俗。第二，玉、石器以及器物上的纹饰，颇能引起考古学家的兴趣。第三，出土的大量陶片，为研究四川古代陶器提供了重要资料。

我们已经指出，那个令人瞩目的发现是在一个挖掘七英尺长、三英尺深的墓坑内出土的，而且几乎所有的墓葬大小大致如此。玉刀、玉凿、玉剑、方玉以及玉璧等礼品，周代时均系死者的随葬品，玉珠也为死者的随葬物。如果我们假设它是古墓这个结论正确的话，我们认为在四川古墓中发现的器物，大约为公元前1000年的器物。

墓坑里发现的器物有绿松石、绿石或粗糙的穿孔玉珠。从玉珠的两端进行钻孔，接近玉珠半心处的孔径较小。另外还有八十多件小青玉片，因为考虑到它们一般作为装饰品粘牢在木制或皮制品上，没有串联或缝入的孔洞。这些玉刀、玉剑、玉凿等显然是祭祀用的。周代实行祭祀天地大典时，方玉象征"地"，玉璧代表"天"。

第二章 漫长的寻觅

……目前的这些资料，也只能停留在暂时假设阶段，待将来找到更多的考古证据，以及广汉收藏品极为详细的第一手材料与中国其他地区的早期收藏品比较后，再来改变或确定结论。我们考虑广汉文化下限系周代初期，大约公元前1100年；但是更多的证据可以把它提前一个时期，其上限为金石并用时代。我们这次在四川广汉县遗址发现的玉器、随葬物和陶器系年代很早的标本。

较之龚希台的《古玉考》一文，葛维汉的报告发表后，在中外学术界引起了更为广泛、热切的瞩目。因为这是历史上首次将广汉月亮湾作为一处古代文化遗址进行命名和剖析，并较详细地论述了出土器物与这一遗址内在的文化联系，揭示了掩埋者的意图和秘密，将隐匿于历史深处虚无缥缈的古蜀文明掀开了沉重的一角。这一角虽锈迹斑斑、雾气昭昭，但毕竟在万重关山中打开了通往古蜀王国的一条小小的隧道，从而出现了"山有小孔，仿佛若有光"的可喜局面。虽离进入令人心驰神往的"桃花源"还有艰巨漫长的一段路程，但毕竟显现了希望的曙光，这曙光或许在不远的未来必将照耀出一段历史的大世界、大辉煌来。由此，当广汉发掘的消息传到日本后，使在革命低潮时期流亡日本的郭沫若兴奋不已。很快，林名均和葛维汉收到了郭沫若的来信，要求赠予广汉发掘的全部照片和器物图形以先睹为快。林、葛二人此前与郭沫若友善，接信后一一照办，很快将资料由海路寄往日本东京。郭收到后，于1934年7月9日回信向林名均、葛维汉

流亡日本的郭沫若与妻子安娜及儿女们在日本家中

表示谢忱,并畅谈他对"汉州遗址"的看法,行文中充满了对哺育他成长的故乡山水的深切眷恋,同时也看得出他当时那跃跃欲试而又无可奈何的两难之情。其言曰:

林名均先生:

很高兴接到你和葛维汉先生的信。谢谢你们的好意,送给我如此多的照片、图片以及戴先生发表在《华西边疆研究学会杂志》上的文章,并且告诉我有关发掘的详细情况。你们真是华西科学考古的先锋队。我希望将来你们能取得更大的成绩,研究古代的遗迹和建筑、雕刻、坟墓和洞穴。这一工作将产生丰硕的成果。与此同时,我也希望今后会有一系列的发掘以探索四川史前史,包括民族、风俗以及它们与中国其他区相接触的历史。这些都是十分重要的问题。我很遗憾,我不能归国协助你们的发掘。

你们在汉州发现的器物,如玉璧、玉璋、玉圭均与华北、华中发现者相似。这就是古代西蜀曾与华中、华北有过文化接触的证明。"蜀"这一名称曾先发现于商代的甲骨文,当周人克商时,蜀人曾经前往相助。此外,汉州的陶器也是属于早期的类型。你们认为汉州遗址的时代大约是西周初期的推测可能是正确的。如果将来四川其他的地方尚有发掘,它们将显示出此文化分布的区域,并提供更多的可靠的证据。

根据你们的要求,我将我写的两本有关中国考古学的书送给你们,并且请书店直接将最近出版的一本送博物馆,另一本送葛维汉先生。以后如有新作,我也将再送给你们。

现在我很忙,就此搁笔。

祝你们取得更大的成绩。

沫若
1934年7月9日

郭沫若在接到这批材料和图片后,是否对广汉文化做过深入的研究,不得而知,但葛维汉与林名均对此的研究却持续了下来。继葛维汉那著名的发掘报告之后,1942年,林名均在《说文月刊》第三卷第七期上发表了《广汉古代遗物之发现及其发掘》长文。文中对出土玉器坑与其他器物的看法,有

第二章　漫长的寻觅

的与葛维汉的墓葬说基本相同，有的另有自己的见解，林文说：

广汉出土各遗物，其时代颇难决定。在葛氏报告书中，曾假定其为周初之物，后以发掘所得之石器陶器为溪底墓葬中之器物，属于同一时代。其重要证据为溪岸坑中曾获残璧一块，与琬琰之粗者质料相同。然玉器之变化甚少，是偶尔掺入，亦非不可能之事也。

于此，吾人有一新假定，即二者本不属于同一时代，将溪岸出土之物与溪底遗物分开。盖吾人在溪底发掘时，绝无一片铜器或铁器发现，以石器及陶器之原始形制观之，这可谓其属于新石器时代。惟陶器中有与城子崖之黑陶相类者，故吾人设定溪底发掘所得之遗物，属于新石器时代之末期而在殷周以前也。

至于溪底墓中之物，其时代较晚，当为周代之物。盖所发现之玉器，与周礼所称，多所吻合。又美国费尔特自然历史博物馆主任洛费氏所作之《中国古玉考》，其第六版第八图之玉刀，形制与广汉溪中出土之玉琰圭相同，彼认为系周代之物。又玉之有牙者，在周代亦颇为盛行。如洛氏书中第二版第二图，第九版第一、二两图，第十三版第一图，及第十五版第三图，均为周代玉器之有牙者。又书中第十一版第一图及第十二版中图向外凸出之环，亦与吾人所获褐色之环相同，洛氏亦定为周代。据巴尔序中称，洛氏著录玉器，多得自吴大澂收藏，及河南新郑发掘所获，并有最精确之考证者。以此证之，则吾人以广汉溪中遗物属诸周代，或不致大有谬也。

惟此次发掘时间过短，所获材料有限，溪中遗物，又已散佚不全，故对于其时代，不能十分确定，将来若能从事大规模之发掘，当必更有可靠之证据出现也。

关于广汉遗物出土的重要性，林名均从四个方面做了概括：

一、古代之蜀，向皆目为戎狄之域，必无文化可言（国策记司马错伐蜀事，张仪曰："夫蜀西僻之国，而戎狄之长。"）。今观广汉出土之器物，其制作之精工，实无逊于中土，加以玉器之使用，尤足显示其文化之高尚复杂。由此可改变吾人关于古代四川之基本观念。

二、由前所述，可知广汉遗物与中原所得者有若干相同相似之处，则古代蜀中文化所受于中原文化之影响，当不难窥见其痕迹。盖四川与中原之交通甚早，世本谓："颛顼母，蜀山氏之子，名昌仆。"《史记·五帝本纪》亦谓：黄帝之子昌意，降居若水，昌意取蜀山氏女，生高阳。其说虽未可尽信，然蜀之名早见于殷代卜辞。武王伐纣，蜀人预焉（见《尚书·牧誓》）。故谓四川与中原同为一系文化，亦无不可。则广汉遗物对于吾国文化分布情形之研究上，实甚有贡献也。

三、由广汉出土之圭，可证明《越绝书》所称黄帝时以玉为兵之说不谬。古书释以玉为兵者，乃以玉饰其兵器，不知兵器真可以玉作，后乃改变其用途耳。

四、此次遗物之出土，仅只广汉之一小区，即有如斯之成绩表现。以此推之，蜀中埋藏于地下之古物，较此更古更重要或尚未经发现者，必有无穷之希望。可以断言，是则对于将来之考古学乃莫大之关系也。

就在华西大学葛维汉、林名均等学人趁着研究的热潮，憋足了劲儿准备离开书斋，再行赴广汉月亮湾发掘，并做进一步研究之时，震撼世界的抗日战争爆发了。在大炮呼啸、血肉横飞的境况中，发掘工作被迫中断。后来随着形势的不断变化，华西大学的洋教授们一个个退出了历史的舞台，先后情愿或不情愿地返回了自己的国家，发掘月亮湾的机会对于他们也随之一去不复返了。

尽管迫于当时的条件，发掘工作业已停止，但关于这方面的研究却延续了下来。就在葛维汉、林名均在月亮湾发掘之时，正在燕京大学哈佛燕京学社以硕士研究生的身份攻读古文字与考古学的郑德坤，曾专程入川赴广汉发掘工地进行过参观与考察，并和葛氏做了学术方面的交流。月亮湾的发掘给他留下了极其深刻的印象。到了1941年，在美国哈佛大学获得考古学及博物馆管理学博士学位并回国的郑德坤，接替葛维汉出任了华西大学博物馆馆长。在担任馆长期间，他亲自拟订了一个以馆藏两万七千多件西南出土文物为基础，将博物馆建成一个教学研究中心的计划。许多年后，郑德坤在回忆这段生活时曾说："博物馆的工作除了将馆内几万件古物整理和展览外，我还提倡利用这些古物作为'乡土教材'。从前的留学生，多数是把他们在美国所念的理论整套搬回来，用外国的材料来教书。我当时则提倡乡土教材，主张用当地的材料来讲考古学与人类学。馆中藏品主要是西南一带的文物，于是我就用这些材料整理出一个系统，以为教学之用。整个博物馆跟大学的课程配合起来，这样教考古学与民族学就不再是洋学空谈，每课都有实物可供研究和实验。"郑德坤的这一做法不仅为国人所敬重，同时也获得了国外学者的赞扬。当时来中国访问的英国牛津大学笃实教授即对此深感惊奇。他认为当时的西方人士都以为西方文化比任何文化都文明，中国国内学术界也弥漫着崇洋的歪风，而四川竟有位中国人坚持用自己的"乡土教材"教学，实在令人心悦诚服。

也就在这个时期，郑德坤写出了具有划时代意义的长篇论著《四川古代文化史》，并在《华西大学博物馆专刊之一》发表。其中的"广汉文化"一章，曾详细地提及了葛维汉、林名均等在广汉发掘的情形，从"遗址的发现、调查经过，土坑遗物，文化层遗物，购买所得遗物，广汉文化时代之推测"五个方面做了宏阔而不失细致的论述，对葛维汉、林名均、龚希台等人的学术观点，或表示拥护与赞成，或给予反驳与批判，同时在行文中还旗帜鲜明地提出了自己精辟而独到的观点：

广汉文化之关键在于土坑中之遗物。葛、林、龚三氏并以为系古代墓葬，然上古墓葬之发现记载，未闻有以石璧列为棺椁之墙壁者。假定实有此制，石璧左右及上三方陈列，是该墓前未经发掘甚明，然则何以燕氏发掘之时，未闻有人骨之发现？古代墓葬必有明器，而此土坑所藏仅石器玉器之属。假使林氏据晋君所闻，称石璧叠置如笋，横卧泥中之说可靠，则广汉土坑为墓葬之说，可不攻自破矣。窃疑为广汉土坑应为晚周祭山埋玉遗址，坑形大小深浅虽与墓穴略同，而其功用则全殊。……广汉地处岷山之阳，土坑位于广汉西北，其为遥祠山神故址当可想象。……是广汉土坑文化之年代，或可定为东周，约为公元前700至（前）500年也。

广汉土坑文化之年代已确定，其文化层之年代亦可迎刃而解。据发掘地层之观察，知葛氏以文化层为古代陶窑旧址，其错误可不必细辨。土坑在文化层中为闯入品，其开凿应在此居住遗址荒废之后，是文化层之年代应在土坑年代之前。今以文化层出土石器与中国各地新石器晚期之遗物比较，不但石器至相仿佛，即粗陶细陶亦多相同。诸遗物中绝无石镞及铜器之发现，一方面可以证明其有四川史前文化之特质，一方面亦可证明其年代应在铜器盛行以前。然则假定广汉文化曾为四川史前文化新石器时代末期之遗址，正在土坑时代之前，当无不可，其年代约在公元前1200至（前）700年以前。

郑德坤长文的发表，使学术界围绕月亮湾出土器物再度掀起了新一轮更加广泛、深入的探讨热潮，"广汉玉器""广汉文化"也随着这股热潮传之四海，名满天下。

略感遗憾的是，1947年，郑德坤受英国文化协会的邀请，赴英国在剑桥、牛津、伦敦三所大学轮流讲学。1948年，当他完成讲学任务路经香港拟返回华西大学时，由于国内战乱难行，遂留居香港。1951年，郑德坤再赴英国剑桥大学从事他中国考古和艺术的教学研究工作，此后一直在海外工作、定居，再也未能回到他梦牵魂绕的四川和华西大学。

冯汉骥的预言

新中国成立后，对于广汉文化与月亮湾的考古发掘，再次出现了新的转机。

20世纪50年代初，随着各地建设高潮的兴起，中国西南部先是有成渝铁路的建设，接着颇受国内外瞩目的天成（后改宝成）铁路也开始动工修建。就四川境内而言，宝成铁路南段由成都起始，全程需经过新都、广汉、德阳、罗江、绵阳、彰明、江油、昭化、广元等十个县境。从成都到绵阳一带，自秦、汉以来就是西南文化的中心区域，而从绵阳到广元一带，又为南北交通的孔道，特别是昭化和广元两地，历代都为政治、军事重镇，其地下文化丰富，文物颇多，具有古蜀文化相当明显的代表性。鉴于在成渝铁路修建工程中，曾于沿线收集到大量文物，因而在宝成铁路工程开始时，当时的西南区文教部有关领导，曾充分注意、考虑到这一重要方面的因素。为了配合工程建设，更有效地宣传文物政策和清理保护出土文物，西南区文教部指令西南博物院筹备处组织、派遣工作组前往铁路沿线,开始清理和收集发现的文物。

1953年年初,由于工作的开展和各种重要文物的发现日益增多,西南区文教部再做决定,令西南博物院筹备处与宝成铁路施工局政治部、四川省文化事业管理局、民政厅、公安厅、绵阳专员公署等单位联合组成宝成铁路文物保护委员会,由西南博物院筹备处主任、著名考古学家冯汉骥为总负责,下设宣教和技术两套班子,开始到沿线各单位和群众中间宣传文物政策,并从事文物的保护、清理、收集等工作。冯汉骥上任之后,对广汉月亮湾一带这个在学术界颇为瞩目的古代遗址特别关注,为防止地下文物遭到破坏,他亲率考古工作队前往调查发掘。他在后来发表的《宝成铁路修筑工程中发现的文物简介》一文中,有一大段是关于广汉中兴乡月亮湾遗址调查与发掘的论述:"由于各方面的有力支持,尤其是筑路工人发挥了工人阶级的高度积极性和爱国主义精神,使清理文物的工作能顺利完成,并取得了很大的收获……广汉中兴乡遗址散布地面甚广,我们在打鳅田略为试掘,即出土大量的石屑、陶片和少数未制成的石器。据推测,此地可能是一石器制造场所。时代不会很早,虽没有铜器发现,或者是属四川巴蜀时代(殷周)的遗址。巴蜀时代遗址,是我们此次工作中注意的重点之一,但至今尚未有确切的发现,只在广汉车站工程中得有铜矛一件,出土情况不明,是属于巴蜀铜器型的……"

从文中可以看出,此时的冯汉骥在庆幸之余,还夹杂着一丝没有发现心中梦想的那种古代器物和遗址的淡淡的遗憾,这个遗憾一直等到九年之后才得以弥补。

由于月亮湾这一文化遗址的重要性为学界所熟知,1955年,受四川省文化局的派遣,省博物馆考古学家王家祐再赴广汉开始对这一遗址进行调查。作为冯汉骥学生的王家祐,于1926年生于成都,受知识分子家庭文化的熏陶,自小就对中国古文化特别是道家文化产生了浓厚的兴趣,幼年拜青城山常道观易理轮(心莹)道长为师,并由恩师赐名王宗吉。当他于华西大学协和中学毕业后,遂考入四川大学历史系,师从中国史学界著名的徐中舒、冯汉骥、蒙文通等教授学习中国历史。1948年毕业后在中学任教三年,其间云游、考察了上海、南京、杭州及四川各地石窟造像区,并师从高道名僧学习道学与佛学。1951年追随冯汉骥到西南博物院（今重庆博物馆）筹备处从事考古工作。1953年8月，进入文化部、中国科学院、北京大学联合主办的"第二届考古工作人员训练班"进修，并聆听了郭沫若、夏鼐、裴文中、向达、苏秉琦、阎文儒、吕遵谔等文化大师的讲课，结业后返回西南博物院筹备处，主要负责考古调查方面的工作。由于王家祐在读川大历史系三年级时，冯汉骥兼任这一年级的班主任，并直到这期学生毕业后的1950年赴重庆组建西南博物院方才离开，因而从关系上而言，王家祐既是冯的学生，又是下级加助手。正是这种特殊的关系，冯汉骥每次下田野搞文物调查，王家祐都是不可或缺的一位得力干将。冯两次赴广汉调查发掘，王家祐都是开路先锋和发掘的主要实施者。1954年下半年，王家祐离开重庆调至成都四川省博物馆工作，半年之后开始遵照上级的指示再次赴月亮湾调查。但由于此次调查时间紧张，收获甚微，只是"在鸭子河边漫步察看了土层，无所获"。于心不甘的王家祐在撤离考察现场时，同他的恩师冯汉骥一样，心中生出了一丝怅惘和难以割舍的情愫。

1956年的春季和秋季，四川省文管会田野组先后在涪江

20世纪50年代燕青保一家合影

第二章　漫长的寻觅

流域和温江专区做地下文物的初查工作，其中温江专区的调查由王家祐与本馆的考古学家张甸潮主持。借此机会，王、张二人怀揣着一个尚有些朦胧的梦想再赴广汉月亮湾，在燕家院子四周做了较为详细的勘察。就在勘察的过程中，王、张二人那朴实认真的工作态度、严谨的工作作风，给燕氏一家留下了深刻的印象。当时王家祐与张甸潮借住在县城文化馆的一间平房里，要到月亮湾工作，来往要步行三十几里的路程，交通和生活均十分不便，每当遇到风雨天气，更是倍觉困难与艰苦。面对此情，燕青保主动邀请王家祐与张甸潮住到自己家中，二人推辞不过，便于几个风雨之日吃住于燕家。时燕道诚已经作古归西，燕青保开始主持家政。每到晚上，王家祐与年过六旬的燕青保对床而眠，长夜倾谈，从当年燕氏一家发现玉器坑的情形，到戴谦和、葛维汉等洋人们主持的发掘，连同活阎王陶旅长率部在月亮湾盗宝的所作所为，一幕幕往事像流水一样从记忆深处淌出。二人越谈越投机，越谈越过瘾，越谈越觉得相见恨晚。几个晚上下来，竟成了铁哥们儿和拜把子兄弟，达到了无话不谈、心心相印的境地。当王家祐在交谈中得知燕家仍有一部分精美玉器深藏不露的秘密时，便主动做燕青保的工作，告之现在已经是新中国、新社会了，不再是原来慈禧老佛爷统治的大清国和蒋委员长主政时军阀混战的民国了。整个中国大地已经是"天翻地覆慨而慷"了，那些被压迫被奴役，整天在土里刨食的苦难深重的农民兄弟，已变成了国家的主人。而在各级政府当官办差的官员，则成为农民兄弟的仆人了。这个新型的既

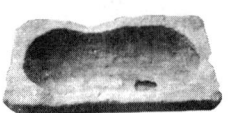

王家祐回忆在月亮湾与燕氏父子交谈的往事（作者摄）

燕家藏宝的石槽

燕家挖出的玉瑗珍品（现藏于四川大学博物馆）

有民主又有自由并朝着共产主义大道奔跑的天堂一般的国家，曾经制定了专门的政策，凡一切出土文物都归国家所有，任何个人不得私藏和倒卖。当年在月亮湾挖出的那批玉石器，如果继续匿藏不交就与新的国家法律相悖。假如上边文物部门和司法部门真要追究起来，燕氏家族可就要吃不了兜着走。为此，王家祐对燕青保直言不讳地说："现在这事还没有外人晓得，你还有立功赎罪的机会，要仔细掂量一下这人头跟你家埋藏的那堆石头之间哪个大，哪个小，哪个轻，哪个重，哪个更值钱，哪个更有保留价值，到底是保人头还是保石头……"王家祐的一番话使燕青保幡然醒悟，表示要保人头不保石头，决定从即日起痛改前非，做一个遵纪守法的国家主人与合法公民，将家中所有的藏宝都掘出来如数交给新生的人民政府。

燕青保说到做到，第二天一大早，便果真从猪圈的壕沟里挖出了用一个猪食槽盛放的深藏二十多年之久的玉琮、玉瑗、玉璧、玉磬等最为精美的几十件文物，然后由王家祐牵线搭桥交给了省博物馆。这批器物是1929年燕氏父子在土坑中挖出的那批著名的玉石器中的最后一批，也是最为精美的一批。至此，燕家声称再无一件私自存留的玉器了。为了验证当年燕氏父子所挖玉石器在中国存留的数量和保存情况，20世纪90年代，四川省文物考古研究所与华西大学博物馆、北京故宫博物院等几家号称藏有"广汉玉器"的单位联系，

燕道诚当年捐赠的部分器物（现藏于四川大学博物馆）

对各自的藏品进行整理、鉴定。令人大感失望的是，所有收藏的玉石器加起来，其真品仅为四十余件，只相当于当年总数四百多件的十分之一。后来四川方面又同台北故宫博物院联系，请求其对院内收藏的"广汉玉器"进行鉴定并告知实情。台湾方面在做了全面配合后，得到的结果是只有两件玉璋是真品，其他全部为赝品。也就是说当年燕氏父子挖出的那批玉石器，百分之九十已通过各种渠道流散到国外或遗失了，这个具有悲剧意味的结局令知情者无不扼腕叹息。

1958年春，王家祐与张甸潮第四次赴广汉展开田野调查，在一个多月的时间里，二人在月亮湾至中兴乡的三星堆一带盘桓良久，经仔细踏勘和试掘，发现三星堆文化层内涵与月亮湾竟相一致，都是难得一见的古蜀文明遗址——这一举动，是自燕氏父子发现玉器坑近三十年来，首次将月亮湾与三星堆两个小型区域作为一个大的文化体系联系起来加以考察，并以敏锐独特的学术眼光，认识到这两处遗址文化内涵的一致性。根据调查结果，二人很快写出了后来被业内广泛引用，对三星堆遗址的保护与考古发掘具有先锋意识和前卫观念，同时兼有深厚学术功底的著名论文——《四川新繁、广汉古遗址调查记》，此文在《考古通讯》1958年第8期刊出后，立即在学术界产生了广泛的影响。文中说道：

在燕家院子外堰沟及土岗的断层中，包含了较多的陶片和火烧土的文化遗迹，我们就地采集到各式陶片和人工打制石器的坯子。再沿土岗南行，岗势略向左转，其西坡有大量陶片的堆积层，估计应是当时烧造陶器的地址。在此访问居民时，据说附近农田中常因耕地挖出玉器和石器。我们收集到一批历年在此出土的玉、石制品，计有牙璋、石璧（残）、石镞、石斧、赭石和一件玉制圈状器及打制而成的石圭的坯子。此外，在发现的一块褐黄色半透明的石块上，有数道人工磨制痕迹，证明这一遗址，是大量制造玉器和石器的场所，过去所出的大批玉器和大小石璧，都是当地的制品。这里收到的两块赭石，形状是磨扁的方形条块，表面呈紫色，光滑有细腻感，硬度很高。……因为许多石、玉器都是农民挖出的，它与陶片层在时代关系上究竟怎样，尚待日后发掘研究。

三星堆在马牧河右岸，与横梁子隔水相望。近年来农民因从岗西穿过

三星堆遗址早期出土的玉琮和玉瑗

岗东，挖出了一道水沟，在沟东端右边断面上，露出较大块的陶片层，岗面好几条沟的断壁里，也同样包含着很厚的陶片层。明白地显示了这里是古遗址的所在地。我们在这里略一挖取，就收集了几种不同器形的陶片，并在沟边拾了一件磨制的石斧。这些陶片，经过初步的比较研究后，发现它的特征是这样：从陶片部位上看，较多是敞口器的口缘，另外有灯柱下端和器腹；陶质方面，有淘洗过的泥质细陶……此外，从这些陶器片的制作技术和火候方面看，轮制技术还处在较低的水平，因此器壁厚薄不一，火候也较低。

综观以上具有的这些症状，可以看出这批陶片与四川各时代墓葬出土的陶器及成都青羊宫遗址的陶片、器形、特征相比，都有显著的区别。所以我们初步认为（新繁、月亮湾、三星堆）这三个遗址的文化，相当于殷周时期，与战国以下的文化当是一个不同的文化系统。至于这一文化的全貌如何，与我国黄河流域古代文化的关系怎样，尚有待今后将这三处遗址正式发掘后，才能着手研究。

王家祐、张甸潮这次深入而卓有成效的调查，以及对文化的整体把握与认识，是三星堆遗址近百年历几代人的调查、发掘与研究中，极富学术眼光的一次具体的实践，为后来三星堆遗址的保护、发掘、研究等一系列工作，起到了奠基性的作用。调查结束后，二人专程到广汉县政府汇报并请求对包括月亮湾在内的整个三星堆遗址加以保护，同时首次向学术界发出了进一步调查认识与研究保护以三星堆区域为主体的"广汉文化"的呼吁。这一行动与考察成果，对后来三星堆考古工作的全面展开，具有划时代的里程碑式的重要意义。

继王家祐、张甸潮此次调查四年之后的1962年6月，四川大学历史系考古专业三年级即将毕业的学生需要实习，曾在成渝和宝成两条铁路沿线的文物调查与抢救中做出过卓越

第二章 漫长的寻觅

贡献的著名考古学家冯汉骥，此时已从重庆调回成都并出任四川省博物馆馆长兼四川大学历史系考古教研室主任。借这次学生实习的机会，冯汉骥决定亲率师生赴月亮湾对这个一直令他梦牵魂绕、具有丰富文化内涵和巨大魅力的古遗址再度展开一次具有现代科学性质的调查与发掘。

关于冯汉骥的经历以及他对三星堆遗址的发掘、研究与保护所做出的杰出贡献，从四川大学教授童恩正为其所做的小传中可以有个大体的了解。冯于1899年生于湖北省宜昌县小溪塔冯家湾村一个中学教员家庭，五岁时在家乡私塾中发蒙，十岁入美国人在华创办的教会学校宜昌美华书院学习。1914年，因美籍校长柯柏侮辱一位中国教师，冯汉骥基于义愤，鼓动同学反抗，结果被罚停学半年，故延至1916年冬毕业。1917年春，入安庆圣保罗高等中学，并于1919年以第一名成绩毕业。由于冯汉骥学习成绩优异，按规定免费进入教会办的武昌文华大学，但入学以后，教会要求学生必须信奉基督教和学习神学，遭到冯汉骥的拒绝，于是教会取消其享受免费的权利，并要求冯汉骥偿还全部学费。冯毕业后省吃俭用，在两年内归还了学校全部学费八百余元。

由于冯汉骥在大学时读的是文科，并兼修图书馆科，1923年毕业后，被他的老师介绍到厦门大学任图书馆襄理，第二年升任主任。

在厦大的日子里，冯汉骥适逢鲁迅亦在厦大任教，两人过从甚密。冯在图书馆专门为鲁迅安置了一间寝室。鲁迅遂在此考订中国典籍，并由此引起了冯汉骥对文物考古这门学科的兴趣。加之闲暇时又常协助生物学教授秉志采集标本和研究，使这方面的兴趣越来越浓厚，直到产生了迷恋的程度。以后冯汉骥再度入学深造并主攻人类学，与这段经历和鲁迅等人的影响有着密不可分的关系。

1931年夏，冯汉骥赴美入哈佛大学研究院人类学系学习，后转入宾夕法尼亚大学接受人类学考古学的严格训练。在美八年间，他读过摩尔根的《人类之血族与姻族之系统》及《古代社会》两大名著，并亲身访问了印第安人的村落，对于这一地区原始的氏族社会有很深的理解。他在校期间所著《由中国亲属名词上所见之中国古代亲属制》学术论文，以其独特而具有创造性的发现，获得了宾夕法尼亚大学人类学博士学位。不久，他又将此文略加删节转译为汉文，发表于《齐鲁学报》第一期。此文充分论证了中国古代

079

1936年冯汉骥获美国哈佛大学博士学位时留影

婚姻制度最能与亲属名词发生关系者，莫过于交表婚、姊妹同婚及收继婚三种的现实。但其由于制度特殊，如媵婚中不同辈的人，也可纳为妾媵。因此，中国老一代的学者对此信疑参半，许多著名的经学大师如郝懿行、王念孙父子及俞樾等，对于这个问题皓首穷经也没有说清楚。但冯汉骥在文章中根据摩尔根的理论，阐明其真相，科学而合理地解决了两千多年来经学上所不能解决的聚讼纷纭的一大悬案，在学术界产生了广泛而重大的影响。

1937年春，冯汉骥应当时中央博物院筹备主任李济的邀请，经由欧洲返国，准备参加中央博物院的工作。适逢"八一三事变"发生，上海战事正酣，于是他被迫在香港上岸，经广州去武汉。时中央博物院忙于内迁，已无法做新的人事安排，冯汉骥遂接受了四川大学的聘请，于同年11月到达成都，任四川大学史学系教授。在此他结识了史学名家徐中舒，两人遂成挚友，以至相处四十年，患难与共，风雨同舟，其深情厚谊常为人称道。

1939年，国民政府教育部组织川康科学考察团，冯汉骥任社会组组长，对于西藏地区民族的调查和分类，建树甚多，其积累之资料，厚至盈尺，并发表了《西康之古代民族》等论文和摘要。1941年，四川省博物馆开始筹备，众望所归，冯汉骥被推荐为筹备主任。从1943年开始，又应邀在华西大学社会学系兼课，1944年代理该系主任。在这段时间内，主持发掘了著名的前蜀王建墓。当时这种规模较大的地下墓室的发掘，不但在西南地区尚属首次，即使是在全国范围内也别无先例。冯汉骥却在抗日战争时期极为艰苦复杂的条件下筹谋策划，主持其事，充分显示了其卓越的组织能力

第二章 漫长的寻觅

1941年，在抗战中流亡四川南溪李庄的"中央研究院"史语所、中央博物院筹备处、中国营造学社等三家学术机构共同组织川康调查团，对彭山一带崖墓进行考古调查发掘，冯汉骥被邀加入，此为在彭山发掘时考古人员合影。左起：吴金鼎、王介忱、高去寻、冯汉骥、曾昭燏、李济、夏鼐、陈明达

和高超的科学发掘技术。当墓室开启以后，外界谣传其中有大量金银财宝，遂引起了袍哥土匪的觊觎，竟至武装抢劫，将冯汉骥从工地劫持捆绑拷打半天之久。虽历如此艰险，但其保护文物之决心并不动摇，发掘工作没有因此而受影响，不久之后他又主持了重庆铜官驿和昭化宝轮院船棺葬等具有重大影响的考古发掘工作。

尽管冯汉骥在中国求学时代毕业于教会学校，但对教会那一套说法和做法却相当反感，一生从未信教。对于某些外国人打着学术的幌子在中国边疆四处活动，更是存有戒心。在抗战时期，当华西大学的戴谦和等人约他参加时为华西大学博物馆馆长葛维汉等主持，而旗下成员较复杂的"华西边疆研究学会"时，冯汉骥以"以为中国边疆不应外人研究，中国的事让中国人自己处理"为由，拒不加入。新中国成立前夕，又拒绝了国外友人约其去美国效劳的建议，将重建中国的希望寄托在中共领导的革命运动之中。

1950年，新生的人民政府刚刚建立，百废待举，困难甚多，但为了保护历史文物，仍决定立即在重庆成立西南博物院，冯汉骥出任筹备主任，并配合当时大规模开展的基本建设，做了大量的工作。如在成渝铁路修建期间发现的"资阳人"头骨化石,是当时长江流域第一次发现的旧石器时代人类遗迹,对整个中华民族史前史的建立具有十分重大和不可替代的划时代的意义。

1955年,西南博物院撤销,冯汉骥又奉命回到成都,出任四川省博物馆馆长兼四川大学历史系考古教研室主任。这个时期,他除关心两个单位的人才培养外,主要从事研究四川考古并整理新中国成立以前即着手撰写的王建墓的发掘报告。

1962年,冯汉骥完成了《前蜀王建墓发掘报告(初稿)》的编写工作,并于1964年由文物出版社出版。此书不仅被视为冯汉骥二十年辛勤劳动的结晶,同时标志着中国考古学界所产生的一项重大成果和业绩。这一成果不但对中国考古史,同时对工艺美术史、建筑史和音乐史亦做出了独特而重大的贡献。

当然,就在冯汉骥率领师生于1962年6月奔赴月亮湾之时,他撰写的这部皇皇巨著正处于紧张的杀青阶段。在这种情形中,他毅然投笔离开书案,打起背包和学生们一道乘一辆敞篷汽车赶赴工地。按他一贯的想法与做法,作为学者固然需要通过学术成果建立自己的名山大业,但作为一名大学教授,培养人才,传递学术薪火并在后学身上发扬光大乃是自己的首要职责。正是基于这样一种思想境界和为人处事准

王建墓

第二章 漫长的寻觅

冯汉骥（中）在月亮湾发掘现场

则，他决计放下手中正在撰写着的著作，亲自率师生来到田野调查现场，结合实际将自己平生所学一点一滴地滋润到晚辈的心田。在月亮湾的三层台地上，冯汉骥指导年轻的教师与学生在文化层堆积较厚的地方做了详细的调查，并进行了一些小型的发掘。在此期间，他除了蹲在坑中近距离指导学生外，还拿出一部分时间带领师生走出月亮湾，扩大调查范围，对整个三星堆区域进行了一次较大规模的科学勘察。

事实上，从20世纪50年代末期开始，冯汉骥基于对历史记载和地下发掘资料的综合研究，逐步形成了一种不同于学术界习惯看法的新的理论，即中国早期新石器时代的文化可能要到长江流域去寻找，而不一定局限在黄河流域。为此，他进行了一定的准备工作，希望以此作为自己一生中最后一项主要的科研项目来研究并有所发现和突破。在他的心中有一种预感，广汉月亮湾遗址可能就是

四川大学师生在月亮湾发掘现场

长江流域早期文明的代表之一。正是具有如此前瞻性的学术眼光和研究目标，冯汉骥才于这个夏天亲自率大队人马走出书斋来到广汉原野，开始了调查和发掘。

就在这次实习活动即将结束时，根据已有的资料和了解的情况，冯汉骥站在月亮湾那高高的台地上，遥指马牧河对岸的三星堆，对他的助手马继贤教授和正在随他攻读研究生的得意门生林向，说出了一句令后来历代发掘者以及三星堆遗址的研究者都不可能忘怀的极具科学战略眼光的预言："这一带遗址如此密集，很可能是古代蜀国的一个中心都邑，只要再将工作做下去，这个都邑就有可能完整地展现于我们的面前。只要把工作做到家，我自信地认为，今天的预言是不会有大错的。"后来的发掘证明，这个预见是正确的，尤其是二十四年之后三星堆遗址两个大型祭祀坑的横空出世及大批金银铜器和古城墙的惊现人间，以无可辩驳的铁证，证明了当年冯汉骥的正确预见。

关于这次调查、发掘的具体情况，四川大学历史系考古教研组写出了一份调查简报。由于此次调查时间相对过短，发掘中所揭露的面积有限，得到的标本亦不丰富，因而教研组本着"有一分材料说一分话"的严谨的治学精神以及实事求是的工作作风，在文章中较为低调地宣称：

这次我们所采集到的一批有关石璧的标本，大部是在离过去曾大批出土石璧的燕家院子以外约二百米处的鸭子河河岸断层中找到的。这不仅证明这一部分东西原是就地制造，更使我们弄清了它与其他文化遗物之间的共存关系，矫正了过去一些错误的论断，对于确定这一遗址的年代有很大的意义。

广汉中兴公社古遗址出土遗物，与新繁水观音遗址及成都羊子山土台遗址有许多相同的特征，明显地表现出它们应属同一文化系统。这几个遗址所在的地区，都在记载中的古代蜀民族居住范围以内，所以本遗址当系一古代蜀文化遗迹。

关于本遗址的年代问题，过去有人认为应属西周，有人认为应属新石器时代（直到1958年发表的调查报告还采用这一意见），但这些论断大都缺乏足够的科学根据。首先是他们没有弄清各类遗物的地层情况，例如解放前的一篇文章中认为："以石器及陶器之原始形制观之，实可谓……属于新石器时代末期而在殷周以前也。""至于溪底墓中之物（引者按：即指璧、圭等礼器而言）其时代较晚，当为周代之物，盖所发现之玉器，与周礼所称，多所吻合。"（《说文月刊》三卷七期，林名均，《广汉古代遗物之发现及其发掘》）这当然是错误的，因其不知璧、圭之属原与所谓形制原始之石器、陶片共存于同一地层中。但此种意见的影响却较大，曾得到不少人的同意。

此地陶器上的云雷纹，是中原殷周铜器上最常见的纹饰，石器中璧、圭、璋等礼器，亦为中原周代遗物之风，由此我们可以肯定遗址年代不应早于殷周。前面提到的此地许多文化遗物与新繁水观音遗址及成都羊子山土台遗址具有相同的特征，这是我们推断本遗址年代最主要的根据。因为以上两个遗址都经过发掘，确切年代弄得比较清楚，前者属殷末周初（参看《考古》1959年8期，四川省博物馆《新繁水观音遗址清理简报》），后者上限可至春秋前期到西周晚期（参看《考古》学报1957年4期，四川省文管会《成都羊子山土台遗址清理报告》）。本遗址既然同时具有两处遗址的特征，自然其年代应居二者之中，即其上限可至西周初，下限可至西周末，最晚也不当晚于春秋之初。以上两点意见，仅系根据调查材料所得，是否完全正确，还有待进一步通过发掘材料来证明。

为了进一步证明这一学术论点，尽可能地剥去笼罩在月亮湾这块土地上的神秘面纱，冯汉骥和他的学界同行，以及四川大学的师生都在耐心地等待着下一个大规模的探索发掘机会的到来。

悲情时代

在冯汉骥的具体操作下，1963年9月，四川省博物馆和四川大学历史系考古专业师生组成联合发掘队，再次来到广汉月亮湾燕家院子附近进行发掘。这是燕氏父子发现玉器坑三十四年以来，首次由中国人主持对三星堆遗址的重要组成部分——月亮湾遗址进行正式的科学发掘。此次发掘的具体组织和指导者，理所当然地属于既是博物馆馆长又是川大考古教研室主任的著名考古学家冯汉骥。

按照合作双方达成的协议，除冯汉骥之外，联合发掘队的副队长分别由省博物馆的张才俊与四川大学教授马继贤两位考古学家担任，其成员有省博的戴堂才和川大的童恩正、宋治民等考古学家，以及广汉县文教科的谭锐和中兴公社的文化干事王文江等人。按照要求，四川大学历史系考古专业的十五名学生全部参加了此次发掘。

9月18日，由四川大学教授马继贤与一名学生乘一辆汽车，携带部分生活用具到广汉打前站，安排食宿等诸多事宜。由于中兴场至月亮湾地段道路狭窄，阡陌纵横，汽车无法通行，只得将发掘工具、器材以及其他生活用具在中兴公社的大院内卸下，由马继贤和他的学生花费了一天的时间，用肩膀挑到月亮湾回龙寺小学，在那里租借了三间平房安顿下来。

9月20日，联合发掘队几十名师生和考古学家携带发掘工具，乘两辆敞篷汽车开赴广汉月亮湾进驻回龙寺小学。按照规定，凡参加发掘者每人每天平均只有一斤粮食的定量，缺额部分派一名学生到乡下收购些红薯作为补充。当生活稍做安顿后，按照冯汉骥的战略部署，在月亮湾分别选择了三个地点进行发掘。第一个地点选在燕家院子东南三十米左右的稻田里，北面靠近当年出土玉石器的水渠，共开探方十一个。第二个地点选在水渠的北面不远的稻田，只开一条探沟。第三个地点选在月亮湾一道高高隆起的土隔梁上，开挖探方一个，其目的是探察此处是否有由人工夯筑的一道土墙或更加宏大的城墙。当这三个点的发掘陆续开工之后，发掘人员将原划分的农耕土、文化层与生土层详细分为上下两层，并分别定为商代和西周早期。

冯汉骥一边与师生们在坑中发掘，一边结合现场实际情况真诚地对年轻的教师和学生们说："我们从事现代考古工作，必须亲自参加田野发掘，锻炼自己，切莫再学过去的金石家，整天坐在书斋的沙发上听任他人汇报古物出土的消息，并不亲自到现场调查核实，那是没有任何价值的。以后无论是谁，再也不要做沙发椅上的考古学家了……"这些看似浅显的漫谈，实则是颇为深刻的做学问之道，令年轻的师生们牢记心怀，并在以后若干年的社会实践中付诸行动并大为受益。对于所发掘的实际考古资料的应用，冯汉骥还以自己的亲身体会和几十年工作之经验告诉学生们："要先从类型学的分析着手，再进而探讨其社会意义，观察务求细致，思考力致周详，应使器物烂熟于胸，在研究透彻之后才能下笔成文。"

就在这样一种教学与实践相结合的发掘中，月亮湾联合发掘队于三个地点，共开掘十二个探方和探沟一条，发现房屋三组，墓葬六座，陶片三万多片，出土了几百件玉石器、骨器、青铜器残片等等极富研究价值的文物。同时，在三个探方的二层中分别发现了一些零星的青铜器残块、孔雀石、铜炼渣等遗物，并发现一块沿边附有铜炼渣的粗陶片。经考古人员的初步推断，当是坩埚的残片，遗憾的是没有发现炼炉的遗迹。面对已被揭露的遗址和出土的大宗器物，冯汉骥与联合发掘队的每位队员心情都颇为高兴。整个发掘工作在平和的气氛与收获的喜悦中，按照原定计划于同年12月3日结束，为期四十多天。

关于这次发掘的成果，时任发掘队副队长的马继贤在若干年之后曾做了一篇追记，文中说道：

月亮湾遗址发掘迄今已近三十年，当年指导发掘的考古学家冯汉骥先生亦已辞世十余年，可此次发掘的资料一直未能公之于世。作为当年在他领导下工作并受教于他的学生，我实感有愧。几年来，一些同志知道我是当年发掘的实际负责人之一，一再要我撰文介绍情况。敝人实难推卸，只好应命。不过当年的原始记录已不在手边，不能尽道其详，只能依据当时整理保存的一些不很完整的资料做一回顾和追记，并以此作为对冯先生的纪念。

......

首先，这是新中国成立之后对该遗址的第一次科学发掘，为学术界提供了一批有地层依据的可信性资料，有助于对后来三星堆附近发掘的材料进行对比研究。

其次，第一次从地层学和类型学上对月亮湾的发掘进行分析对比，指出该遗址是属于同一文化的不同时期的堆积，纠正了以往依据地面调查获得的材料来判断该遗址文化内涵的片面观点。发掘的事实证明了地面所暴露的主要是上层的遗物。

第三，纠正了新中国成立前一些学者的错误观点。比如当年葛维汉在燕家院子前面出玉器的坑中发掘时，曾把含红烧土的层次误认为是由于烧窑所致，故定为"窑层"。他还根据当地传说与月亮湾梁子上曾暴露出汉砖等现象，从而认为这是汉代的废墟。经发掘知道，地层中的红烧土堆积，是房屋建筑坍塌之遗迹。月亮湾梁子上有东汉墓的遗留，并非人工建筑之城墙。

第四，三层下发现的沟槽，虽然当时我们已认定它是房屋建筑的遗迹，但它究竟是当时普遍的建筑形式，抑或是有特殊用途的建筑，因受发掘面积的限制，尚难定论。后来四川省考古研究所在三星堆的发掘，证明这类建筑是当时的一种普遍形式，两地互相印证，表明这种建筑从北边的月亮湾到南边的三星堆一带都有广泛分布，它们具有共同的文化面貌。

最后，在遗址的第二层发现了残铜器、炼渣、孔雀石及坩埚残片，表明该层处于青铜时代，而且铜器是在本地制造的。这为将来在更大范围内寻找冶铜遗迹提供了线索，同时也为后来研究三星堆出土的极具特色的铜器群提供了有力佐证。

正如马继贤在反思这段工作历程时所言，由于受实习时间限制，当时在发掘中采用的是比较简单的探沟法（2米×5米），因而受揭露面积所限，有些建筑遗迹未能探清其面貌。此外，在发掘月亮湾梁子的土埂时，虽然想弄清此处是否是一道城墙，但在发掘中地层被一座汉墓打破，清理时没有发现人工夯土，所以认为不是城墙。后来经过四川省考古所多次发掘，证实此处恰恰就是一道商周时期的城墙，从而令当初的发掘者深感遗憾……当然，同所有的科学都在不断地发展进步一样，关于城墙这一在考古学中至关重要的大问题，是在20世纪90年代以后，随着考古发掘的不断深入才渐渐认识的。作为后来者，对冯汉骥等考古学家的田野工作及他们对遗址文化性质的认知程度和水平，是不会求全责备的。令人扼腕和颇感愤慨的是，当田野工作结束之后，一系列闹剧、悲剧以及群丑的反复出演。

沿着马继贤在追记中所说的"此次发掘的资料一直未能公之于世"所透露的隐情，展开追索与调查可知，当年这支联合发掘队在撤出广汉回到成都后，作为一个临时组织的学术团体自然随之解散。

但为了对学生有一个系统的训练过程，按冯汉骥的意见，此次发掘出土的全部器物暂存放于四川大学历史系考古教研室，以供学生们在不断整理中有一个更加深入细致的了解。然而，省博物馆的部分领导和业务人员对这一做法提出异议，并说：把本次发掘的器物放于川大，既不符合常规，也不合

第二章　漫长的寻觅

乎情理，一旦这批器物整理完毕，其随之产生的科研、学术成果势必会被川大方面独吞。在本次联合发掘中，省博物馆是出钱、出物最多的一家，没有省博出钱出物，这些师生恐怕连校门都难以迈出，更遑论搞什么田野调查和发掘了。而冯汉骥身为两边的主要领导，本应坚持原则，把一碗水托平，想不到竟置省博利益于不顾，将功名利禄的砝码偏到了川大一边。冯汉骥应认真听取大家的意见，收回成命，令川大方面立即无条件地交出月亮湾发掘的全部器物。

面对省博物馆部分领导与专家当面或书面提出的这些明显带有偏见的意见，冯汉骥大感惊讶与恼火，想不到刚刚搞了个规模并不大的月亮湾发掘，是非与争斗就开始了。你们乐意斗就去斗好了，反正我是不改初衷。这样想着，他采取了漠然处之的态度。对方一看自己的意见没有引起这位一馆之长的重视，索性一不做二不休，将意见书直接递到了博物馆的上级主管单位省文化厅主要领导的手中，请求立即出面给予干涉。面对这样的请求，为息事宁人，省文化厅领导派出专人负责召集省博与川大双方代表座谈讨论，并从中给予协调。省文化厅的特派员在听取了双方的汇报后，认为冯汉骥的决策并没有什么过错，遂当即拍板决定，驳回省博人员的上书意见，全部发掘器物仍留在川大考古教研室进行整理。这一决定，令省博一帮人大为不快。他们并不甘心，还想找机会再次重申自己的观点。

就在川大师生即将把月亮湾出土器物全部整理完毕时，省博一班人预感到新的时机来临，便于1964年11月再次提出要求川大归还发掘器物。在省博的强大攻势下，省文化厅领导在权衡了利弊得失之后，最终撇开了冯汉骥，抛弃了川大师生，并按照省博人的私下意愿做出了最终的裁决，勒令川大马继贤等教师立即无条件地将器物交到对方的手中。川大师生见大势已去，于无奈中将全部器物和已整理的至关重要的资料交了出去。

从月亮湾发掘结束到川大整理发掘器物，一直到将整理资料交与博物馆的一年多时间里，冯汉骥一面身心疲惫地应付着教学和校、馆双方那扯不断理还乱的行政事务，一面仍以书生本色夜以继日地做着《前蜀王建墓发掘报告》的最后定稿工作。按照他的计划，一旦这部报告彻底脱稿，便将主要研究方向转到月亮湾一带的古遗址中来，并在自己有生之年，尽可能地对这个遗址的年代、规模、文化性质等一系列问题有一个更加清晰的了解，真正从

089

"仿佛若有光"的狭隘小口进入豁然开朗的传说中的古蜀国的"桃花源"中，或许那个几千年前的国度真的是"土地平旷，屋舍俨然，有良田美池桑竹之属"。如果运气不错，或许还将被那里的国民"便要（邀）还家，设酒杀鸡作食"（陶渊明《桃花源记》），痛痛快快地喝上一顿，顺便庆贺一番。遗憾的是，自1964年年末，举国上下"四清"运动的风潮骤起，冯汉骥作为这次运动中清理扫除的重点对象，被迫放弃博物馆的一切事务，而被隔离在四川大学校园内接受组织和革命群众的审查、监督、改造。就在这个时期内，省博物馆从人民公园的旧舍迁到了人民南路的新馆。在迁址的过程中，由于内部混乱与人为的毁坏，月亮湾发掘的器物被弄得七零八落。由四川大学考古教研室马继贤等师生费尽心血，历经一年整理出的极其珍贵的发掘资料，像抗战爆发之后著名的"北京人"头盖骨化石一样，从此下落不明。

"四清"运动刚刚结束，轰轰烈烈的"无产阶级文化大革命"接着爆发，无论是博物馆还是四川大学，都开始在政治狂潮的漩涡里打滚翻腾，挣扎沉浮。博物馆停止了正常的展览和业务研究，川大停止了正常的教学和招收新生工作。作为在学术界颇有影响的学者和担负一定领导职务的冯汉骥，首当其冲地受到了打击，不但一切研究全部停顿，人身也渐渐地失去自由。他先后被冠以"反动学术权威""反党反社会主义分子""美帝国主义的代言人"等多种罪名，被揪出来，先是没白没黑地接受号称革命闯将的批斗，后来被博物馆一帮新生的"革命造反派"当作人肉靶子一顿拳脚打得口吐鲜血，骨断肋折。此次劫难冯汉骥虽经医院抢救保住性命，但不得不穿着钢背心（为保护断裂的肋骨，用不锈钢筋做成的类似于背心的防护具）继续接受批斗与改造。1969年，冯汉骥又以"牛鬼蛇神"等罪名被造反派捕获，押到成都市西南百里之外的大邑县安仁公社原著名地主恶霸刘文彩的一个院子关了起来。在那个地狱一般的黑屋子度过了两年暗无天日的生活后，又被转到茂汶县（今四川茂县）一间破旧的仓库继续关押。在茂汶艰难地度过了两年凄风苦雨的时光后，根据形势的需要，再度转到岷山县五七干校劳动改造，前后被关押、改造时间长达六年之久。在这六年的魔窟生活中，原本身体就比较瘦弱的冯汉骥，除被弄得骨断筋折之外，还几次吐血昏厥在地。尽管身穿钢背心，但被批斗到最后，已难以支撑起那骨瘦如柴、酥软得如同枯草朽木一样的身躯，不得不躺在一间黑屋的小床上苦熬时日。尽管如此，冯汉骥仍以一个正直知识分子的独立人格与不屈服邪恶势力的民族优秀气节自励，不论在何种境遇和艰难困苦的情况下，都咬紧牙关，不做脱离实际的检讨，不写虚假误人的材料，更不泯灭自己的文化良知与道德情操。对于个人遭受的荼毒和污辱，他强忍悲愤压在心底不做计较，但眼见自己业务研究不能进行，生平壮志难酬，一支经自己亲手辛辛苦苦建立起来的文物考古专业队伍惨遭摧残零落，广汉月亮湾遗址发掘与研究被迫中断与荒废，而发掘出土的一批珍贵文物，又被博物馆和社会上的造反派内外勾结，当作革命的对象予以砸烂铲除，心情极度焦灼痛苦，终于抑郁成心腹之疾，开始长期卧病在床。1975年，外部形势稍有好转，冯汉骥被内部造反派恩准在学术界参加少量的活动，但身心已极度衰弱，几乎无法行走。这年的11月，在门生童恩正等人的搀扶照应下，冯汉骥强撑着虚弱到极点的病体，为从湖南、贵州等地来四川参观的文物考古工作者做了一场有关夜郎研究的学术报告，报告尚未结束，身体已不能支，急送医院救治，自此一病不起。

"文革"开始前的冯汉骥

1976年10月，当冯汉骥在病榻上听到"四人帮"倒台的消息后，兴奋异常，立即又燃起了久埋心底的希望之火。由于心中长期结系着广汉月亮湾情结，他派人将自己的得意门生兼助手、四川大学历史系考古教研室教师、中国科幻文学之父、著名科幻小说《珊瑚岛上的死光》的作者童恩正招到自己的病榻前，让其设法重新收集1963年在广汉月亮湾出土、在省博物馆遭到大劫的器物资料，趁自己一息尚存，抓紧研究，以便在有生之年写出一份有关这次考古发掘的初

童恩正

步报告，以便对学术界同人及人民大众有个交代。童恩正受命后，开始按照导师的要求一一落实。令人扼腕的是，尽管童恩正为此费尽心机，全力以赴进行搜寻、查找，但存放于省博物馆的器物，在"文革"中几乎全部被造反派当作革命的对象捣烂砸碎，连同其他若干种器物被抛入垃圾堆中。而当年由川大师生呕心沥血整理出的文字资料，仍然是下落不明，无人知道是变成了垃圾还是被烧成了灰烬。万般无奈中，童恩正只好在川大师生中收集了部分当年发掘时的日记体原始记录，稍做整理，向冯汉骥做了汇报。面对这一劫数，冯汉骥清醒地意识到要完成一篇能在学术界交代过去的发掘报告已成为泡影，遂在长叹一声后改变了主意。他准备根据劫后残余的材料，撰写一篇专题论文，以示对月亮湾遗址几十年的仰慕眷恋之情。

此后，冯汉骥在病榻上与童恩正根据掌握的残碎材料，就有关月亮湾的玉石器问题做了研究与探讨。根据拟定思路和师徒二人达成的共识，由童恩正执笔开始着手撰写。就在初稿刚刚完成之际，1977年3月7日，一代考古学巨擘冯汉骥撒手人寰，乘鹤西去。

冯汉骥去世后，童恩正按照其临终前提出的修改意见，

冯汉骥手稿

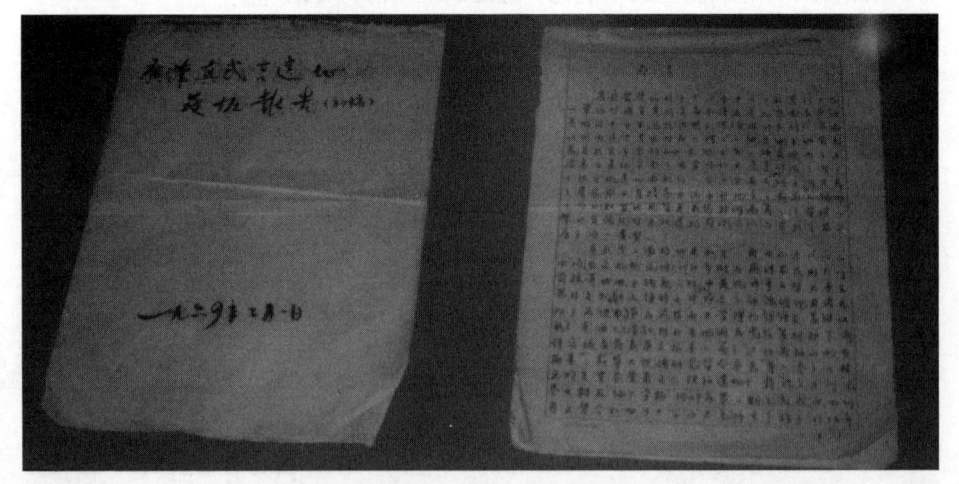

第二章 漫长的寻觅

对刚刚草成的《记广汉出土的玉石器》一文，进行了部分调整和加工润色，最终得以定稿，总算是了却了导师生前的一点心愿。

此文对历年来广汉出土的玉石器做了一次较为全面系统的清理与研究，并对月亮湾遗址的性质、年代以及与附近三星堆遗址的关系等敏感问题，一一做了论述。尽管文章篇幅不长，但从条理分明的论述中，仍然可以看出冯汉骥严谨缜密的思想脉络、渊博的学识以及在字里行间闪耀着的科学与理性的分析。文中特别指出：

关于广汉玉石器的时代，我们可以根据数十年中积累的材料进行分析。1933年，前华西大学博物馆曾在玉器出土的原址开坑试掘，从地层关系和出土陶片看，玉石器应与周围的遗址同时，因此我们推测其时代，暂时亦以遗址出土的器物作为标准。广汉遗址陶器上的云雷纹，是中原殷周铜器上常见的纹饰。陶器的豆、钵的器形，压印圈纹和凹平行弦纹等纹饰，以及小平底、盲耳、器钮的作风，均与成都羊子山土台遗址和新繁水观音晚期墓葬出土的陶器有相似之处。据土台遗址原报告推测，可能是春秋时代的建筑，夹杂在其中的陶片，当更早一些。新繁水观音晚期墓葬的时代则为西

冯汉骥去世后，由童恩正整理完成的部分学术论文复印件

周,因此我们推测广汉遗址的时代在西周后期至春秋前期,可能不致大误。

在秦灭巴蜀以前,四川地区是被称为"夷狄"之国的,所以《汉书·地理志》说:"巴蜀广汉本南夷,秦时通为郡县。"广汉玉石器的出土,说明蜀国的统治者早在西周时代即已经有了与中原相似的礼器、衡量制度和装饰品。这对于研究蜀国的历史有重要价值,而且再一次雄辩地证明了四川地区和中原悠久而紧密的历史联系。

这篇凝聚着冯汉骥心血与遗愿的论文,终于在1979年《四川大学学报》第1期与《文物》第2期上相继发表。其时,冯汉骥已去世两年余,而离新一轮的三星堆遗址发现、发掘的高潮大幕再度拉开,也只有一步之遥了。

第三章 新的起飞

三星堆区域内，随着一个个荒唐的指示，产生了一个个荒唐的故事。一个普通知识分子的人生追求，一个文化遗址的悲怆命运。风雨飘摇中，考古发掘再度开始。关于三星堆文化的命名，掀开了时代新的篇章。空军出动直升机，鸭子河畔展雄姿，三星堆再度成为众人瞩目的焦点。古城初露，是毁是留，三星堆遗址又一次立在了命运的十字路口。

位卑未敢忘忧国

就在冯汉骥等参加月亮湾发掘的考古学家回到成都，开始接受审查批斗之时，在广汉的月亮湾、三星堆、鸭子河一带却不断有地下文物出土，似在提醒、警示着世人，这里还有一个埋藏在地下的巨大隐秘没有解开。

1965年春，月亮湾一农民在田地里挖沼气池时，离当年燕氏父子挖出玉石器的地点约六十米的地方，无意中掘出一坑玉石器，其中有成品、半成品和石坯。这批器物大部分被随意捣毁抛掉，只有少量的成形器后来被广汉县文化部门收存。

1974年春，真武村四队村民罗雄保等人，在月亮湾附近的"梭子田"发现了一坑经人工打磨过的玉石器数十件。由于报告及时，广汉县文物干部敖天照赶赴现场进行了收缴。这些玉石器表面呈黄褐色或豆青色，质地坚硬细腻，经四川大学童恩正、林向等考古专家察看，估计可能是商周时期玉

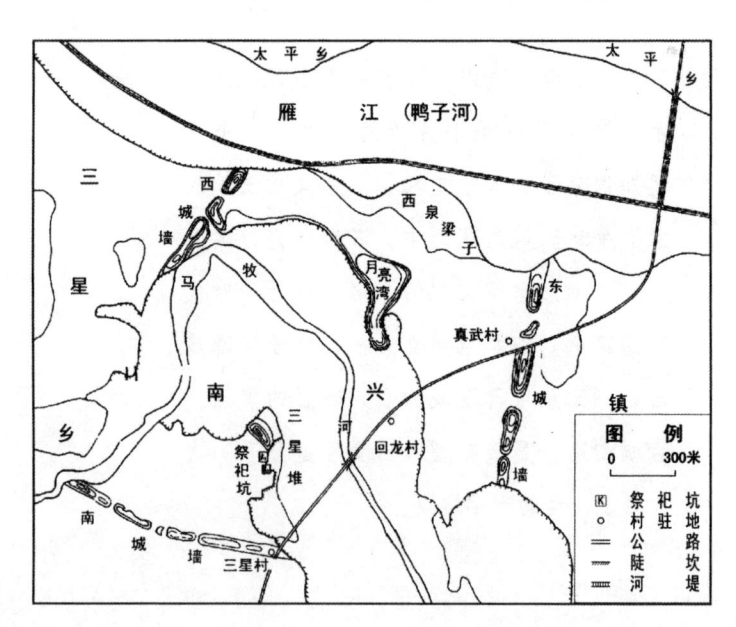

三星堆城址平面图

石作坊的坯料坑。后来这位叫罗雄保的村民又在鸭子河边发现了几块约有一平方米、重达千斤的特大型玉石料。这些玉石料有明显的人工切割的痕迹，石头的几面因切割下料几乎成了平面，有的地方是整片卸下，有的地方则是部分锯取。据考古学家林向推断，切割工具用的是锯齿状的青铜金属。另有当地村民在这一带还发现了石璧和石饼等一些半成品原料，上面有清楚的管钻痕迹，但不知何种原因有始无终，半途而废。

当地农民捡到的小型玉器

就在罗雄保等人发现玉石器的这年夏天，在三星堆遗址区内，有许多村民在挖沼气池和地窖时，发现地下埋藏有石器及残陶片。真武村村民在耕田挖土时，也发现了不少玉石器。当夏天的涨水季节过后，真武村村民、燕道诚的孙子燕开良等在鸭子河边，又拾得陶盉、陶豆、陶器残件等器物数十件。这些挖出或捡到的器物，大多数流失或损坏，只有少部分在被广汉县文化馆文物干部敖天照闻知后才得以收回保存。在整个"文革"前后这个特殊的历史时期内，正是由于有了敖天照的出现和不懈努力，才使许多珍贵文物避免了毁坏与遗失的厄运。

当地农民发现的月亮湾出土器物

1928年生于广汉县一个农村家庭的敖天照，高中毕业后被有关部门推荐到县文化局举办的一个文化辅导班学习，1951年5月被分配到县文化馆工作。当时的任务主要

是把党的大政方针图解之后,做成幻灯片在全县各企事业单位和农村各地搞宣传活动。由于后来政治运动一个接着一个,敖天照负责的利用幻灯片来宣传鼓舞革命群众的活动一直热火朝天地开展着。在这期间,他于走街串巷、上山下乡中,目睹了一些文物古迹惨遭破坏的情景,心中不忍,便借宣传活动的机会,对打、砸、抢、烧分子做一些委婉的劝说教育工作,客观上对文物的保护起到了一定的作用。同时敖天照也渐渐与文物古迹结下了难以割舍的情缘。正是有了这样一种铺垫,1973年他被选派到四川省文化厅主办的文物考古培训班学习,1974年再次被委派到由国家文物局组织的"长江流域考古训练班"学习,并在学习期间参加了湖北宜都县红花套古遗址的考古发掘工作。此时整个中国的政治形势,已有了微妙变化,由于各方面的原因和机遇,文物界已开始渐渐从"文革"的厄运中摆脱出来。先是在"文革"中被迫停刊的《文物》《考古》《考古学报》三大刊物得以复刊,接着在国务院总理周恩来、国家文物局局长王冶秋的筹划、操作下,成功地举办了"中华人民共和国出土文物展览"。随着国家文物局的重新开张,以及长沙马王堆、银雀山汉墓竹简与敦煌文书等重大考古发现的问世,中国文物界出现了短暂的"考古中兴"的辉煌局面。在这种局面的导引下,敖天照从湖北学习回到广汉后,文化馆领导便让他专门负责全县文物方面的收集、整理、保护、研究工作。从此,敖天照成了专职文物干部,并开始尽职尽责地履行起了自己的职责。

1974年年底,广汉县南兴公社(旧时的中兴场)在全国兴起的"农业学大寨"的狂潮热浪中,开始按照上级的指示,组织当地农民大搞"造田改土、扩大耕地"运动。就在这场具有广汉特色的运动中,三星堆区域的三级高低不同、错落有致的台地,被蚂蚁蚕食一样强行挖开刨平。每当有陶片、陶器、玉石器被挖出后,当地农民们按照世俗眼光,看上去值钱的,就开始哄抢争夺,纷纷据为己有;如果认为不值钱的器物,要么捣毁砸烂,要么随意抛入荒野。那源自岷山峡谷,穿越三星堆区域,经年碧波荡漾、东流不息,颇为壮阔的马牧河,也在一片"让高山低头,令河水让路""人定胜天"的口号声中,被填掉了多半而变成了一条浑浊的水沟。

正在积极履行文物干部职责的敖天照,得知这一消息,立即赶到三星堆现场察看。面对遗址遭到破坏、地下文物被毁的现状,敖天照找到公社

第三章 新的起飞

马牧河古河道，今已淤塞成一条小河沟

领导，明确提出："三星堆、月亮湾一带是极其重要的古遗址，要注意保护、保全地下出土的文物，最好不要兴师动众、劳民伤财、稀里糊涂地在这一带穷鼓捣、瞎折腾了。"

想不到当地领导听罢这一番劝说，立即火起，放声痛斥道："我们这里红旗招展，彩旗飘飘，已翻身做了国家主人的农民兄弟们正鼓足干劲，力争上游，以大寨为样板，以厉家寨为例，多快好省地建设社会主义，你却在这里胡言什么劳民伤财，穷鼓捣，瞎折腾，这不是与我们的党中央唱对台戏，典型的现行反革命吗？你最好闭上嘴巴赶紧走开，否则我让武装部派民兵把你抓起来。"

听罢此言，敖天照心中既悲愤又焦急。回到县城后，敖天照将三星堆遗址遭到破坏的情况向馆长做了汇报。馆长一脸茫然与无奈，说道："我现在是人微言轻，泥菩萨过河——自身难保。"

敖天照一看馆长那低头耷脑悲观泄气的样子，深感为难，想就此放弃又觉得于心不甘。第二天，在馆长默许下，他来到成都省博物馆，想找领导们反映一下情况。但领导们都支支吾吾，将敖天照打发出门了事。仍不甘心的敖天照又来到了四川大学，找到了当年参加月亮湾遗址调查发掘的马继贤、林向等人说明情况，希望对方能向省里有关部门给予

站在月亮湾边沿上的敖天照无奈地向作者叙述往事（作者摄）

反映，阻止那些实施粗暴破坏的行径。但马继贤、林向等合计了半天，也不知该向哪些单位反映，因为主管文化的单位都已瘫痪。敖天照在成都碰了一鼻子灰，无计可施，只好怏怏地返回了广汉。许多年后，马继贤在回顾这段往事时，曾不无感慨地说道："幸好整个三星堆区域属于大型的三级台地，地面相对比较平整，不需要大挖大筑，地层改动相对小些，否则这片遗址早就已经万劫不复了。"

当被敖天照喻为劳民伤财的"造田改土"运动稍微消停一段时间之后，在广汉县突然又掀起了一股号称"烧砖盖房、变土为宝、创利创收，快步走向社会主义康庄大道"的狂潮。在这股有些莫名其妙的风潮推拥下，整个广汉从上到下，从机关到工厂，从学校到供销社，从城镇到农村，男女老少齐动员，以最快的速度四处建造砖瓦厂，开始了烧砖盖房的大行动。

此时，在广汉县部分主要掌权者的眼里，只要将房子盖起来，不管是东歪西斜的民房，还是风雨飘摇的办公用房，统统看作社会主义坚不可摧的大厦，是对抗美帝、苏修和一切国内外反动势力的坚固堡垒。其行动本身就是坚定不移地贯彻上级指示精神的表率。只要砖瓦厂那高高的烟囱竖立起来，并且能"咕嘟咕嘟"不分白天黑夜地向外冒着比广岛原

第三章 新的起飞

三星堆遗址内兴建的砖瓦厂

子弹升起的蘑菇云差不了多少的浓烟与火星,就标志着这块地盘上的人们已进入具有高度现代化并享有民主与自由权利的共产主义或准共产主义社会。田地里的稻谷每亩在一夜之间就可产出十余万斤。那些整日靠土里刨食的劳苦大众,也将随着一颗又一颗卫星的升空,由悲惨的乞丐似的生活进入小康。在这种疯狂与幻想双重结合杂糅的思想信念指导下,南兴公社的领导者们决定在三星堆旁建造两个中型、四个小型的砖瓦厂,以便与时俱进,紧紧跟上日新月异、高歌猛奏的社会主义革命化、现代化步伐。

砖瓦厂很快建成并投入生产。那高大粗壮的烟囱耸入云端,烟囱中冒出的蘑菇云在天空中打着旋、转着圈。一窑又一窑散发着灼人热量的成品砖出炉了,一间又一间蹩脚的垃圾房屋在城市与乡间各个角落突兀而起。从茫茫的雾色中看上去,社会主义繁荣昌盛的面貌已粗具规模。在这个声势浩大规模空前的行动中,南兴镇建起的几口大窑,所用的泥土均来自三星堆及其周围的台地。在民工们从田地里挖泥取土的过程中,大量的陶片、陶器和玉石器被掘了出来。同过去几次荒唐的行动几乎相同,这些器物有的被当场捣烂踢碎,有的被扔入壕坑与垃圾共存，只有少量顾不得捣碎和扔掉的陶片与各种零散器物，被暂时堆放到出土台地的旁侧，等待日后转运。

广汉县骤然兴起的这股烧砖盖房的狂潮，自然被敖天照闻知。由于他对这次行动在文化遗址方面的破坏有所警惕，便骑上自行车四处察看。当他来到三星堆现场时，不禁大吃一惊。只见一堆又一堆破破烂烂的器物随意丢弃在田野土沟间，器物的陶器制品形状多样，工艺精致，时代久远。有为数很多的高柄豆残件与湖北宜都县红花套遗址出土的高柄豆极为相似，时代应在五千年之前。由于这些破盆烂罐根本不能用来烧砖，在运土过程中必须予以摒弃，遂得以少部分保存下来，否则早进入窑内那火红的炉膛化为乌有了。

敖天照目睹此景，心蓦地沉了下来，暗想如此丰厚的文化堆积和文化内涵，竟任由无知的人们胡搞乱捣，这成何体统！于是便辗转找到砖瓦厂的厂长与书记理论，明确表示目前民工们挖的这个三星堆是重要的文化遗址，要求砖厂方面不要轻举妄动，应立即停止这愚蠢荒唐的行为，等待上级文物部门勘察发掘之后再做决定。

同上一次的劝谏如出一辙，厂长与书记一听顿时火起，当场予以回绝，并理直气壮地说道："这个三星堆是不是文化遗址关我们什么事？既然公社革委会领导把砖厂定在这里，我们在这里挖土烧砖就对了，其他的事一概不管。要有什么意见直接去找公社革委会领导。"

敖天照一听，知道是秀才遇上了兵——有理也说不清。于是愤然来到公社大院，直接找革委会胡主任理论。

胡主任听罢敖天照陈述的理由，有些气愤但还是耐住性子回答道："不能认为地里出了几块陶片，就说是不得了的文化遗址。这遗址不遗址的我不懂，但也不能听你的。依我说，你该干什么就干什么去吧。"说罢让手下人把敖天照打发了出去。

敖天照孤独地立在大街上，望着面前这座气派非凡的公社革委会大院，既感无可奈何，又有些悲伤，心想自己这个文物干部，在工作中遇到的艰辛与屈辱，要比此前所想象的多得多。心中发着感慨，想到自己人微言轻，便决定不再继续跟这帮官僚大爷啰唆。他径直到街上的供销合作社，买了几条麻袋来到三星堆烧砖工地，把散乱的陶片、陶器、石器等器物有重点地拣起装入麻袋，用自行车一趟又一趟地驮到县城文化馆，进行分类登记和保存。

第三章 新的起飞

此后的一段日子，敖天照越来越感到三星堆之事非同小可，必须想办法加以抢救和保护。于是便冒雨赴成都向四川省文物管理委员会办公室主任沈仲常做了汇报，并请求赶紧采取措施，对这片区域进行勘探和抢救性发掘。沈听罢汇报，思索了一会儿答道："这发掘的事，并不像你想象的那么简单，既需要钱又需要人。更不能你说发掘就发掘，我们得派人去现场看看，视情况再定。你先回去等着好好地给予配合吧。"

敖天照走后，沈仲常和相关领导进行了研究，认为这一情况颇值得重视，遂决定派考古人员前往进行调查。不久之后，四川省文管会考古队队长胡昌钰与摄影师江聪赶赴广汉。他们于当地租了两辆自行车，在敖天照的带领和积极配合下，骑车赴三星堆地区展开调查。通过两天的实地勘察和翻阅历史资料，走访当地群众，采集民间传说，基本弄清了三星堆的地形、地貌、周围的地理环境与相互关系。

就地理位置而言，所谓的三星堆，其实就是在广汉平原的南兴镇一带突兀而起的三个大土堆，与著名的月亮湾隔河相望，形成了"三星伴月"的人文景观。当年燕氏父子在月亮湾发现那个著名的玉器坑之后，华西大学的戴谦和、葛维汉、林名均等在月亮湾调查、发掘之时，曾顺便到三星堆进行过简单的考察，但由于时间和精力所限，均无大的作为。直到新中国成立后的1958年，王家祐与张甸潮前来调查时，才扩大视野，对三星堆的地形地貌做了较为详细的考察，但这时的地理环境与葛维汉到来的时代已不可同日而语了。王家祐、张甸潮在《四川新繁、广汉古遗址调查记》一文中这样记述道：

三星堆在马牧河右岸，与横梁子隔水相望。马牧河现在干涸，两岸成了台形的农田。河右岸，最高一级台地上的一座土岗，即是"三星伴月堆"，简称"三星堆"。这座土岗纵长大约四百米，偏近南北方向。土岗上有一道约一米宽的小路穿过其间，把土岗截成南北两段。北段又因人工关系被挖成"凹"形，使全堆变成了三个高点，加之土堆微偏成弯月状，这可能就是"三星伴月堆"的由来。堆上为汉代砖墓丛葬处，但早经破坏。由土岗东面向河心处构成三级台地（现均为农田），依着土岗的第三级台地，顺势向外弧出一道环形地。在土岗北端的田间，土层中混杂了多量的陶片碎粒，这是历年农耕犁锄翻动的结果，已经使我们不易认出这个遗址的面貌了。

继王家祐之后，就是1962年6月，由四川大学历史系考古学教研室冯汉骥组织主持的那次"广汉中兴公社古遗址调查"，在有关三星堆及周围的地形地貌中，调查人员曾在发表的《简报》中说道：

我们所调查的遗址，主要部分即位于此二河之间的台地上，上至东胜寺，下至回龙寺以南，这一长约三千米左右的地带，都在遗址范围以内。除此之外，在鸭子河左岸、马牧河右岸之三星堆及其以下的附近地区，也还有一部分文化层发现。

此次胡昌钰等考古人员在调查现场看到，与王家祐、张甸潮以及川大考古教研室等当年记载有较大变化的是，在"造田改土"运动中马牧河早已干涸无水，成了一条尘土飞扬的土壕，有的地方沟底与河畔已变成了横七竖八的稻田与垃圾场。真可谓三十年河东，三十年河西。想不到那昂首挺胸的岷山没有低头，河水却悄然让路了。不仅那碧绿的河水已让了路，三星堆周围的树木也已被砍伐殆尽。那一片高大得即使六条壮汉都难以合抱的"风水树"，已踪影全无。至于吴刚捧着桂花酒与一群嫦娥在树下痛饮并谈情说爱的场景

三星堆遗址区内倒掉的树木

也就自然是树倒猢狲散，荡然无存了。据说自1958年"大跃进"时砍掉一部分大树，并投入到炼钢铁的火炉之后，其余的大多数树木都被村中以开办集体食堂为名陆续砍倒投入到锅灶之中了。当1970年最后一棵五人合抱的"白果大将军"倒下，则标志着这一地区的古树林和由此形成的亮丽风景最后的终结。而自这位在三星堆地区挺立了几百年的"大将军"倒下之后的第二天始，三星堆村与燕道诚一家居住的真武村仅在一个月内就神秘死掉了十二口人。此后附近几个村的村民也陆续神秘死亡。村民们开始感到百事不顺，原本在广汉甚至整个四川都算富裕的乡民很快衰败下来，家家弄得没吃没穿，一个个变成了灰头土脸、弯腰弓背、疾病缠身的穷光蛋。面对这种悲惨的境况，有从极度的愚昧与混沌中幡然悔悟的当地人开始流传道："这是风水被破了的缘故。风水破了，树下的吴刚和嫦娥谈情说爱的那档子事自然就黄了，福气也就跟着跑没了，百姓的好日子一去不复返了。"

　　胡昌钰等考古人员在三星堆烧砖现场做了方方面面的勘察，发现了极其丰富的文化层和破碎的古器物，并拍摄了大量照片之后，由敖天照负责留守收集文物，二人返回成都，向省文管会办公室主任沈仲常做了较为详细的汇报。沈仲常对此极为重视，表示要尽快派出考古队对三星堆遗址进行抢救性发掘。就在这支考古队组建完毕，即将奔赴三星堆的头天晚上，与广汉县毗邻的彭县竹瓦街一个施工现场，突然发现了一个神秘的地窖，并在地窖里发现了一批精美的青铜器。因这批青铜器全部浸泡在泥水中，急需进行抢救性发掘，因而省文管会办公室闻讯后，不得不暂时改变路线，将考古队派到了最急需的彭县竹瓦街。意想不到的是，这一变就延续了整整五年的时光。

🪙 三星堆的首次发掘

　　胡昌钰等考古人员到了彭县后，从灌满泥水的窖藏里将几十件青铜器弄出来，本想在周围做进一步调查，借机弄清这个窖藏的时代、性质等问题。但刚工作几天，省文管会又来电话，令考古队迅速撤出彭县，转赴三峡地区抢救一批偶然发现的文物。待三峡抢救事宜完毕后，考古人员又根据文管会

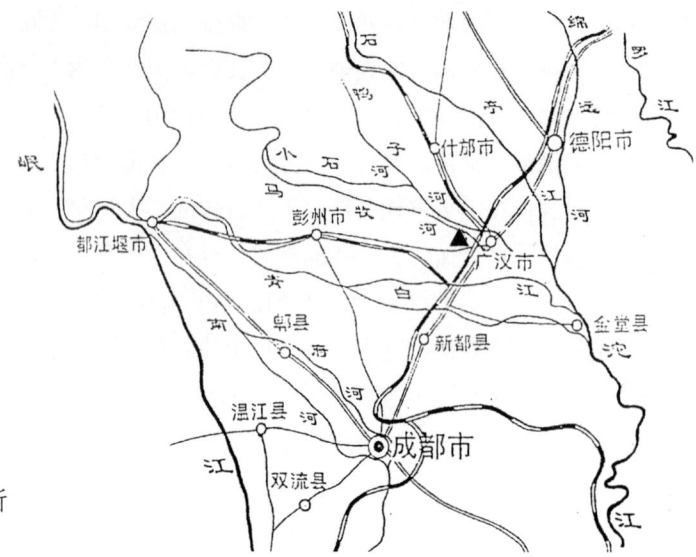

彭县（现彭州市）所
在位置平面示意图

的指示转赴川南抢救刚发现的一批悬棺。时间一天天过去，胡昌钰率领的这支考古队，像救火一样为抢救、保护地下出土文物，涉金沙江，越大渡河，转战大江南北、高山峻岭。冬去春来，一晃就是五个年头。三星堆的发掘渐渐淡出考古人员的发掘计划，并被越来越深地埋入岁月的风尘之中。直到1980年，一个偶然的机会，这个构想才重新浮出水面，开始出现转机。

这一年的4月12日，彭县竹瓦街再次发现了西周时期的青铜器窖藏，所藏青铜器已被当地文化馆抢先一步挖出带走。省博物馆闻讯后，立即派出古代史部副主任赵殿增、范柜杰与考古队长胡昌钰、李昭和等四名业务人员（此时考古队已并入博物馆），乘坐一辆北京吉普赶赴彭县文化馆。在与馆领导交涉后，他们接收了全部青铜器。而后，一行人又在当地人员的陪同下到器物出土现场做了勘察。这批青铜器的具体出土地点位于成都西北约四十公里、东距三星堆遗址约十公里一个叫竹瓦街（场名）的旁侧，青铜器放于一个陶缸内，埋藏在地下深2.5米的窖藏中，其中有四件铜容器和

第三章 新的起飞

十五件兵器，共计十九件。从现场埋藏情况看，窖藏内填充细黄沙土，并杂有卵石，地层未被扰乱，基本保持原状，显然是当初放青铜器的人所为。据现场考察的赵殿增推断，这批青铜器很可能是在举行一个重要仪式之后郑重埋下的具有礼仪性质的物器。

由于有了如此大的意外收获，赵殿增等一行神情振奋，准备乘车返回成都。就在吉普车离开竹瓦街之时，胡昌钰突然想起了几年前调查三星堆的往事，便大声提议道："现在才刚下午一点多钟，我们回去也干不成什么事情了，月亮湾、三星堆就在那边，我以前去做过调查，还想过要发掘，只是被其他事耽误了。大家是不是到那里转上一圈，看看这几年都变成个啥样子了。"此议一出，立即得到了众人的赞同，于是汽车开始拐弯，向着新的目标奔驰而去。

尽管竹瓦街与三星堆相连的地段是一条较窄的土路，且高低不平，极难行走，但毕竟只有十公里的路程，车子颠簸了一会儿就接近了三星堆边缘。"旁边那一块儿就是三星堆了，前方路口右拐，再右拐。"坐在副驾驶座上的胡昌钰凭着五年前的记忆和司机说着。大家的目光投向玻璃窗外。远远地，前方出现了几个零星的破旧的农家院子。在这些院子的周边星罗棋布地耸立着大大小小十几根茶红色的烟囱。每一根烟囱的顶端都向外喷射着滚滚浓烟。由于烟雾弥漫，只觉得天空模模糊糊地罩着一层黑气，已很难看到太阳的光亮了。

"咋有这么多烟囱？"走南闯北、见多识广的司机面对前方的景观有些不可思议地问身边的胡昌钰。胡同样吃惊地望着前方这片既熟悉又陌生的区域，轻轻回答道："怪了，怪了，上次来没看到有这么多烟囱呵，这都成了烟囱森林了。我有一种预感，三星堆完蛋了，肯定完蛋了……"

听着这不祥的谶语，坐在后排座位上的赵殿增有些愤愤地插话道："你看那烟雾，我上小学的时候就学过一个词叫遮天蔽日，这么多年才真正明白，这个烟雾的场面就是遮天蔽日呵。如此下去还怎么得了？整个这一带就算是被他们玩完了。这些地方当官的，土皇帝一个，置历史文化与人文环境于不顾，整日瞎折腾！"说话间，汽车已进入了三星堆区域。

待几个人从车上下来时，只见高大的烟囱下，是一排排如同城墙般横七竖八的砖坯与瓦坯。为防止这些砖坯或瓦坯遭到雨水的浸泡，上部都披着

天赐王国

三星堆遗址被野蛮
毁坏的情形

用稻草编成的蓑衣，看起来有些怪模怪样。在砖坯的近旁不远处，是一口又一口突起地面十几米的圆形的砖瓦窑。每口窑的炉膛都燃烧着熊熊炭火，窑的顶盖部位向外飘散着缕缕青烟，标志着内部蕴含的巨大火力与热能。在砖坯与窑顶之间，有三三两两的民工来回忙碌着。砖瓦窑已从三星堆周边延伸到了月亮湾二级台地上，有几台推土机在远处一块平地上隆隆鸣响，伸长了钢筋铁臂在挖掘柔软细腻的泥土。

"这砖瓦厂的规模可是比原来大多了。"胡昌钰边走边向同伴小声嘟囔着。其他几人没有说话，都绷着脸往前走，似乎心中想着什么心事。当拐过一个小弯，那高大的土堆突然映入眼帘时，所有的人都大吃一惊。只见一台推土机鸣叫着在推挖泥土，旁边一群衣着破烂不堪、满身泥水、灰头土脸、瘦骨嶙峋的工人，正争先恐后地围着土堆挥锄扬锹，挖土运泥。

"这是三星堆吗，怎么就一个土堆堆？"赵殿增望着眼前宏大壮观的场面不解地问胡昌钰。

"是呵，咋就一个了呢，那两个是不是被他们啃完了？"胡昌钰同样是一脸疑惑地问着，快步来到一个运土的民工前，热情地问道："老乡，原来那三个大土堆咋就剩这一个了呢？"

民工抬起头，怔怔地望了胡昌钰一眼，止住步，将身上的背篓用力往上蹭了蹭，抬起右手擦了把额头上的汗水与泥

108

第三章 新的起飞

水,表情木然地说道:"咋这个说,那不是还有一半吗?正挖着的。"说着将头一扭做了个示意,而后不再搭理对方,继续勾着头,背着篓,一摇一晃地向前走去。

胡昌钰苦笑了一下,对赵殿增说道:"这就是此前被描绘得神乎其神的三星堆。"

"哎呀,真是太可惜了!"赵殿增望着前方黑压压的人群,摇摇头,轻轻地叹息着。当他们来到人声鼎沸、锄头纷飞、独轮车来往穿梭的现场中心时,几个人被眼前的场面惊呆了。就在这个土堆的旁边,扔着一大堆足有一米多高的陶器、石器残片,其中有不少基本完整的陶器与石器。再看那已被挖开的二百多米长的东西向的土堆断崖,一米多厚的文化层清晰可见。更令人惊奇的是,断面延续宽达上百米,地层中包含的遗物十分丰富。面对这一罕见的既丰富又奇特的文化景观,所有的考古人员内心都受到了强烈震撼,禁不住连连惊呼:"不得了,不得了呵……"

赵殿增来到一位正在挖土的老汉面前,指着那堆陶器、陶片和石器问道:"多长时间挖出了这么一大堆东西?"

老汉抬起头,眨巴了下眼睛答道:"没几天,也就两个来月吧。以前挖的好的器物都被县上的敖天照师傅拿走了,听说最近他干别的了,管不了这里的事,就积成这一堆了。"

"几年前我来这里调查时,挖土的人很少,烟囱也就几根,如今咋变得这样乱腾腾的?"胡昌钰插话问道。

老汉吐口唾液在手里,似笑非笑地道:"你说的那都是老皇历了,这砖瓦厂是社会主义新生事物不是?是大干快上多快好省不是?你看到的那会儿只是一两个厂嘛!现在是五六个砖瓦厂了,下面还有好多个分厂,数不清的,用的人就多老了,你说是不?"

"这么多砖瓦厂?!"几名考古队员又是一惊。赵殿增摇摇头道:"难怪三个大土堆只剩一个多一点了,原来是集团冲锋呵。"

"伟大领袖毛主席有诗云,蚍蜉撼树谈何易。看来这蚍蜉多了,不但摇撼一棵树,就是一座山也可能会撼倒。常言道,蛆多了能滚动碌碡,并且还可能压死人,眼前就是很好的明证呵!"胡昌钰在极度的失望中不乏黑色幽默地说着。

109

"把这些器物从土里拣出来扔到这里,是敖师傅要你们这样做的?是不是还要等他来取?"赵殿增将身子转向老汉继续问着。

老汉将头一扭,做出不屑一顾状,答道:"管他个啥子屁事嘛,这要烧砖,必须把土里的大小石块、瓦片拣出来,要不那砖烧出来会裂的,就不顶用了。这些瓦片拣出来没得地方扔,就扔这里了。敖师傅来不来拿,啥时候来拿,拿了去换得换不得好多钱,我们不去管。我们只管刨土烧砖,老婆孩子有饭吃就对了。"

赵殿增听罢,望着老汉那张漠然且涂满了苦难的脸,一股悲凉从心中涌起,他一时不知该对老汉说些什么,便随声附和道:"是呵,是呵,这些瓦片不但不能当饭吃,连烧砖都不能用。"言毕,便不再和老汉啰唆,转身招呼同事到周围的其他地方转转,顺便做一点简单的调查。

在调查中,赵殿增等发现整个区域用推土机和人工取土的地方不只是三星堆一处,在月亮湾台地和马牧河两岸,到处是机器的轰鸣和人喊马嘶的喧嚣,这片广袤区域已经成为一个巨无霸或航母型的砖瓦厂基地了。经了解所知,基地领导者们曾做出规定,每个民工每天必须挖土二至三方,每方按五角钱支付工资,每个民工每天可挣到一元或一元五角钱。这笔钱对当时被连绵不断的政治运动弄得家徒四壁、穷

这条小路的左侧就是三星堆古城墙遗址(作者摄)

困潦倒的当地百姓而言，无疑是一笔高额巨款。但此时无论是砖厂的领导者还是那些民工，都没有意识到，他们挖掉的看似平常的"土埂"，正是当年古蜀王国的城墙，挖掘的"高台之地"则是古蜀国宫廷作坊区和生活居住区。尽管古蜀国的陶器、石器残片随处可见，但民工们只是把出土的古蜀人盛装食物用的一种高柄豆叫作大茶壶，器柄叫作茶壶嘴，并将古蜀人用的石锛、石斧叫作雷公石，认为此乃上天的雷公爷所用的法器而已，再也不见有其他更进一步和更深一个层次的认知了。

赵殿增等考古人员一边四处察看，一边不断地捡拾形体完好且有特色的陶器，以作为标本保存和研究。待一圈下来，所捡拾的上等标本已有数百件之多，眼看天色已晚，几个人便恋恋不舍地乘车返回成都。

对于这段看似平常但又意义非凡，并暗含着某种契机的插曲，赵殿增在他后来的一篇回忆文章中这样说道："我们几人在四川从事考古数十年，还从没见过这么好的遗址。我们既为有这样丰富的文化遗存而欢欣，也为被这样大规模破坏而震惊。大家一会儿就选了数百件标本，其中有不少基本完整的陶器和石器。标本放在北京牌吉普车上之后，车厢中连放脚的地方都没有了。返回成都的路上，大家兴奋不已，热烈交谈着。从月亮湾玉器坑的最初发现，到月亮湾的几次发掘，一直谈到三星堆迟迟没有发掘的原因。最后大家一致感到再让砖厂这样取土破坏就太可惜了，必须尽快进行抢救性发掘。于是大家又一边谈感受，一边谈发掘方案，越谈越兴奋，越谈越觉得三星堆遗址有着无比光辉的发掘前景，历史赋予的这一契机再也不能错过了。大家在车上就摩拳擦掌，恨不得立即返回去开始行动。回到单位后，大量的文物标本在省博物馆标本室摊开，新老考古工作者一致认为这次调查非常重要，应尽快实施发掘。四川省博物馆专门召开了馆务工作会，馆领导谢雁翔、朱秉章等当即做出'组队发掘'的决定。从此，长达几十年的三星堆遗址科学考古发掘工作就在这样一种背景和情形下拉开了帷幕。"

正如赵殿增所言，这次省博物馆的领导和考古队员们是真的下定发掘的决心了。经过三番五次的磋商与筹备，1980年5月20日，四川省文管会、省博物馆与广汉县文化局联合组织力量，对三星堆遗址开始了抢救性发掘。

当时省博物馆的大部分考古人员都在野外搞田野调查，人手奇缺。馆领导不得不将正在彭县搞田野调查的考古学家王有鹏调回，让他转赴广汉主持

三星堆遗址的发掘工作。如此决定的理由主要有两点：一是王有鹏早年在四川大学考古专业读书时，曾参加过1963年由冯汉骥主持领导的月亮湾实习发掘，对这一带的情况比较熟悉；二是王本人在走出校门后，经过十几年打拼，已成长为省级考古队经验丰富的业务骨干。正如当年随冯汉骥赴月亮湾发掘的主持人之一马继贤在许多年后与友人的通信中所言："月亮湾发掘至今已整整四十载，从这里培养出的全班十五位同学，后来全部成为各地文物考古部门的领导或业务骨干（如后来出任四川省博物馆副馆长的王有鹏、湖南省博物馆馆长的熊传新等都是这个班的同学）。这是四川大学考古专业毕业生中成绩最整齐、最优秀的一个班。当然后来的毕业生中也是有一部分优秀人才，但就全班的整体素质而言，无出其右者。这也是我们这些当老师的一直感到十分自豪和欣慰的事吧。"（摘自2003年10月1日马继贤致作者的信）

王有鹏在书房为作者找有关三星堆发掘的资料（作者摄）

赵殿增（中）在三星堆遗址发掘开工仪式上

这支新组建的以对三星堆遗址抢救性发掘为目的的考古队到达现场后，先在砖瓦厂找了两间闲置的房子安顿下来，而后来到三星堆区域进行勘察。在发掘初期，考古队人员的组成与分工为：沈仲常、赵殿增任正副领队，王有鹏主持日常业务工

作，队员有莫洪贵、戴福森、罗军、敖天照等。

根据民工挖土的进度和已暴露文化层的埋藏情况进行比较推理后，考古人员决定在仅存的尚未被破坏的大土堆西侧进行布方发掘。此处因历代耕作，已基本被平整为田地，只是比土堆下面原来的田地高出约4—5米，耕土层下面叠压着厚薄不等的文化层。考虑到人手较少，且在此地点属首次发掘等情况，考古队主持人王有鹏决定先开5米×5米的探方五个予以发掘——这是自1963年冯汉骥率领川大师生与省博物馆的一干人马在月亮湾发掘之后，考古人员在时隔十七年之后，又一次在这一地区进行科学的设局开盘。

三星堆遗址开工仪式上的专家学者与发掘人员

由于许多年没有看到考古发掘的景观了，听说成都来的一支队伍突然进驻三星堆要挖土寻宝，许多上年纪的人都忆起了燕氏父子挖宝和陶旅长部下盗宝，王脚猪与鬼难拿们抢宝、夺宝以及冯汉骥、王家祐、马继贤、童恩正、林向等考古学家查宝、掘宝的往事。当这些已在心中憋得发酵的陈年旧事沿着肠胃窜翻到胸口时，就有了一种莫名的沧桑与凄凉之感。真是山不转水转，地不转人转，想不到时隔这么多年，"还乡团"又回来了，而这次回来的该是冯汉骥们的徒子徒孙了吧。在这种悲欣交集的感情催发下，一些上年纪的土著揣着好奇与怀旧的复杂心境，开始游说街头，奔走相告。一时间，大街小巷、乡野田畴，到处流传着"还乡团与挖宝队又进村了"的呼叫声。砖厂的民工和当地农民，纷纷从自己的工作岗位和从来就没有什么工作岗位的草舍茅屋中钻将出来，蜂拥到发掘工地，要亲眼看看这帮"还乡团"到底会挖出什么样的宝贝疙瘩。但几天下来,看到的结果却令他们大失所望,除挖出了一堆堆碎石块、烂瓦片之外,没有看到他们想象中的金、银、珠宝之类的值钱家伙,甚至连当年燕氏父子挖到的大块玉器也没有发现,不免心中泄气,并夹杂着惋惜之情。而每当看到考古人员蹲在坑中不慌不忙地一铲铲挖着或在纸上一笔笔勾画着什么时,他们又不免生出着急与愠怒的情感。当这股情感聚集到非爆发不可的程度后,他们便以皇上不急太监急的心态警告发掘人员道:"你们不要再这样慢慢腾腾地干了,这个买卖肯定要赔本。赶快到砖瓦厂雇几台大号推土机来推吧。如果地下真有货真价实的宝贝,用推土机操作既省劲又省时,总比你们这一锨一铲地挖来得轻松,更来得痛快。"

考古人员听罢对方的"苦谏",一时百感交集,心想如果这块地盘不建砖瓦厂或没有推土机,脚下这大片古文化遗址就会少一些破坏与荼毒。自古兴亡多少事,都与这些好心的"苦谏"有着扯不断理还乱的关联。而这些人数众多貌似强大的据理力争者,又有多少是人类的智者,或者说是符合历史发展规律的清醒者?无怪乎伟大的革命先行者孙中山先生在争取民族独立的进程中曾发出了这样痛心疾首的呼声:"我们建立民国,主权在民,这四万万人民就是我们的皇帝,帝民之说,由此而来。这四万万皇帝,

三星堆遗址
发掘现场

一来幼稚，一来不能亲政。我们革命党既以武力扫除残暴，拯救得皇帝于水火之中，保卫而训育之，则民国的根基巩固，帝民也永赖万世无疆之休。"（居正：《中华革命党时代的回忆》）

已用科学的思想和理念武装起来的考古人员，当然不能为土著们的"苦谏"所动。他们依旧按既定方针，手拿铁铲一步步实施着科学的发掘。经过一段时间的努力，终于取得了初步的具有一定价值的资料。根据这一成果，省文管会、省博物馆与广汉县文化馆联合成立了专门的发掘领导小组，其人员在原有的基础上，陈德安、陈显丹两位年轻学者，又加盟到这支考古队伍之中。

"二陈"作为同班同学于1980年毕业于四川大学历史系考古专业，在分别赴中堡岛和西藏实习期满后，进入四川省博物馆考古队工作。不久，三星堆的考古发掘工作需要增加新的人员，王有鹏从馆内众多的应届毕业生中看中了"二陈"，并通过馆领导批准招到自己的麾下。此时的王有鹏以一个富有经验的考古学家的眼光，敏锐地预感到三星堆的考古事业将有很大的作为，从而颇为自信地对"二陈"说道："三星堆的考古是四川任何一个地方都无法匹敌的，博物馆吃一辈子都吃不完，你俩跟着我干，保证五年之内就有大的成绩，十年之内就会有重大成果问世。"二人听了王有鹏的肺腑之言，深受鼓舞，当即表示自己是无足轻重，一定毫无怨言，积极主动地听从指挥，好好地在自己的工作岗位上发光发热，为伟大的具有中国特色的社会主义和中华民族的复兴服务。自此之后，陈德安、陈显丹作为一股新生力量被补充了进来，并与三星堆结下了不解之缘。五年之后，王有鹏有幸而言中，已成为三星堆考古主力的"二陈"时来运转，一不小心竟引爆了中国西南区系最伟大的考古发现——当然，这又是一段精彩的后话了。

自1980年11月开始，考古人员于三星堆中部土堆的东侧，具体位置在靠马牧河古河道的二级台地区域进行发掘，至1981年5月结束，为期整整一年。先后开挖5米×5米的探方四十四个，加上此前试掘的五个探方，总发掘面积为1225平方米。这次发掘，不仅获得了大量石器、陶器，而且清理出了四川古遗址中比较罕见的房屋基址。从纵横交错的房址、水沟、柱洞遗迹的排列，以及红烧土、陶器、石器的分布加以观察，发现有圆形、方形、长方形带有浓厚西蜀特色的"木骨泥墙"和有穿斗夹壁厅堂的房址十八座。同时还出土灰坑三个，土坑墓四座，各类玉石器一百一十余件，陶器七十余件，残陶片数万件。从地层中采集到的木炭标本，经中国社科院考古所实验室进行碳14测定并经树轮校正，其年代为距今4500±150年。而遗址中的文化堆积从新石器时代晚期一直延续到相当于中原的夏商时期，跨度约为三千年。如此久远的年代和丰厚的文化堆积，不仅在四川省内前所未见，即使是在中原地区乃至全国也是罕见的。这一发现立即引起了文物考古界的高度重视。

　　作为本次发掘的主持人王有鹏，面对如此重大的收获，凭着自己多年的考古经验与科学的前瞻性思维，认为将这一遗址命名为一种新的文化的时机已经成熟，并极具理性地分析道："通过这一次发掘，我们进一步了解了三星堆遗址古文化的基本面貌。它是一种在四川地区分布较广的、具有鲜明特征的、有别于其他任何考古文化的一种古文化。它已具备了夏鼐曾经提出的命名一种新考古学文化所必需的三个条件。第一，这种文化的特征不是'孤独的一种'，而是'一群'，如三星堆遗址出土的陶器中的高柄豆、小平底罐、鸟头把勺等特殊器型，往往在各遗址中伴出。第二，这种同类型的古文化遗址，在四川地区已不是仅发现一二处，而是在成都青羊宫、羊子山、中医学院、新繁水观音、广汉月亮湾、阆中城郊、汉源背后山等多处先后发现过。第三，'必须有一处做过比较深入的研究'。在此之前，尽管材料有限，但不少专家学者已对这类遗址做过不少研究和探索。这一次对三星堆的发掘和整理，正是对这类遗址的进一步研究，并对其时代、分布以及同其他文化的关系等问题做了有意义的探讨。总之，我们认为给这种特殊的古文化赋予一个名称的条件已经具备。正如夏鼐明确指出的，'如果应有的条件都具备了，而我们还迟疑不决，不敢给它以应有的新名称，那就未免太保守了，这就会使一定不同类型的文化遗存长时间地混淆在一起，因而延缓了对古代社会研究工作进展的速度'。故我们建议将这种古文化命名为三星堆文化。"

　　这是自燕氏家人在月亮湾发现玉器坑五十二年，葛维汉主持的最早的具有科学性质的发掘四十七年以来，考古学家首次对这一遗址的文化性质给予命名。从此，"三星堆文化"逐渐得到了学术界的肯定并被普遍应用。后来，随着这一区域两个大型祭祀坑和无数件辉煌宝藏的横空出世，三星堆文化在一夜之间名满天下，为世人所共知。

航空考古

就在王有鹏主持的发掘接近尾声的时候，省文管会与省博物馆领导谢雁翔、朱秉章等根据发掘人员所收集的资料和亲自对现场的勘察，清醒并颇具理性地意识到，三星堆遗址已经不是平常意义上的遗址了，它将作为一种文化符号永留于中国考古学的史册中。于是决定采纳王有鹏的建议，将本次发掘的情况除向省内更高一级的有关部门汇报外，还要向国家文物局与中国社会科学院考古研究所汇报，以争取得到中央业务部门的支持，便于以后更好地开展工作。

待这个方案形成后，下一步就面临着更加深入调查和搜集资料的问题。为了将已发掘的遗址部分尽可能如实、全面地记录下来，王有鹏与其他考古人员想了许多办法，采取了一切可能采取的措施，但在具体实施之后，对摄影师江聪拍出的照片资料总觉得不够理想，拍出的三星堆遗址照片总是感到缺乏宏阔、清晰的场景，令人多少有些遗憾。但考古队此时只有一架FF牌照相机，囿于条件的限制，反复折腾了几次，也只能把事情做到这个份上了。要想拍出一个真实、宏大、壮观、清晰的场景，在视觉上给人一种冲击和震撼，在学术上有利于对遗址的整体把握与研究，不想点别的招数是难以实现的。于是大家在无奈又极不甘心的同时，开始琢磨其他的点子。

大约到了离本次发掘全面结束的前半个月左右的一个上午，万里晴空中，突然有三架飞机一字形排开从三星堆上方超低空掠过。飞机在远处打了个旋儿后，又顺原路返回，好像正在做一场飞行表演，尾巴后面还放出一条条长长的烟雾带，烟雾在天空中久久不散。飞机掠过天空时那隆隆的轰鸣声，使三星堆旁的考古人员好奇地抬头观望，也就在这刹那间，发掘队最年轻的队员陈显丹眼前蓦地一亮，一个念头"唰"地划过脑际，何不用飞机来一次航拍？据他所知，在广汉县城旁边就有一个空军飞行训练学院，刚才天上飞翔的飞机可能就是他们放出的。既然这飞机能在三星堆头顶上飞来飞去，为何不能借此机会为下面的遗址拍几张照片？想到这里，他极其兴奋地对发掘主持人王有鹏说："王老师，我们何不到广汉去借一架飞机来拍遗址照片，那样好多疑难问题都可以得到解决了。"

"飞机，你是说用飞机拍摄照片？！"王有鹏有些惊异地望着年轻的陈显丹，禁不住又抬头望了望天空。此时天空晴朗，广袤浩阔，瓦蓝的苍穹中有几朵白云正自由自在地飘荡，好一幅蓝天白云图呵！在这样的天空，这样的季节，用飞机拍摄这样的遗址，无疑是一件天作之合、令人向往的事情。而用飞机搞考古遗址拍摄，在国外特别是美、英、法等发达国家，是件司空见惯的事情，许多重要遗址的照片都是用航拍完成的。但遗憾的是，限于中国的经济实力和科技水平，这种方式从来没有在考古遗址上用过。就中国的国情和人们的思维方式而言，要兴师动众地动用军用飞机来拍几张与军事和国家安全无关痛痒的照片谈何容易？想到此处，王有鹏不待陈显丹答话，表情复杂地说道："你们年轻人总是站着说话不觉得腰痛，有飞机当然好，可这飞机毕竟不是小孩子玩耍的风筝，找谁去弄呵？"

"听说咱博物馆的老贾跟他们空军的人很熟悉，能不能找他去问问看，说不定还真能成呢。"陈显丹并不管王有鹏话语中夹杂着无奈的悲观腔调，一脸轻松地答着。

"是呵，要是能找到老贾出面，弄一架飞机来转一圈，那是什么感觉，不但所有的疑难问题都解决了，就咱这个'还乡团'也跟着牛起来了。管他成还是不成，让老贾跑一趟试试……"陈显丹这一看似无厘头的奇思妙想，得到了众人的一致赞同。作为工地主持人的王有鹏在一片鼓噪与吵吵嚷嚷的议论声中，也渐渐有些心动起来，但脑海中仍觉此事颇为玄乎，成功的可能性几乎等于零。但鉴于眼前这么多同事群情激昂，精神振奋地予以声援，也不便说过多的丧气话，只好点头答应说过两天找一下老贾试试。

第二天，王有鹏在向已成为省文管会办公室顾问的沈仲常汇报工作时，想起工地上大家谈论的航拍之事，顺便说了出来。沈仲常听罢，先是略做吃惊地停顿片刻，望着王有鹏那平静的脸庞沉思了一会儿说："你们可真能琢磨呵，人家说乘飞机做梦是空想，我看你们在三星堆上望飞机才是真正的空想呵！不过，你说的这事还真有些意思，不妨找找老贾，让他出个面，说不定还真有点谱呢！"

"那你就找老贾说说吧。"王有鹏想不到沈仲常对此事还蛮有兴趣，似乎看到了希望，眼里放着兴奋的光。

"好吧，我过一会儿就去找他。"沈仲常答应着。

第三章 新的起飞

二人所提到的这位老贾,姓贾名克,五十多岁的年纪,出生于上海,很早就参加了活跃在江南由中共领导和指挥的新四军。由于自己爱好舞文弄墨,曾在人民军队的宣传文化部门工作,后调北京军事博物馆工作,主要从事中共革命史的研究。此人为人热情厚道,善于交际,加上资格老,辈分高,在军界交了许多朋友。20世纪70年代末转业到四川省博物馆工作并出任副馆长,仍主管革命历史资料的征集与研究工作。尽管老贾有了属于自己领导、研究的一块领地,但由于性格和经历使得他对其他各项事务也分外关切,若从老贾的性情、秉性、业务素质等综合方面加以评价,应属于当代"活雷锋"型的榜样式人物。正是有了这样一种前期铺垫,当沈仲常主动找上门来,并说出了考古队同志们的想法后,老贾并没有半点吃惊或为难的表情,他只是平静地点了下头,先说了几个"好、好、好"字,然后又说自己和成都空军司令部参谋长是老战友,此事完全可以找他商量一下,估计问题不是很大等等。老贾表现出的那运筹帷幄、胸有成竹的大将风采,令沈仲常感到有些意外,心中暗自叹着:"老贾可惜了,搞了一辈子宣传教育与学术研究,要是一开始就进入武官的行列,说不定早成了智勇双全身经百战的大元帅或大将军了!"

第二天刚上班,"活雷锋"贾克就调来了博物馆唯一的一辆福特牌轿车,此车是博物馆副馆长冯润廷弄来的。冯原是省文化厅办公室主任,"文革"后调省博物馆任副馆长。由于他的政治资格和人脉关系都有过人之处,这辆开动时屁股喷着浓烟,三天两头趴在路上装死撒娇的老爷式福特轿车,就随着老冯调进了省博。尽管这辆老爷车脾气很坏,经常装死,不听主人的调遣使唤,但在省博的人看来,再怎么混账也是一辆轿车呵!在中国的地盘上,只有高级干部才有坐轿车的资格和待遇,这是一种身份标志。老贾坐在喊里喀喳响个不停,并不时地打着哆嗦的老爷车里,想着刚才的一切,一种自豪感油然而生。今天自己毕竟是坐着众人瞩目的高级轿车来会老战友!只要有了这身行头,想来这位官至参谋长的老战友也不会小视和冷淡自己的。如同诸葛亮未出茅庐已定三分天下,今天要办的事,未入空军大院就已有七分成功了吧。老贾坐在车中望着窗外的景色这样想着,成都军区空军司令部的大门已在眼前。

一路通报、检查、过关,总算找到了昔日的老战友,如今成都军区的空军参谋长。老贾说明来意，参谋长思考了一会儿说："事情不太好办哪。这种事不但在成空没有过，就是在全国的空军中恐怕也没有过。你知道我们这是军用飞机。这军队是属于党和人民的，军用飞机不是谁想动就可以动得了的。当年林彪逃跑时，他的身份是党和国家的副统帅、毛主席的亲密战友和接班人、中央军委日常工作的主持者。就是这样一个不可一世的大人物，想弄架军用飞机坐坐都差点没弄成，要是他的动作再迟一点，用不着到蒙古温都尔汗玩那个机毁人亡的把戏，怕是连跑都跑不成了。这个事件说明了什么，说明对军用飞机管理得严格嘛！你想想看，要是单独兴师动众地出动一架军用飞机，为你们在广汉挖的那些小小窟窿眼儿拍摄照片，那事情可就要好好琢磨一下了。中国这么大，又正是伟大的社会主义建设时期，美帝苏修对我虎视眈眈，越南小霸仍在我西南边疆骚扰捣乱，国内也还有一小部分暗藏的阶级敌人，并企图破坏和捣乱。作为党和人民的军队，有多少急事、大事、重要事需要办哪，要把如此非凡的国之重事都撇开不管不办，却要为几个不起眼的小窟窿拍照，这不是吃饱了撑的，滑天下之大稽吗？再说我们有明文的纪律规定，只要动用飞机，除上报成都军区外，还要得到中央军委的批准才能行动。所以你说的这个事，是空想一场罢了。"

贾克一听，如同当头挨了一闷棍，顿觉头脑晕眩，陷入一片沼泽迷雾之中。悬在嗓子眼儿里那颗比春天还要温暖的心顿时凉了半截。但他并不甘心就此失败，厚着颜面，强打精神，吞吞吐吐地说："有这么玄乎吗？能不能变通一下。这中国的事历来不是上有政策下有对策吗？什么事只要一通融、一变通可就大不一样了。"

参谋长望着老贾头上的白发和一脸丧气又不甘心的样子，沉思了一会儿，将手中的烟蒂用力按在办公桌上那个硕大的烟缸里，站起身在宽敞明亮的屋子里一边踱步一边说道："你说得有些道理，中国的事嘛，确实是这样，变通一下嘛，也不是不可以。因为是老战友了，我也就直截了当地跟你交个实底吧。刚才我考虑了一下，我们广汉那个飞行学院总在搞训练演习什么的，如果在训练的时候顺便从三星堆上空绕上一圈，趁此机会拍几张照片，也是可以的。如果这样，就不必报成都军区和中央军委，我说了也就算数了。这样吧，我给他们打个电话，说省博物馆在广汉三星堆地区挖了几个墓，他们来人联系想拍几张照片，你们飞的时候就把那个区域挂一翅子，顺

第三章 新的起飞

便带上他们拍几张就是了。"

参谋长说着,望了贾克一眼:"你看我这样通融怎么样?"

"真是太好了!我在这里代表省博物馆真是得好好谢谢你呵!"老贾站起身,脸色微红,有些激动地说着,参谋长也微笑着站起身,两只温热有力的大手紧紧地握在了一起。

第二天,省博物馆的赵殿增、陈显丹按领导的授意,来到了空军广汉飞行学院面见有关方面的领导。学院方面对此极为重视。经院党委研究后,决定派一架安2型飞机担当此任。为工作和安全计,在飞行之前需到现场做详细考察。

第三天,当飞行学院领导和教官、飞行员等有关人员到三星堆发掘现场实际考察后,认为像这样小范围的遗址,在安2型飞机上难以拍摄理想的照片。考古人员所发掘的面积全部加起来只有1250平方米,长度约为六十米、宽约二十多米。而安2型飞机最低飞行高度是300—400米,飞行速度为每秒一百五十米左右。考古队装备的那套摄影器材,在这样的高度和速度之下是很难拍出高清晰度和高质量照片的。另外还有一个比较麻烦的问题是,三星堆周围烟囱林立、浓烟滚滚,能见度极低,不但限制了飞机的飞行高度,弄不好还可能会发生机毁人亡的重大事故。一旦恶果发生,恐怕将会有一连串的人员吃不了要兜着走了。

经过一番勘察和探讨,军地双方人员决定放弃用安2型飞机拍摄的计划而改用直升机,但飞行学院却没有直升机。为此,考古队方面再请老贾找空军司令部参谋长商谈,看能否想办法弄一架直升机兜上两圈。贾克不愧是公认的"活雷锋",听罢这一要求,二话没说,一拍大腿就起了身,再度坐上那辆老牌福特轿车,晃晃悠悠地一路急奔空军大院找到了参谋长。在经过一番交谈后,把事情再一次搞定。参谋长也是个义气之人,当场决定仍以训练的名义从成都新津空军机场调一架直升机到成都凤凰山机场待命,在适当时机由凤凰山飞赴三星堆发掘现场进行拍摄。由于直升机耗油量大,空军的经费也不宽裕,本着互惠互利、相互支援、精诚合作的原则,博物馆方面需拿出一千元钱作为油料费用补贴。

既然空军方面如此慷慨大度,乐于助人,那么博物馆方面也不能太过于小气。于是博物馆方面将家底弄了个底朝天,好不容易凑足一千元人民币,

121

一咬牙递到了对方手中。

　　1981年4月23日上午，省博物馆的考古人员赵殿增、陈显丹与摄影师陈湘华、邹德四人，一大早就来到了凤凰山机场，在飞行员与导航员的带领下进入直升机机舱，安排与拍摄相关的具体事宜。此时的条件是，在直升机的内舱下方有一个直径约一米宽的投掷孔，还有一架小梯子。摄影时，人要趴在投掷孔的边沿，腰上拴着保险带，以免被甩出机舱之外。根据机内的条件和人员分工，当飞机飞越三星堆上空时，赵殿增负责与飞行员和陈显丹联络，陈显丹则负责观察目标，并具体指挥摄影师，而两名摄影师则要一前一后趴在投掷孔的边沿实施现场拍摄。一切安排妥当后，上午10点30分，成都空军司令部按预订计划下达命令，要求在成都凤凰山机场待命的直升机立即起飞，前往广汉三星堆发掘现场执行拍摄任务。

　　直升机顶部那硕长的如同大号风扇一样的螺旋桨，在隆隆的引擎声中开始旋转，机体在巨大气流的引力下腾空而起，当上升到预定高度后开始调整角度朝三星堆方向进发。此时，天空晴朗，万里无云，春光明媚。可惜的是地面上飘

陈显丹（左三）、赵殿增（左五）等考古人员与飞行人员合影

浮着一层淡淡的雾气，给拍摄带来了一点不便。

当直升机飞行二十分钟后，开始抵达三星堆区域上空。在赵殿增的提示下，飞机开始在2500米的海拔高度上，沿着鸭子河下游向上游一边飞行一边盘旋。考古人员老鼠一样在地下打洞是内行，但从没有像雄鹰一样在空中寻找地面目标的专门训练和经验，这次登机则是大闺女上轿——头一回，所以就变成了十足的外行。只见目标在身下晃来晃去，眨眼就没了踪影，加之从高空俯瞰地面，矮小的农舍与碧绿的田野、土坝、高埂没有多大的区别。三星堆周围七八家大大小小的砖瓦厂几十根烟筒丛林一样树立着，且根根烟囱都喷泉一样向外大口大口地吐着浓雾，更加搅乱了已经无法准确定位的视力。机舱内，机器的引擎声轰轰隆隆地响个不停，震得里面的几个工作人员无法听到对方的讲话。在这种情况下，负责与飞行员联络的赵殿增见左指右指总是指不到点子上，便急忙从随身携带的一个皮包中拿出纸笔开始写起来。每写完一句"向左500米"或"向右前方700米"，便撕成纸条递给导航员，导航员再转告驾驶员。驾驶员按照字条所写数据摸索前进。细小的字条如此递来递去，飞机在空中颠来倒去，仍然找不到准确目标。情急之中，赵殿增再递字条要求下降，但飞机下降后被雾气所挡，连那些房舍、烟囱之类的建筑物都看不清楚了。飞机只好再度升高，在鸭子河边转了三圈后，天空开始有云彩飘来，地面的雾气越发浓重。导航员朝赵殿增摇摇头，摆摆手，表示这次已无能为力了，需要马上返航。赵殿增把这一意思传给陈显丹。陈显丹只好指挥两名摄影师匆匆忙忙地冲地面三星堆一带拍了几十张照片，算是结束了这次航拍。

此次拍摄失败，主要责任当然应归考古人员一方，是他们临阵找不到确切目标才导致了不战而返的结果。博物馆方面将赵殿增等人紧急召回，馆领导很是痛心地说："我们拿了一千元钱，你们却弄了个鸡飞蛋打，这对得起谁，这个责任谁能负得起，快想想以后咋办吧。"

待情绪渐渐稳定，馆领导和赵殿增等考古人员一商量，表示绝不能半途而废，一定要总结教训，制定出一套切实可行的办法以便第二次实施拍摄。当决心下定之后，博物馆便请老贾再度出山，硬着头皮到空军司令部联系，争取再给一次补救的机会，继续完成未竟的事业。空军方面不愧是人民子弟兵，很痛快大度地答应下来，并表示拍不成照片绝不收机。

为吸取上次的教训，解决目标分辨不清的难题，考古队方面召集大家出主意想办法，力求飞机一到鸭子河就能看到三星堆遗址。但要做到这一点，地面遗址必须有一个明显的标志，否则将重蹈上次的覆辙。究竟弄一个什么样的标志才能将飞机上几个人的眼球吸引过来？有人想起了几年前观看的一部叫作《鸡毛信》的抗战电影。在影片中，某村群众为掩护抗战游击队，特地在一个山头上栽了一棵"信号树"。只要鬼子一来扫荡，守在树下的放羊老汉便立即将树放倒。游击队看到后便悄悄地埋伏起来，因而这个招数受到了游击队员们的广泛好评，并成为躲避鬼子的经典绝招。根据电影的启示，有人提议也可在三星堆顶部栽一棵"信号树"，当看到飞机飞来时，树下的人立即将树放倒，这样上面的人就像当年的游击队员一样发现遗址了。此招一出，立即遭到了多数人的反对，本来这个三星堆的土包包和顶上那棵树就很难被上面的人发现，若飞机一到上空又将树放倒，岂不是更看不到了吗？这个只知死搬硬套、不知因地制宜的方法实不可用。但提出此招的人又辩解道："如果是把树放倒再立起来，然后再按倒，这样往复循环，周而复始，或许是可行的。"大家想了想，觉得目标还是太过于微小，遂做了彻底否决。此后，又一考古队员受电影《地道战》的启示，提出是否在三星堆的顶部竖一根电线杆子，杆子顶端挂一口大铁钟，铁钟可用绳索从地面上摇打。只要看到飞机到了鸭子河上空，便像《地道战》中的高老忠一样开始摇绳敲钟呐喊，飞机里的人听到钟声，便过来投入拍摄。众人一听皆摇头，说小小钟声怎能压得住直升机那巨大的引擎声，即使将这口大钟砸扁敲碎恐怕也无济于事。这个荒谬的主意被彻底否决。

以上两种提议被相继否决之后，赵殿增突然想起《东周列国志》上周幽王烽火戏诸侯的故事，提出可不可以用最原始的点火为号的方法引导飞机？也就是说在遗址旁架上柴草，草上泼上汽油，只要飞机一来就开始点火，机上的人看到烟火就知道这是自己人点燃的信号，就自然地飞过来了。众人听罢，觉得此法尚可，只是附近几十根烟囱，每根烟囱都向外喷云吐雾，机上的人员如何分得清哪一道烟火是来自自家兄弟点燃的？赵殿增思考了一会儿说："尽管此处烟囱林立，但这并不妨碍机上的人能辨别出来。因为我们用飞机拍照的消息已传了出去，可以想象的是，到了拍摄那天，三星堆地区一定会有成千上万的人围观，其他的烟囱下肯定没有这个场面。只要烽烟一起，又有那么多人在火堆旁，不是正好说明这就是三星堆遗址了吗？"众人听罢，觉得还是不够尽善尽美，但一时又想不出更好的办法，只好暂按这一方案实施了。

军地双方经过一番紧锣密鼓的准备，所有前期工作就绪。1981年4月25日12时55分，成都空军凤凰山机场接到了起飞的命令。为一战而捷，机场方面特派飞行大队大队长亲自驾机，载着上次的考古人员和摄影师，向三星堆遗址目标疾速飞去。

当飞机飞临鸭子河并在上空开始盘旋时，地面上的考古人员立即点燃了浸了汽油的柴草。为了做到万无一失，地面人员将柴草分成了两堆，分别位于遗址南和遗址北。当这两堆柴草被点燃后，立即腾起了滚滚浓烟与火光。机上的人很快发现了目标，工作人员立即投入到空中摄影前的准备工作。大家用一条直径约四厘米的保险带一端拴在机舱顶部的固定环上，一端拴在自己的腰间，然后将机舱下的一块盖板揭开，露出投掷孔。两位摄影师一前一后趴在投掷孔的边沿，调整最佳角度捕捉稍纵即逝的目标。

直升机在空中打了个旋儿，开始朝三星堆目标隆隆驶来。此时三星堆四周的状况正如赵殿增所估计的一样，早已是人山人海。许多人在听说考古队要调动飞机探宝的传言后，怀着好奇心，专程从外地的县市拖儿带女、风尘仆仆地赶来，要亲眼看看闻所未闻的飞机探宝的奇观异景。当飞机在三星堆上空盘旋了三圈之后开始平稳下降，趴在投掷孔的两个摄影师陈湘华与邹德开始抓紧时间拍摄。当飞机降落到离地面约十五米时开始停在空中不再起降沉浮，那巨臂一样宽大硕长的螺旋桨掀起的气流，像暴风一样将遗址中的碎石与瓦片吹得四处纷飞，旁边的扫帚、竹筐也被吹得咕噜噜满地乱跑。在四周观光的几万人见这个庞然大物正冲自己飘然落下，出于本能的反应，认为大难临头，立即四散奔逃。

赵殿增望着机下的人群，心想自己这辈子玩的这个考古的把戏，也不见得全是默默无闻的事业，像今天这种壮观的场面就足以说明考古也是可以弄出大的响声的。而这次巨大的响声就是一次很好的文物与考古的普及宣传和教育工作呵！可惜这些人看不到自己，要是看得到，那自己就算得上是当地最著名的大牌明星了。正这样得意地想着，突然觉得飞机停在遗址上空不再动弹。他心想这机体离地面的距离未免过于近了些吧，如此短的距离于摄影师拍摄全景极其不利，便用早已准备好的纸条写了"再高些，拍全景"几个字直接递给了驾驶员。想不到这位飞行大队的大队长、一级飞行员看后，轻轻地摇了下头，未做理睬。几分钟后，飞机开始慢慢升高，但并未像刚才那样停住。赵殿增着急地伸出右手，一个手指顶着身前平放的左手掌，做了一个停的动作。但驾驶员仍没理他，依然在不断地提机上升，待达到一定高度后，在空中盘旋两圈，而后掉头向凤凰山机场方向飞去。

待飞机平稳地降落后，赵殿增才听那位飞行大队长解释道，当直升机降落时，如果离地面过高根本就无法停住，只有降到非常低的高度，借助在地面上形成的气流才能停稳。这就是刚才飞机降到离地面约十五米时，赵殿增写字条让其升高，而对方没有理睬的原因。不过，当时的驾驶员已明白了赵的意图，用自己平生所学的技术，在升高的过程中尽量使飞机平稳，并在高空盘旋两圈，这样就给摄影师提供了拍摄的有利条件和充足的时间，使此次出航圆满地完成了预订计划。

当两位摄影师回到博物馆将拍摄的照片冲洗出来后，大家发现果然达到了预期的效果，不仅遗址内部的情况得以清楚地拍出，整个房址的关系搞清楚了，更重要的是房址与已揭露的遗址的关系，小遗址与三星堆的关系，三星堆与月亮湾以及鸭子河、马牧河的关系，都从所拍的大幅照片中清晰地分辨出来。这些照片对向中央文物部门汇报，特别是对三星堆以及后来

空中拍摄的
发掘现场

围绕整个三星堆古城遗址所制定的发掘、研究、保护方案，都起到了极其重大的参考作用。同时，此次三星堆遗址的航拍，开创了中国航空考古的先河，揭开了现代化尖端技术应用于地下古迹调查、发掘的序幕，标志着中国考古界纯手工操作时代的结束，以及新的具有现代化科技时代的到来。

古城初露

　　三星堆遗址考古初战告捷，省、县文物、文化部门的各方领导都感到非常满意。鉴于三星堆所展现出的丰厚的文化遗存与广阔的考古前景，四川省文管会与省博物馆领导共同研究决定，派参加这次发掘的考古队员到北京，向有关方面反映情况，为下一步更大规模地发掘和有效地保护三星堆遗址，争取在财力、政策等各方面能给予大力支持。

　　1981年6月1日，三星堆考古发掘队队员莫洪贵、陈德安、陈显丹、敖天照等在主持人王有鹏的带领下，携成都空军直升机航拍的现场资料以及发掘出土的各类石器、陶器等照片与文字资料，乘火车来到北京，分别向国家文物局、中国社会科学院考古研究所领导做了汇报。在向国家文物局文物处处长黄景略的汇报中，王有鹏提出希望国家能够对三星堆遗址的发掘给予立项，并提供经费支持。黄景略听完汇报后，开始并没有过分看重，认为三星堆遗址仍属于一处普通商周文化性质的遗址。在他的心目中，新中国成立后的一段时间，特别是整个中国西南部作为一个大区时，四川考古界可谓豪杰并起，人才济济，事业干得异常红火。但自1953年大区撤销之后，由于体制等各方面的原因，豪杰萎靡，人才纷纷外流，刚刚兴起的考古事业由盛转衰。到了20世纪六七十年代，以博物馆为主流的四川考古界，除搞了几次小型的调查与发掘外，基本没有什么大的动静。与此相反的是，在以中原为中心的黄河流域，或者江淮流域的中下游地区，文物考古事业却蒸蒸日上，发展迅猛，不断有轰动世界的重大成果问世。如长沙马王堆汉墓、山东临沂银雀山汉墓、湖北随县擂鼓墩曾侯乙墓的发现与发掘等等，皆成中外瞩目举世震动之势。在这种格局与情形的影响下，黄景略对这一遗址的价值与重要性，在思想上没有足够地重视，直到他看完所有的发掘资料，才以一个考古学家的学识与眼光，意识到这一文化遗址所具有的内在价值与巨大潜力。

为了进一步确定这一遗址的价值，黄景略向国家文物局主要领导汇报后，邀请文物局与中国社会科学院考古研究所专门从事殷商文化考古研究的专家张长寿、殷伟璋、赵芝荃等，召开了一个小型座谈会，进行座谈论证。三星堆遗址特殊的地理位置、深厚的文化内涵以及广阔的发掘前景，立即引起了与会专家的高度重视。专家们在给予了较高评价的同时，建议由国家文物局出面立项进行有计划的科学发掘。在三星堆的发掘之初，王有鹏曾在遗址的文化层中，精心挑选了一批有代表性的标本，托人送到中国社会科学院考古研究所碳14实验室进行检测。这次实验室一并将检测成果拿到会上予以公布。所得标本的检测年代为3000—4000多年前。这个时间跨度已经进入了历史上的夏朝与商朝时期。这个结果和考古人员推断的年代大体相同，众人听罢甚为高兴。在得到各方面的认同后，黄景略对王有鹏表示："立项的事可以考虑，你们打算以后如何发掘，需要多少钱合适，回去请省博物馆给这边打个报告研究一下吧。"王有鹏点头答应。

眼看北京之行的目的已成功达到，按照原订计划，王有鹏又带领几名考古队员先后到北京的周口店、河南洛阳、陕西的西安和宝鸡、甘肃的马家窑以及四川周边地区的文化遗址做了访问与考察。在开阔了眼界的同时，也为三星堆遗址下一步发掘积累了新的经验。

随着中国在改革开放之后，各地掀起的新一轮建设的高潮，地下文物与文化遗存的发现不断增多，考古发掘任务日益繁重。根据上级指示精神，1982年春，四川省博物馆所属的考古队单立门户，扩编组建与博物馆同一级别的四川省文物考古研究所。原三星堆发掘的主持人王有鹏留在博物馆并出任副馆长，其他人员如赵殿增、莫洪贵、陈德安、陈显丹等随原考古队被分到了考古研究所下属的考古队工作。赵殿增出任考古队常务副队长。不久，赵殿增代表四川省考古研究所携三星堆发掘计划来到国家文物局，找到文物处处长黄景略，请其立项并给予两千元经费的支持。黄景略看过计划，又听赵殿增称四川考古研究所现在是底子薄，基础弱，发掘经费极端困难，急需要国家文物局拿出两千元予以支持云云，心想四川的考古的确是落后了，田野发掘不用说，仅从向国家要钱这一点看，就显得相当不在行了。他微笑着对赵殿增说道："小赵呵，你是北大考古系毕业的，比我晚些年，也算是校友了。你到四川后，就很难听到你的消息了，今天冷不丁地报来了两千元的发掘计划，你让我怎么给你们批呵？"

赵殿增1943年生于河北省大厂县，1967年北京大学历史系考古专业毕业后，被分配到四川省博物馆从事考古调查与发掘方面的工作。但由于各种条件和机遇所限，十余年来没有弄出什么大的动静，心中既不甘心，又有些惭愧。今听黄景略说起学友之谊，更觉心中不安，原本那黝黑的脸显得有几分紫红。他微微向前探了下身，面带羞涩又内含几分谦逊地说道："您是前辈，我哪里敢高攀呵！不过我们四川的考古单位实在是穷呵，如果您嫌这两千元太多，给一千五也行。"

听了赵殿增那发自肺腑的真诚话语，黄景略忍不住笑着答道："我看就不要一千五了，你回去重新给我打一个三万元的报告来吧，我们研究一下，看看是否可行。"

"三万？"赵殿增不敢相信自己的耳朵，情不自禁地从椅子上站起来，满脸狐疑地反问了一句。

"没错，是三万。这些钱是你们一次发掘的费用，以后要发掘，再根据具体情况上报吧。"黄景略平静地说。

"三万？是三万？这可是钱哪！"赵殿增怔怔地站在原地自言自语地说着。

"没错，是钱，人民币，你可不要想成美金呵！"黄景略望着赵殿增那惊愕的脸，有点调侃地说。

赵殿增从对方那真诚的目光中渐渐回过神来，往前急

黄景略在家中说起当年的情形仍很得意（作者摄）

跨两步，一把拉过黄景略的手道："黄处长，黄老师，谢谢您，谢谢您的关心与支持呵！"

黄景略用力握了下赵殿增的手说道："是呵，你们四川这么多年默默无闻，好不容易弄了个三星堆，我们能不支持吗？回去好好地干吧。"

赵殿增走后，黄景略把情况向国家文物局领导做了汇报，特别提出三星堆是西南地区发现的具有代表性的商周文化遗址。该遗址目前正在遭到大规模的破坏，必须尽快由国家立项进行抢救性发掘。无论是从遗址本身的重要性还是从促进西南地区考古工作来看，都应给予各方面特别是经费方面的大力支持。

1982年6月14日，国家文物局文物处副处长庄敏，根据文物局领导的指示，来到四川广汉三星堆遗址进行实地考察。从鸭子河对遗址的冲刷，以及真武村、三星村两个巨无霸型的砖瓦厂取土的进展情况看，对三星堆土包本身与整个遗址的文化层破坏极其严重，抢救性考古发掘已迫在眉睫。庄敏返回北京后，将情况向领导做了详细汇报。从此，三星堆遗址被列为全国重点考古发掘工地，由国家文物局拨出三万元专款予以补助。乘着这股东风，四川省、广汉县文物考古部门联合协作，对三星堆遗址进行了全面调查，初步划定了保护范围。同年8月，由广汉县人民政府发文批转县文化局《关于加强月亮湾、三星堆遗址保护工作的报告》的通知，强调了对遗址保护的重要性。此后，四川省考古研究所与广汉县文化局组成联合考古队，再度拉开了三星堆遗址科学发掘的序幕。

国家文物局庄敏处长（中）在三星堆发掘工地考察

第三章 新的起飞

从1982年到1984年，考古人员对三星堆遗址先后进行了四次发掘。经四川省报国家文物局批准，沈仲常、赵殿增兼任这四次发掘的正、副领队，陈德安、陈显丹主持日常的野外发掘工作，敖天照等为主力发掘队员。在此期间，考古队面对三星堆遗址一天天被蚕食、破坏的现状，忧心如焚，分别根据国家规定的《文物保护法》，向县委和当地政府部门提出了"停止挖土，就地保护"的方案。但没有人重视他们的请求和方案，政府官员们时常是打着哈欠，将考古学者们点灯熬油花费了几个晚上才整理出来的报告，随手扔入垃圾筐。砖厂取土仍在继续，窑膛的规模越造越大，四周的烟囱越来越多，喷出的烟雾越来越大、越来越浓，已到了遮天蔽日的程度。此后的三四年间，在三星堆遗址内，落后的原始手段的破坏与科学的现代化考古发掘双向进行，考古人员在工作中一边哀叹着古老文明一天天遭受着野蛮蚕食与啃啮，一边在发掘中不断增加着对遗址文化内涵的认识。而对这文化内涵认识得越深、越清晰，心中泛起的苦楚就越大，精神的煎熬就越重，灵魂的折磨就越难以忍受。日子就这样在现实与内心的矛盾冲突，以及悲愤与困惑中一天天过去了。

在连续不断的发掘中，考古队开始与砖厂的取土民工开始了赛跑的历程。三星堆西南三百米处的台地上，考古人员首先赶在民工们前来取土之前，揭露遗址面积一千多平方米，并在上层发现了尖底杯、尖底罐等一组具有代表性的重要遗物。这一地层遂被确定为考古学上的"第四期文化"。经碳14测定并经树轮曲线校正，其年代为距今3005±105年前。此次赛跑式的发掘成果，补充了第一次发掘中在文化分期上的不足，基本上确定了三星堆一、二、三、四期文化的演变特征，为建立三星堆遗址的分期和发展序列奠定了良好的基础。

就在考古人员发掘的过程中，三星堆遗址群北部一个被称作西泉坎的地方又遭到了当地砖厂的严重破坏，发掘人员不得不放弃区域内的西南防区而转战于西泉坎，以赶在被砖瓦厂大队人马全部毁灭之前进行抢救性发掘。

所谓的西泉坎，实则是濒临鸭子河的一处高级台地。从河岸断面之上就可清楚地看到丰富的文化层，其堆积中有较多的红烧土遗存，所出器物不仅与首次发掘地层中的第一期相似，而且特征更为明显。经过一段时间的发掘，考古人员根据种种迹象开始怀疑土梁埂可能是人工堆积，于是决定

陈德安（右三）向前来考察的专家学者介绍西泉坎发掘情况

由发掘主持人之一陈德安与发掘队员、广汉县文物干部敖天照共同去找砖瓦厂领导协商，要求砖厂方面立即停止在梁埂上取土的破坏性行为。当他们面见厂长并说明情况后，厂长先是径自点上一支烟吸着，一只半挽着裤腿的脚踏在一条长木凳上，弓着身子，头高高仰起，浑浊中夹杂着一丝霸气的双眼，似看非看地瞟着面前的陈德安、敖天照，张大的嘴巴像消防队员的干粉灭火器一样"滋滋"地向外喷着呛人的烟雾，瓮声瓮气地说道："我跟你们说过多少次了，这地下有没有文物，啥子文物关我屁事。镇领导让我带人在这里挖土烧砖，我照着做。只要窑里着火，烟囱里冒烟，把砖烧出来就对了。至于其他的，于我没得一点关系。我小老百姓一个，管不了那么多，要说你们还是到南兴镇（已由公社改镇）找那些当官的去说吧。"言毕，将脚从长凳上挪下来，将顺手扔掉的半截烟蒂在红砖铺就的地上用脚尖踩住来回揉搓了几圈，而后甩开双臂，扬长而去。

陈德安、敖天照一看这位厂长如此德性，索性骑上自行车来到南兴镇找镇党委书记理论。书记听罢，义正词严地指出："这烧砖的行当可是关系到当地几万人民群众吃饭穿衣的大事，既是生产线，也是生命线，如果断了这根线，吃饭的问题就得不到解决，不知道有多少人民群众要流浪街头，生命将受到严重威胁。目前中央号召要安定团结，这是什么意思，我的理解是安定就是你们这种人要好好在家里待着搞研究，不要到处乱跑乱挖。这团结嘛，就是要顾大局，要懂得群众利益。凡是牵涉群众的事情，再小也是大事。民以食为天，要是没得饭吃了，这天下不就要大乱了吗？所以你们就不要整天以保护文物的名义，连唬加骗地蒙我们这些基层的党政干部和老百姓了。你们这种做法是与党的十一届三中全会精神相违背的。当然，你们不让这些民工挖土或不让烧砖也可以，只要拿钱来给予补偿，砖厂可以换地方或干脆停产。如果拿不出钱来，对不起，以后就不要再跟我啰唆了。"

陈德安、敖天照被弄了个灰头土脸，知道再找下去其结局也是如此，万般无奈中只好采用老办法——与挖土烧砖的民工抢夺地盘，以最大限度地减少遗址文化层的破坏。不久之后，在土梁埂北端二支渠旁的"马屁股"梁子断面上，考古人员发现了土梁埂底部丰富的文化层，遂引起重视并开始局部发掘。1984年9月，已成为四川省文物考古所副所长的赵殿增到三星堆遗址内真武村土梁埂上考察，以敏锐的眼光感觉到有人工建筑的可能，遂与考古队领队陈德安商定，在该梁埂的中段挖一个探坑，以验究竟。陈德安调集几人开始行动，结果发现梁埂内部的填土包含有陶片、红烧土块等物，由此证明这些土梁埂并不是自然堆积，而是人工建造的用于防御的"土城墙"。

2003年夏天，敖天照（右）在三星堆遗址对作者（左）说："保存了几千年的三星堆，被一群无知无畏者几个月折腾光了，现在只剩这一点小土堆堆了，真令人寒心。"

这一发现，丰富并加深了对三星堆文化一期的认识。赵殿增由此提出了"一期文化可能是一个单独的文化阶段"的设想。就在考古人员兴致勃勃地准备通过继续发掘以验证这个

设想的真伪，同时对三星堆隐含秘密的全面破译有一个大的突破之时，忽然发现砖厂方面对三星堆主体的取土明显加快，人员似乎在一夜之间增加了一倍，眨眼的工夫就使原来的三个大土堆只剩下不到半个了。面对此情，赵殿增对省文管会顾问、三星堆考古队总领队沈仲常有些激动又有些伤感地说：

"我有一种预感，这三星堆的大土堆好像是人工夯筑的，如果真是人工夯筑，我们眼睁睁地看着它被吃掉而没有任何表示，将成为千古罪人。"

"那你看咋办？"沈仲常用略带忧伤的语气问道。

"我意立即放弃西泉坎的发掘，将人员转入这最后半个土包上来，并且要以最快的速度确定这个土堆的性质，弄清楚到底是不是人工建筑。如是人工建筑，那性质可就大不一样了，就要想尽一切办法让砖厂停止挖土，以保全这最后半个人工建筑的证物，否则我们难以向后人交代。"赵殿增回答着，眼里闪着激动的泪光。

"那就将人员尽快转过来吧。"沈仲常有些无奈地答。

得到了对方的同意与支持，赵殿增遂令陈德安忍痛暂时放弃西泉坎阵地，所有考古人员再一次被动转移，集中到最后残剩的半个土堆上来。此时考古人员在西泉坎共发掘了七个探方，出土了大量的石器、陶器、成片的红烧土块、柱洞、水沟等房址遗迹，以及反缚双手跪坐的石人雕像及不少的石璧残片。从遗迹遗物分析，推测这里可能是一座石器作坊。在转移前，所挖探方只得匆忙回填，而自回填之后，直到20世纪结束，再也没能回来发掘。

陈德安带领考古人员按照新的情况做了战略性转移之后，经过对现场的勘察分析，决定将发掘区紧靠在所剩半个土堆的北侧，并在总结前几次发掘经验与教训的基础上，将此次工作的重点放在对地层分期和文化内涵的寻找研究上。根据这一指导方针，在发掘中很快找出了比较清晰的层位关系，确认了"土埂"伸出的边角坡叠压在第一、第二期的文化层之间，从而证实了被当地人称谓了若干年的"三星堆"，实则是人工修筑的一大工程。基于这一科学认识和土堆的神秘性，以及土堆本身隐含的重大文化内涵与考察价值，经四川省文物管理委员会电告国家文物局，国家文物局文物处黄景略等人与局领导给了密切配合与支持，通过中宣部与国务院办公厅，迫使四川省与广汉县主要领导做出批示，勒令砖厂停止在半个土堆和遗址内进行破坏性挖土。正是得益于上下各方面有识之士的奔波努力，只剩不到半个的土堆，连同内涵极其丰富的文化信息，遂在即将全部消失的最后一刻有幸保存了下来。

1985年春，陈德安率考古队，根据西泉坎与半个土堆旁侧等几个小范围内的出土情况，对周边地区做了全面调查。从连年发掘出土的大量石器、陶器以及当地百姓捡拾的出土文物来看，整个遗址的分布范围十分广泛。经过反复调查确认，在这一大的区域内，除著名的月亮湾、三星堆以外，在周边相邻的回龙村、仁胜村、大埝村所属的田间耕地内，随处都可发现与以上两个遗址相同的残陶片与文化层，从而进一步确定这是一处由数十个小型遗址连接在一起的大型古遗址群，整个范围可达十二平方公里以上。根据遗址的地形、地貌与文化内涵，考古人员首次提出了这里曾经存在过一个"三星堆古城"的设想。按照这个设想，遗址的东、南、西三面各有城墙护卫，北边是江水浩荡的鸭子河（雁江），要么北城墙已被河水冲掉，要么原本就是以河代墙。发源于岷山河谷的湍急的河流充当了这座古城的天然屏障，与其他三面的土墙共同形成了对古城内部的拱卫态势。从地层关系和出土器物的文化分期综合推断，这座古城的建造年代应为商

鸭子河与堤上三星堆遗址位置图（作者摄）

代早期。鉴于这一考古成果的重要意义，同时为了更好地保护三星堆遗址，使砖厂尽快停止破坏性取土，在中央与四川省两级文物考古部门的斡旋呼吁下，广汉县委、县政府在一片批评与谴责声中，于1986年年底提出了一个折中的方案，希望通过一次大规模的发掘，正式确定三星堆遗址的范围和价值，以便当地政府视情况做出最后的抉择。

此时，从中央到四川省和广汉县三方文物主管部门，也感到有对这一遗址进行一次大规模发掘的必要。通过这次发掘，三星堆遗址到底是骡子是马，是保护还是铲除，将一锤定音，立见分晓。于是，在国家文物局给予经费等各方面的大力支持与协作下，在并不太显眼的川西坝子，一场震惊中外的考古大发掘开始了。

第四章 地裂天惊

历史上最大规模的联合发掘队进驻三星堆遗址，国家文物局派员前来视察，众官员的表态，极具破坏威力的砖厂得以暂时停工。在大撤离的节骨眼上，震惊中外的一号祭祀坑被发现，令人眼花缭乱的器物横空出世。旷世奇珍"金腰带"的出土，武警出兵封锁三星堆。省、县双方大决战，省考古所三战三败。"形象大使"陈德安愤而不就，历史的契机，曙光初露，出土文物有了暂时的归宿。

国家文物局来人

林向（左二）在三星堆遗址标本室向前来参观的专家介绍

经过一段时间的酝酿、协调、沟通与准备，1986年春，四川省文物考古研究所、四川大学历史系考古教研室和广汉县政府联合成立了三星堆遗址发掘领导小组。广汉县分管文教的副县长陈治山任组长，省考古所陈德安、陈显丹与四川大学历史系考古专业教授林向共同担任领队，川大考古教研室霍巍、李永宪等为指导教师。参加发掘的三方各抽调得力干将组成了一支强大的考古队伍。除省文物考古研究所的专业人员外，四川大学考古专业出动师生二十多名，德阳市所属各县也派出文物干部十余人，加上在当地雇用的民工，总计接近二百人。这支为了一个共同目标，从不同地区、不同岗位走到一起的发掘队伍，自此开始了三星堆发掘史上规模最大的一次考古发掘。

1986年3月1日上午，四川大学历史系考古专业教授、著名考古学家林向率领二十余名师生分乘两辆汽车，于11点15分来到了三星堆发掘工地。在与其他各地前来发掘的人员陆续会合后，在南兴镇第二砖瓦厂租借了十八间房子分别安顿下来。此时本已是春光明媚野花初放的季节，以往就连数九寒天都鲜见雪花的川西坝子，这天却突然骤变，纷纷扬扬地下起了鹅毛大雪。面对这奇特的天象异兆，川大师生及省考古所的赵殿增、陈德安、陈显丹等发掘人员心情格外亢奋，认为这是天人感应的一种吉兆，是一个预示着本次发掘将产

第四章 地裂天惊

生辉煌战果的神秘暗示。待吃过午餐，川大师生与省、地、县各方考古人员，急不可待地冒着纷纷扬扬的大雪，来到三星堆遗址中仅存的半个土堆旁，以此为坐标，开始勘察地形，准备布方发掘。大雪弥漫中，林向心中突然产生了一种难以言状的情愫。这种莫名的情愫促使他放开脚步，渐渐远离了人气盛旺的工作现场，径自走向一块台地的高处，观察起周围的景色。只见整个三星堆遗址内，无论远处近处，皆是茫茫一片。在这种罕见的景致中，他的内心深处在增添了一分洁静与空灵的同时，一幕幕往事也随着飘荡的雪花悄然涌上心头。

——这是林向从事考古事业以来，第三次来到此处参与不同规模的考古调查和发掘了。

1932年出生于上海的林向，于1949年高中毕业后，在解放大军横渡长江、解放全中国的隆隆炮声中，参加了解放军西南服务团，成了一名部队文艺战士。1955年，响应周恩来总理提出的向科学进军的号召，考入四川大学历史系，一夜之间由一名战士变成了文质彬彬的书生。

1958年秋，为配合即将到来的长江三峡水库建设工程，四川省博物馆、重庆市博物馆、四川大学历史系三方联合，

轰动中外的巫山大溪文化遗址

139

彩陶瓶（巫山大溪遗址出土，四川省博物馆藏。新石器时代大溪文化，约公元前4000—前3100年）
泥质红陶，长筒形，高17.7厘米；器表磨光，绘黑色平行线和绞索形纹样。是大溪文化代表性的典型器物，多出于墓葬中

由六十六名专业人员组成了四川省长江三峡水库文物调查队，开始在四川境内展开大规模调查。林向作为川大历史系的学生，参加了对当时川东三峡库区范围内的长江沿岸及其支流两岸的考古调查，并和省博物馆的陆德良共同带领一个小组负责奉节、巫山两县境的调查工作。就在这次调查中，发现了闻名于世的大溪遗址。

许多年后，林向在回忆与自己的学术生涯发生过重要关联的大溪遗址时，曾这样描述道："1958年11月间，我们组溯江调查来至巫山西界江南的大溪镇，镇西濒临大溪河。大溪河全长一百二十余公里，虽是山涧溪河，而水流终年不绝，在入江口恰与瞿塘峡口的洄水沱相遇，水面甚宽。西岸为瞿塘峡口白盐山东麓（小地名乌云顶山）面江、河的倾斜台地，远望可见我们要找的遗址所在地。本来对岸有村落以渡船与大溪镇往来，当时已近正午，久等不见驾船者前来，同组陈培绪同学自恃江津人水性好，不听劝阻竟下水泅渡，不料水冷湍急，顿生险情，幸好有渔者相助得登彼岸。（大溪口水面平静而实凶险，翌年发掘时有应届高考生当民工者，不幸在此游泳遇难。）陈登岸后即举着从河坝拾得的石斧大声欢呼，急召我等过河。待我们一行过得河来，全组人为断崖上暴露出来的二米多厚的文化层所激动。文化层几乎全为白色的鱼骨渣夹杂着人骨、兽骨、陶片、石器所构成。整个下午我们即采得打琢磨制成的大小石斧、圭形石凿、打制的石锄、彩陶片、黑陶片、夹砂陶片、人骨、鱼骨等标本一大堆，还从乡民手中征得彩陶瓶一件。所得标本比此前搜集到的总和还多，很多文物都是第一次发现。大溪遗址作为一个新石器时代的考古遗址就这样被发现了。我们把大溪遗址发现的好消息即报队部。此次调查的领队杨有润先生急急赶来复查，还在后面山坡上找到很多石砌的长方形'蛮洞'（应该是东汉砌券石室墓），绳纹粗陶实足鬲等显然是较上述新石器遗存为晚的遗物。杨兴奋地认为这是四川的最新发

第四章 地裂天惊

现，并以遗址上有冲沟名火爆溪而在以后的《调查简报》中以'火爆溪遗址'命名。"

1959年，四川省博物馆与四川大学历史系联合对大溪遗址进行发掘，林向作为川大考古专业学生参加了发掘。根据前后两次发掘的资料，省博物馆考古人员沈仲常、袁明森执笔撰写了《四川巫山大溪新石器时代遗址发掘记略》，并于《文物》1961年11期发表，遗址的名称遂由原来的"火爆溪遗址"改为"大溪遗址"。可能是出于谨慎或者是对这一遗址的文化内涵认识不足，抑或还有其他原因，尽管遗址已得到更名，遗憾的是沈、袁两位没有进一步地提出"大溪文化"这一遗址的文化概念，而这一文化的提出与命名正是由林向后来完成的。

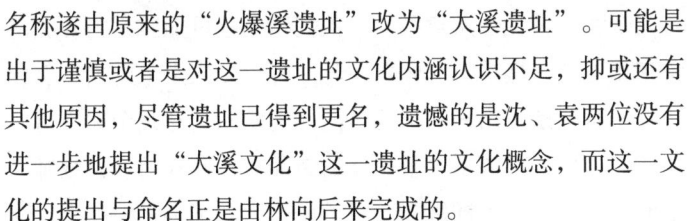

空心陶球（巫山大溪遗址出土，四川省博物馆藏）泥质红陶，直径5.4厘米；器表饰红陶衣。空腔，腹内有小响石，晃动时可发出响声。上下、前后、左右均有对称的穿孔，孔之间有蓖纹相连。可能是一种玩具，在大溪文化中发现较多

大溪遗址发现后，林向的名字引起了时在四川大学历史系教授考古课的冯汉骥的注意和重视。在一次师生见面会上，冯给予林向当面赞许，师生之间的感情遂进一步加深。就在林向1959年毕业之时，川大历史系创建独立的考古专业，身兼教研室主任的冯汉骥要招收一名副博士研究生。正值青春年华的林向怀着"搞考古可以到全国甚至世界各地名山大川跑一跑、转一转"的想法，报名投考，结果以第一名成绩有幸成为冯汉骥的第一位也是最后一位研究生。1960年11月，四川省博物馆在与四川大学历史系联合整理大溪遗址1959年两次发掘的资料时，由于林向参加了调查与发掘，冯汉骥命他参加整理并负责撰写《巫山大溪遗址发掘报告》的重要工作。就在这部划时代的《报告》中，林向经过横向与纵向的分析比较，根据考古学巨擘夏鼐提出的新的考古学文化命名必须具备的三个条件，首次提出了"大溪文化"这一

新的考古学文化。这一提法，受到了考古学界的普遍认同。随着后来这一地区不断的考古发现和发掘，考古学家们基本搞清了大溪文化主要在四川省东部和湖北省西部一带，湖南省也有部分遗存的分布范围，经碳14测定，遗址的考古学年代为公元前4400—前3300年。

1962年6月，四川大学考古专业师生根据冯汉骥的意见，准备到广汉月亮湾做实习调查。林向作为深受冯汉骥器重的唯一一位研究生，与另一位教师先行前往调查。这是林向第一次触摸到三星堆遗址的门槛。当二人来到广汉中兴公社地面后，从鸭子河北岸蹚水过河，上岸后一边打听，一边向月亮湾燕家院子附近走去。行进中，远远地看到前方右侧有三个大土堆在一条直线上，他们猜测这可能就是与月亮湾紧密相连的三星堆吧。怀着一丝好奇，二人走上前去，看到马牧河有一条流出来的水沟呈南北向切断了这几个原本可能相连的土堆，形成了一个明显的断面。林向和另一位教师从断面上取了部分土样观察，只见泥土为人工堆积的花土，土中夹杂有大量陶片，从陶片的形制来看，大体断定为殷末周初之物。就在这次发掘中，冯汉骥站在高高的台地上，对身边陪同的马继贤和林向等人说出了那句被业内人士流传日久的先知式的预言："这一带遗址如此密集，很可能是古蜀国的一个中心都邑。"

1980年，林向带领学生在月亮湾发掘

1963年9月，已毕业留校任教的林向作为冯汉骥的助手，曾几次奔波于川大与月亮湾之间，除做一些行政事务外，还断断续续地参加了考古队的发掘。

自从随冯汉骥最后一次离开月亮湾，到现在再度返回三星堆，一晃二十多年过去了。这个时间在历史的长河中尽管只是一

第四章　地裂天惊

朵小小的浪花，但在此处却是一个实实在在的改天换地的巨变。古老的文化遗址犹在，但已不是当年那散发着温热与柔情的模样了。原本一望无垠，绿色荡漾、鲜花飘香的川西坝子，早已被一排排、一堆堆乱七八糟的砖瓦垛和残破的厂房以及冒着滚滚黑雾的烟囱所阻挡和隔断。那起伏有致的台地，也已被砖厂的民工们刨挖得沟壑纵横、窟窿遍地、满目疮痍，惨不忍睹了。而就在这片广阔的台地下，埋藏着一个民族在漫长的历史进程中所经历的血与火，爱与恨，情与仇，大悲大痛、悲喜交集的记忆密码。只要打开这组密码，一个民族图腾的历史映像便豁然显现于世人的面前。只可惜这组密码被无知的有关领导者和只为了贪图小利而不顾祖宗留下的珍贵遗产的帮忙者给毁坏了。要打开远古的记忆之门，由于这样的破坏而变得越发复杂和艰难起来。这一人为的恶果不能不令后来者扼腕慨叹。作为考古专业的教授，林向当然知道，就历史发展的一般规律而言，对于文明的破坏与摧毁，基本上来自战争和无知这两柄双刃剑，而愚昧无知的杀伤力往往比战争更为酷烈与巨大，对文明的破坏与消解也更为彻底。这种杀伤力，会将这一文明或多种文明荡涤得无踪无影。正因为有了这样一种前因后果，作为活着并清醒着的后来者才会更加痛心疾首。

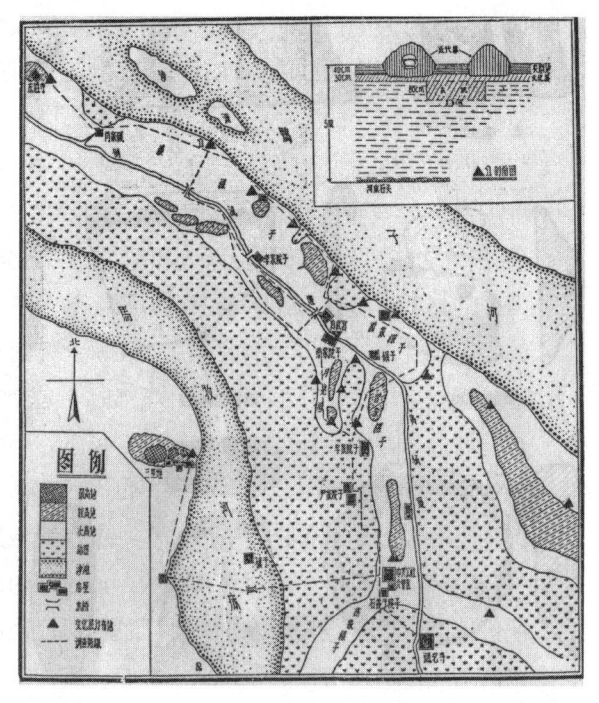

1980年，林向带领学生在月亮湾发掘地点所绘图

屈指算来，三星堆地区从新中国成立后第一次发掘，到这次联合发掘队即将展开的大规模行动，前后不过二十多年

143

的时间。作为中国的西南地区甚至整个中华大地屈指可数的一块文化圣地，竟被几个无知痴儿以国家政府和人民的名义折腾成这番模样，实在令人为之悲怀怆然。当年的发掘者如冯汉骥等大师已先后离开了人世。斯人已逝，而作为他的学生，今天尚站在这块土地上的自己也将老去。时间就是这样造就着生命又毁灭着生命，个体的表象的生命消失了，但生命中的精灵却变成了一种文化符号与密码而得以保留。这种文化渐渐演变成一种永恒的传统和无穷的魅力，滋润着在苦难中奋勇跋涉的中华民族那不屈的精神与向善向美的心灵。现在，四川大学考古专业的薪火传到自己手中已经是第二个接力段了。遥想当年，自己第一次来月亮湾时才是个二十岁出头的毛头小伙子，而今已年过半百，从教二十余年，华发早生，手中的接力棒也即将交到朝气蓬勃的第三代学者手中。而在此前，每当看到从川大走出的散布于全省甚至全国各个考古工地的年轻领队们，在一个个大型遗址的发掘中，指挥若定、意气风发的雄姿英采，而与之相随的更加年轻的莘莘学子埋头探坑、潜心钻研的进取豪情，又令人生发出一种"长江后浪推前浪"的欣喜之感。看来这学术的薪火不但不灭，而且是越来越旺。或许三星堆遗址的考古发掘会在他们这一代人手中创造出大气象、大辉煌来……这样想着，林向于不知不觉中，已回到了那半个土堆前。茫茫大雪中，在赵殿增、陈德安、陈显丹的具体指挥下，一个个即将发掘的探方基本布置停当了。

为了发挥兵多将广、人多势众的优势，本次发掘在三星堆周围共布了东、西、南三个发掘区，每个发掘区以5米×5米开方。由于发掘中严格按照国家文物局不久前正式颁布的《田野考古工作规程》和《领队培训班考核标准》组织实施，工作质量和效率都大大超过了以往任何一次发掘。

此前的1984年，国家文物局为了提高全国文物考古工作者在实际发掘中的能力与水平，开始在山东省举办一年一期、每期时间为三个月的"考古领队培训班"，并由文物局文物处处长黄景略亲自主持。在培训期间，除在国内外请一些德高望重的考古学家讲课外，特别注重田野考古中的操作规范，要求学员严格按照国家文物局制定的规章制度予以操作。如在下坑发掘时，不管是长期还是暂时，都不能穿皮鞋或对坑中土层造成明显印痕的鞋子等具体细节也在规范之内，并制定了培训班严格的考核标准。学员学习期满，考核过关者准予结业，并由国家文物局颁发"领队资格证书"。有了这个

第四章 地裂天惊

证书，就可以在全国任何考古发掘工地出任考古队长。培训班按照这一培训原则，自1984年创办，一直延续到1995年，历时十一年，共培训了十一期学员方才告一段落。经过这一时期的严格培训，中国考古发掘技术产生了质的飞跃，迎来了"文革"之后第一个黄金时期。由于黄景略本人在这一过程中所做的特殊贡献，后来业界将这一时期称为"黄景略时代"。正是在这种时代背景和条件下，经四川省考古所推荐，陈德安、陈显丹二人于1985年进入"全国考古领队第二期培训班"学习，并以优异成绩取得了结业证书与领队资格证书。此后他二人双双回到三星堆考古工地主持发掘工作，直到迎来了此次三星堆考古史上最大规模的联合考古发掘的实施。

1986年4月，全国考古汇报及文物调查工作会议在昆明召开。会后，国家文物局副局长沈竹、文物处处长黄景略、文物干部李季三人，陪同出席本次会议的中宣部副部长、国家文物保护委员会主任廖井丹来到四川视察工作。廖原出任过四川省委书记兼成都市第一书记，后调中宣部任副部长。1985年，国家文物保护委员会主任夏鼐去世，该职由廖兼任。这次受四川方面邀请，廖井丹等一行来到了成都。

4月17日，沈竹、黄景略与李季三人来到四川省考古研究所视察工作。其间，已成为考古所负责人的赵殿增汇报了三星堆的发掘情况，言称已经发现了土坯城墙等等，希望几人到现场做一番视察，顺便协调一下考古队与当地

陈德安（右二）向众人讲解保护文化遗址和文物的政策法规

145

陈显丹在学术讨论会上发言

的关系，处理砖厂破坏遗址的难题。沈竹与黄景略一听发现了城墙，顿时来了精神，因为谁都知道城墙的出现在古代遗址中意味着什么。而此时在工地主持发掘的陈德安、陈显丹，刚刚从黄景略主持的领队资格培训班结业不久，按辈分应算是黄的学生。另一位主持、四川大学教授林向又和黄有多年的交情，无论是于公还是于私，几个人都觉得应该前去视察一番。

当天上午，沈竹、黄景略、李季三人在四川省文化厅副厅长王幼麟和考古所赵殿增等人的陪同下，来到了三星堆发掘工地。广汉县县委书记叶文志得到消息后，特地驱车前来陪同视察。当黄景略等人与工地的发掘人员一一打过招呼并寒暄过后，便开始在工地上转来转去，详细认真地考察起来。

如同黄景略此前所掌握的，自西南大区撤销之后，一直到20世纪80年代中期，四川考古界与全国各地相比，基本上没有什么大的作为，即使偶尔搞点发掘，动作也不是很大，收获也就可想而知。更为全国文物考古界所轻的是，在考古发掘中，许多学者不按科学规律操作，由着自己的性子和喜好在发掘工地随意折腾。特别是"文革"之后一段时间在长

第四章 地裂天惊

江两岸的考古发掘,当发掘者在地下深处或洞穴内,发现几个或几十个人头之后,摸起来看一看是男是女,连最基本的记录都懒得去做,便随手"扑扑棱棱"地把头骨丢入滚滚的长江之中。有的考古人员认为发掘出的古代器物价值不大,也同头骨一并抛入江中草草了事。对此,国家文物局曾提出过严厉批评,但因从业人员素质较低,积习太久,总是收效甚微,令黄景略等具体管理者,干在办公室着急上火而无杜绝根除办法。

这次视察,令黄景略等人意想不到的是,一圈转下来,只见整个发掘工地井井有条,无论是开挖的探方还是操作程序,都非常符合国家文物局制定的规范。此前陈德安、陈显丹将自己在领队培训班上所学的《田野考古工作规程》复印后,分发给每一个参加发掘的人员,并严格规定必须照此规程操作,不得有半点差错,就连下坑要穿平底软帮胶鞋这一点都做了专门强调。所以当黄景略等人一圈转下来之后,原来的不良印象一扫而光,脸上显出喜色。当从遗址内的西泉坎下来之后,黄景略精神亢奋,兴趣大增,满面热情地对赵殿增说道:"小赵呵,咱挖的灰坑不少,但都是陶片,其他的东西出得不多,这个遗址到底有多大,到现在也没弄清楚。你刚才说这个地方是夯筑的城墙,也没有最后弄明确,是不是需要钻探一下,好好地搞搞调查与勘探?如果需要探工,我可以从洛阳给你们找几个。如果真是城墙,那就了不得了,意义可就大了去了,也就更应该搞清楚,好好地组织人马探一下。过去在彭县竹瓦街一个窖藏里弄出了几十件青铜器,你们省博物馆抢得倒是很及时,可一旦把东西抢到家,往仓库里一扔就万事大吉了,跟没事人一样。到现在你们也没有派个人到彭县竹瓦街调查一下,这窖藏到底是咋回事?在窖藏的周边还有没有类似的器物或其他的窖藏埋在地下,相互之间是什么关系?这些你们到现在仍是一无所知。我希望三星堆千万不要再这样下去了,如果再这样下去,四川考古将永无出头之日。"

黄景略说着,赵殿增在一旁点头答应,表示此前的考古发掘教训很多,经验很少,或者说只有教训没有经验。今后一定要吸取教训、奋起直追,不怕流血流汗,甩开膀子大干几年,使四川考古跻身全国一流行列。

黄景略听了,觉得赵的态度还算真诚,自己的话在他的内心深处多少有些触动,也就越说越高兴起来。当一行人来到了三星堆旁的发掘工地时,借着刚才的兴致,黄景略蹲在坑边,指着坑壁问一位正在坑中发掘的陈姓学生道："小陈呵，你能给我说说这是怎么回事吗？"只见小陈有些腼腆但又很自信地将手中的一个小铁铲在壁上比画着回答道："这是××层，这一层与××层是打破关系，这一层与××层是叠压关系……"黄景略听罢，抬头对不远处的林向大声说道："我说老林呵，你教的学生还真有两下子哩，你看都说得头头是道，我这个爱挑剔的人都感到无话可说了。"

林向道："这都是你黄处长的功劳呵，'二陈'从你那个班上训练回来之后，还真有点不一样了，要求特别严格，业务水平提高了一大块。学生们现在都按照'二陈'的要求在发掘，所以最终的功劳还应归你这位老师呵！"

未等黄景略答话，站在身旁的李季对身边的陪同人员道："我们的黄头呵，你可不知道，到别的工地，看到他的同学做得不好他都敢骂，今天看了这个工地的发掘情况，他很满意，你看他高兴得嘴都合不拢了。"

黄景略接着道："工地的发掘情况我是很满意，但这个遗址的情况就难说了，你们看看。"

说着用手指了指脚边的探方，又指了指远处几个探方，继续道：这个遗址的文化层这么丰厚，规模这么大，出土器物这么多，这就说明绝不是个普通的遗址。如果那几个高坎坎真的是城墙，如果不是古蜀国的都城，也与都城不相上下了。像这样大规模的古城除了中原地区，别的地方从来没见到过，整个西南地区和长江流域更是没有发现过。这个遗址是国家级的大遗址，这个发掘是一流的发掘，各方面在国内都是属于一流的。"说到这里，黄景略抬头望了望一根根傲然挺立的烟囱和蘑菇云一样遮天蔽日的浓烟，将头转向陪同的四川省文化厅副厅长王幼麟和广汉县县委书记叶文志说道："我跟沈局长的看法是，无论如何不能再在这里挖下去了。三星堆挖完了，就等于把遗址挖完了。挖三星堆就等于是在挖自己的祖坟呵！你们想一想，烧一块砖才换两毛钱，这下面埋的可都是金子呵！要把眼光放长一点，不要为了眼前的一点蝇头小利就不顾国家民族利益了，一定要想办法停下来，等文物考古部门勘探完后再挖也不迟嘛。"

话至此处，王幼麟附和道："是呵，黄处长说得有道理，是应该停下来了，再这样挖下去还怎么得了，既对不起祖宗，也对不起后人呵。这个事主要还得靠叶书记出面具体处理，因为毕竟你是这里掌握实权的父母官呵！"

第四章 地裂天惊

叶文志听罢，苦笑了一下道："你不知我的苦处和难处。正因为我是这里的父母官，才有权无钱，有事难办，有苦难言呵！"

沈竹插话道："难字是不少，苦处也很多，不过这苦不苦要想想长征二万五，难不难，要想想革命前辈过草地、爬雪山。伟大领袖毛主席不是有诗云，红军不怕远征难，万水千山只等闲吗？这万水千山都不在话下，几座小小的砖瓦窑又算得了什么，干不干，关键要看你这个父母官的决心大不大，意志坚不坚了。"

叶文志听罢，有些无奈与悲壮地说道："沈局长，这地方上的事你是了解的。我的决心再大，意志再坚，没有钱还是一个难字呵！要停可以，必须给他们一些补助，否则又是机器，又是房产，又是车辆，那损失可就大了。别忘了这些东西都是镇里和村里集资买来的，是人民群众的血汗呀。目前广汉县没有这笔钱来补助，你们在上边活动一下，省里和中央是否拿点钱出来？如果上边出一部分，比如出60%，我们可以咬咬牙，勒紧腰带拿出40%，问题就解决了。各位领导，你们看，我这个方案怎么样？"

听了叶文志的话，几个人都一时语塞，没有了刚才的兴致。因为这钱毕竟不是石头、砖头、瓦片，而是实实在在的票子呵。为打破僵局，黄景略对叶文志说道："那样吧，通知砖厂先在最后这个土堆四周停下来，等勘察钻探之后再决定是否动土。要中央拨款恐怕很困难，也不现实。本来你们擅自在古遗址内乱打乱盖，胡刨乱挖就不对了，还要中央给你们钱才肯搬家，这不是故意耍赖敲诈吗？中央怎么会当这个冤大头，给你们投这笔资金？不过问题还是要解决。我们回到成都之后向廖部长汇报一下，让他出面尽量做省里有关方面的工作，争取省财政出一部分资金，把这几个砖瓦厂彻底搬出去。你看这样如何。"

沉默了一会儿，叶文志觉得一时没有更好的办法，便痛快地回答道："这个可以，你们可要说话算话，抓点紧呵，否则时间拖得太长，老见不到钱，我这里又要坐蜡犯难了。"

几个人表示回成都之后尽力而为。至此，在中央、省、县三方代表之间，总算勉强达成了一个三星堆遗址内砖厂停工的口头协议。

沈竹、黄景略等人走后，广汉县委与南兴镇及砖厂等方面，在焦躁不安地等待上级拨款的消息，三星堆周围的破坏与毁灭性取土暂时得以停止。这一变化为"二陈"与林向率领的三星堆遗址联合发掘队发掘与保护遗址赢得了短暂的空间和时间。

由于国家文物局沈竹、黄景略等领导和专家的肯定与鼓励，三星堆发掘工地联合发掘队的全体成员，干劲空前高涨，在短短的三个月内，就发掘探方53个，总面积达1325平方米。其中西区的文化层堆积厚达2.5米以上，按早与晚的地层划分，最厚、最多的可分为十六层。如此丰富的文化堆积，在四川考古史上前所未见，闻所未闻。发掘中，共清理房屋遗迹二十多处，其中有上层贵族居住的约六十平方米宽的大厅堂，也有十多平方米一间的平民居住的木骨泥墙小屋，另有仅为几平方米一间的较小房址。这些小型房址，据林向推测很可能是当时饲养牲畜的圈栏。此外还出土有各种用途的灰坑104个，其他小型文物除数量较大的小平底罐外，还有高柄豆形器、鸟头把勺、袋状足盉、尊形器，以及玉璋、玉瑗等玉石器和铜器五百余件，另外还出土了十多万块陶片。这些器物全部收集在一起，堆满了从砖瓦厂另行租借的整整八间屋子，可谓成果斐然，令人欣喜不已。

此次发掘，进一步证明三星堆和月亮湾一带方圆六千平方米内，出土的文物和房屋遗址具有相同的特征，它们应是古蜀文化遗址的两个有机组成部分。而地下形成的十六层文化堆积，经碳14测定并经树轮曲线校正，最早年代为距今四千八百年左右。根据这一数据，结合其他发现、发掘的文化特征，主持本次发掘的林向、陈德安、陈显丹等考古学家认为，三星堆遗址丰富的地层堆积，可为四川新石器时代晚期到夏、商、周三代五千年文明史的考古研究建立一个年代学体系，并成为古蜀文化断代分期的分水岭和试金石。

1986年4月25日，广汉县委、县政府、政协、人大四大班子，邀请三星堆发掘的主持者之一林向，在县影剧院做了"三星堆遗址考古发掘情况"专题学术报告。全县机关干部和各村支部书记及中小学教师代表等一千余人倾听了林向的演讲。这次报告会的召开，对遗址的宣传与保护起到了良好的作用。

1986年6月，满目葱郁的油菜已收割完毕，月亮湾的田野里又开始了新一轮的插秧播种。眼看预定的发掘期限已满，前来参加发掘的德阳市所属各县的文物干部、四川大学师生，满载沉甸甸收获与喜悦之情陆续撤出工地。

第四章 地裂天惊

根据林向的安排，特意留下张文彦、朱章义、刘章泽三名学生，帮"二陈"做一些扫尾工作。此时，没有人想到，就在这个大疏散、大撤离的节骨眼上，震惊寰宇的考古大发现爆发了。

发现一号坑

1986年7月17日下午，南兴镇第二砖瓦厂的一位副厂长来到考古人员租住的房子，对正在整理出土文物的陈德安说："陈老师，我们那边有口窑已装了一半砖坯，还缺点，能不能给划个地方取点土，把窑装满？"说着从兜里掏出一盒烟抽出一支递了上来。

陈德安左手拿着一个刚刚修补起来的陶罐，另一只手将烟接过，望了对方一眼，心想为了这遗址保护的事，几年来都是自己和敖天照等人给这位副厂长和他的那帮牛气哄哄的地头蛇们递烟。想不到今天这风水竟转回来了，不可一世的副厂长竟跑来求自己了，这都是大家不断的抗争努力与上级业务领导出面协调的结果呵。真可谓时也，势也，不一样就是不一样呵！想到这里，陈德安说道："不是已经说好了，砖厂不再在这里烧了吗，怎么又要挖土？"

"这是最后一窑了，只要这窑砖一出，我们就洗手不干了，等着上边拨钱搬家。"副厂长眼里透着复杂的光，皮笑肉不笑地回答着，"嚓"的一下划着了火柴，照准陈德安手中的烟头点了起来。

陈德安吸了口烟，本想给予坚决拒绝，但想到这位副厂长今天屈尊大驾专门前来和自己商量，已经是相当不容易了。现在局势仍未完全明了，砖厂的民工一个未撤，都在大眼瞪小眼地瞅着钱的事，倘若一口回绝，对方绝不会善罢甘休，一定派人在遗址内明火执仗地乱挖乱掘，直到把这口窑填满为止。倘若惹恼了他们，待这窑砖出来，接着没完没了地烧下去也未可知。既然如此，还不如给对方一个面子，划出一块地方，让他们有秩序地挖取，对遗址的保护也有好处。这样想着，陈德安道："就在三星村东边那个斜坡上取点吧，你们可要说话算话呵，窑满为止了。"

"那是自然，窑满为止。"副厂长点头答应着，围着出土的器物转了一圈，说了几句闲话，便告辞而去。

第二天，也就是在三星堆考古发掘的历史上最著名的7月18日上午，根据砖厂副厂长的指示，厂内民工刘光才和人送外号铜罐的杨运洪，一同来到离三星堆东约八十米，离三星村东约二十米，离联合发掘队已发掘的探方西南约十五米的一个斜坡边取土。二人围着目标转了一圈，见坡上坡下都是稻田，只有中间一溜生长着野草的荒地可以下手，但总觉过于狭小，不能由着性子尽情地上下折腾。二人东瞅瞅，西看看，又转悠了几个来回仍没找到理想的地方，已有些不耐烦的刘光才把手中的锄头"咚"地往脚下一戳，高声对杨运洪道："我说铜罐呵，咱这窜来窜去找他娘的啥个球，就这里吧！"

铜罐望了对方一眼，略一思量道："好，就依你。"说着走过去，狠狠地吸了两口纸烟，搓搓手，挥动镢头用力刨将下去。

按照陈德安的想法，此处因是一块台地的过渡带，土质较厚，从地表上取少量的泥土不会对遗址文化层造成损害，故选择此点给予应付。但令陈德安和所有遗址现场的考古人员都意想不到的是，当铜罐手中的镢头高高扬起又发着狠落下时，一场震惊寰宇的考古大发现的序幕悄然拉开了。

两人你一镢我一锄地来回折腾了约一个多时辰，额头上沁出了点点汗珠。当挖到约1.5米深的时候，突然，铜罐的脚下传出"咔嚓"一声脆响，紧接着几块细碎的石渣穿越松软的泥土飞溅而出，击中了二人的小腿和面部。"日他娘，是啥子东西，差点崩坏我的眼睛。"铜罐抹了把脸上的污泥，嘴里诅咒着，蹲下身子欲看个究竟。只见薄薄的泥土覆盖着一块硬硬的器物，顺手分开泥土一看，竟是一块宽约二十厘米、长约四十厘米呈大刀状的玉石。因刚才那一镢头下去时用力过猛，玉器已被击碎断为数截。

"是玉，是玉，这里咋会有玉呵？！"铜罐一见面前的东西，顿时两眼发光，脸庞发紧，心怦怦跳着，情不自禁地叫喊起来。

刘光才忽闻铜罐那跑了腔调的尖厉的怪叫，先是惊吓得打了个激灵，继而看到了那件断为数截的玉器。对于类似的器物，作为中兴场的土著已不感到陌生了。自从燕道诚一家发现了著名的玉器坑之后，三星堆与月亮湾一带又经历了数次发掘，不知有多少器物随着一个又一个美丽的故事或谎言显现

第四章 地裂天惊

出来，当地人曾无数次亲眼看见过。只是当这些可遇不可求的东西偶然被自己碰上时，总有些意想不到的震惊、陌生与神奇之感。他二人不约而同地想到：这地下到底埋了多少同样的或异样的器物，是一件还是两件，或者是无数件？要是无数件，那就活该自己发一笔横财了。常言道，马无夜草不肥，人无横财不富。只要将东西掏出来，这肥与富就自然不在话下了。想到此，刘光才不再顾及铜罐如同梦呓般怪声怪气的叫喊和念叨，转过身扬起镢头，攒足了力气照准发现玉器的地方刨挖起来，手中笨重的镢头上下翻飞，地下传出一连串"咔咔、嘭嘭"的声音。随着这种声音，不时有火花伴着碎石进出，只片刻工夫，十几件大小不同的精美玉器被刨出来。到了这时，铜罐才从迷迷瞪瞪的梦中醒来，心想这可是千年一现的宝贝呵，既然是宝贝就要尽快弄到手中，否则就是傻子一个了。这样想着，他顾不得刘光才那飞舞的镢头忽上忽下，冒着被瞬间剁成肉泥的血光之灾，借着镢头飞起的短暂空隙，弯腰蹿入刨开的土堆中，抓起两件刀状的玉器迅速冲出圈外。那自天而降的镢头擦着他的屁股劈将下来，差一点就把他劈成两半。当铜罐心神未定，正不知如何处理手中的器物时，一辆拖拉机拉着六名砖厂民工开到眼前。这六人本是前来拉土的后续部队。当看到铜罐从土堆里摸出两件玉器与刘光才那慌慌张张疯了一样的做派时，他们立刻意识到这很可能就是民国初年燕氏家族挖宝情形的再现。既然是宝，就应该有自己的一份。于是，几个人争先恐后地跳下拖拉机，向已刨开的土坑扑来。像当年的范进中举一样，被眼前的惊喜冲昏了头脑，一直抡着镢头的刘光才躲避不及，被蜂拥而至的人群当场撞倒在坑中，踩入脚下，动弹不得。

顿时，稻田斜坡那狭窄的场地和不大的泥巴窟窿里，七八个人弓腰搭背，或趴或伏，或卧或立，纠缠在一起，撕扯成一团，在阳光灿烂的天空下，展开了一场轰轰烈烈的寻宝、抢宝大战。在尘土四散、人群蹿跳中，无数的碎片"嗖嗖"地飞入两边的稻田，一件又一件造型优美光芒四射的玉石器被从地下抠了出来，紧接着又在争抢劫掠中断为几截……就在现场明显失控的短暂混乱中，有一个叫陈历钊的人出现了。

陈历钊是三星村人，约五十岁左右的年纪，早年上学读书颇为用功，成绩极其优秀，具有过目不忘之绝招，号称中兴场的天才式人物。这个天才本有希望考上大学，到外面世界干一番轰轰烈烈的伟大事业。想不到读

153

到高中时，家道衰落，中途辍学，不得不遵循老一辈的生活方式种地耕田，在泥巴里找食吃。这一突变和打击，使陈历钊原本就有些内向的性格更加内向，并变得沉默寡言，性格孤僻，很难和外人接触与交往。如此一天天、一年年地过去，陈历钊结交的男性朋友不多，而女性朋友更是少之又少。直到年过半百，到了孔子所说的知天命之年，他也没讨上个老婆，至今仍光棍一条。自十一届三中全会之后，随着中国各行各业改革开放的大潮一浪高过一浪地向前推进，陈历钊在进广汉县城办事时，偶尔在汽车站外面的一个书摊上看到了几本《神奇的麻衣相术》《男女自我称命法》《风水与八卦》《中国古代相人术》等奇书。这一偶然发现，如同晚清时的洪秀全，得到了由海外打工仔梁发翻译传播到内地的《劝世良言》一样激动不已。在倾尽囊中所有将这些奇书尽数收入身上那个油脂麻花的帆布包之后，他回到三星村关起门来躺在那架吱吱作响的木头床上，不吃不喝，精神亢奋地读了三天三夜。当第四天鸡叫三遍，黎明到来之时，他像当年的佛祖——释迦牟尼一样，突然天目初开，顿时禅悟，对整个人生的来龙去脉有了大彻大悟的穿透式了解。当灿烂的阳光穿越东方灰色的云层照耀着三星村时，陈历钊洗了把脸，伸手轻轻拍了拍身上的灰尘，像大诗人李白，受唐玄宗与杨贵妃之招到长安参加国宴一样，背起一个布口袋，口袋里插着几本奇书和自己喝醉了酒胡乱鼓捣出的几篇诗文，仰天大笑出门去。以"尔辈不是蓬蒿人"的无知加无畏精神，向四乡八邻的

挖出的玉刀

第四章 地裂天惊

老百姓庄严宣布，自己经过三天三夜的苦心修炼，已经脱胎换骨，得到神助，从今之后，自己就是姜子牙再生，诸葛亮重现，刘伯温来到人间。前记五百年，后记五百载，洞穿人间一切事，专门替苦难的百姓视风相水，算卦抽签，祈求福祉，保佑平安。经陈历钊借助自己平时并不善言辞的嘴巴这一炒作，四方百姓先是惊讶，接着是半信半疑，最后竟全然相信并佩服得五体投地。自此之后，光棍汉陈历钊以崭新的姿态和半仙的风貌登上了三星堆村及周边地区的历史舞台，开始了破译人生密码、帮助苦难的人民大众除祸消灾的幸福生活。

按照陈历钊的兄弟，后来在三星堆博物馆做临时工的陈历治的说法，以前在三星堆一带经常发现一些零星的玉石器和其他器物，只要把这个消息报告给文化考古部门，就可得到几元钱的奖励。这天当杨运洪、刘光才等人挖出玉器之后，正好被出门准备看热闹的陈历钊碰上。陈突然想起通风报信即可得到奖金的老规矩，便骑上自行车，一溜烟向考古队驻地飞驰而去。

眨眼的工夫，陈历钊就来到了考古队驻地。他跳下车，冲负责人陈德安焦急地嚷道："陈老师，大事不好了，挖土的那里挖出一些玉刀，都被抢走了。"

"玉刀，什么玉刀？！"陈德安望着陈历钊一脸严肃认真的样子，颇感惊讶地问道。

"有这么宽，这么老长，玉石做的，好多都被砸碎扔入稻田了。"陈历钊用手比画着，一脸天降大任于斯人，忧国忧民的样子。

"这里可不是瞒天过海偷梁换柱算卦看相的地方，你不是在胡言

陈德安在考古研究所门前的茶场向作者讲述三星堆发掘经历（作者摄）

155

乱语说梦话吧?"陈德安对眼前这位算卦先生有些怀疑地说。

"既不是胡说,也没有八道,千真万确,谁要哄人就是乌龟王八蛋。你们快去看看吧,去晚了可就来不及了。"陈历钊一边发誓,一边露出焦灼之色,满脸透着真诚与惊慌地督促着陈德安。见对方显然已被说动,遂不失时机地补充一句道:"不过咱可有言在先,要是真的,你陈老师可别忘了发给我奖金呵!"

到了这个时候,陈德安开始相信对方说的应是实情,遂对身旁的其他几个考古队员大声说道:"要是这样,那就不得了了,快,快去看看,快去!"

随着这一声喊,考古队的留守人员戴福森、敖金蓉,四川大学考古专业的两位老师李永宪、霍巍以及三名学生,外加四名技工,各自放下手中的活计,在陈德安的带领下,紧跟着陈历钊飞驰的自行车,"呼呼隆隆"地向出土地点奔去。只几分钟的时间,便陆续到达现场。

一号祭祀坑显露器物

正在哄抢、争夺、扭打在一起的民工们,见考古人员如同神兵天降,突然而至,并威风凛凛地将自己团团围住,旁边还站着一位著名的算卦先生。立即意识到了什么,在深知这笔横财成了梦中幻影的同时,纷纷扔掉手中的器物,那布满血丝的眼睛恶狠狠地瞅了瞅正得意扬扬的陈历钊,再相互望望,颇为尴尬地抽起烟来。

"铜罐,挖到啥了?"为打破僵局,陈德安走上前来向杨运洪故意问道。

"哎,陈老师呵,我们挖出了

第四章 地裂天惊

一些玉东西，好多都破了，觉得无用，就扔到稻田了，还有几件稍好点。"铜罐用手指着地下一件件凌乱不堪的玉石器回答。

由于双方都未撕破脸皮，随着陈德安与杨运洪的一问一答，紧张的气氛渐渐缓和下来。陈德安在现场转了一圈，对哄抢的民工们柔中带刚地宣布道："这样吧，按照老规矩，在出土的东西没有弄清之前，大家谁也不能离开这里，等弄明搞清了再说。谁要是擅自离开，我可是丑话说在前头，万一这器物有个闪失，那你就算说不清道不明了，到时候进了局子，蹲了大牢，可与我无关了。"

考古人员与现场民工搜寻被捣碎遗弃的器物残片

众民工听罢，心中"咯噔"一下紧张起来，为了落个清白，表示愿意服从这一决定。到了这时，陈德安才开始和四川大学的考古老师李永宪等一起认真对现场勘察起来。

只见在斜坡下面的取土处，铜罐等人已挖开了一个锅盖大小、深约1.5米的不规则土坑，从这个土坑内已掏出玉戈、玉璋等完整的玉器十几件。这些玉器在太阳的照耀下散发着沁人心脾的润泽与耀眼夺目的光辉，其精美程度令人怦然心跳，不禁为之惊叹叫绝。陈德安将器物拿在手中，反复端详着，心想几十年前燕氏一家挖出的轰动一时的玉器，其精美程度也不过如此吧！

大家发现，除完整的玉戈等器物外，另有十几件玉器在挖掘与争抢中，已被折断、捣碎后扔入坑边和四周的稻田中，一时难辨是何种器物。另有一些明显经火烧过泛白的碎骨渣散落于四周和土坑之中。从土坑所揭露的痕迹初步观察判断，地表下面一定还有大量的器物和人骨。而如此精美

157

天赐王国

2003年4月，赵殿增（右）向作者讲述发掘三星堆一号坑的难忘经历

的器物与骨渣同出，说明此处很可能是一处与遗址有关的大型贵族墓葬。如果真的是古代贵族大墓，并且与三星堆遗址有关，其文化内涵与学术价值就不可估量了。面对此情，陈德安与众考古人员商量后，决定由李永宪、霍巍两位老师对现场做简单的保护性处理。老考古队员戴福森与年轻的女考古队员敖金蓉，率领技工在四周和稻田中搜寻被折断砸碎后抛弃的玉石器。铜罐等民工协助考古队员们将挖出运走的泥土重新翻拣，以免有任何遗漏。川大三名学生张文彦等负责现场临时保卫。陈德安则回考古队驻地骑上自行车，以最快的速度赶奔南兴镇邮电所，接通了省考古研究所的电话，将刚才发生的情况向所内负责人赵殿增做了汇报。

远在成都的赵殿增闻听这一消息，立即意识到这可能是一次重大发现，便迅速组织了胡昌钰、莫洪贵、江聪以及因公回成都办事的陈显丹等人，乘一辆面包车直奔三星堆工地而来。待一行人到达工地察看之后，都认为此事非同小可，地下一定有大量珍贵文物埋藏，必须采取相应措施进行保护和发掘。当摄影师江聪按照考古程序在现场拍完照片后，赵殿增同陈德安一道乘车来到广汉县城，向县政府分管文教的副县长、三星堆发掘领导小组组长陈治山汇报。之后，又立即电话向国家文物局黄景略、李季做了紧急汇报与请示。黄景略与局有关领导商量后，很快给予了"可以进行抢救性发掘"的答复。与此同时，黄景略还明确指示："这个发掘一定要搞好，关键是要把握住一点，那就是不在于你从中挖出

158

第四章 地裂天惊

了什么,而是怎么挖出来的,必须按照考古规程重新布方,一层层发掘下去,这样才能较全面地掌握资料,达到预期效果。"遵照这一指示精神,经各方面协商研究,决定以尽可能快的速度对这个土坑做抢救性发掘。当天下午,在陈副县长的批示下,南兴镇组织当地各村的民兵,与考古人员一起共同组成一支监护队伍,昼夜对现场进行看守保护。同时将挖出的土坑暂时回填,并在回填的土层表面打上印记,使图谋不轨者无空隙可乘。此后,陈德安派人到县城买来竹竿和晒席,在土坑的上方搭起棚子,以防日晒雨淋对地下文物造成损失。最后根据器物的埋藏性质和范围做出尽可能正确的判断,以便制定具有针对性的发掘方案。

由于这个土坑有如此精美的玉器和为数众多的骨渣出土,同陈德安的初步判断一样,赵殿增、胡昌钰等考古学家也认为这是一座与遗址有密切关联的古代大墓。遥想1929年,燕氏一家偶然发现的玉石器物坑被学术界以"窖藏"做了结论。由于原来的埋藏情况和地层依据已被破坏,对后来考古专家准确判断那批玉石器的出土情况造成了极大困难,因而在年代的确定上,出现了众说纷纭莫衷一是的混乱局面。有的主张属新石器时代晚期至商代,有的主张属周代,有的主张属春秋时代,看上去各种主张都有立足的理由,各种说法都有各自的道理,因而最终也没有形成一个大家都感到合理和能够接受的结论。这次砖厂民工挖开的仅是一个不大的土坑,弄毁的也仅是器物坑或大墓的一角,绝大部分遗迹遗物还被厚厚的泥土叠压着,没有遭到破坏,这就为弄清坑内的文化层

一号祭祀坑上部覆盖的大石板,这一情形与当年燕青保发现器物坑时基本相同

及器物的摆放情形和相关年代,创造了一个绝好的机会。

于是,考古队员们经过研究,决定采用稳扎稳打的战略战术,以显露出的土坑为中心布方,在周边开四个5米×5米的探方,由上往下,由晚期至早期,一步步进行发掘。具体发掘工作由陈德安、陈显丹两人共同主持。四川大学两位老师李永宪、霍巍因校方有事急召返校不再参加发掘。其主要发掘人员为:胡文超、戴福森、周科华、敖兴全、张文彦、朱章义、刘章泽、郭汉忠。另外有摄影师江聪、修复人员敖金蓉,以及从当地雇用的民工数十人协助发掘。

1986年7月19日,在中国西南部,乃至整个长江中上游地区发掘史上最为辉煌壮观的考古发掘开始了。

"金腰带"横空出世

关于此次发掘的具体情形,许多年后,已近知天命之年的陈德安与陈显丹两位主持人回忆道:

考古人员小心谨慎地探视坑中情况

首先在已暴露的部位布探方两个进行发掘,考古人员不顾夏日的酷暑,冒着蚊虫的叮咬,夜以继日地工作。大家用锄头、小手铲、竹签等,一点一点地挑,一遍一遍地刮,可谓名副其实的"刮地皮"。

7月23日,探方内的文化层清理完毕,两探方已露出坑的边缘,坑内暴露出夯土。考古人员在距地表深60—75厘米的黄色泥土中,刮出了一个长方形的、具有三条道沟痕迹的五花土。黄色

第四章 地裂天惊

的生土和棕红、棕褐、浅黄、灰白相杂的五花夯土以及文化层以下的原生土区分界线十分明显，考古人员的欣喜之情溢于言表。摄影师江聪赶快由高梯上摄下了这个重要现场，绘图员也立即绘制平面图，以期完整记录发掘过程，以便为日后的研究提供最早的发掘资料。根据以上情况，考古人员初步推断这是一座规模颇大的"蜀王陵"。

考古人员群情激奋地按照已刮出地面的五花土所暴露的范围继续向下挖，发掘工作也由此进入了一个新的阶段。为了避免地下文物遭到损坏，我们只能用小手铲和竹签一类的小工具发掘。

川西平原的7月，溽暑蒸人。发掘坑内的考古队员们个个汗流浃背，犹如进行了一场无休止的蒸汽浴，然而这些丝毫不影响大家追逐那即将出现的伟大奇迹的信心与干劲。天边偶尔飘来几块黑云或传来几声闷雷，反而是考古人员最担心的问题：如果这个时候下暴雨，将淋坏已发掘的遗迹，冲毁探方甚至损坏文物，那将是多么巨大的损失呵！大家不时地收集气象信息，并找老农分析天气情况，得出了近期属于旱气候的结论。于是我们抓紧这一难得的时机，在探方上搭起的席棚上再加上防雨设施，从砖瓦厂拉线安装电灯，由省考古所的陈德安、陈显丹、戴福森与川大的三个学生张文彦、朱章义、刘章泽一对一结合，全天24小时轮流倒班，组织技工与当地民工夜以继日地进行清理。

7月24日，先后扩方两个，分别由川大学生张文彦和朱章义组织民工实施发掘，但清理进度明显放慢。由于地下的夯土是经过无数次夯打而成，又黏

参与考古的当地民工在挖坑中的土

又硬，清理起来特别费劲，考古人员吃尽了苦头，个个手上都打起了血泡。民工们议论着：当时为什么夯筑得这么紧呢，要么是古代人吃饱了撑的没事干，就在这里夯来夯去；要么里面一定藏着不少宝物，夯得紧就是怕人把宝物挖出来。各种臆测和议论，使发掘工作增添了一些新奇与希望。考古队员们更希望这种用夯土填实的做法，不是古人吃饱了撑的弄出的小孩子玩闹，而是为保存、保护地下埋藏的宝物而特意应用的一种做法。

7月25日，再扩方一个，原计划中的五个探方全部布置妥当。下午，还未等夯土清理完毕，坑东南部经火烧得泛白的骨渣堆顶部暴露出来，骨渣的表面还放有陶尖底器、陶器座、铜戈、铜瑗，以及玉石器残块。这些器物看上去均被火明显地烧过，玉石器呈鸡骨白色，铜戈多数已灼烧变形呈卷曲状，有的已熔毁。泛白的骨渣很细碎，无一整块。新发现的种种迹象表明，这些骨渣是蜀人在祭祀过程中采用了"柳"（即将牺牲用棍棒槌死砸烂）、"肆"（即肢解牺牲）、"燎祭"（即将牺牲杀死肢解后放在火上燔烧）等一系列仪式而形成的。这些发现无疑透露出一个新的信息：这个坑应属于祭祀坑一类的性质，而不是大家期盼的所谓"蜀王大墓"，看来以前的推断是不准确的。

继所描述的这段亲身经历之后，在陈德安、陈显丹的指挥下，祭祀坑的发掘仍在有条不紊地进行。到了7月26日，坑内的夯土已大致清理完毕，发掘工地的气氛开始变得既紧张又热闹起来。当考古人员对夯土下方一层被焚烧的骨渣陆续清理之时，一件件全身长满了绿锈的大型青铜龙虎尊、青铜盘、青铜器盖等具有商代前期风格的青铜器皿相继出土。面对这些新鲜、奇特、庞大的器物，所有在场的人情绪立刻高涨起来。刘光才等几个参加发掘的民工见考古人员一个个脸上写着惊愕与喜悦，摄影师江聪站在一个用木架搭起的梯子上"咔咔嚓嚓"地按动快门，对着刚刚从泥土里取出的器物拍个不停，便亢奋加茫然地瞪大了眼睛高声叫嚷道："这么多好东西从没见过，下面肯定还有更好的东西，快挖，快挖，看看到底都有些啥！"说着便以冲锋陷阵的姿态欲把脚下的祭祀坑弄个天翻地覆。

在场的陈德安见状，忙上前阻拦道："不要胡来，大家都要按程序一点点地挖，谁也不能犯神经，把事情搞砸了。"

第四章 地裂天惊

陈的话音刚落,只见在坑内西部躬身伏首一直默默收集骨渣的铜罐杨运洪,冷不丁地尖叫起来:"人头,人头,陈老师,我挖出了人头!"说着两手向外一扬,一屁股坐到了地上。

这一声喊叫,几乎使所有在场的人都打了个哆嗦。刘光才如同遭到了毒蛇咬噬,嘴里喊着"我的娘呵!",猛地蹦将起来,一个鹞子翻身蹿出坑外。陈德安惊魂未定,火已在胸中"腾"地燃烧起来,他快步来到近前,蓦然发现一个硕大的青铜人头倒放在一边。与此同时,众人"哗"地围了上来,看到了这一奇观。

"都不要动!"陈德安顾不得再用脚去教训铜罐,高喊一声,把右手向后一挥,先是做了个阻止的动作,然后和陈显丹等考古专业人员蹲下身详细观察起来。

只见这个青铜人头跟真人的头大小相等,头部为子母口形,蒜头鼻,高鼻梁,表情温和,慈祥端庄,眼睛中透着朝气蓬勃的神采,具有很强的写实艺术风格。可惜自颈部以下残损,由颈中看进去,整个头像内部中空,筒壁发现有残留的泥芯,也就是通常所说的内范或内模。陈德安与陈显丹、江聪等围着这具青铜人头,经过了画图、测量、拍照等一连串程序之后,怀揣惊喜与迷惑之情,小心地将其取出坑外。

一号祭祀坑青铜器出土,陈德安按捺不住心中的激动,当场托起一个青铜人头向围观者展示起来

这件人头如同前来报告消息的哨兵，意在告诉考古人员庞大的部队还在后头呢！遵循着这一启示，考古人员集中精力开始了有针对性的发掘。接下来，一件又一件青铜人头像神话中的英雄豪杰一样，以不同的姿态和风度，相继破土而出。这些头像有的头戴平顶帽、脑壳之后拖着一根梳理整齐的独发辫；有的头戴双三角尖头盔，蒙着一个神秘的面罩，其形象看上去严肃威武，虎虎而有生气。号称见多识广的考古人员，面对这一张张陌生而神秘的面孔，既惊喜又困惑，恍惚觉得自己不是在丽日中天的人间从事发掘，而是进入了志怪小说中神秘莫测的天宫或地狱，开始与天兵天将或阎王小鬼共存共生，共同迎接一场不可预见的崭新生活。

　　7月27日零点，由陈显丹、张文彦率领的一组发掘人员开始接班发掘。此时，蒸笼一样的酷暑天渐已退去，薄薄的雾霭裹挟着淡淡的微凉在天地间飘散开来。浩瀚无垠的苍穹繁星密布，宽敞明亮的银河横贯寰宇直通遥远的天际。弦月高挂，星光灿烂，天地分外清新辽阔。在月色星光照耀下，四周的田畴、树木、村庄，如同沉浸在一片梦幻中似有似无。看不见的黑暗处，偶尔响起几声犬吠，这犬吠伴着稻田里那时断时续的蛙鸣与蟋蟀的吟唱，随着微风飘拂到工地，形成了跳荡着的生命与自然音律的天作之合。在这天地一体、江山灵秀的情景中，发掘人员内心深处多了一份清

站在埋藏的器物坑边往西南看剩余的三星堆遗址

第四章　地裂天惊

爽圣洁，精神中增添了一份安然与慰藉。过去、现在、未来，开始在这种精神与心境中融会贯通，并渐渐形成一种独特的文化血脉，在众人的心田流淌不息。

凌晨两点多，发掘人员正各就各位用竹签一点一点地挑土，参加本组发掘的民工杨运洪突然发现有一个竹皮状的黄色物体在灯光照射下闪闪发光。他顿时来了精神，握紧手铲，顺着这根"竹皮"的延长方向用力剜动起来。过了一会儿，杨运洪发现眼前的黄色物体并不是刚才所想象的"竹皮"，而是一根金属物。这根金属物看上去有些像铜皮，但上面没有绿锈，也比以前所见到的青铜明亮光滑很多。因一时无法弄清这件物体的底细，杨运洪没有及时向带班的陈显丹汇报，只是照旧默不作声地铲挖。随着泥土不断铲除，黄色的物体越来越长，上面开始显露出雕刻的花纹，花纹的前方又显露出一尾栩栩如生的鲤鱼，紧接着一只鸟又露了出来，看样子这件物体还在不断地延伸。看到这一连串的景致，杨运洪有些纳闷，心中暗自问着："这是啥子东西，咋有这样的花花图？"纳闷中一时性起，低吼一声："狗日的，我看你还能伸到成都去不成？！"说罢挥动铁铲，三下五除二地又向前推进了一大截。正埋头操作的陈显丹听到杨运洪刚才那一声低吼，转过身轻轻问道："铜罐，看到啥了？"

经这一问，杨运洪才猛地想起目前所从事的这份职业，不是在自家的地里和老婆搭伴刨土豆，想咋刨就咋刨，弄个天翻地覆七零八落也没人干涉。按道理刚才这个发现应及时向带班人员汇报，否则弄出乱子来大家都不好交代。

现场清理

天赐王国

"铜皮"初露情形

"铜皮"大部露出地面

想到这里,遂以攻为守地回答道:"陈老师,我掘出了一根东西,不知是啥,上头还画着鱼和鸟。"

陈显丹听罢,大惊,急忙起身前来察看。只见一件如腰带宽的黄色物体发着明晃晃的亮光,蛇一样伏在地上,弯弯曲曲有一米多长。物体的另一端仍插在泥土里,不知其形状与长度。从已显露出的部分看,这件物品是用纯金制成,不仅上面有花纹、鱼和鸟的图形,更重要的是在延长部位还有人的头像。就考古学家而言,无论发现发掘出什么器物,对上面的文字和类似文字的符号以及各种图像都极为看重,因为透过这些密码,更容易触摸到远古历史的脉搏,接近历史的真实,从而揭开在历史烟尘中湮没日久的史事。可以想象,将这些神秘的图案刻在一根纯金的物体之上,这就意味着物体本身并非等闲之物,一定大有来头,内中所蕴含的重大学术价值不可估量。这样想着,陈显丹顾不得教训对方,灵机一动,装作满不在乎的样子说:"没得啥,一块铜皮,不重要的,你先把它用土埋住,到这边来挑吧。"

按陈显丹的想法,为安全计,先把这件器物埋起来,待拖到天亮再想法提取。但令他想不到的是,此时所有的人都已围过来观看了这件黄色物

第四章 地裂天惊

体。见陈显丹下令掩埋,有一民工不解地问道:"陈老师,这个东西这么黄,这么亮,是不是金子做的?"

陈显丹心里一惊,暗自说声:"坏了,被他们识破了!"但还是强行稳住有些慌乱的心,忙摇了摇头辩解道:"哪里是什么金子,一块普通的铜皮,这亮光都是灯光照出来的。"

"你说的不对,要是铜的为什么身上不长绿锈,是黄色的,其他的铜器都有锈,是绿色的?你是在骗人吧?"对方也学着陈显丹的样子摇了摇头,颇不服气地高声争辩起来。其他几位民工也凑上前来跟着高声吵嚷道:"眼见为实嘛,这铜和金子还能分不出来?陈老师是在骗人,胡日鬼哩!"说着就要将这件器物强行拉出来以验明正身。

一看这阵势,陈显丹冷不丁打了个寒战,一道凉气"嗖"地沿着脊背窜到头顶。为了掩饰刚才的慌乱,他抬腕看了看表,只见时针正指向凌晨三点十二分。此时三星堆原野已是万籁俱寂,水雾弥漫,四方静得让人心中发毛,脊背发凉。考虑到此时整个工地既无军警保护,又无先进的通信设备与外界联系沟通,为了出土文物和考古人员的人身安全,陈显丹不得不采取相应的措施,以防万一。只见他微笑着对几位民工说:"这铜器长锈与不长锈的,是两种不同的金属物,你们要不信,叫陈德安老师来看看。"说罢对身旁的助手张文彦使了个眼色,大声道:"你去把陈德安老师叫来看一看,快去快回。"年轻灵活的张文彦正为刚才的阵势暗暗捏着一把汗,听陈显丹如此一说,立即心领神会,说了个"好"字,然后跳到坑外,撒开双腿向考古人员驻地飞奔而去。

大约三分钟后,张文彦已从驻地返回工

张文彦

天赐王国

民工们被集中起来

地。又过了大约五分钟，陈德安率领几位考古人员和技工气喘吁吁地跑来了。陈显丹见援军已到，危机得以缓解，遂精神抖擞地带领陈德安等人观看了坑中的黄色物体。根据显露的遗迹，"二陈"和其他考古人员当即认为，这件非同寻常的器物是用纯金制成的已无可置疑。从器物的长度和上面分布的图案推断，可能是古蜀王国某一位国王或高级贵族使用的一条金腰带。

鉴于这件器物的特殊性、神秘性与重要的学术价值，"二陈"立即召开紧急会议，在简单说明了刚才发现的情况后，做出了三条决定：

一、暂停发掘，严密封锁消息。

二、所有民工都到席棚外集合，就地坐下休息。任何人不得以任何理由接近器物坑，更不得擅自离开现场，必须等警卫人员到来一一检查之后才可离去。如果哪一个胆敢违反规定乱说乱动，众人要发扬爱国主义和英雄主义精神，群起制之，绝不能让破坏捣乱分子的阴谋得逞。在休息期间，由铜罐杨运洪负责监督看守。

三、即刻派人分头行动。一路直奔广汉县政府，请求派军警到现场守护；一路连夜赶回成都向考古所汇报。其他人员坚守岗位，并组织当地民兵共同守护坑内文物。

决议既定，民工们在坑外就地休息，众考古人员立即行动起来。按照分工，考古人员郭汉忠与张文彦骑两辆自行车先将陈德安带到广汉市的公共汽车站，陈在车站乘早班车转赴成都，然后郭、张二人再奔文化馆，找文物干部敖天照一

第四章 地裂天惊

起帮助找领导汇报。此时已是凌晨4点多钟，东方的天际稍微露出了一点亮色，但整个天空还沉浸在一片灰暗之中。郭汉忠、张文彦敲开了敖天照的家门并说明了情况，敖天照闻听不敢怠慢，立即起身率领二人在茫茫夜色中向县政府家属院奔去。待进得大院，一路磕磕碰碰地摸索到分管文教的副县长、三星堆发掘领导小组前组长陈治山的家门。敖天照一边急促地敲门，一边放声喊道："陈县长，开门呀，我是敖天照，不得了了，三星堆有重大发现了。"

屋里的鼾声顿息，开始传出窸窸窣窣的声音，接着一个不太清晰的浑厚声音传出："发现啥子东西了？"

"金子，发现金子了。是金腰带，价值连城呵，或者说是无价之宝。现在急需公安人员前去保护，去晚了，弄不好要出乱子呵！"敖天照嘴对门缝焦急地做着解释。

"好，好，我这就起来。"陈治山说着穿衣出门。待问清了大致情况后，一边揉着蒙眬的眼睛，一边领敖天照等人来到只有一墙之隔的公安局大院，将睡眼惺忪的公安局局长黎登江叫了起来。黎局长听了敖天照的叙述和陈副县长的指示，干脆痛快地说道："既然真是金子不是石头，那就派人吧。先派四名公安与一个班的武警官兵，全部带上冲锋枪和手枪，四面封锁，你看行不行？"

"好呵，有了人，又有了冒烟的家伙，我看就没人再敢浑水摸鱼趁机捣乱了。就这样办吧。"陈副县长点头赞许。不多时，在黎局长的亲自组织安排下，全副武装的公安、武警携带枪支弹药，驱车冲出公安局和看守所的大院，一路警笛大作，火速向三星堆发掘现场驶去。

就在敖天照带领张文彦等二人向县政府大院摸去之时，陈德安也在朦胧的夜色中坐上了由广汉开往成都的早班汽车。待一路颠簸来到省考古研究所院内时，天色微明。陈德安直奔考古所负责人赵殿增家中。当敲开门之后，赵殿增刚一露头，陈德安劈头盖脸就扔出一句话："紧（金）腰带！紧（金）腰带！"

赵殿增听罢，眨巴了几下睡意惺忪的眼睛，张大了嘴，低头伸手摸了下裤腰，一脸迷惑地说："我这裤子没在脚上呵？"

陈德安听罢先是一愣，接着明白过来，看来对方是把"金腰带"误听成

169

"紧腰带"了，遂忍不住哈哈大笑起来，一路的颠簸劳顿也随之烟消云散。待将事情真相说明之后，赵殿增又惊又喜，忙对陈德安道："你先回家洗把脸休息一会儿，我马上安排车，找几个人一道去看看。"

很快，赵殿增、陈德安以及省文化厅和省文管会、省考古所的朱秉璋、沈仲常等几名业务干部，乘坐一辆面包车一路急行赶到了现场。此时整个发掘现场已被公安武警控制，那些夜里被集中起来的民工，全部放回了家中。

三星村和周围几个村庄的农民在拂晓前的睡梦中，被警笛声吵醒，不知发生了什么要紧的大事。他们立刻跳下床来，穿着短裤光着膀子走出家门观看。当看到一路狂奔的警车在三星堆旁停下，荷枪实弹的公安与武警官兵从车内跳出，迅速包围了发掘现场时，知道在那个看上去并不大的土坑里肯定又挖出了值钱的宝贝。于是，村民们怀着好奇、新鲜、刺激的心情，或独自赤脚狂奔，或拖儿带女急行，或扶老携幼慢赶，成群结队，呼呼隆隆，浩浩荡荡地向发掘现场赶来。

那些在发掘现场被困了半夜，总算被释放回家的民工，尽管焦渴饥饿得难以自制，但回到家后并没有烧火做饭，而是神采飞扬、唾沫飞溅地向村民们讲述自己如何发现金腰带等一连串伟大而惊险的旷世传奇。

随着各色人等通过不同渠道的传播，三星堆发现宝物的消息像冬季干燥的荒原突发的烈火，借着强劲的风势迅速向四周漫延开来。先是有人大呼小叫地宣布三星堆挖出了一条古蜀王的金腰带，接着有人浑水摸鱼地演义成一套金盔、金甲，再接着煞有介事地变成了金盔、金甲、金人。后来又理所当然地演化成一个高大勇猛的金人身穿金盔、金甲，骑着一匹镏金高头大马，手拿金铸的丈八蛇矛从坑里跳出来，跃马挺枪，围绕三星堆兜了几圈，耍了一番武艺，现在武警和公安人员正在合力围追堵截，力争将这个神奇的怪物拿下……由于有了这番添油加醋、绘声绘色的即兴演说，人们的情绪很快被煽动起来。尽管对这个传奇的真实性总在心中不住地打鼓，但本着宁信其有不信其无的原则，还是亲自跑一趟三星堆，来它个眼见为实，也好了却一块心事。于是，人们像滚滚的潮水般从四面八方向三星堆涌来。到中午时分，器物坑周围的人数已达到了五千，到下午两点时，约有一万人涌来，三星堆遗址已成水漫金山之势。尽管十几名武警把最先进的现代化冲锋枪枪刺全部打开，子弹推进了枪膛，极度警惕地坚守坑口，注视着人潮的一举一动，但

第四章 地裂天惊

面对突然而至的人山人海，如同高山上几只孤独的苍鹰，大海波涛中漂摇荡动的几叶小舟，已很难驾驭和控制越来越庞杂凶险的局势。为避免发生不测和保证文物的绝对安全，赵殿增与陈德安、陈显丹以及广汉县公安、文化单位的派出人员敖天照等协商，迅速做出了如下决定：

一、立即在当地组织村民，以最快的速度在三星堆器物坑二十米外的圆圈内，每隔半米打一木桩，然后用木条与铁丝编成篱笆围墙，将源源不断的人潮堵在篱笆筑成的围墙之外，以防不法分子浑水摸鱼趁火打劫，对国家珍贵文物造成无法挽回的损失。

二、以赵殿增为首的各方代表，迅速驱车到南兴镇政府，除将现场危急情况通过电话向广汉县副县长陈治山和公安局长黎登江汇报并请求支援外，还要请求南兴镇党委和政府组织当地民兵进入现场协助看护。

三、由南兴镇派出所对外围和周边地区的社会不安定分子进行控制管理。

广汉县陈副县长、黎局长听说三星堆发掘现场出现危机，立即驱车赶来察看，并同南兴镇党政负责人就有关事宜做了协商。经过几方面的共同努力，以上三条决议很快付诸实施。南兴镇很快就组织起了一个民兵营，共八十名基干民兵携带枪支弹药开进现场，协助公安武警共同守卫。三星村周边的真武村、仁胜村派出精壮劳力，会同当地两个砖瓦厂的民工，立即设法完成器物坑周边的打桩和篱笆编织工作。与此同时，南兴镇与广兴镇两个派出所按照自新中国成立以来近四十年掌握的"特情"花名册，迅速出动干警，将散布在镇内各个角落的原地富反坏右分子，打砸抢烧分子，盗窃分子，投机倒把分子，杀人放火分子，劳改、解除劳教分子，有犯罪倾向的不安定分子，无业人员，社会闲杂人员，流浪人员，等等，全部集中起来，弄到镇粮管所三间闲置的仓库，以贯彻党的法律法规和有关政策的名义免费办学习班。为防止在办班期间有不甘心自己的失败，偷偷跑到三星堆发掘现场作案犯科、打砸抢烧、搞反革命破坏活动的犯罪分子，派出所严格规定，在办班期间不管是什么人，全部断绝与外界的一切来往，无论什么时间都不能离开吃、住、学三位一体的三间仓库。如不遵守此项规定，则立即捕获押入广汉县公安看守所……如此种种保护措施和政治策略落实之后，三星堆器物坑在万人瞩目、万众欢腾、万民景仰中，再度吹响了发掘的号角。

坑内出土的金杖

在考古人员的操作下，曾引起巨大轰动和社会广泛瞩目的那根"金腰带"，在一片惊愕与欢呼声中被清理出土。经测量，器身全长1.42米，直径2.3厘米，净重约五百克。器物取出后，发现原来推断的"金腰带"不确，从残留的痕迹看，此物是用金条捶打成金皮后，再包卷在一根木杖之上而成为一个整体。出土时内层木芯已朽，但尚存炭化木渣，可知内有木杖。因发现时金皮已被压扁变形，其长度、宽度都与现代人的腰带不相上下，故"二陈"等考古人员认为是蜀王的"金腰带"。在器物被取出之后，通过赵殿增、陈德安、陈显丹等考古人员的详细观察，才知这是一个可以原谅的推断性错误，实际上这件器物是一根金杖。

关于这根金杖的性质和用途，有学者认为具有巫术性质，是一种法器，不是实用器。还有学者认为是图腾式的族徽标志。而赵殿增、"二陈"等发掘者认为是古代蜀国象征王权的权杖。因为，中国夏、商、周三代王朝都用"九鼎"象征国家权力，古代蜀国则以金杖标志王权，金杖成为古蜀王国政权的最高象征物。同时也从另一方面说明，古代蜀国具有与中原同时期文化不同的来源与内涵。三星堆出土的金杖，是中国境内发现的商代金器最大、分量最重，表示王权神授的绝无仅有的稀世珍宝，其工艺之精湛，内涵之精深，令人叹为观止。

在发现这根权杖之前，世界考古学界、史学界、文艺界等许多颇具权威的人士曾有过定论，认为权杖这样的器物，从其产生的文化背景和文化用途来判断，中国甚至整个远东地区都不可能存在。只有中东、近东和西方才有可能出现，或者说这种权杖只是古埃及法老和希腊神话中的万神之祖宙斯的专利品。然而，在中国西南地区的三星堆遗址，还是出土了象征王权与神权的金杖。这以无可辩驳的事实，彻底地推翻了那些原有的定论。

当然，那些下定论的人或许有他们的理由，因为人类在

第四章 地裂天惊

坑内出土的头顶戴有辫索状帽箍的青铜人头

坑内出土的青铜龙虎尊

坑内出土的透雕鸟璋

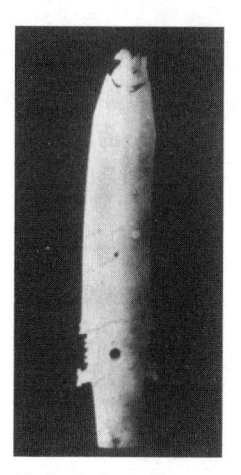

上古时代，何时开始使用黄金制品，尚无明确记载，只有《山海经》等古籍，留下了只言片语的记述，并指出了黄金、赤金的区别。这一记述，只是说明约在夏朝时代人们已基本懂得了金的属性，但也仅此而已。直到前些年出版的《大百科全书·考古学》还在说，金银器皿出现较晚，汉以前少见，到唐代始较多发现云云。由此可见当年的人们有关权杖的定论还是有其一定依据和辩解理由的。事实上，从后来的发掘情况看，三星堆两个祭祀坑出土的金器除这件金杖外，共发现有金面罩、金虎饰、金璋形饰、金竹叶、四叉形器等金器多达一百余件。如此大的数量及器物的复杂多样性，在各地商代遗址的发掘中是绝无仅有的。或许，正是由于有了三星堆众多金器的出土，《大百科全书·考古学》也因此有了一个补充、改正的机会吧。

继著名的金杖出土之后，三星堆器物坑的发掘仍在有条不紊地进行，一件件珍贵器物在考古人员手中相继出土。8月1日，待发掘进行到最底层，历时14天的连续工作行将画上一个句号时，考古人员发现这是一个不规则的夯筑土坑建筑。经测量，整个坑的长度为450—460厘米，宽330—348厘

173

坑内出土的金虎形饰

一号坑出土的金虎形饰，出土时原被装在一号祭祀坑第11号青铜人头像内，在室内整理时才从铜头中取出。全身系金箔锤拓而成，通身有目字斑纹，阔耳竖立，腰身下弯，势如奔跑，尾翘成团，昂头张口，做咆哮状。此前，三星堆遗址北的鸭子河南岸曾出土有青铜虎，此虎满身嵌绿松石片，巨头立耳，张口露齿，造型生动。据考古发现，陕西清涧解家沟和江西新干大洋洲商代墓葬都出土过铜虎，但有的造型凝滞，或只注重装饰。三星堆出土的铜虎，则注意形神表现，为中国境内同时代出土虎形器所罕见。《山海经·海内经》曰："西南黑水之间，有都广之野……爰有百兽，相群爰处。"虎为百兽之王，远古时代，四川虎迹出没频繁，人们为了生存认虎为亲，求得保护，便逐渐产生了氐羌——蜀族部落虎图腾。三星堆的古蜀人崇拜虎，应是以虎为图腾的川西氐羌蜀族的一支。（参引敖天照等著《三星堆发掘始末》）

米，深140厘米。共发掘清理器物几百件，大体可划分为六大类：

一、青铜类。计有青铜人头像13件，青铜人面像、跪坐人像、铜戈、铜瑗、铜尊、铜瓿、铜盘、铜器盖等青铜器178件。

二、玉器类。计有玉璋、玉瑗、玉环、戚形佩、玉戈、玉剑、玉斧、玉锛、玉凿、玉料块、琥珀坠饰等129件。

三、石器类。计有石戈、石矛、石铲、石斧、石斤、石凿等70件。

四、陶器类。计有陶罐、陶盘、尖底盘、器座等39件。

五、海贝类。装在铜人头和龙虎尊内的海贝124枚。

六、金器类。除著名的金杖外，另有金面罩、虎形箔饰、金块等四件。

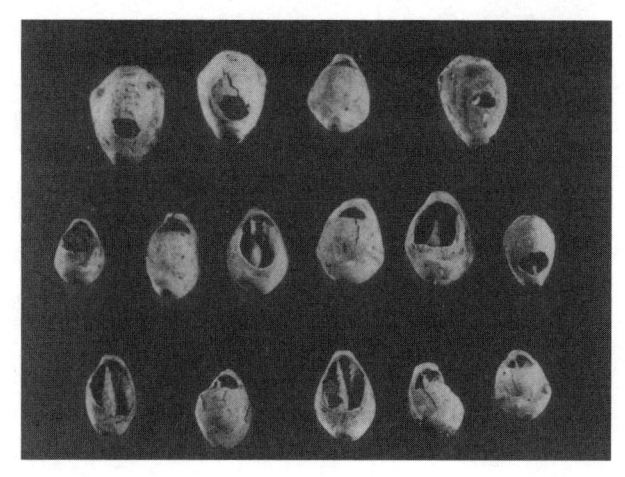

坑内出土的海贝

根据出土遗物大都被火烧过，或埋藏前被打碎过，以及器物坑的中间和两边都有坑道等特点，陈德安、陈显丹等考古人员初步断定，这是古蜀人专为诸神崇拜举行仪式所留下的祭祀坑，并在后来撰写的发掘简报中，将此坑正式命名为一号祭祀坑。

就在考古发掘的高潮大幕徐徐合上，整台戏剧已近尾声时，意想不到的是，关于发掘器物的归属问题又突生波澜。省、县双方针对几百件珍贵文物的何去何从，展开了一场激烈交锋。

争夺文物大交锋

就在一号祭祀坑的发掘接近尾声时，广汉县文化局的一位副局长在工地找到正指挥发掘的陈德安说："我们县领导有指示，三星堆遗址是属于广汉县人民的，地下出土文物就应该归县人民政府所有，整个坑中出土的器物一件都不能拉走，全部送县政府统一清点保存。"

陈德安听罢，先是愕然，继而心中升起了一股看不见青

175

烟的火苗。他转回身，一边搓着手上的泥土，一边望着对方冷冷地说："是你们县的县长大，还是中国的国家主席大？我记得国家文物保护法公布实施的命令，好像不是你们广汉县的县长签发的。这部文物保护法有明文规定，一切地下文物属于国家，怎么能说就属于你们广汉县了？"

"你不要拿个大奶子吓唬小孩子，这文物保护法我懂，但俗话说得好，县官不如现管，既然县领导做了指示，我就必须按照这个指示来办。你知道，我们县领导的指示可不是你的指示，说过的不算，这可不是随便闹着玩的事情。"副局长同样冷冷地答。

"既然做了指示，当然就不会是闹着玩的，但这个指示我不能办，谁做的指示让谁来办吧。"陈德安不屑一顾地扭头欲走。

"你办也得办，不办也得办，这是检验你们今后是否还能在我们这块地盘上继续搞考古发掘的试金石，是给予你们一个今后继续合作的机会。"副局长拦住陈德安态度强硬地说着。

"我现在只管把这个坑中的破铜烂铁拿出来，带回成都去整理，管不了什么试金石。"说着，陈德安极其恼怒地进入坑中，不再理睬对方。

副局长望着陈德安的背影，鼻子轻轻"哼"了一声，点点头，嘴唇来回荡动了几下，声音轻小但内含刚硬地扔下了一句："你不要敬酒不吃吃罚酒，走着瞧吧！"说罢愤愤地离开了坑边。这次对话算是不欢而散，对话双方各自心中都生出了一个用怒火烧就的疙瘩。

当发掘结束之后，所有器物都存于考古人员借住的砖瓦厂的几间房中。此前担负保卫任务的公安、武警全部撤回，只有十几个民兵在昼夜值班守护着这批文物。此时，摆在陈德安与陈显丹两位发掘主持人面前的三个问题必须慎重考虑和处理：一是砖瓦厂的几间房子属于临时工棚，非常单薄脆弱，极易被外来的力量破坏甚至摧毁。在这样的简易房里长期存放如此珍贵的文物，安全问题极度令人担忧。虽有十几名民兵昼夜轮流守护，但民兵毕竟是民兵，无论从责任心还是战略战术与实际操作经验，都无法和受过专业训练的公安特别是武警相提并论。万一文物有个三长两短，那事情可就算闹大了，除给国家人民造成无法估量的损失外，至少"二陈"是要到监狱里蹲起来的。再者，就文物本身而言，深埋地下三千年，突然被弄出坑外，在与空气接触之后，极易氧化变质，导致腐烂损坏。尽管一号坑出土的大都是青

第四章 地裂天惊

铜、玉石之类的器物，但仍急需有一个相对好一点的环境，并需考古技术人员做保护性处理，否则会使文物受损。最后，十几名看护民兵的吃喝拉撒睡，外加工钱与看护费，全部由"二陈"指挥的这支小型的考古队承担，若长期耗下去，小小的考古队将无能力继续支付这笔并不算小的费用。事已至此，无论从哪方面考虑，都必须尽快做出抉择，将文物拉到省考古研究所存放保护。只要文物一到成都，一切的担忧都将不复存在了。鉴于广汉方面欲扣留文物的打算，"二陈"决定秘密与成都方面取得联络，并做好准备工作，以迅雷不及掩耳之势将文物运走。当广汉方面得知后，已既成事实，无力回天矣！

主意已定，陈德安派随队的四川大学学生刘章泽秘密赴成都，将面临的不利局势和广汉方面的企图向赵殿增做了汇报，要求省考古研究所尽快派车将出土器物运往成都。根据陈德安的授意，刘章泽说道："广汉方面企图把我们刚刚取得的重大发掘成果扼杀在摇篮中，可能已计定了扣留、截获这批文物的计划和行动方案，很有可能已秘密派出耳目在我们周围潜伏了下来，密切注视着考古队的一举一动。因此最好让省考古所派去拉货的车辆，在下半夜悄悄驶入考古队驻地，把文物装车运走。"

赵殿增听罢对方的言论，沉思了一会儿，觉得陈德安之计尚有可取之处，于是和刘章泽就有关细节问题又做了一番探讨，之后约定赶往广汉县城的面包车，于凌晨驶往考古队驻地。为防止忙中出错乱了方向，陈德安应派人在驻地之外的道路上迎接。一旦装货完毕，不能有片刻停留，立即驱车离开现场……商讨完毕，赵殿增拿起电话找来了省考古所开丰田面包车的张师傅，在问了车的状况之后，大体地说明了情况，又共同研究了行动的具体细节。当三人都感觉万无一失时，赵殿增让刘章泽回去转告陈德安，做好准备，一切按计划行事。

8月6日凌晨4点45分，一辆丰田面包车借着朦胧的夜色冲出广汉县城，向三星堆考古人员的驻地悄然驶来。待接近目标时，面包车突然关闭车灯，借着暗淡的星光慢慢向前行进。埋伏在驻地之外的刘章泽、张文彦，听见车的声响，立即从稻田里跳出来，开始用打火机打火为号，以"噗噗"跳动的火苗引导面包车缓缓向目标靠拢。此时，所有的考古人员都披挂整齐，如同整装待发的战士迎接一场决定命运的生死大战，表情庄严，神色冷峻地立在已透出些许微光的夜幕中，等待车的到来。

面包车轻轻地哼哼着，在存放器物的瓦房前停下。

已在夜幕中等了很久的陈德安和从车上下来的司机张师傅握了握手，相互并不说话，但谁都知道该干些什么。此时，在门前负责看守的共有两名荷枪实弹的民兵。这两位民兵初时看到陈德安等考古人员天不亮就陆续起来，穿戴整齐，一声不吭地在房前溜达，颇感纳闷，但又不好上前询问。直到面包车悄然驶来，才蓦地感到有些反常。只见陈德安走向前来，对两位民兵说道："屋里的东西全部装车拉到省考古研究所去，你们两个照看一下，等车走后就回屋睡觉去吧。"说着迅速从腰间掏出钥匙，打开铁锁，"哗"的一下推开房门，右手抬起向后一扬，开始指挥考古人员向外搬运提前几天就早已装好箱的器物。

两位武装民兵感到在这样的时间以这样的方式悄悄地搬运如此珍贵的文物，既让人觉得突然，又不能不让人在心中犯嘀咕。但看到陈德安与其他考古人员都在现场，且面部表情深沉中透着从容，并没有看出什么破绽。由此推想可能是因为文物太过于贵重，故不在大白天搬运而改在这个人少街静的黎明拉走。反正这些东西是考古队的而不是自己的，他们爱咋弄咋弄去吧！由于有了这样的推测与想法，两个民兵站在一边像什么事情也没有发生一样，卷了一支纸烟抽着，背着枪踏着房前青草上的露水，在车边悠闲自在地溜达起来。

在一旁指挥的陈德安望着面前的情形，内心怦怦地跳着，既紧张又焦急。眼看一箱又一箱的文物被抬上了面包车，他抬起手腕看了一下手表，时针指向了5点10分。他心想只要再有五分钟，一切就万事大吉了。就在他望着远处那越来越明亮的田野轻舒了一口气的同时，另外一幅画面出现了。

在专门为看守文物的民兵租借的房间里，人送外号"钻地鼠"的民兵张耕地，在睡梦中隐约听到外面有什么动静。他起身来到屋外，发现考古人员正在搬运文物。他的脑袋"嗡"的一声响，睡意全无，额头上沁出了点点汗水。他当即明白了所发生的事情，转身回到屋内，一把将人送外号"爬山虎"的民兵王万山从睡梦中拽起，然后急促地说道："爬山虎，不好了，那帮家伙果然下手了。你赶紧去盯着，我向镇里报告，快去呵！"说罢撇开爬山虎，撒腿向门外飞奔而去。

第四章 地裂天惊

爬山虎王万山看到钻地鼠急如星火地夺门而出，不敢怠慢，急忙一个滚翻爬起来，慌乱地穿了衣服，冲出房门向盛放器物的仓库赶来。此时，陈德安等人已将大半的文物装入车中。正当所有的出土文物装入车中，张师傅钻进驾驶室发动机器，准备一溜烟尘冲出这片危险之地时，爬山虎突然走上前来，对正在抬手擦汗的陈德安道："陈老师，这些东西要拉走？"

"呵，拉走。"陈德安依旧擦着脸上的汗水，很不在意地顺口回答。

"要拉到哪里去？"爬山虎王万山又接上了一句。

"呵，呵，省考古所。"陈德安依然心不在焉地敷衍着准备上车。

"你拉东西和镇上说过没有，要是没说，这东西就拉不得。"爬山虎走上前来，一把抓住陈德安的衣袖，口气强硬地说。

此时的陈德安手把着车门，一脚踏在车门的底板，一脚站在地上，听到爬山虎这句强硬的明显带有警告性的话语，怔愣了一下，缓缓转过头，像见到陌生人一样盯着对方的脸，嘲讽道："我说爬山虎呵，听你刚才的说法，不是你喊我叫老师，看来我得叫你老师了。这拉不拉东西，是不是还要请示一下你，由你批准了才能拉呵？别忘了，我这个考古队长官虽不大，可是朝廷命官，你一介村夫，既无顶戴花翎，又无蟒袍玉带，跑到这里管得哪门子闲事？给我放手！"

"我一介村夫不假，但我是在这里看东西的，丢了东西要找我赔偿，我当然要负这个责。你不跟镇上说，今天就别想跑掉。"爬山虎摆出一副死猪不怕开水烫和大无畏的革命姿态，继续抓住陈德安的衣袖不放。

"唉，我说爬山虎，你想揭竿子造反，再当一次陈胜、吴广咋的？告诉你，没门！"陈德安说着，用力甩开王万山的手腕，钻入车中，顺势关闭了车门。

"开车！"陈德安刚说完，汽车"轰"的一声加大油门向前冲去。刚冲出不远，就听到前方有警笛鸣响，接着三辆汽车呼啸而至。陈德安一看大惊，立即意识到是广汉方面派人来进行围追堵截了，遂当机立断，指挥面包车进行突围。在卷起的片片尘雾中，四辆汽车像好莱坞警匪大片一样，在公路和田野里来来回回、弯弯曲曲地做着擒拿与反擒拿的搏击。面包车在躲开了两辆车前后夹击之后，突围成功，沿着坑坑洼洼的泥土路向广汉方向开去。但由于开车的张师傅对当地路况不熟，刚进入南兴镇街区，就被熟悉地形地物的对方追上,在三辆汽车的同时夹击胁迫下,面包车无力前行,只得就范,停了下来。

只见十几个人从围堵的车上飞蹿而下,嘴里喊着"就是这车,别让他们跑了,快追!",然后呈扇面状包抄过来,眨眼便到了面包车跟前。

此时天已经亮了,坐在车中的陈德安透过挡风玻璃,看到围剿而来的人群中,站在最前边的是南兴镇副镇长刘世昌,后面是南兴镇与广兴镇两个派出所的所长和公安民警。因此前这些人员都断断续续地为三星堆的考古发掘帮过忙、出过力,双方算是熟人。在副镇长刘世昌身旁站立的那个全身只穿一条裤衩,几乎是赤裸着上身与下身的汉子,则是看守文物的民兵钻地鼠张耕地。望着这个场面,陈德安心中暗自说道:"果不其然,看来潜伏在自己身边的耳目发挥作用了。钻地鼠、爬山虎这两人伪装得不错,这些天真就没看出来呵!"眼看一场唇枪舌战不可避免,一时无别的选择,陈德安只好打开车门钻了出去,准备晓以国家民族大义,迫使对方放行。

"陈老师,你们好忙呵!"见陈德安下车,南兴镇副镇长刘世昌不失时机地抢先来了一句讽刺式的幽默。

"不忙,不忙,你们一大早兴师动众地来了这么多人迎接我,这才是真忙呵!"陈德安反讽道。

"呵,呵,共勉,共勉,我们早,你们比我们还要早,看来大家都没闲着。不过我不太明白,你们这黑灯瞎火地把东西搬上车,准备向哪个黑市出售?"刘副镇长并不接陈德安抛来的皮球,巧妙地把话题引到了关键点上。

陈德安微笑了一下,直言道:"出售不敢,是想拉到省考古研究所清理修复研究。"

"县上同意了?是县长还是书记批示的?把文件拿来我看看。"刘副镇长有些挑衅意味地说。

"这是国家的文物,按照文物保护法规定,由国家来保管就对了,用得着你们县长批示吗?你们扣留这批文物是违法的。"陈德安有些焦急,也有几分恼火。

"我说陈老师,这些东西不管最后是放在省里还是县里,今天你从这里逃掉就是我们的罪过。我看是不是这样,先把车开到镇政府大院去,你们与

第四章 地裂天惊

省里和县里联系，双方搞个清楚，我们一点也不拦着，还好好地送你们走，你看这么办咋样？"刘副镇长一改刚才的态势，口气缓和地劝说道。

陈德安站在车前抽着烟思考了一会儿，突然冲刘副镇长一摆手，极其痛快地说道："好吧，就先依你，把车开到镇政府去。"

双方各自发动汽车，陈德安的丰田面包车在三辆汽车的夹挟下，"呼呼隆隆"地驶入镇政府大院。

电话分别打到广汉县城和成都，双方都表示车和文物暂放镇政府，人员各回原处，等待协商，待有结果后再做下一步行动。陈德安知道自己将面临一场大的麻烦，无奈地叹口气，率司机张师傅与几名押运人员怏怏地步行回到驻地。

省考古研究所的赵殿增接到车与器物被扣留的消息后，大吃一惊，急忙向省文化厅汇报。省文化厅一位副厅长接到报告，既吃惊又恼火，对赵殿增道："难道他们要谋反不成，自古以来这造反可是要杀头的呵！"于是派出一名处长和两名分管文物的干部，到考古研究所与赵殿增等人会合，当天上午赶赴广汉县文化局，由文化局牵头到县政府找副县长、三星堆联合发掘小组原组长陈治山等有关领导协商。

在稍事寒暄之后，文化厅的那位处长自感正义在身，尚方宝剑在手，直截了当地对陈副县长道："按照文物保护法规定，凡考古发掘的地下地上文物，都必须由考古单位进行整理、修复、保护、研究并撰写出发掘报告，才能考虑文物的分配问题。也就是说这批文物必须首先拉到省考古研究所完成上述一切任务之后，才可考虑是不是运回广汉的问题。"

陈副县长道："我们县委、县政府已经做出决定，准备马上建个博物馆，所以这批东西就有必要留在广汉以充实馆藏。"

"建馆当然是件好事，我们支持，但这批东西必须运回成都，其理由我不再重复。"处长态度强硬地回击说。

陈副县长被对方那咄咄逼人的气势所激怒，沉下脸来，不再顾及双方的情面，毫不示弱地说道："要拉走可以，但你们要打借条，写明是借广汉县的文物整理研究，并在借条上签字画押。"

"你这种说法毫无先例，按照文物保护法规定，一切地下出土文物都归国家政府所有，不属于哪一个县或地区，像你们这样采取扣留要挟的做法是

181

违法的。"处长更不示弱地指责道。

"你们是政府，我们也是政府，我现在代表广汉县人民政府正式告诉你，这批东西要拉走可以，但必须按我们的意见办，否则休想越过广汉县界半步。"说到这里，陈副县长站起身，对文化局的负责人说道："我还要参加一个会，你们继续谈吧。"言毕，收起公文包，头也不回地走了出去。

县长既走，标志着唱戏的台柱子已轰然倒塌，协商的基础已不存在，其他的几位配角无论丑俊，只是抖长袍抹玉带，吹胡子捋长须，大眼瞪小眼地干耗着，无法继续唱下去了。无奈之中，双方鸣锣收兵，各自罢战回归本部，准备继续下一个回合的交锋。

三天之后，四川省文化厅派出分管文物的副厅长王幼麟带领文化厅和省考古研究所的赵殿增等一哨人马，再度赶赴广汉与当地官员协商。行前，王幼麟精心准备了一肚子舌战群儒、让对手只有招架之功并无还手之力的辞令，准备以舌卷风雷之势，一举夺回被扣押的珍宝。但出乎意料的是，广汉县方面见对手来势凶猛，便采取了三国时候司马懿对付诸葛亮那一套，任凭你对方怎样叫阵，就是避而不出的战略战术，只派出文化局的几名官员虚与委蛇。尽管王幼麟几次提出要面见县委书记叶文志和副县长陈治山，但负责接待的几位文化官员除了摇头就是晃脑。王幼麟率领的本部人马见迟迟看不到自己要找的对手，空有满身的武艺不得展示，只好撤回成都。至此，第二个回合的交锋，以成都方面再度失利而告终。

接下来，理所当然要进入第三个回合。与以往两次交锋不同的是，这一次，双方都采取了不与对手正面叫阵，而是依靠看不见，但又明显感觉得到的外力，以便将对方放倒摆平。交战一开始，双方都向国家文物局汇报，希望对自己一方有所支持。广汉方面为达到开局即压倒对方的目的，不惜代价派出县委宣传部部长，率领一帮随员风尘仆仆地来到国家文物局，直接找到有一面之交的副局长沈竹说明情况，同时提出将文物留在广汉的要求。沈竹闻听觉得事关重大，不好当即拍板做主，随即找文物处处长黄景略征求意见。黄景略听罢对方的陈述，当场沉下脸来，态度十分明确地指出："像这样的要求全国没有先例，也不符合国家文物法的规定，出土文物必须拉到省考古研究所，进行清理、修复、研究之后，才能考虑是否回广汉的问题。"同时，黄景略毫不留情地警告广汉方面，不要置国家法律与民族大义于不

第四章 地裂天惊

顾，和省考古研究所较劲争夺这批珍贵文物，应尽快让对方把东西拉走，以免造成大的损失。如果真的由于双方争夺而损坏了文物，那就不仅是追究哪一方责任的问题了。

沈竹觉得黄景略的意见合情合理，遂以同一种口径对广汉方面做了答复。

当国家文物局的意见明显倾斜于省考古研究所的消息传到四川后，赵殿增、陈德安等人十分兴奋，认为既然是国家文物局已明确表态，难道广汉方面还要执迷不悟，一意孤行，顽抗到底不成？出乎意料的是，广汉方面采取了人在阵地在，拒不交出文物的战略方针。在这种拉锯战的态势中，双方又采取向省委、省政府主管文化的领导告状与说服的战略战术，以便让领导出面并发出明确有利于自己的号令。但当双方的状子与说客，呈针尖对麦芒之势大举袭来时，久经沙场，经验丰富，每个人都堪称和稀泥大师的领导们环顾左右，权衡利弊，觉得双方大有手心手背之感，都难以下刀宰割，更难以即刻摆平。在两难之中，开始发挥中国历代官场最为优秀的和稀泥、捣糨糊的处世哲学。四川省文化厅的领导们一看自己的顶头上司都一个个置国家法律与民族大义于不顾，顿感受到了羞辱，一气之下，索性旗帜鲜明地宣布："这批器物爱咋样就咋样吧，反正从今之后，省文化厅不再蹚这浑水了。"

既然省考古研究所依仗的大树已轰然倒下，剩下自己饥寒交迫、马瘦毛长的一支孤军，自然不敢贸然深入敌阵送死，只好躲在营寨坚守不出，等待上帝赋予时来运转的机会。于是，这第三个回合的较量，省文化厅与省考古研究所组成的联军再次败北，广汉方面不战而胜。

眼看交战双方偃旗息鼓，罢兵收摊，再也没有了拼杀喊叫的动静。躲在三星堆砖瓦厂考古队的陈德安再次露出头来，向省考古研究所的负责人赵殿增询问情况，并关注着被扣珍宝的命运。赵殿增知道自己在这方面已是大势去矣，纵然骨子里颇不服气，但实在无力再度组织力量反败为胜了。于是，以悲壮与伤感的腔调对陈德安道："在这件事情上，我们是该说的说了，该做的做了，可谓已经仁至义尽了。像我们这样的文化、考古单位，既无权，又无钱，所以弄成了今天这样的结局。当然，即使是其他单位也不见得就能在这场较量中占尽上风，现在看来强龙确实是敌不过地头蛇呵。既然战则不成，只有媾和，我们搞历史和考古的都知道，历代王朝差不多都是这么做

183

的。为这批文物设身处地地着想，我们不妨也吸取点历史的经验，照着这个法子做一次。依我看，这个具体的求和代表与形象大使就由你来担任吧。当然，你现在还比较年轻，正是血气方刚的时候，但也不要感到有什么羞耻之感。自有历史以来，中国人这样的事做得多了。我们河北大厂县老家有句俗话，叫作痒痒不差一个虱子。你就出面跟他们谈一次吧。从现在起，你的身份是我们省考古研究所派出的谈判总代表与代言人，至于以后的谈判情况如何，这批文物何去何从，全看你的了。"

陈德安突然得知了这样糟糕的战况并受领了白帝城托孤般的重任，心情极为沮丧，心想，连你们省文化厅与考古研究所的领导，都已经斯文扫地，灰头土脸，我还当的哪门子代言人和形象大使？事情都到了这个份儿上，自己已是无话可说，更无言可代了。想到这里，他当即表示绝不当这个代言人。赵殿增一看对方的强硬态度，知道不可勉为其难，只好静待合适的人选。

陈德安自赵殿增处挂冠而去，重新回到了三星堆砖瓦厂驻地，一头猫下来坚守不出，只是率领手下几名考古人员做一些守护与修复陶器标本等方面的工作。

如此既不媾和又不决战的情形一天天过去，赵殿增与陈德安等人摆出了一副稳坐钓鱼舟的姿态，静观其变。广汉县的官员沉浸在胜利的喜悦之中洋洋自得。而此时广汉县南兴镇的各色官员却如芒在背，如火烧身，越来越坐不住了。该镇的党委书记李发宜原是省人大委员会的一名官员，不久前受组织部门的派遣，到南兴镇挂职锻炼并出任一把手。当三星堆一号祭祀坑的文物出土之后，他就按照副县长陈治山的指示，责令副镇长刘世昌与两个乡镇的派出所所长沟通，针对陈德安可能要采取偷运文物的行动，做了相应的秘密布署。为了使情报准确，警力反应灵敏迅速，还专门让派出所所长出面，把在三星堆考古队担负守护任务的两名民工钻地鼠与爬山虎发展为在公安战线上称为"特情耳目"的地下工作者，让其悄悄潜伏在陈德安的身边，不露声色地密切注视着陈德安与其他考古人员的一举一动，一旦发现异常情况及时报告。与此同时，在陈副县长和刘副镇长的具体组织指挥下，南兴镇与广兴镇两个派出所的公安干警，在三星堆遗址内以考古队驻地为主攻目标，进行联合演习，并针对陈德安可能驾车逃跑的路线和突围方法，制定了几套堵

第四章 地裂天惊

截追捕方案。后来,当陈德安真的实施运输计划时,以刘世昌为首的当地官员和警力,按照原定方案迅速采取了措施。这次围堵与追捕行动,对刘世昌和两个派出所的公安干警而言,完全可以说是一个漂亮又快捷的光辉战例。为此,这一行动及取得的战果,受到了陈副县长等县领导的表扬。

让李发宜书记特别是刘副镇长始料不及的是,随着领导表扬激起的热乎劲儿的日渐消逝,令人备感头痛的事情随之降临了。按李书记的最初的想法,当南兴镇出面将这批文物强行扣押之后,应该很快就会有一个处理结果。或被陈德安运走,或拉到县城由某个部门的仓库存封,再也没有南兴镇什么事了。但出乎意料的是,随着省、县双方所展开的三个回合的激烈交锋,这批文物如同一堆拉开了引线正冒着青烟的地雷,交战双方再也没人前来触及这个敏感的雷区了。

李发宜毕业于四川大学历史系,比陈德安高一年级,算是陈的学长。由于受过高等教育且是学历史出身,自然深知三星堆出土文物的重大价值和学术上的非凡意义。一旦这批珍贵文物有个三长两短,无疑会大祸临头。不但自己头上的帽子、位子、票子、房子、车子,统统烟消云散,弄不好还要吃官司,进监牢蹲大狱,到了那时可真叫作吃不了兜着走了。正是由于有了如此清醒的认识和心理准备,当那堆器物被副镇长刘世昌率公安人员强行挟运到镇政府大院之后,李书记就令派出所的干警严加防守,以免发生差错。

到了第二天,派出所所长向镇政府提出严正交涉,称全所除了病、休等人员外,能正常上班的只有三四人。而这几个人维持正常工作的运转都感到疲惫不堪,如今又要不分昼夜地守护着这些文物,除了力不从心之外,更重要的是担惊受怕。鉴于这一严峻的现实,派出所所长找到李发宜旗帜鲜明地提出,眼前这些文物,不属于自己的管辖和职责范围,最好另请他人管理。李书记听罢所长的话,尽管心中大不痛快,但派出所毕竟是县公安局的派出机构,不属于镇一级的党政部门直接领导,有些事办起来就不是太方便和随心所欲。李发宜觉得无力让眼前这个所长回头,就索性信马由缰,任他而去了。

派出所的民警撤出了保卫现场,李书记越发意识到问题的严重,遂向县委、县政府电话汇报,请求立即派人把这批文物弄走。县有关方面要南兴镇先暂时代管,过些天看双方决战的情况再另行定夺。李发宜听罢,哭笑不得，心中既感到委屈又有些窝火，但又找不到人和地方发作，只好强撑着组织手下党政人员轮流值班，日夜守护，不敢稍有懈怠。白天的日子还算好过，到了晚上大的麻烦就来了。按照制定的轮班方法，每班三人，其中二人负责看守，一人巡逻。如果按两小时一班，每晚则需十六七人。当时住在院内的总共不过十余名干部，除老弱病残、因事请假外，能够坚持夜晚出更的只剩六人，在这种情况下，为确保文物的安全，李书记与镇长商量，只好发动干部、职工的家属共同值班看守。大家白天上班，每到夜晚，男女老幼齐上阵，或拖着木棍，或拿着扫帚，或抱着锄头，围绕着那堆文物来来往往，蹿前跑后地看守护卫。几个昼夜下来，所有的干部与家属都表示受不了了。面对这种情形，李发宜只好硬着头皮再与县里有关方面联系，并说出了自己的苦衷。对方可能也正为此事与省考古所纠缠不休而大感烦恼，所做的答复竟让他目瞪口呆。答复的大意是：鉴于各方面错综复杂的矛盾，县里暂时不好立即做出何去何从的决定，南兴镇要么维持原状，要么就自己看着办吧。至于这些文物是保存还是不保存，就由南兴镇全权做主了。

李发宜听罢这个踢皮球与和稀泥的混账指示，差点气昏过去，想到自己一个多星期付出的辛苦和在精神上承受的巨大压力，真是感到既辛酸又委屈。而到了这个时候，才觉得自己是真正的引火烧身，搬起石头砸自己的脚，如今弄了个骑虎难下欲罢不能的尴尬被动局面。在一番长吁短叹之后，李发宜找来镇长等领导商量对策。大家怀着满腔的怒火在对这次事件的主要组织者与实施者副镇长刘世昌指责痛斥一顿之后，于吵吵嚷嚷中得出了两条结论：第一，既然县里都不管了，我们也没有必要担这个责任，应尽快把这些文物搬出南兴镇大院。第二，具体操作方法可仿照三国时蜀中大将关云长败走麦城，被东吴孙权部将擒获杀害之后的策略。遥想当年，当孙权把关云长的头颅割下之后，怕祸及自身，受高人指点，转而送给了一代奸雄曹操，以达到嫁祸他人的目的。南兴镇虽找不到曹操这样的合适人选可以嫁祸，但可根据解铃还需系铃人的古训，忍辱负重，厚着脸皮，由副镇长刘世昌带队，专程到三星堆考古队驻地找陈德安负荆请罪，请他出面把这批文物拉走。只要陈德安肯把这批文物运走，一切的一切都与南兴镇无关了。按照这两条既定方针，刘世昌极不情愿又不得不屈服地率领一干人马驱车向三星堆遗址奔去。

第四章 地裂天惊

在砖瓦厂考古队驻地，陈德安与刘世昌二人再度见面，尴尬之情难以言表。在经过了一番交谈之后，陈德安表示自己已被对方伤透了心，不愿再去掺和这件事情。但谈到最后，还是架不住刘副镇长的苦苦劝说，加之自己骨子里确实对这批亲手从坑中一件件拿出来的器物，有一种难以割舍的血肉之情，遂开始被对方说动。他深知，如果这批器物就这样一直在南兴镇耗下去，后果是不堪设想的。出于以大局为重的考虑，陈德安答应将东西拉走。但鉴于这批器物被南兴镇与广汉县扣留，搞得满城风雨妇孺皆知，省考古研究所与三星堆考古队已被弄得斯文扫地，这次行动就不能偷偷摸摸，不声不响，必须光明正大，很有脸面地离开南兴镇。而要做到这一切，必须取得广汉县党政领导的理解与支持，否则，一切仍将是空想。为此，陈德安与刘副镇长当天即到广汉县找到了分管文教的副县长陈治山。此时广汉方面对这堆扣押的文物也感到极其棘手，正不知如何处理是好，见陈德安找上门来，立即抓住契机，召开会议研究。众官员在经过了一番出谋划策之后，一致同意将器物运走，但必须承诺广汉县政府对这批器物拥有主权，省考古研究所拿走只是借调的性质。等这批器物修复、整理、研究之后，还要及时地、无条件地、一件都不能少地归还广汉县人民政府做永久性保存与陈列展出。

陈德安听罢这个条件，心中又涌起不快，本想拂袖而去，但刘副镇长出于对南兴镇方面急欲摆脱苦海的考虑，力主陈德安再向省考古研究所做一次汇报和通融，并按省所的指示与广汉方面继续展开会谈，以最大可能地争取器物的主权。陈德安抱着一丝希望将情况向赵殿增做了电话汇报。赵与其他所内领导研究后，明确告诉陈德安道："要消除知识分子循规蹈矩、婆婆妈妈的陈规陋习和软骨症，抓住难得的契机，敢于承担起历史赋予的伟大使命，放开胆子，灵活机动地与对方交涉办理。假如对方提出的条件无力改变就暂时答应下来，只要把这批东西拉回成都攥在我们的手中，主权当然就属于省考古研究所，同时也就由不得广汉方面任意折腾添乱了。"

根据省考古研究所领导集体制定的方针与策略，陈德安在继续与对方谈判无果的情况下，勉强答应了对方的要求，并在文物清单上签字画押，同时提出这批器物必须由广汉方面派警车和警察押送至成都。广汉县副县长陈治山见清单在手，又有陈德安的亲笔签名，心想跑了和尚跑不了庙，即使是陈德安耍无赖，我们跟你考古所也没完没了。想到这里，遂与县公安局局长黎登江商量派车押运。黎登江认为为了保护国家的珍贵文物,押运是在情理之中,但不能白白地忙活,总要有点报酬。便提出要陈德安以考古队的名义,付给派出警车的汽油费,以及公安干警的辛苦费之后方可实施。陈德安听罢,一咬牙,当场又给予了一份承诺。

当天下午三点,满载着三星堆出土珍贵文物的警车,在公安干警的护卫下,驶出南兴镇,一路警灯闪耀,警笛大作向成都方向疾驰而去。

——这一天是1986年8月13日。

疲惫不堪的陈德安坐在车中,透过玻璃窗,眼望匆匆掠过的乡野田畴和海洋般起伏荡漾的绿色波涛,长长地嘘了一口气。但他没有想到,一场更加惊心动魄的考古大发现与珍宝争夺战马上又要爆发了。

第五章 五洲震荡

天赐王国

民工再次发现器物坑，陈显丹夜赴成都报告，张文彦广汉受阻雨中负伤。发掘前的不祥征兆，一件玉器不翼而飞，电闪雷鸣中的紧急搜寻，一个难解的珍宝丢失之谜。古蜀国王"宝座"出土，辉煌的发掘成果，举世无双的奇迹。三星堆硝烟再度升腾，省、县双方战事骤起，焦头烂额的陈德安在烽火中来往穿行。随着珍宝暂时的安息，新的战事又即将来临。

二号坑再现人寰

就在陈德安押运一号祭祀坑的出土文物回成都之时,砖厂的副厂长又来到考古队驻地,对留守负责的陈显丹道:

"陈老师,听说你们把县里战败了,又把东西弄走了,这会儿该给我们找个地方挖点土了吧。"

"这满地都是珍贵文物,你要我上哪儿给你找地方呵?"陈显丹有些不耐烦地道。

"哎,陈老师,这可是你们许下的愿呵?东西挖出来又弄走了,你们心里舒服了,我们这几十口子人家有父母老小,还要等着把砖烧出来换钱吃饭哪!"对方的脸随之沉下来,有些生硬地道。

陈显丹听罢,微微一笑道:"这个嘛,我们是许过愿,可现在也实在是有些为难呵,选在哪里都没有把握,谁知道地下到底埋没埋东西呵!"

"那好吧,你们既然没有把握就不要出面选了,还是我们自己来吧。这家门口的事我们确实比你们知道得多一些。"副厂长显然有些恼怒地说着,转身就要往外走。

事实上,就在一号坑的发掘刚刚结束时,这位副厂长就前来找过"二陈",一边抱怨地里挖出了好东西,害得他们每天派人参加发掘,土没得地方挖,砖也烧不成。同时要求再给找个地方继续挖土,以把最后一窑砖坯装满。由于当时对出土文物的去向仍不明确,县里施加的压力很大,"二陈"的精神状态很糟糕,就推托等过一段时间,等这批文物有了明确的说法之后再给找地方取土。这位副厂长想着当初"二陈"说过的话,听说文物已被拉到了成都,便迫不及待地找上门来提出了这个要求。想不到陈显丹竟做出一副为难状,让这位正处于焦虑之中的副厂长大感恼火,遂提出自己要亲自动手的说法。

第五章 五洲震荡

陈显丹见状，心想说什么也不能让这帮带枪的乞丐随意在遗址内横刨竖挖，那样破坏性会更大，还是再给他找个地方吧。想到这里，打着哈哈对副厂长说道："先别忙着挖土，你给我找几个参加发掘的民工，先把挖过的那个坑上面的棚子、篱笆墙给我拆了，再把坑填平了，然后我去给你们选地方。"

副厂长自然也不想把事情搞僵，遂痛快地答应着，回到驻地找来了十几个民工，仅用了一个上午的时间，就"喊里咔嚓"把陈显丹要求的一切做完了。陈显丹按照事先的承诺，在一号坑周边选了几块荒地，让砖厂分别在这几个点的小范围内取土制坯。

8月14日下午，砖厂民工杨永成、温立元两人负责在陈显丹划出的位于一号坑东南约三十米处取土。当挖到距地表约1.4米深时，杨永成一锄头劈下去，随着"砰"的一声闷响，杨的手掌与双臂被震得发麻。

"唉，狗日的，啥子东西这么硬？！"杨永成不解地自问着。

身边的温立元将头伸过来看了看杨永成刨的位置道："是不是又碰到铜宝贝了？"

杨永成微微一笑道："哪会这么巧，这样的好事能让咱碰到，要是真的挖出了铜人，报告考古队的陈老师，可以得到200元钱奖金呵，上次挖的那个坑，铜罐和陈历钊他们就得了钱。"

"这我知道，他们三个人分了200元，现在就咱俩，要是真挖出来，每人可得100元，比他们得的还要多哪！"杨永成半开玩笑半认真地说。

"那就快挖下去看，说不定老天爷真的开眼，好事就让我们给碰上了呢！"温立元说着，扬起锄头，用足了力"嗨"的一声向下劈去。随着"咔砰"一声脆响，一个如真人头般大小的青铜人面像被刨了出来。见此情形，温、杨两

头上似戴有头盔的青铜人头像

人先是"啊"了一声，接着瞪大了眼睛俯视脚下的土坑。只见刨出的那个青铜人面像，眼睛、鼻孔都清晰可见，整个面部花花绿绿的似乎涂了颜色。在青铜人面像之下，有一个硕大的筒状的青铜器也露出了边沿。在其旁边，另有几件青铜器也隐约可辨，只是被泥土埋得太深，一时无法弄清它们的大小形制。

"哎呀，真的是个宝贝窝子呵，快向陈老师报告吧，晚了这奖金可就没咱们的份了！"温立元满脸激动地提醒着。

杨永成望望四周，见不远处有几帮砖厂民工正在取土，遂满脸严肃神秘地悄悄对温立元说道："别吭声，你在这里看着，我去报告陈老师。"说罢转身欲走。

"慢着！"温立元用狐疑的眼光在杨永成的脸上来回打量了一下，冷冷地道，"凭什么我在这里看着，你去报告？你为何不在这里看着，让我去报告？我可告诉你，这堆东西是咱俩一起弄出来的，就该有福同享，有难同当，想吃独食可是没门呵！"

杨永成一看温立元显露出的有些陌生和吓人的表情，知道他是挂念着那200元奖金的事，怕自己独吞，故不愿在此留守。杨永成沉默了一会儿，心想，既然你不愿意留下，那也不可能让你一人去报告，我留在这里，谁知道你在报告时怎么说，如果将我撇开了怎么办，那我不就成了被屈死的无名之鬼了？想到这里，故作轻松和满不在乎地说道："嗨，谁去都无所谓，有福同享，有难同当嘛。其实你去也可以，不过呢，我留在这里也没大用，还是先把这些东西埋起来，咱俩一块儿去报告吧。"

"这还差不多，就按你的办。"温立元的表情顿时春暖花开，迅速将出土的器物埋好。两人收起工具，争先恐后地跳出坑外，向考古队驻地跑去。

此时已是下午六点多钟，尽管太阳仍在西方不愿退却地照耀着大地，依旧故我地灼烤着稻田和在稻田里劳作的百姓，但考古队员们因这几天没有在田野发掘，便按照城市的惯例已经吃罢晚饭。陈显丹在自己的宿舍刚拿起一本书没翻两页，就见杨永成与温立元如同两个被体坛巨星贝利或马拉多纳踢起的足球，"咣、咣"两声射进门来。陈显丹惊得猛地站起来，手中的书差点落地。未等陈显丹回过神来，杨永成首先开口道："陈……陈老师，告……告诉你，我们又挖出宝贝来了，是铜人头，鼻子和眼还化了妆，粉红

192

第五章 五洲震荡

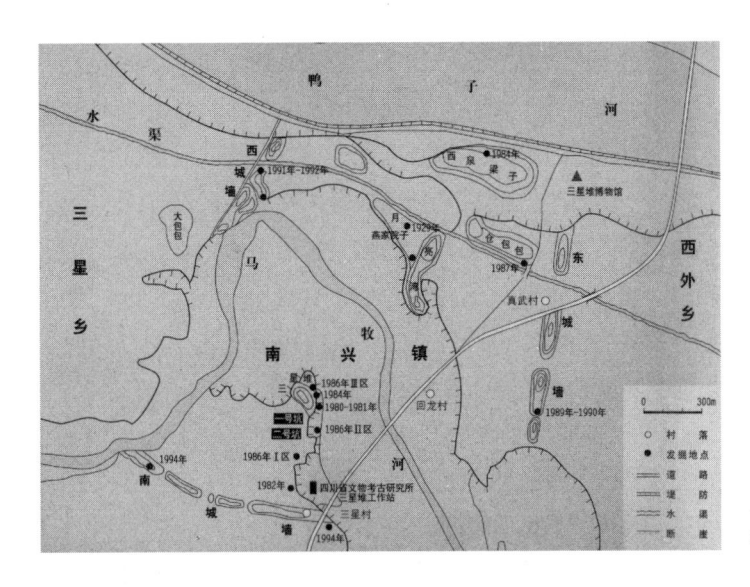

三星堆一、二号祭祀坑位置示意图

色的，快去看看吧！"

"真的，什么样的人头像？"陈显丹又惊又喜又有些不敢相信地瞪大了眼睛望着对方询问道。

杨永成与温立元此前都参加过一号祭祀坑的发掘，对埋藏的器物比较熟悉，于是简明、扼要又形象地向陈显丹做了说明与解释。

"走，那快去看看，快去！"陈显丹听罢，难以抑制内心的激动，转身就向外跑。待来到门口，又转身朝其他几间宿舍大声喊道："大家快走，又发现东西了，快去看看！"

其他人听到喊声，迅速蹿出宿舍，见陈显丹已随杨永成跑远，也跟着"呼呼隆隆"地向外跑去。

现场很快勘察完毕，毫无疑问，这是一个与一号祭祀坑类似的器物埋藏坑。从显露出的信息和迹象看，里面埋藏的东西不会比一号祭祀坑少。面对这一突发事件，陈显丹极其冷静、理智地当场做出决定，下令将已暴露出的坑口立即回填。当填到预定程度后，在最上层做出几个不同的标记，以防有人在暗中捣鬼，偷偷发掘盗宝。老考古队员戴福森率领川大学生朱章义、刘永泽与几名技工在坑边看守，严防不法

193

分子的破坏活动。陈显丹则与川大学生张文彦，以及在修复组工作的敖天照之女敖金蓉共同骑自行车赴广汉。到达广汉后，陈显丹转乘汽车赴成都向省考古研究所赵殿增汇报，留在广汉的张文彦与敖金蓉，首先找到老文物干部敖天照，然后又会同广汉县文化局的袁局长，一起找县领导报告。

敖天照带领张文彦等一行人先到县政府找副县长陈治山未果，县长亦不在院内，只好转身往县委那边疾走，希望能找到个有身份的领导报告。遗憾的是县委的主要领导也不知去向，几个人立在大院内顿感茫然。

"这咋办？"张文彦焦急地问敖、袁两人。

"别着急，估计不会走远，就在城里，咱们先回去休息一下，过一会儿再来看看。"袁局长说着，带领几人向外走去。刚离开大院不远，袁局长眼睛一亮，惊喜地喊道："唉，快看，叶书记的车！"

众人随声向前望去，只见一辆灰黑色高级轿车拉着短笛疾驶而来，眼看就要与几人擦身而过，袁局长冒着被轿车撞倒碾死的危险，一个箭步跳到路中间，迅速扬起右手，嘴里发出"嗨！"的一声喊。近在咫尺的司机见此情景，弄不清出了什么大事，迅速来了个紧急刹车，随着"吱——"的一声尖厉的鸣响，轿车的屁股在强大的惯性中翘了两下才猛地停下。此时太阳早已落山，天色变得灰暗起来，轿车司机疾速打开车窗，极其恼怒地冲外面的几个人高声呵斥道："你们他妈的想造反呵！"但很快看到是袁局长站在车旁，便停住骂，粗声粗气地问道："老袁，出了什么事？"

袁局长急忙躬身俯在车窗前，说道："我们有急事找叶书记汇报。"

县委书记叶文志坐在车中，不紧不慢地问道："谁呵，什么事这么急呵？"

"叶书记，刚才三星堆考古队的小张跑来说，他们又发现了一个坑，里头有很多青铜器物，想马上挖，需要派警力保卫。"袁局长小心谨慎又简明扼要地汇报着，顺手把张文彦拉到轿车的窗口前以示介绍。

叶文志抬起下颌，翻了翻眼皮，不大的眼珠滴溜溜转了几下，突然火气十足地对张文彦道："你们想挖就挖，想怎么着就怎么着吧，我管不了这个事！"说罢，又从牙缝里蹦出一个重重的"走"字，车窗"哗"的一声落下。轿车箭一样向前驰去，车轮卷起的大片尘土"呼"地喷射到三人的脸上与身上。几人于惊慌之中情不自禁地打了个趔趄，接着又纷纷伸手抹起了脸上的灰尘。

"呸，领导就这水平，啥玩意儿呀！"张文彦弓腰奋背，一边用手抠抹着灌入脖领中的尘土，一边全身不爽地发着牢骚。敖天照闻听脸色大变，急忙伸手将张文彦的嘴巴捂住。袁局长则面色发黑，极其严肃地对张文彦警告道："要是前几年，你就是地地道道、不折不扣的现行反革命分子了。在我们广汉，叶书记是受到崇高尊敬的，以后可千万不要这样没深没浅地信口开河了。"张文彦看到对方那既真诚又胆战心惊的模样，苦笑了一下，忙改口道："好吧，是我的不对，我罪该万死，应该砸烂我的狗头。下次再见面，我一定喊叶书记万岁就是了。""不喊也可以，但必须尊重领导嘛！"袁局长谆谆教导着，张文彦点头称是。

既然县委书记绝尘而去，再也不管"这个事"了，三人一合计，决定直接去找公安局局长黎登江，请他出面派出警力保护。此时天已完全黑了下来，几个人借着路边昏暗惨淡的灯光，摸到了黎局长的家中并向对方做了汇报。

"向县委、县政府汇报了没有？"黎局长问道。

"刚才向县委叶书记汇报了，他可能对省考古所跟我们争三星堆出土的那批东西有想法，对这件事没有明确做什么指示，只说想挖就挖，爱咋弄咋弄吧。"袁局长说。

"想挖就挖，爱咋弄咋弄？"黎局长吃惊地望着面前的几个人，似在证实，又像在自问。

"是呵，在路上说的，扔下这句话就走了。"袁局长见对方为此发愣，遂进一步解释道。

黎登江点了点头，似从迷惑中回过神来，一脸严肃又不乏亲切地对袁局长和敖天照等人说："如果真像你们说的那样，这不是已经有了非常明确的指示了吗？既然叶书记已明确暗示不能挖，那这个警力也就不能派了。依我看，还是按叶书记的重要指示办，让他们考古队爱怎么弄就怎么弄去吧，我们就不要去管了。"

"那，那，这挖还是不挖，到底该咋办……"袁局长左右为难地皱了下眉头，像是自言自语，又像是对其他几个人诉说，一时不知如何是好。

敖天照望着面前的情形，想起叶文志的态度，知道此事不是想象的那样容易，至少今天晚上是什么事也办不成了。于是他对袁局长与张文彦道："天不早了，这个事明天再说，咱们先回去休息吧。"

"也好。"袁局长借坡下驴地说着，与黎登江打罢招呼，几个人走出门来。

心情沮丧的袁局长回家休息去了。敖天照把张文彦领到自己家中继续商量对策，但一时又想不出一个能够操作的锦囊妙计。眼看已到了晚上十点，张文彦对敖天照说道："敖老师，今晚上的讨论就到这里吧，我要回三星堆去，现在工地上人员不多，又没有警力保护，存在着很大的隐患，万一出个什么事，地下文物有个三长两短，那就不得了。现在我必须尽快赶回去，在工地上，多一个人就多一分力量和安全呵。"

"天这么晚了，这黑灯瞎火的，你怎么回得去？还是留在我家住一晚上，明天再回去吧。"敖天照劝说着。

"再晚也要回去，不回去我心中总感到不安。"张文彦态度坚定地说。

此时，一阵雷声从遥远的天际传来，轰轰隆隆的余音似在提醒着屋内的每一个人，天气已经骤变了。

"你听听，天马上就要下雨了，这咋还能回得去，还是留下吧。"敖天照仍旧不放心地劝说着。

"就是下刀子也得回去，敖老师您就不要再劝了，我这就走。"说罢，转身向门外走去。

敖天照见自己的劝说已无能为力，灵机一动，提出让自己的儿子敖兴全与女儿敖金蓉陪同张文彦一道回工地，这样相互有个照应，自己也放心。张文彦推辞不过，只好答应。

三人走出敖家大门，骑上自行车向三星堆方向进发。一出广汉县城，只见天空乌云密布，黑锅一样向大地扣压下来。夜色苍茫，伸手不见五指。在一条狭窄的土路上，三人依靠敖兴全手中一个并不太明亮的手电照明，一路颠簸向前。大约接近南兴镇的时候，走在前面的张文彦刚拐过一个小弯，只听阴沉沉的夜幕中发出"砰，哗——"的一阵响动，张文彦连车带人被一辆对面开来的三轮摩托车撞入道边的土沟。敖家兄妹见状，急蹬脚踏车赶上前来，那摩托车已加足马力，"轰"的一声逃窜而去。面对这突如其来的灾祸，敖家兄妹急忙扔下车子攥着手电跑入沟中，此时，只见张文彦躺在沟

第五章　五洲震荡

里，满脸鲜血，已昏厥过去。

"张文彦，张文彦！"敖兴全一边急促而焦躁地叫喊着，一边伸手抓住对方的衣领摇晃起来，但此时的张文彦除了嘴和鼻孔不断向外流淌着鲜血外，已没了知觉。

"前面有个店铺，快把他弄过去，看看咋抢救。"细心的敖金蓉发现前面不远处有一家店铺还亮着微弱的灯光，果断地做出了这一决定。敖家兄妹先把张文彦从沟里抬出来，由敖金蓉连搬加掀搁到敖兴全的背上，敖兴全一路小跑来到了那家亮灯的店铺前，将张文彦放下，敲开了对方的门，发现这是一家修车铺。他们向店主说明了情况，请求帮助救援。

店老板是个六十岁左右的老头，满脸黝黑，面相还算和善。他略显吃惊地看了看张文彦的伤势，又找来一条破旧的毛巾擦去张文彦脸上的血迹，用手指在张的鼻子、额头等部位详细试了试，然后平静地对敖家兄妹说："没什么大事，现在是被撞休克了，过一会儿就缓过来了。"说罢，起身进店倒了一杯温水，让敖家兄妹给张慢慢灌进去。

大约一刻钟后，张文彦从昏迷中醒了过来，当他睁开眼睛并缓缓站起身时，敖兴全惊喜地大声说道："你可吓杀我们了，要不是这位老大爷相救，说不定你就完了。"

张文彦听罢敖家兄妹对刚才情况的描述，摸摸自己的脸，额头被划出了几道血口子，鼻子被撞破了，嘴有点痛，没有缺胳膊少腿，总体上说还算万幸，忙向店铺老板道了谢，把被摩托车撞坏的自行车从沟里弄出来，请老板帮助修好，付了一点费用，然后三人又重新开始上路。这时，天空中的乌云更加低沉，远处的雷声越来越近，一道道刺目的闪电在眼前闪烁，震耳欲聋的连环雷在头顶不断地滚动、跳跃、炸响，并发出经久不息的"咔咔嚓嚓"撼人心魄的轰鸣。没走多远，铜钱大的雨点开始扑扑棱棱地从天空砸下来。接着，路两边的田野于黑暗中"哗"地暴出一声特别的声响，大雨倾盆而下，只眨眼的工夫，路面上的积水已开始四处流淌。张文彦等趁着泥沙混合的路面尚未被雨水全部浸透泡软，加速向前行进，待到南兴镇时，路况变得既软且黏，已无法骑车行走，三人只好推车步行，慢慢向前移动。

"车轮转不动了，我看是不是先到镇政府避避雨，待雨停了再说。"暗夜里，敖金蓉的声音透过浓重的雨幕传了过来。

"也好，那就直奔镇政府吧。"张文彦在黑暗中发出了呼应。于是，三个人在雷电交加、大雨滂沱的夜色中，伴着如豆的手电光，晃晃悠悠，深一脚浅一脚地推车前行。

敲开早已关闭的镇政府的大门走了进去，镇里的几位领导正围在一张桌上打着麻将，看到三个人落汤鸡一样的形象，众人吃了一惊，镇党委书记在简单问了情况之后，立即派人拿来了替换的干衣服，并安排住处让他们休息。此时，张文彦的嘴唇已明显肿胀起来，书记问明情况后说道："今天晚上算你捡了一条命呵，赶紧到医院去搞点药治疗一下吧。"随即派人带上雨具，领张文彦去镇医院做了治疗。

这天夜里，不知是天公发怒还是发邪，泼下了很大一场雨，整个广汉平原已是沟满壕平，江河咆哮，峡谷之水呈倒流之势。第二天早晨，张文彦等三人离开南兴镇政府大院，伴着淅淅沥沥的小雨回到了三星堆驻地。

许多年后，张文彦在回忆这段往事的时候，对后来的情形这样补充道："我们回到工地的当天上午，'二陈'及赵殿增老师就到了工地，他们听说我的情况后，马上到我的住室探望，并商定立即派车把我送到县医院检查治疗。检查的结果是：牙齿丢了一枚；上颌内侧破裂，缝了三针；鼻内血管碰破，直到三四年后，我的鼻子只要轻微一揉就出血。这就是那天晚上要回三星堆所付出的代价。在治疗期间，我住在广汉县政府招待所，吃在敖天照先生家。现在想来非常感谢他们一家人。由于我的嘴巴肿胀得厉害只能吃流食，并且还要用吸管吸。他们一家人

毕业后返回故乡河南省工作的张文彦（右）在济源济渎庙考察古建筑

想尽各种办法为我进行了多种营养品的调理，使我度过了一段难忘的岁月。到了8月20日，听说二号坑就要正式发掘了，我再也待不住了，坚决要求回工地。这一要求最终得到了批准，于是我重新回到了梦牵魂绕的三星堆，有幸参加了举世闻名的二号祭祀坑的发掘，并度过了难忘的一段岁月，为我不算太长的考古生涯增添了光荣的一页。"（摘自2003年5月8日张文彦给本书作者的信）

一件珍宝神秘失踪

自从在广汉县城与张文彦、敖金蓉分手后，陈显丹乘长途汽车于当天晚上九点钟左右赶到省考古研究所，把情况向赵殿增做了汇报。赵一听三星堆遗址又冒出了一个器物坑，自然是惊喜交加，神情振奋。但一想到发掘与出土文物的归属问题，脑袋又大了起来，精神也萎靡了许多，一时不知如何是好。在派人把正在所内休整的陈德安叫到自己家中后，赵殿增与"二陈"对面临的形势与以后可能发生的情况做了大概的分析，认为此次省考古研究所万万不能轻举妄动，单独出面与广汉方面交涉，必须联合几家相关单位，且找一个在权势上能压住广汉那一堆官员的大人物从中协调，以后的事务方能较顺利地进行下去。否则，麻烦事将层出不穷，难以应对。

根据这一新的战略指导方针，赵殿增当晚即给省文化厅、省文管会等单位的领导打电话，并通过他们出面邀请更高级别的领导共赴三星堆协调工作。最后努力的结果是，省委常委、宣传部部长许川表示愿意到广汉一趟。赵殿增听罢这一消息，立马来了精神。这宣传部部长一职虽说没什么实权，但毕竟也算是省委领导呵，这个官衔完全可以把广汉方面的官员震住。第二天吃过早饭，赵殿增、陈德安、陈显丹三人，会同省文管会办公室副主任朱秉璋、省文化厅文物处处长高文，与省委宣传部部长许川及其随员，一路浩浩荡荡、群情激昂地来到了广汉。正日理万机的广汉县县委书记叶文志一听省里的领导来了，不敢怠慢，立即放下手中繁忙的工作，亲自带上一帮官员陪同许川到三星堆视察。在新发现的器物坑边，许川与叶文志等听了陈显丹对此坑埋藏情况的分析推断。在汇报中,陈显丹提出了发掘中所需要的人力物力等事宜,并特别提到了应由广汉县派出警力保卫守护的问题。许川听罢,当场对赵殿增与叶文志道:"你们都给我听好了,省考古所要给我把发掘的事搞好,搞不好拿你这个负责人试问。广汉方面要派出一流的警力,把这保卫守护的事做好了,不能有半点闪失。要是闹出什么乱子来,我要找你老叶算账。当然了,这地下宝物出自你们广汉,那就是广汉的光荣呵,你们要多给予一些支持,把这个发掘工作保质保量、顺顺利利地完成。你们两个有没有困难呵?"

"没有困难,一定按领导的指示办。"赵、叶二人几乎同时回答。

"既然没有困难,那就造个计划,拿出个具体方案,尽快发掘好了,省得夜长梦多,中间出个什么岔子给搅和了。"许川继续做着指示。

二人急忙点头称是。过了片刻,叶文志对许川小声道:"许部长,我们县准备盖个博物馆,专门存放展览三星堆遗址出土的东西,如果这个坑发掘了,您看东西是不是留在广汉?"

"这个嘛⋯⋯"许川话到嘴边停顿了一下,思索了一会儿接着对叶文志道,"盖博物馆是件好事,但也不是说盖就能盖的,这要牵涉好多问题。你提的这个建议有些意思,看看怎么和文化厅、考古所协调一下。依我的意见,这批东西本来应该留在广汉而由于种种原因未能留下,那就是一种罪过。如果不应该留下,但由于种种错综复杂的人事关系而留下了,同样是一种犯罪。这批文物挖出来之后,到底何去何从,你们几家商量着办吧。但有一条,只能把事情办好,不能办糟,明白吗?"

"坚决服从您的意见,按您的指示办。能留下的东西,由于某种势力作怪而没有留下,这确实是一种不可饶恕的罪过呵。"叶文志接过许川的话题说着,赵殿增急忙插话道:"是呵,许部长说得好,如果不应该留下,而由于某些人作怪把东西强行留下了,也是一种大罪呵!"

许川左右看了看说话的二人,略微感到了什么,但没有理会,只是心不在焉地哼了几下,一行人又向考古队驻地走去。待许川等一行考察了考古队驻地,特别是库房,做了一连串虚中有实、实中有虚的指示之后,率领随员驱车离开。剩下的一切工作就需要以"二陈"为首的考古人员,正确领会领导的意图并具体实施发掘工作了。

第五章 五洲震荡

当天下午，由陈显丹出面，除了对最早报告情况的杨永成、温立元每人颁发一百元的奖金，并进行了口头表扬和鼓励外，又从砖厂和当地找了十几名有发掘经验的民工，以每人每小时2.5角薪水的价格签订了口头合同。为吸取一号坑的教训，这次在发掘之前就开始编织篱笆，搭建防雨棚，以保证出土文物的安全与发掘工作的有序进行。当前期工作进行到一半时，自8月16号始，天空又接连不断地下起雨来，工作被迫停止。到了8月18日，天气开始放晴，考古人员与民工们经过两天的共同努力，总算把前期的准备工作全部做完。当8月21日到来的时候，举世震动的考古大发掘正式开始了。

这天，考古队员们特地比平时提前一小时吃过早饭，在绚丽的朝晖照耀下，沿着田野的小路向将要发掘的三星堆遗址器物坑走来。此时，天空清新亮丽，大地分外辽阔，脚下的青草与近前的稻穗摇晃荡动着晶莹的露珠。远处的村庄炊烟袅袅，整个三星堆遗址呈现出一派如诗如画的田园风光。沉浸在如此美丽的画卷中，瞻望着即将破土而出的旷世珍宝，想象着珍宝破土后所引起的世界性的瞩目与震撼，考古人员一个个精神焕发，在"二陈"的具体指挥下，采用考古学上的探方法，以发现的坑口为中心，向四周布5米×5米的探方四个，开始按地层由上往下一点点发掘。

就在发掘开始不久，广汉县文化局两名干部找到敖天照道："老敖呵，据内线报告说，三星堆考古队那一竿子人已开始在那里挖开了，领导让我们去看看他们是不是胡来，顺便跟'二陈'打个招呼。"

此时的敖天照并不理解两人的本意，稀里糊涂地跟上一道来到了三星堆发掘工地。待与考古人员一见面，其中一位文化干部对陈德安道："我说陈老师，你们先不要在这里胡刨乱挖，我们县里领导说了，先把下面这堆东西的归属问题搞清楚再挖。"

陈德安愣了一下，心中如同猛地塞进了一团烂棉絮，感到憋气与不快，当即回答道："一切出土文物归国家所有，国务院公布的文物保护法不是已经说得很清楚了吗，怎么还要再搞清楚？"

"这个法大家当然都不糊涂，只是由谁出面代表国家的问题。按说国家主席可以代表国家，但这堆东西说什么也不能拉到中南海，放到国家主席家中去吧？总得有个出面承担的嘛！你们省考古所只是个小小的业务单位，显然不能代表国家。而我们广汉县人民政府却是国家的一级政府呵，完全有资

2003年春天,敖天照(右)站在二号坑边向作者叙述器物发现时的往事

格代替国家保管这批东西,也责无旁贷地应当进行保存和管理,你们说是不是这个道理?"县文化干部辩解道。

身边的敖天照这时才恍然大悟,自己是跟着两人为要文物以壮声势来了,心中顿生被蒙骗玩弄的感觉,一气之下,脱口插言道:"按国家法律规定,东西出来后应该拉到省考古所去,广汉咋能有这个资格来处理?"

"哎,老敖,你还是不是广汉人,咋胳膊肘向外拐,太不像话了嘛!"同来的文化干部一看敖天照现场倒戈,顿时大怒,对着敖天照高声呵斥起来。

"我说的可是有规有矩的事,并不是要偏向省考古所。如果广汉要留下,就得赶快想办法建博物馆,等博物馆建好了,这些东西自然就会回来的。现在这样争来争去,对谁都没有好处,对出土的文物更不是件好事。"敖天照并不理会对方暴跳如雷的态度,不卑不亢地解释着。

"这一套鬼话你向陈县长说去,我们是来传达县里领导指示精神的,领导让我们怎么办,我们就要绝对地执行。"对方这番言论,既是对敖天照也是对"二陈",意思是我们并不比你们更糊涂,只是人在官场,身不由己罢了。

敖天照听罢,将头往旁边一扭,不再搭理对方。陈德安在坑中抬起头,指着身边露出边沿的一件青铜器道:"我们马上就要向外提取器物了,县里再不派警力来保卫,这堆东西取出来之后,只有立即运成都,否则安全无法保证,我们也负不起这个责任。到底何去何从,你们就看着办吧。这发掘的事,可是省委宣传部许部长亲自批示的,许部长的指示我们也要绝对执行,要我们停下来可以,那你们就找许部长再另外做个批示吧。"言毕又低头发掘起来。

两位文化干部见状,感到自己人微言轻,只不过是领导者们的一个传话筒罢了,顿觉无趣,在坑边默默地溜达几圈,然后带着敖天照悄无声息地离开了三星堆。

二号坑玉刀、玉璋分布情形

县里来的文化干部走了。"二陈"知道此事的麻烦不但没有结束,而恰恰是开始的信号。常言道,开弓没有回头箭,既然发掘已经开始,当然不能因为可能到来的麻烦而停止,相反还要在不违反操作规程的情况下加速向前推进。在发掘中,他们仍采取一号坑发掘时三班轮转的方法,每班十余人轮番取土。经过十余天的紧张发掘,四个探方内的文化层堆积全部清理完毕,下面暴露出与一号坑极其相似的板结的五花土。经测量,这是一个长5.3米、宽2.3米的长方形土坑。从发掘出的遗物可以看出,坑口的上方有被宋代人两次挖掘的痕迹,当时挖掘的目的,是与种植有关还是另有打算,已难以判断分明。所幸当时挖得不深,否则坑内的宝物早已不知去向了。当夯土清理完毕后,陆续有小件玉器出土。考古队内部的摄影人员、绘图人员、器物登记人员,开始前前后后地忙

二号坑中青铜器物中装载着的玉器

碌起来。

9月5日晚11点30分，考古人员和民工正在明亮的灯光下发掘，连日来不断的劳作已使众人感到疲惫不堪，而当换班时间即将到来的时候，更觉得又饥又困，精疲力竭，手中的铁铲越发显得沉重。此时正是陈德安带班。他强打精神一件件地清点着出土文物。突然，怔愣了一下，在短暂的沉寂之后，他将随班协助工作的张文彦悄悄叫到坑外小声说："坏了，有一件东西找不到了。"

张文彦大惊，立即意识到要出事了，一脸惶恐地问："是什么东西？"

"一件玉器，在我的工作日记上有记录，还标明了出土位置。"陈德安极其严肃地回答。"那怎么办？"张文彦一听，更加不安地问着陈德安，也是问自己。

陈德安静了静神，复杂的目光在坑内民工们的身上一一掠过，习惯地咬了下嘴唇，对张文彦说道："只有一种办法，那就是立即停工，下一班人员不要前来上班，本班人员不能离开，这样可避免更大的混乱，待天亮以后再跟公安局联系。"

张文彦点了点头，目光中透着理解与支持，悄悄说了声："这也是个办法。"

陈德安道："事到如今，只能出此下策了。"说罢来到坑口对正在发掘、已是无精打采的众人大声道："唉，大家不要干了，停工，停工，都出来，都出来。"

民工们一听"停工"两个字，当即喜上眉梢，一个个捶腰搓背，嘴里咕噜着什么，从坑边摸起自己的烟包烟袋，装了烟点上火，"吧嗒吧嗒"地抽了起来。等众人稍微缓过了点精神，陈德安突然神态庄重地说道："各位都往我这里靠靠，有个重要事情需要跟大伙通报一下。"众人听了，一个个瞪着惊奇的眼睛靠拢过来。

陈德安目光在每个人的脸上扫了一遍，接着刚才的话道："我们这一班在前些时候出土的一件小玉器找不到了，我的本子上有记录，有这么长，就在这个角上。"说着，陈德安比画着，又指了一下坑中的方位。众人愕然，惊呼道："咋会有这事？不可能呵？咋会有这种事呢？！"

陈德安把手一挥，打断众人的议论与吵嚷继续说道："就目前的情形而言，什么意想不到的事情都有可能发生。玉器失踪了，这就是一个摆在我们面前的千真万确的事实。这个事实是无须再怀疑的了。现在我宣布，咱这一班的每一个人，不管是谁，不管有什么理由和借口，都不能离开这个棚子。要是谁擅自离开这个棚子，就视为盗窃文物的嫌疑分子，一旦公安局的人来了，首先将你抓起来审问。现在我能管的就是，各位在这里先好好地想一想，回忆一下在哪个环节上出了差错，这件玉器最大的可能是被弄到哪里去了。等天亮以后我再向公安局报案，并请他们前来侦察。说到最后还是刚才那句话，如果在公安局的人到来之前能找到这件玉器，什么都好说。如果找不到，那就是公安人员和我们其中的一个人或几个人的事了，请大家深思，在关键时候千万不要糊涂，不要一失足成千古恨呵！"

陈德安颇动感情地讲着，众人由最早的愕然、惊恐，变成了沮丧、无奈与猜忌。人送外号"浪八仙"的民工杨通天将手中的铁铲往坑边一摔，大声嚷道："嗨，这是他娘的啥事，搞得老子有家难回。"说毕，躺在坑口睡起觉来。

众人一见浪八仙躺了下去，嘴里咕噜着："咋搞的，谁在那里挖的，咋就弄丢了呢，叫我说根本不可能的嘛，真是活见鬼了呵！"也随之一个个在坑边倒了下去，或坐或躺地打起盹来。

不多时，前来换班的人员到了。陈德安站在帐篷外，把情况同带班而来的陈显丹说了。陈显丹立即让所带人员返回驻地，自己与助手刘章泽留下协助陈德安处理面前的难题。

凌晨一时左右，天空开始阴云密布，并有雷声从远处传来。又过了约半个时辰，整个天空已是电闪雷鸣、风雨大作了。漆黑的暗夜中，暴雨打着旋，排成阵，在风的呼啸中向三星堆二号坑搭起的帐篷冲压过来，发出"呼呼隆隆"的声音，大有拔帐毁篷之势。面对这突发的事件和骤变的天气，"二陈"与张文彦、刘章泽等考古人员一个个瞪大了眼睛，绷紧了神经，密切注视着面前的一切，唯恐发生意想不到的变故。灯光下，陈德安望着暴雨中漆黑的夜幕和不时闪耀的刺目的电光，以及身边那风雨飘摇的帐篷，对陈显丹悄悄地说道："无论有多大的矛盾和困难，我们必须尽快把公安和武警请来，否则要出大事。一旦出了事，你我都负不起这个责任。"

"是呵，现在有几件青铜器已经露头了，明天集中发掘一两件，然后派人到广汉县报告，顺便把今晚上的事也说一下。他们再不派人来保卫，我们就要把东西运往成都，并请单位出面想办法解决安全问题。"陈显丹回答着。

"还是先把玉器的事弄个水落石出再做其他的打算吧。"陈德安道。

"你认为这件玉器是被人做了手脚吗？"陈显丹问。

陈德安轻轻地摇摇头道："只是觉得有可能，但也不敢肯定，更不敢下结论。不过有一点是肯定的，这件玉器目前还没有被转移出去，仍在这里的某个地方，说不定明天一早就会发现的。"

"但愿如此吧。"陈显丹说着，一道蛇状的闪电撕开夜幕，将帐篷外一块稻田映照得透明瓦亮，紧接着一连串的炸雷在头顶"咔嚓咔嚓"地爆响后又隆隆滚过，"二陈"的对话被淹没在暴雨雷声之中。

黎明时分，雨渐渐停歇。待天色大亮时，天空的乌云尽数退去，东方披挂起道道彩虹。陈德安打着哈欠来到帐篷外转了一圈，抬头看看天，又低头看看近处被狂风暴雨摧残得弯了腰的稻苗。就在他心事重重来回踱步的时候，蓦地发现在帐篷门口的一侧，有一个东西在曙光的映照下发着灿烂的光。他的心"咯噔"一下，立即意识到了什么，急忙赶奔过去一看，不禁"呵"了一声——这个闪光的物体，正是他苦苦等了大半个夜晚的小玉器。

二号坑出土的玉管饰

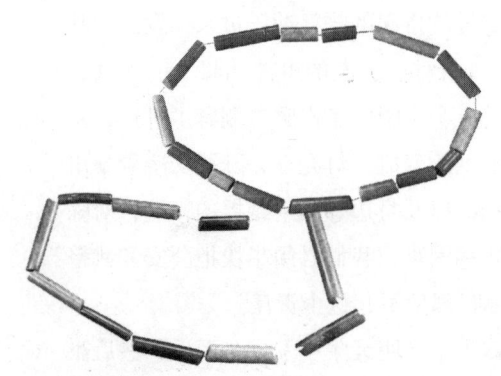

此时，张文彦、刘章泽等几人正陆续地走出帐篷，见陈德安急急地赶了过来，伸手从泥土中捡起了一个显然是被雨水淋过的小玉管，一边问着："陈老师捡了个啥？"一边凑上前来观看。陈德安极其兴奋地答道："这就是我们找了一夜的那件玉器呵，现在总算找到了，真是不容易呵!"

张文彦一看陈德安手中拿着的,原是一件直径不到0.6厘米,长不到0.5厘米的翡翠管,当场以不屑的口气说道:"哎呀陈老师,我以为你折腾了一晚上折腾的啥,原来就是这么个小东西呵。这兴师动众的,值得吗?"

陈德安满脸严肃地对张文彦道:"小张呵,以后可别这么说了,再说就让人笑话了。干考古这一行有这一行的规矩,在发掘中,只要是上了你的日记本或图纸的,任何一件东西哪怕是一件陶片都不能丢失。你的工作日记和已绘出的图纸是不能涂改的,原来什么样就是什么样。这件器物已上了我的日记本,形体虽小,你想一想,不找到能行吗?"

陈德安的一席话说得张文彦哑口无言,惭愧不已。多少年后,张文彦在回忆这段往事的时候,曾饱含真情地说道:"从此之后,在我的考古生涯中,这件事一直在我心中挥之不去,并成为我工作中自省自律、严谨求实的一个坐标。"

失踪的翡翠管失而复得,众人皆大欢喜。至于这件器物失踪的缘由,当时有两种不同的推测:一是民工们在运土中不小心把这件器物混于泥土一道运出,经过一场暴雨冲刷之后,自然冒出。另一种是有人故意匿藏,企图带出圈外,但尚未来得及行动就被察觉。在所有人员不准离开的情况下,匿藏者见大势已去,为避免引火烧身和可能面临的牢狱之灾,就瞅个机会在其他人不注意的情况下,将这件器物迅速扔出帐篷之外。由于当时风势较大,较小的器物就被风吹到门口旁侧,直到天色大亮被发现。

既然丢失的器物被重新找回,陈德安带领的一班人员全部撤出工地,由陈显丹所带领的人员接替。根据昨晚制订的最新发掘计划,陈显丹指挥考古人员对三件已明显露头

青铜纵目面具初露

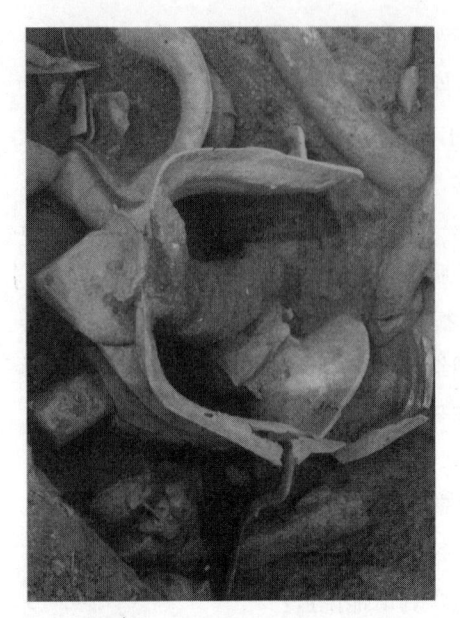

当作"椅子"的青铜纵目面具

的青铜器做重点清理。就在清理的过程中，发现坑的东南角暴露出一个大型青铜物体的一部分。因这件器物倒置于坑角，高过埋入坑内的所有器物而首先露出地面。顺着露出的部分挖下去，是一块两边向里卷曲的光面铜皮。这件铜器宽近一米，当下挖至半米时仍不见底部。现场的发掘人员见状无不惊奇莫名。陈显丹一看发现了如此大规模的青铜器，这在之前闻所未闻，狂喜之中立即让人把陈德安从驻地找来一睹为快。陈德安从睡梦中被人叫醒，立即穿上鞋子向发掘工地跑来。来到现场一看，大为震惊。只见一块大铜板像一扇门一样立在坑中，几乎占了坑的一半，铜板的两边还伸出了两个猪耳朵一样的角，看上去怪模怪样，但不知到底是什么器物。

"我的天呵，这么大一个东西，是个啥？！"陈德安蹲在坑中两眼放光地对着大铜板自言自语地说着。

"是个啥，这还看不出来吗？一把大号铜椅，露出的这部分是椅子的后背，两个猪耳朵是椅子的扶手，那椅子座和腿还在地下埋着呢！"陈德安刚一说完，从三星村雇来的民工、一号坑发现的报告者——陈历钊的弟弟陈历治，横空插了一句。这一句提醒了众人，大家立即活跃起来，纷纷围着铜门一样的东西观看议论起来。"唉，别说，还真像椅子的后背呵，说不定我们挖到了古代皇帝的宫殿，这就是他的宝座呵！"民工张洪江附和着，拨开围观的人群，"噗"的一声坐在了铜皮上面，两手搭在猪耳朵状的扶手上，嘴里得意地喊着："我先尝尝这古代皇帝椅子的滋味吧！"随后整个身子仰躺在铜皮上，两手抓住"猪耳朵"使劲摇晃起来。

"放肆，大胆，你怎么敢在这里撒野。快给我滚起来。"张洪江见陈德安火起,自感闯了大祸,涨红着脸站了起来。

"我去找张文彦速到县里报告,让他们派警力来,否则秩序很难维持,弄不好真的要出大乱子了。"陈显丹有些焦急地对陈德安说着,转身向驻地走去。

张文彦骑自行车一路急赶来到了广汉县城,再会同敖天照一道来到县委大院,直接找到了分管公检法的县委常委、县政法委员会杨书记,把发现"青铜椅"的情况做了汇报,同时提出需要广汉县派警力保卫的要求。杨书记一听三星堆发现了古蜀国国王的宝座,顿时来了精神,当即答应找公安局局长安排人员前去保护看守。公安局局长黎登江接到杨书记的指示不敢怠慢,立即调集八名公安干警与一个排的武警荷枪实弹,由两名公安局副局长带队,乘车火速赶赴现场进行警卫。考古队发现古代皇帝的坐椅消息,一传十,十传百,迅速在社会流传开来。当地百姓潮水般向三星堆涌来。由于有了一号坑的警卫经验,公安、武警迅速对现场进行了封锁,武警官兵手握冲锋枪,成铁桶合围状分两层将发掘现场保护起来。八名公安干警穿插巡逻,两位公安局副局长与一位治安科长轮班坐镇指挥。与此同时,又从南兴镇与广兴镇调来了六名公安干警与二十多名民兵配合维持外围的秩序。整个发掘现场处在严密的监控护卫之下,形成了风刮不进水泼不透的安全态势。

有了如此一种发掘氛围,考古人员精神格外振奋,很快就组织人员将那件硕大无比的青铜器全部清理出土。也就在出土之后,这件神秘器物才算露出庐山真面目。原来这件青铜器并不是什么青铜靠背椅,更不是什么古蜀国王的宝座,而是一个巨大的青铜面具。出土时,大面具的下颌朝天,看起来像一把椅子的后背,才使人误认为是古蜀王的宝座。出土后,发现这尊面具的下颌中部已被打破,其中一块吊在嘴边。经考察,其下颌已残缺破裂,可能是古代人在掩埋时由于某种尚不明的外部原因所造成的。

这尊面具后来经过文物修复专家杨晓邬等人的精心修复得以复原。根据"二陈"撰写的发掘简报记述:此面具通高65厘米,宽(以两耳尖为准)138厘米,厚0.5—0.8厘米。具体形状是:"阔眉大眼,眉尖上挑,眉宽6.5—7厘米。双眼斜长,眼球极度夸张,直径13.5厘米,凸出的眼眶16.5厘米。前端略呈菱形,中部还有一圈镯似的箍,宽2.8厘米,眼球中空。鹰钩鼻,两侧勾成云气纹,鼻孔呈m形,鼻尖突出脸面21.5厘米,鼻翼最宽处亦

天赐王国

青铜纵目面具破土而出

青铜纵目面具被抬出坑外

二号坑象牙等器物堆积情形

为21.5厘米。大嘴，两嘴角上翘接近耳根。双耳极大，耳尖向斜上方伸出，似桃尖，耳郭内饰粗犷卷云纹。双耳和两眼球铆接在面像上。额中部有一个10.4厘米×5.8厘米的方孔，面像的左、右两侧上下各有一小方孔。"据"二陈"推测，这个面具可能是附在某个建筑物或图腾柱上的器物。

继大面具出土之后，紧接着，是一根又一根直至数十根的象牙出土。这些象牙在坑中纵横交错，密密实实，无从下手发掘，考古人员只好在坑上搭起木板，弯着身子趴在木板上小心翼翼地用竹签清理象牙缝隙中的泥土，绘图员则俯卧在另一侧的木板上测绘象牙分布图。在象牙层下方，满坑的珍宝令人目不暇接。高大、繁缛、精美的青铜尊、罍，装扮各异的青铜人头像，大小不等的人面像，眼睛外突的"纵目"兽面像，身躯断开的青铜立人像，以及闪闪发光的金面罩、金面铜人头像与神奇的铜树等等，令人惊诧万分，如坠梦境。那温润的玉环、玉璧、玉璋、玉戈等玉石器，一件件，一样样，犹如打开了蜀国宝库的大门，光彩夺目，令人整个身心如同置于神秘莫测的天宫天殿与阴阳两界魔窟仙洞之中。

从"二陈"后来撰写的发掘简报中可以看到：这个器物坑的"坑内堆积叠压布局可大体分为上、中、下三层，器物的投放有一定的先后次序。首先在最下层投放的是海贝、玉石礼器、青铜兽面、凤鸟、小型青铜杂件和青铜树枝、树干等。这些遗物在清理时，大部分都杂在灰烬的炭屑里，并留下了明显的烟熏火烧痕迹。中间层则投入大型的青铜容器和青铜立人像、头像、人面、树座等。最上层主要为60枚（节）大象门齿纵横交错地叠压在一起。坑中主要器物出土时的具体情形是，青铜立人像由腰部折断成两段，上半身位于坑的中部，下半身位于坑的西北部，被一青铜树座所压。尊、罍、彝等青铜容器主要位于坑的东南和东北两角，大部分容器外表都涂有朱色，器内部装有海贝、玉石器等。青铜兽面位于坑的西北角，与大量的海贝放在一起。青铜人头像、青铜人面像主要分布于坑的四周，中部也有少量的头像。在有的头像内还装有不少的海贝。头像和面像部分损毁并经过火烧，尤其是人面像，大部分被打坏或烧坏。象牙及

二号坑出土的金面青铜人头像

考古人员清理坑内的象牙堆积

坑中器物揭露后情形

青铜神树出土情形　　　　　　　　　青铜大立人出土情形

骨器之类也明显有被烧焦的痕迹，有的玉石器被烧裂。大部分遗物遭到了损坏或已残缺，有的同一件遗物碎成数块而分布于坑内的不同位置。推测大多数遗物是在入坑前人们举行某种仪式时有意损坏的，小部分是夯土时打碎的。有的器物破碎成若干块（节、片），尤其是青铜神树的破损枝节占了出土遗物总数的相当一部分，还有一些遗物被打得很碎，其原来整体面貌、形状及用途需做深入细致的探索。"整个发掘于9月17日结束，历时27天。根据器物坑的性质，"二陈"等考古人员将其定名为二号祭祀坑。

据当时的记录显示，整个二号祭祀坑出土各类青铜器735件，金器61件，玉器一百余件，象牙67枚。加上其他诸如石璧、玉珠、象牙珠等器物，共出土文物一千四百余件，海贝约四千六百枚。如此数量众多、价值重大的器物出土，不但在三星堆发掘史上前所未见，同时在整个西南地区发掘史上，也创造了闻所未闻的奇迹。整个二号祭祀坑所展现的辉煌成果与灿烂前景，随着新华社频频发出的电波在五洲四海的飞旋辐射，立即形成了中外瞩目的空前景观。就在这种五洲震荡的凯歌高奏声中，一场人喊马嘶的珍宝争夺战，又在广汉县与省考古研究所之间拉开了新的高潮大幕。

硝烟再起

当二号坑的文物刚刚清理完之后,"二陈"意料之中的事情如期而至了。

就在广汉县警方前来守卫的时候,广汉县副县长陈治山就曾专程来到三星堆告知"二陈"道:"这堆东西挖出后,要给我登记造册,原原本本地放在砖厂驻地。未经广汉县委、县政府批准,不准拿走一件东西。"尽管当时"二陈"对这一指示采取了不理睬的态度,将全部的精力放到发掘之中。当发掘一旦结束,这个无法绕开的问题就成为一个众人瞩目的焦点突兀而出,已到了非解决不可的时候了。

广汉方面吸取了上次的教训,在警力开赴三星堆时,除了发掘现场的警卫外,还调集一部分警力和十几名持枪的民兵,对考古队驻地的临时文物库房加强了警戒。同时向警戒的公安、武警人员下达命令,凡二号坑发掘出土的文物,只能进不能出。没有县里的指示,包括考古队陈德安、陈显丹在内的任何人,不能以任何理由和借口将文物运出仓库。如有擅自搬运又不听劝阻者,以盗窃抢劫分子论处,立即缉拿归案。

正是有了这样一条严厉的规定,使得考古队的"二陈"对这批文物既不能轻举妄动,更不能像上次一样借着月黑风高的茫茫夜色偷偷运走了。摆在陈德安、陈显丹面前的只有一架摇摇晃晃的独木桥可过,那就是需拿出时间,不知疲倦地和广汉方面做无休止的外交性谈判。

按照老规矩,陈德安首先找到广汉县文化局袁局长,提出要将二号坑的全部出土文物运往省考古研究所进行保护、清理、修复、研究,并在这一连串工作完成之后再撰写大卷本的发掘报告。袁局长听罢,一脸无奈,双手一摊,对陈德安道:"陈老师你怎么这么会开玩笑,如此重大的事情,我们文化局几个吹喇叭抬轿子的臭老九咋会说了算,如果是谁家死了老婆娘,出殡的时候请我们帮着操办一下,这我还能做主,其他的事就管不了那么多了。"

"你说的很对,怕的就是那些死了老婆娘的人宁肯去请张半仙、李全疯,也不来请你们这群只知坐在家里,要么说长道短,要么就狐假虎威的儒生。"陈德安言罢离开文化局，转而来到县政府，在找到副县长陈治山后，提出了与刚才同样的要求。

"这个我们以前就研究过，东西在广汉出的，就应该由广汉来管理，这次说什么也不能让你拉走了。就是我想让你们拉走，整个广汉县的人民也不会答应。"陈副县长慢条斯理地回答着。

"这堆东西不是放在仓库里就万事大吉了，按照国家文物保护法和相关的法律法规政策，一切出土文物都需要清理、修复、保护、研究，而要做这些工作，就必须把东西拉到省考古研究所，只有考古所才有这个权力和条件。"陈德安争辩道。

陈副县长有些不耐烦地一摆手道："陈德安同志，你不要整天跟我说这个法那个条文了，我不但懂法，更懂得这个法不是通过考古发掘从土里挖出来的，也不是像孙猴子一样，从石头缝里蹦出来的，而是由人思考制定出来的。既然是由人定的，那么人比法就更高一个层面，也就是说这个法最终还要听人的操作。如同孙猴子再能蹦，也蹦不出西天老佛爷的手心一样。你陈老师要清理也罢，要修复也罢，要研究也罢，完全可以在广汉搞嘛。广汉地盘虽小，难道还盛不下你一个或几个陈老师这样的专家？说得明白点，要搞就在广汉搞，拉走是万万不可能的，以后你再也不要跟我提起这件烦人的事了。"

"你陈县长说得倒是轻松，你说在广汉搞，是在三星堆砖厂搞，还是其他什么地方，哪个地方有这种条件？"陈德安不依不饶地追问着。

陈治山听罢略一思索，胸有成竹地说道："这个嘛，我们县委、县政府早研究过了，就在县公安局看守所，那里有围墙有铁丝网，还有武警昼夜持枪站岗。你们在里头既安全又清静，是个做学问的好地方。"

"那我们不成犯人了，人身安全怎么保证？"陈德安道。

陈治山听罢摇摇头："不能这么说，你们虽然和犯人在一起，但不是犯人，还仍然是学者，是干考古的专家嘛！该修复就修复，该研究就研究。"

"简直是胡说八道。"陈德安扔下了这句话，既恼怒又悲愤地转身走了出来。

回到三星堆驻地，陈德安把广汉县之行的遭遇向陈显丹做了通报。二人就面临的局势做了一番分析研究，认为短期内很难把文物轻易运走，不如以

第五章　五洲震荡

静制动，先晾对方一段时间看看，然后再见机行事，做下一步打算。本来，将近一个月的连续发掘已使大家筋疲力尽，趁此机会正好可以让考古人员轮班休息几天，大家都缓一口气，增加一点精神，待养精蓄锐之后再跟对方展开较量。

根据这一方案，陈德安等开始轮班休息，再也不提出土文物走与留的事了。

这样干耗了一个星期之后，首先是看守的武警官兵扛不住了。这支部队的中队长和指导员专程来到考古队找到陈德安道："陈老师，你们这堆东西是留还是走，最好尽快搞个清楚，否则我们要撤兵了。你知道我们这是内卫部队，主要的任务是看押犯人，像这类额外的执勤任务只能是暂时性的，时间长了是很难向上级交代的。你知道军队是有军规的，不是随便说调动就调动的。我们派兵是有个极限日期的，不能因为你们与县里扯皮，就陷在这里不顾军队的规矩了。"

"我们是想尽快解决，但是县里个别领导在捣蛋，这皮主要是他们在拿扯，不是我们的过错，从目前的情况看根本就没有解决的可能。至于还要拖多久我们也不知道，撤不撤兵你们自己看着办吧。"陈德安真诚之中又夹杂着几分无奈地说。

"那我们回去就向县里领导反映这件事。"中队长说罢，在仓库周边看望了一下守护的战士，便和指导员离去了。

五天之后，县公安局来了一位副局长，令负责看守的公安与武警官兵全部撤离，只留下十几个民兵坚守岗位。见此情景，陈德安与陈显丹预感到新的契机到来了，便奔赴成都将这一情况向省考古研究所的负责人赵殿增做了汇报。赵殿增与他的几位副手经过协商，决定由考古队李副队长出面，与陈德安一起，打着省委宣传部许川部长的旗号，赴广汉县委宣传部讨要文物，力争将文物顺利运回成都。

第二天，李副队长与陈德安按原定计划来到了广汉县委宣传部，明确提出要将三星堆二号坑出土文物全部运往成都清理、修复与研究。由于头顶上飘扬着许川部长的大旗，县宣传部部长表示立即与县委主要领导同志沟通。待沟通结束后，县宣传部部长代表县委旗帜鲜明地提出，文物可以拉走，但省文化厅或考古所必须与广汉县办理一个交接手续，并出具一个正式的借据，明确这批文物的主权归广汉县所有，省考古研究所属于租借方，在规定的时间内必须归还广汉县，否则付诸法律等等。

李副队长与陈德安一听对方的口气和态度，跟争夺一号坑文物的情形如出一辙，只是比上次更加精明一些罢了。便按照预定战略先口头答应下来，明言这个条件可以接受，待回去汇报后再谈具体的操作事项。于是，二人当天返回成都向赵殿增做了汇报。赵殿增一听对方并不是铁板一块，仍有机可乘，便对李、陈二人说道："还是上次那个思路，只要把东西弄到手，就由不得他们了。对方的条件我们可以答应，但这个借据咋个打法还得好好琢磨琢磨，千万别掉进他们的圈套呵。这个事我还是跟省厅的领导汇报一下再定吧。"于是，赵殿增专门驱车跑到省文化厅向杜厅长与分管文物考古的王幼麟副厅长做了汇报。同时表明了态度：不管采取什么手段，一定要先把文物运出来。这个想法得到了两位厅长的充分肯定，并伸出大拇指直夸赵殿增有魄力，机智灵活，是难得的帅才，只可惜现在只管理一个小小的考古研究所，整天刨坟掘墓，跟死人骨头打交道，真是埋没了一代人杰。赵殿增一听领导的夸赞，精神更加振奋，周身的热血汩汩沸腾奔涌起来。为表达知遇之恩，当场表白道："只要你们领导发个话，让我上刀山，下火海，统统不在话下。"领导闻听此言，不约而同地说了声："好呵！"然后杜厅长接着道："难得你一片赤胆忠心，有了你这样忠诚的干部，是我们党和国家的大幸，也是我们四川省文化系统的光荣与骄傲呵！不过在与广汉较量的问题上，我们一定要慎之又慎，千万不能粗心大意。我们要稳扎稳打，力争一战而胜，你看怎么样呵？"

"是呵，我是想来个平型关大捷，可是到底该怎么做呢？"赵殿增抬手摸了摸已被热血烤得有些发烫的额头问道。

"这个嘛……"杜厅长停顿了片刻，望了一眼王幼麟，转过头道，"我们早就商量过了，广汉方面要的那个手续，省厅不能出，考古所也不能出，让陈德安以个人的名义给他们出一个就行了。这样为我们以后跟他们周旋留有余地。"

赵殿增眨巴了几下眼睛，分别望了望两位厅长，有些为难地道："让陈德安一个人出面好是好，不知道广汉那边肯不肯答应？"

"那就要看你的部下陈德安的本事了。当年刘备三顾茅庐，诸葛亮在他那著名的《出师表》中不是说过这么一句名言吗：'待天下有变，则命一上将将荆州之兵以向宛、洛，将军身率益州之众以出秦川，百姓有不箪食壶浆以迎将军者乎？诚如是，则大业可成，汉室可兴矣。'现在我们派陈德安驻守三星堆，一旦广汉有变，就需要他出面摆平呵。如果你这位大将军再率军声援一下，我们看也是一样大功告成矣！"杜厅长信心十足地说着。

"那好，就让陈德安千里走单骑，一人出面把这件事摆平吧。"赵殿增说罢起身告辞而出。待回到考古研究所后，向领导班子与陈德安本人传达了两位厅长的指示，陈德安听罢一皱眉，说道："我一个人顶着，能行吗？"

赵殿增道："这可是两位厅长亲自做出的战略决策呵，你必须无任何条件和理由地去执行，不行也得给我行！"

陈德安沉默了一会儿，有些无奈地道："那我就试试看吧。"

第二天，陈德安返回广汉，首先找到了县委宣传部部长，说明省文化厅和考古研究所不便于出面，而由自己以个人的名义写个借条看是否可行。县宣传部部长想了想道："我看可以，只要有那么个东西就可以嘛，到时还怕你跑了不成？不过这件事我还要跟政府那边商量一下，毕竟是政府在具体操办嘛，你看咋样？"

"我看行。"陈德安见对方如此痛快，心想今天是哪位神圣，把好运让给了我，弄了个旗开得胜，马到成功？这样想着，不敢再多啰唆，急忙一边点头答应一边退了出去。

既然非要政府方面的有关领导点头，看来还得找陈治山副县长。尽管此人在这件事情上态度强硬，但毕竟他是分管文化教育的副县长呵，这一关还是要过的。想到这里，陈德安硬着头皮来到了陈副县长的办公室。

当说明来意后，陈治山似早有防范，他仰靠在高大气派的老板椅上，依旧态度强硬地道："谁跟你说的你找谁交涉去，不要再到我的面前啰唆了。我这儿的原则是不会变的。直到现在我仍然认为这批文物是属于广汉人民的，广汉县政府有权留下来管理、保护，与你们考古所没有丝毫关系，与你就更扯不上边了，所以你该干什么就干什么去吧。我这里还有一大堆事要办。"说罢伏首写起了什么，不再理会。

"好，就按你说的办。"陈德安强按住心中的怒火，恨恨地说着，转身走出门来。他又来到了赖县长的办公室。待说明情况，赖县长道："这个事呵，你们省考古所要把这批三星堆的东西拉到成都进行保护、清理、修复等工作，这是对我们广汉工作的支持呵。不过话又说回来，你们省所的条件是好点，我们这里的条件差一些，你们能不能不拉走文物，克服一下困难，集中力量和各方面的人才在广汉搞，艰苦的条件不一定就出不成果嘛。你想一想，我们国家在成立之初，条件多么艰苦，没吃、没喝、没烧，可我们不是照样把原子弹造了出来，把卫星弄上了天吗？所以我建议你们留在这里搞，否则将伤害几十万广汉人民的感情呵。"

望着赖县长滔滔不绝的演说，陈德安道："是不是又准备把我们弄到看守所跟犯人关在一起搞呵？我们不是在学雷锋做好事，而是按照国家的法律法规尽我们的职责。对出土文物的清理、修复、研究是我们考古人员的天职。"说罢告辞而出。

走下楼梯，陈德安在院内找了个僻静的地方坐下来，点上一支烟抽着，慢慢调整着自己失衡的心态，梳理着乱糟糟的思绪。根据刚才一番遭遇，他对眼前的形势做了冷静的分析，认为在这个问题的看法与处理上，像中国乃至世界上的一切事务一样，广汉县领导层也有分歧和不同的声音，并不是铁板一块。每个人的政治觉悟和文化素质不同，立场、态度上就有差异。鉴于这种形势，陈德安突然觉得应该找一下县政法委的杨书记。只要杨书记答应，这派车与派警力的事就可解决，文物也就顺理成章地运走了。想到这里，他将烟头用脚踩灭，强打精神向杨书记的办公室走去。

"三星堆二号坑出土的文物，长期放在砖厂，安全得不到保证，谁来看守也不好办，弄不好要出大事。我刚才同县宣传部部长说过，他也同意，我以个人的名义借回去，运回省考古所清理、修复，希望您能做个批示放行。"陈德安怀揣忐忑不安的心情说出了自己的打算。杨书记略一沉思，极其干脆痛快地答道："可以嘛，运回去吧，还需要什么帮助吗？"

闻听此言，陈德安神情为之一振，心"怦怦"地跳动起来，唯恐半路上再杀来一个程咬金，让对方改变主意，遂立即答道："需要派一部警车和几名武警持枪押送。"

"这个好办，我打个电话给公安局的黎局长，让他安排就是了，具体的事情你再跟文化局协商一下。现在我就打电话，你到黎局长那里跟他先定一下吧。"杨书记说着拿起了电话。陈德安喜出望外，一边说着感谢之类的话语，一边向外走去。

第二天下午，按照陈德安与县公安局、文化局领导协商的结果，由公安局出动一辆警车和六名武警官兵，荷枪实弹来到三星堆考古队驻地，准备护送押运二号坑出土的全部文物。此时，由省考古研究所赵殿增派来的两辆面包车和陈德安在当地雇用的十几名民工，早已等候在仓库门口。见警车与武警到来，陈德安立即开仓让民工向外搬运早已装箱的文物。负责守护的民兵队长见考古队要拉东西，当场给予阻止，声言没有陈治山副县长和南兴镇刘世昌副镇长亲自到场，这批东西别想搬出仓库半步。同时火速赶赴南兴镇报告。

陈德安一看民兵队长趾高气扬不可一世的模样，顿时火起，大声痛斥道："搬运文物是广汉县委决定的，并专门派来警车和武警押运，你狗拿耗子多管闲事，难道想当陈胜、吴广造反不成？"

"你说得很对，我们就是当了陈胜、吴广造反了。只要没有陈县长的命令，绝不能让你们拿走一片瓦片。"民兵队长毫不示弱地开始对抗起来。

正在这时，只听对面一阵喧哗与骚动，一群人扑扑棱棱地奔了过来。陈德安一看，为首的是南兴镇副镇长刘世昌，后面是南兴镇的三名工作人员与派出所的两名警察。"我看你们是旧病复发，老毛病又犯了，擅自盗运文物是要杀头的，看谁还敢动！"刘副镇长边向前走边故作声势地叫嚷起来。陈德安并不理睬对方的叫嚣与威胁，双方就搬运文物的是是非非又展开了一场唇枪舌战。

大约二十分钟之后，一辆黑色轿车卷着尘土"吱——"的一声在仓库外停下，车门打开，副县长陈治山从车中钻出来，风风火火地来到陈德安的面前道："好呵，你们想用瞒天过海之计把东西偷偷给我弄走，我正式告诉你们，没门！没有县委的指示，谁也别想把东西给我运走，都给我停下。"

此前，有几个陈德安从当地雇用的铁杆民工既不听持枪民兵的阻止，更不听刘副镇长啰唆，只是闷着头从仓库里向外搬运盛装文物的木箱。见陈副县长气势汹汹地赶来阻止，一时不知如何是好，纷纷看着陈德安，意思是到底是搬还是停。陈德安心中明白，猛一挥手道："大伙该怎么干还怎么干。"民工们听罢，又开始抖起精神搬运起来。

陈治山一看这些生活在社会最底层的民工居然对自己这一县之长都不理

会，异常恼怒，快步来到民工们的身边高声喊道："你们到底听谁的，叫你们停为什么不停，简直是无法无天了，是不是想到监狱蹲一蹲？"

"谁给钱我们就听谁的，陈老师给我们钱，我们就听他的。他喊我们搬就搬，他喊停就停。"民工们不紧不慢地说着继续搬运。

"快，给我把这几个家伙捆起来，看他们还搬不搬。"陈副县长暴跳如雷，示意刘副镇长率领的人员与派出所警察合力对民工进行围捕。陈德安一看这阵势，怕民工在抵抗中吃亏，一抬手道："你们暂时停下，过一会儿再说吧。"民工们听到命令，一个个把箱子放下来，等待双方决战的最后结果。

"陈县长，我们运东西，这可是县委同意的，这警车与武警可都是黎局长奉县委领导的指示亲自派来的，你在中间插这一杠子是什么意思？"陈德安据理力争。

"谁知道你们搞的啥鬼把戏，你敢不敢和我一道去县城找黎局长对质？"陈副县长说道。

"看来你是不见棺材不落泪呵。好吧，我跟你一道去县城，看看到底是真是假。"陈德安知道此时不弄个水落石出是很难走脱了，遂转变策略，以守为攻地答应着，随陈治山上了那辆黑色的轿车。

在县公安局黎局长面前得到证实后，陈德安又随陈副县长来到县委大院，找到了县委常委、政法委员会杨书记对质。

"听说是你让他们把东西拉走的？"陈副县长问道。

"呵，是的，是我让他们拉走的。"杨书记极其轻松地回答。

"怎么能让他们轻易拉走呢，不是说好了要留在我们这里吗？"陈副县长对杨书记的做法和态度颇为不满地指责起来。

杨书记一听陈的言辞，心有不快，面带愠色地道："这个事是县委常委会研究通过的，你不是常委，当然就只知其一不知其二了。以后不要为一点事情就小题大做，整天婆婆妈妈的没完没了，让人看了笑话。"说罢，不再搭理对方。

陈副县长遭到了杨书记的一顿迎头痛击，算是弄了个灰头土脸，里外不是人，顿时软了下来。但又为脸面计，强撑着快要散架的身子做最后的挣扎道："要他们走也可以，但必须给个手续，没有手续说什么也不能走。"

第五章 五洲震荡

杨书记听罢，很干脆地说道："手续是要给的，具体你就跟他们商量着办吧。"

"也罢。"陈治山一咬牙，借坡下驴，不再争辩，同陈德安一道走出了杨书记的办公室。

根据陈治山的要求，陈德安在一张白纸上写下了"因工作需要，三星堆二号坑出土文物全部借往成都省考古研究所清理、修复、研究"的借条，借条下面是一连串的清单，最后有陈德安本人的署名。陈治山拿着这张借条，同意由武警押送已装车的文物运往成都，但必须在借条中加盖省考古研究所的公章方能算数。为尽快将文物运走，陈德安痛快地答应下来。于是陈治山特派文化局一位副局长随车赶往成都，在将文物卸下之后，先行加盖了被陈副县长视若生命之本的省考古研究所的公章。至此，双方争夺二号坑出土文物的交锋算是告一段落。接下来要发生的，就是广汉方面如何想方设法尽快把这批文物重新夺回手中，并使之发挥政治、经济效益。而省考古研究所同样是绞尽脑汁，设法长期留住这批文物。新一轮更加激烈的争夺战，开始悄无声息地谋划、酝酿着。而下一个回合的交锋，将彻底决定这批珍宝到底在谁家生根发芽。

——决战的号角即将吹响。

第六章 史影里的蜀国

天赐王国

学术研讨会的召开,专家考察三星堆。广汉方面讨要文物未果,有关古文化、古城、古国的追寻探索已拉开帷幕。史影里的古蜀国,传说中的神秘君王。蚕丛开国的茫然,鱼凫国破的悲怆。杜宇归隐化鹃之谜,开明王朝由盛转衰。金牛道上,旌旗猎猎,鼓角相闻,强秦的大军杀向蜀地。蜀亡,历史开始改写。

专家云集三星堆

既然有了如此重大的考古发现,就要开动一切可能的宣传舆论机器,不失时机地把声势造大造热。当然,一切舆论机器的旋转,必须以发掘史实与学术研究成果为轴心和佐料,否则就变成了空转和空谈,而空谈是要误国的。为了不致误国诓民,同时也验一下出土的这批东西在学术上到底具有什么样珍贵的价值,1986年10月4日,在广汉举行了"巴蜀历史与文化学术讨论会"。来自全国各地的一百三十多位文物考古和历史学界的专家学者出席了会议。会议名为巴蜀历史与文化,其实讨论的焦点主要是三星堆遗址与两个器物坑出土的文物,这是主办者与被邀请者都心知肚明的事情。

此时二号坑出土的全部器物仍在三星堆考古队的仓库中。省考古研究所与广汉方面正在暗中较劲。就广汉方面而言,自己以东道主身份主办这次会议,有一大部分想法是与文物考古部门的领导以及国内知名学者联络感情,在出土文物的走与留问题上,希望这些领导与学者能倾向广汉一边。此所谓天下熙熙皆为利来,天下攘攘皆为利往也。但不幸的是,与会的领导与知名学者们大都站在了省考古研究所一边,力主文物应拉到成都去。当广汉方面的主要领导找到代表国家文物局出席这次会议的黄景略,

专家参观三星堆发掘现场

并提出将二号坑的文物留在当地时，黄景略坚决予以反对，并当着广汉县几位主要领导的面，旗帜鲜明地指出："这批东西必须拉到省考古研究所清理、修复、研究后，才能考虑最后由哪一方来保存的问题。"

根据会议主办者的安排，专家学者们首先到三星堆遗址考古队租借的库房中，对发掘出土的器物做了实际考察。由于亲眼看到了遗址的规模和出土的器物，专家学者们很快达成共识，一致认为三星堆两座器物坑是四川省乃至整个中国最重要的考古发现。此发现，给中国的西南地区和整个长江流域的考古工作开拓了广阔的前景，在新中国考古事业的漫漫征途上，又竖立了一座耀眼的丰碑。

考察之后，学者们来到广汉西苑宾馆会议厅，借着惊喜与兴奋的余韵，就这一古蜀文化遗址的性质展开了热烈的讨论。

最令各路专家学者大感兴趣，并且无法回避的问题是，"二陈"发掘的两个器物坑是干啥用的？它与三星堆有没有关系？如有关系，应是一种什么样的关系？诸如此类的问题，刺激着各位专家学者的神经，激发着大家的思索与探讨欲望。

于是，众人放开胆子，上下五千年，纵横八万里，信马由缰地神侃起来，特别对两个器物坑的性质发表了各自的观点，并产生了祭祀坑说、窖藏说、被毁宗庙说、陪葬坑说四种不同的说法。各种说法看起来都有自己合理的解释，又都有讲不通、道不明的缺憾，一时争执不下。在谈到三星堆与两个器物坑有无关系，是什么关系时，有学者认为三座土堆是古蜀人祭社的"冢土"，它们与两个"祭祀坑"属于一个整体，是古蜀人在此举行各种祭祀的场所。这一说法当场遭到了不少学者的反对，认为土堆的时代与两个坑的关系目前尚不能确立，仅凭着自己的猜测就认为土堆是"冢土"，其立论有明显先入为主的嫌疑，不足为信。至于三星堆遗址中的三个大土堆究竟是什么建筑物、做何用处等一系列问题，大多数与会学者的意见是，需要进一步考古发掘和研究才有可能搞得清楚。

在论及三星堆遗址的总体性质、年代、文化内涵时，与会的北京大学教授、夏商周三代考古学巨擘邹衡，满怀激情地讲道："关于早期蜀国的历史，文献记载极其简略，或者仅是神话传说而已。早期蜀国历史的重建，当然离不开考古学。不用说，这两座器物坑的发现与发掘，将揭开早期蜀国历

发掘的三星堆古城墙遗址

史研究的序幕。根据三星堆所出土的陶器、陶片来看，它们的最早期肯定已经到了相当于中原地区的龙山文化时期，至少可以到龙山文化的晚期，因为有些陶片同中原龙山文化陶器口沿上的风格完全一样。而从现场观察和从图上看，三星堆遗址很有可能是一个古城遗址。它的规模比之于其他商城毫不逊色，文化内涵十分丰富。从全国来讲，这么大的一个城址的发现是相当重要的，即使在中国考古学领域里也占有相当重要的地位，绝不可轻视。通过这一遗址的发现，可以追溯到巴文化、蜀文化的起源，并探索出它形成和发展的概貌。"（见《会议纪要》四川省考古研究所编。以下发言同。）

对邹衡的说法，与会的中国历史博物馆馆长、著名考古学家俞伟超持相同的观点，并进一步补充道："两个器物坑是在南垣外的不远处，据东垣残垣断面所示，城墙的中间是由若干层平铺夯土筑成的主垣，内外两侧又各有斜行夯土支撑中间的主垣。这同郑州商城及黄坡盘龙城的筑城方法非常相似。而在中原地区，这种筑城法最迟至东周时期已经消失。整个遗址区文化层的分布范围，又恰恰在城圈之内。把这种现象结合两个器物坑出土遗物的年代以及高贵性质来分析，这里当是一座古蜀国的王都遗址。"

"当然，"俞伟超接着说，"我们对早期蜀文化的系统发掘才刚刚开始，早期蜀人的文献记载又很不足，要推断这是什么蜀都是极其困难的。在残存的扬雄《蜀王本纪》中，多少提出了一些可供推测的线索，大家可以按这个线索探讨。"

第六章 史影里的蜀国

苏秉琦在报告会上　　　　　　苏秉琦墨迹

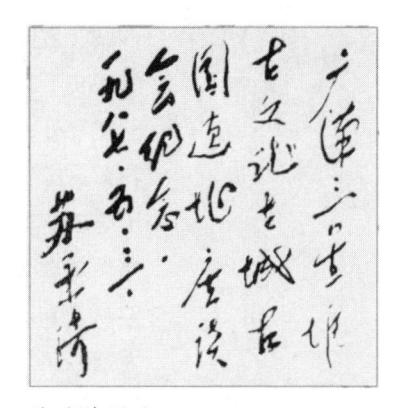

整个会议期间的大讨论，尽管专家学者们的观点不同，争论不断，有的正说，有的戏说，但关于三星堆遗址是先秦文化的孑遗这一结论，已没有争议了。

1987年4月，在国家文物局首次举行的全国考古新发现评选活动中，三星堆遗址两个大型祭祀坑被评为1996年"全国十大考古新发现"之首。随着这个评选活动的喧哗与骚动，三星堆遗址声名大振，并再度引起了世人的瞩目与热切关注。在这种浩大的声势推拥下，为了对三星堆遗址的历史、宗教、民族、文化、冶金、古建、美术、铸造等学科有一个较为全面的评估，四川省文物管理委员会与四川省文物考古研究所联合，特邀考古学巨擘、中国考古学会理事长苏秉琦，以及著名考古学家邹衡、严文明、俞伟超、张忠培，古建筑学家杨鸿勋，历史学家李学勤等各方面的专家学者，召开了"三星堆遗址保护、研究、评估"座谈会。会上，中国第一代考古学家中最后一位大师苏秉琦，根据自己亲自考察到的三星堆遗址出土情况，在综合专家学者们意见的基础上，以其渊博的学识、成熟的理念、丰富的经验，将其定性为"古文化、古城、古国遗址"。

既然有了这一权威认定，就要尽可能地搞清楚是什么人、在什么时候创造了这让后世人类为之惊叹的"古文化、

227

古城、古国"。但遗憾的是,在巴蜀这片土地上,关于先秦的历史,除了残存的《蜀王本纪》等一类传说与神话杂糅的文字外,几乎再也找不到其他更加翔实的资料了。要想从扑朔迷离、真假难辨的文献中,去梳理、考证古蜀国的真实历史就变得十分困难,令人望之兴叹。远在唐朝开元年间,李白就曾发出过这样的浩叹:"蜀道之难,难于上青天。蚕丛及鱼凫,开国何茫然。尔来四万八千岁,不与秦塞通人烟……"

但是,不管蜀道如何之难,这两位名字叫蚕丛和鱼凫的古蜀国君,还是建立了古蜀王国。既然历史老人如此慷慨地赐予了现代人类一座宏大的古城和一批盖世绝伦的出土文物,作为现代意义上的考古学家就应该责无旁贷地拿起科学的武器,循着科学的道路前去这个神秘的世界探寻个究竟。这个责任一如当年安阳殷墟甲骨文发现之后,著名学者、甲骨学大师罗振玉所倾吐的肺腑之言:"汉以来小学家若张、杜、杨、许诸儒所不得见也。今山川效灵,三千年而一泄其秘,且适我之生,所以谋流传而久远之,我之责也。"

对于三星堆遗址而言,这一"谋流传而久远之"的责任,同样在现代四川乃至整个中国和世界一切有志研究先秦史的专家学者心中引起了共鸣。尽管古蜀国各个王朝无一例外地都充满了神秘与神话色彩,致使许多史事难窥真颜,渺茫难证。但包括三星堆遗址发掘者在内的许多有志之士,依然怀揣不屈的精神与坚强的信念,在寂寞、孤独中面壁求索,将探寻的目光投向三星堆这个"古文化、古城、古国遗

三星堆遗址保护标志

址"之圣地，并殚精竭虑，在历史的岚烟雾霭中穿梭腾越，一点点拨云见日，寻根溯源。以希冀当代和后世的炎黄子孙由此获得关于三星堆梦寻的感性知识和科学真知，从古今上下绵延几千年的灿烂文明中，认知中华民族文化的强大魅力与无处不在的人性光辉，以示对这一古代文明的创造者所流淌血汗的答谢。

开国何茫然

据历代史家不断对古蜀人留下的蛛丝马迹考证，古蜀国滥觞于夏、商之际，灭于战国晚期，前后相继达一千六百年之久。共经历了蚕丛、柏灌、鱼凫、杜宇、开明等数代王朝。从流传的文献资料看，古蜀立国的国名与传说中最早驯化野蚕有关。

蚕，是一种在山区及平原都能饲养的昆虫，以吃桑叶为生。在世俗人类的眼中，它所吐出的丝，可织成华美的绸缎供人享用。后世有"春蚕到死丝方尽，蜡炬成灰泪始干"等诗句。据现代考古学家、甲骨文研究的巨擘董作宾研究发现，在殷商时代的甲骨文中，"蜀"字写作"🐛"或"🐛"，看上去像一只大头虫正在吐丝的形状，也就是人们常见到的蚕的形象。而对于蜀这个文字的解释，东汉许慎曾在《说文解字》中说："蜀，葵中蚕也，从虫，上目像蜀头形，中像其身蜎蜎。"在《诗经·豳风·东山》中亦有"蜎蜎者蠋，蒸在桑野"的记述。此处提到的蠋，有学者考证是一种野蚕。这种野蚕经过居住在四川西部的蚕丛氏若干年的驯养而渐渐变为家蚕。这个变化被誉为古代蜀人一项了不起的发明创造，是对世界人类文明所做出的杰出贡献。

另外，有的学者根据殷商甲骨文考察，认为"蜀"字的造型不仅与蚕有关，而且也与龙和蛇之类的动物有关。甲骨文中的"蜀"字写作"🐛"，其面部长着像螃蟹一样的眼睛，长长的眼球突出于眼眶之外，与三星堆两个器物坑出土的纵目面具极其相似。而下面弯曲的"虫"身则与甲骨文中的"龙"（🐉）、"虫"（🐛）、"蛇"（🐍）的写法相近。因此，三星堆

黄帝像

两个器物坑的发掘者陈显丹等学者提出，不能简单地理解"蜀"字下面的"虫"字，从三星堆纵目人面像上铸造的卷曲身体来看，"蜀"字下面的虫身亦可理解为龙身或蛇身。

那么，以蚕命名的蜀族的历史是如何开始的呢？这个久远的创世纪的起源问题，同其他民族一样，只有借助于传说和神话并结合考古资料才能进行一个大概性的诠释。

在传说中，自很久以前的盘古王开天辟地之后，在中国大地上出现了三位分别掌管天、地、人事的天皇、地皇和人皇。而当时的天下被分为青州、雍州、冀州、梁州、兖州、徐州、扬州、荆州、豫州九大州。现四川区域在当时属梁州和冀州管辖之内。其三皇中的人皇氏有兄弟九人，分别执掌天下九州。在人皇的后裔中有个叫黄帝的人。此人"生而神灵，弱而能言，幼而徇齐，长而敦敏，成而聪明"，号称智勇双全，威力无比，属于古代神话传说中的大腕级人物。这位黄帝自小脑后就生有反骨，并有发动政变争做天下共主的野心。成年后为实现这个野心，真的发动政变并率部与其他部落开始四处争夺地盘。就在相互征伐厮杀的混战中，黄帝率领手下的兵将，打败了不可一世的蚩尤，统一了黄河流域广大地区，成为华夏民族的始祖。

按文献通常的说法，黄帝在四川叠溪这个并不太出名的地方，娶了蚕陵氏之女嫘祖为妻。这个称为嫘祖的女娃，小名叫邛，又名皇娥，既美丽又聪明。她15岁就发明了一种养蚕织锦的方法，是整个人类社会在这方面有资格获取专利证书的第一人，可惜当时未设专利局，没有相当的申报机关，也没有人审批，致使这项专利成了"劳动人民集体智慧的结晶"，暗合了人民创造历史的伟大理论。按照华夏人民几千年来一贯信奉的"龙生龙，凤生凤，老鼠生儿会打洞"的理念，无论在哪个方面都很出色的黄帝和靓妹嫘祖结合后，很快生下了两个称得上是人杰的英雄儿子，分别取名青阳、昌意。这两个儿子后来都被派往今四川之地。老大青阳降居在今四川西北地区的湔江一带，后与当地女子婚配，并在今茂县的石纽乡刳儿坪生下了中国历史上著名的水利专家大禹。按照流传的文献和图表可以看出，大禹治水的线路是先从岷江上游治起，后治长江巫峡、瞿塘峡等，并相继取得了卓越的成效。

老二昌意降居在今四川西部的雅砻江一带，后与居住在今茂县与汶川之间的蜀山氏之女产生了爱情并正式登记结婚。婚后生有一子，取名颛顼。后来，颛顼与另一个草莽英雄共工争夺天下共主的位子，并将共工击败于不周之山，总算如愿以偿地坐上了第一把交椅。颛顼死后，托变为北极星，他的子孙后代仍就封于蜀，并世世代代相传为王。

关于以上这个远古传说，司马迁在《史记》中曾做过这样的记述："黄帝居轩辕之丘，而娶于西陵之女，是为嫘祖。嫘祖为黄帝正妃，生二子，其后皆有天下：其一曰玄嚣，是为青阳，青阳降居江水；其二曰昌意，降居若水。昌意娶蜀山氏女，曰昌仆，生高阳。高阳有圣德焉。黄帝崩，葬桥山。其孙昌意之子高阳立，是为帝颛顼也。"按《史记·五帝本纪》索引的说法，司马迁所提到的江水、若水，据考证皆在蜀地，可见玄嚣与昌意都与蜀这个地区有着紧密联系。

若干年后，帝颛顼崩。虽然他的肉身已如草木一样枯萎衰败了，但他还是非常想念四川盆地，梦想那已失去的天堂，便在于心不甘和极不情愿的追思中，又来了个灵魂附体，摇身一变成为一条蛇悄悄地爬回了蜀地。后来又将干部档案中的颛顼帝篡改为一个年轻的鱼凫的名字，从而蒙混过关，重新当起了蜀国的国王。这个故事见于《山海经·大荒西经》。原文这样叙述道："有鱼偏枯，名曰鱼妇（凫）。颛顼死即复苏。风道北来，天乃大水泉，蛇乃化为鱼，是为鱼妇。颛顼即复苏。"在这短短的记述中，作者反复揭露了两次，说是鱼妇（凫）的降生就是颛顼死后复活变化而来的。在这个变化过程中，当然还有一些奇特的天象异兆相伴而出，以显示其神秘和不可

231

知性。除《山海经》外，以上这个故事还被收入《吕氏春秋》《大戴礼记》《史记》等典籍中，可见颛顼变鱼凫之事流传之久远。关于这个故事的演变过程和鱼凫是否确有其人或其神的疑问，可结合可信度比较高的文献典籍来加以考察。

在系统记载蜀地传说的作品中，西汉时蜀人扬雄所著的《蜀王本纪》时代最早，也更接近事实本身。其书有云："蜀之先称王者，有蚕丛、柏灌、鱼凫、开明，是时人萌（民）椎髻左言，不晓文字，未有礼乐。从开明以上，至蚕丛，积三万四千岁……"

《蜀王本纪》的作者扬雄生于西汉末年（公元前53年），死于新莽天凤五年，即公元18年。他曾因王莽捕杀甄丰党羽受惊自杀未遂，从此淡泊处世，刻苦学习并勤于著述，在多个方面都取得了相当大的成就。如在盛极一时的汉赋创作方面，他被列为四大名家之一，成就仅次于司马相如。在其留传于世的千古名篇中，有希望汉成帝勤政治国而写的《河东赋》；有因汉成帝不惜劳民伤财四处游猎而特写的规劝性的《校猎赋》；有因汉成帝在射熊馆要胡人手搏野兽以取乐的恶行而不吐不快的《长扬赋》。同时还写有反映西汉末年社会黑暗腐朽的《解嘲》《逐贫赋》等名篇。除此之外，还有模仿《离骚》所写的《反离骚》《广骚》等篇章，并亲手把这些充满了激愤、伤感与对天地宇宙之大爱的篇章投之岷江以祭他所敬佩的屈老师。

除了在文学与哲学等方面所创造的别人难以企及的光辉成就外，扬雄还组织编写了历史上最早、最为著名的一部四川地方史——《蜀王本纪》。据后世学者考证，此书虽不

《蜀王本纪》关于古蜀国的记载

第六章　史影里的蜀国

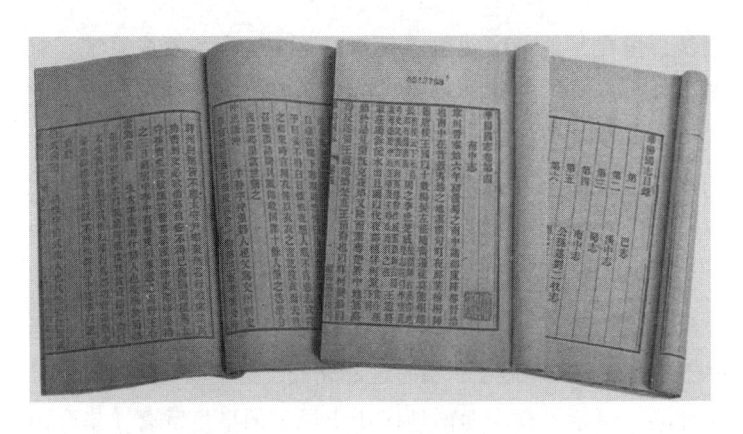

《华阳国志》书影

一定是扬雄亲自捉刀,但其写作时代当不晚于西汉末年,且必作于蜀中。以蜀人记蜀事,所述应有立据,相对其他有关史料,当具有更高的可信度。遗憾的是自东汉以后,此书即已散佚。尽管历代不少学者如东汉末叶的应劭、三国时的来敏、晋人常璩、后魏人郦道元等穷尽心力进行搜集、注释,但仍未能成其全。尤其在不断的传抄、流传过程中,又被有意无意地删减或增加,直至弄得面目全非,真假难辨,学术价值受到了很大的损伤。这个令人扼腕的结果,其错当然不在扬雄而在后人。如后世人们看到的所谓"积三万四千岁",则是《文选·蜀都赋·注》上的记述,已不可能是扬雄的原文了,其数字显然是作注者妄据他书夸妄之言,而窜改了扬雄之文弄出来的一个拙劣结果。当这个破绽被学者们发现之后,在引用或复述时就慎重得多了。如后来的《太平御览》在引用此段时就做了一番煞费苦心的考证,并根据考证成果改为"从开明以上至蚕丛凡四千岁",比原来的记述一下子缩短了三万年。与扬雄同一时代或晚些时候的许多学者如司马相如之流,也都作过有关蜀王系世和蜀族历史的考证文章,但这些文章也渐渐失传,流传下来的依然不多。三国时,那位总跟诸葛亮的施政方针特别是屡次出师北伐的军事战略决策较劲的蜀中著名学者谯周,曾著有一部《三巴记》(亦称《巴记》),也算是记述巴蜀历史较早的著作。

可惜此书也已亡佚，虽在其他书中残留了只言片语，但毕竟不成系统，难成气候，其价值也就难以真正地体现出来。因而，要论起至今还基本完整地记载四川古代历史的文献著作，当首推东晋常璩的《华阳国志》。据常璩本人在此书的序言中说，此书写成之前，所看到的论述巴、蜀史事的作品多达二三十种，他按照"司马相如、严君平、扬雄、阳成衡、郑伯邑、尹珍、谯周、任熙"八家所作的《蜀王本纪》等著作，本着"抑绌虚妄，纠正谬言""齐之国志，贯之一揆"的学术原则，总结了前人的成果，补充了当时的见闻，并对已有成果和见闻做了一番考证、删改、折中取舍等等，终于编成了号称丰实详瞻、囊括了整个西南地区历史风云的皇皇巨著《华阳国志》。在这部著作的《蜀志》部分中，常璩论述道："蜀之为国，肇于人皇，与巴同囿。至黄帝，为其子昌意娶蜀山氏之女，生子高阳，是为帝喾。封其支庶于蜀，世为侯伯。历夏商周……周失纪纲，蜀先称王。有蜀侯蚕丛，其目纵，始称王。死，作石棺、石椁，国人从之。故俗以石棺、椁为纵目人冢也。次王曰柏灌。次王曰鱼凫……"

常璩书中的内容和观点多从古说，但对于古说之涉及神话的部分，都一概指斥为"虚妄"和"谬言"加以鞭笞和删除。大概常璩觉得自己的许多说法与扬雄的《蜀王本纪》之说有较大差异，为向世人解释这个问题，便在其书的《序志》中说道："世俗间横有为蜀传者，言蜀王蚕丛之间周回三千岁……此则蚕丛自王，杜宇自帝，皆周之叔世，安得三千岁？"意思就是扬雄此说是胡说八道，根本不能置信，只有他提出的这个说法才是合情合理的微言大义。

但据历代学者的考证，常璩的这段文字，留下的问题同样很多。如蚕丛称王的时间问题，其所谓"周失纪纲"，应指导演了那场烽火戏诸侯闹剧的周幽王以后，即东周时期（公元前770年之后）。如前所述，在殷墟甲骨文中，考古学家就已经发现家蚕的象形文字了。而《诗·豳风·七月》则是殷代奴隶与劳苦大众的歌谣。在这首民间歌谣中，已有"蚕月条桑"和"春日载阳，有鸣仓庚。女执懿筐，遵彼微行，爱求柔桑"等句。足见世传嫘祖教民养蚕之说虽不可靠，但殷代的中原此时已经通行饲养家蚕似是不争的事实了。那么，饲养家蚕的最早成功者蚕丛氏怎么会是东周时代的人？若说蚕丛氏的后裔在"周失纪纲"之后称王，还说得过去。但说蚕丛氏的姓氏始祖是东周时人，显然是违背事实真相的荒谬之言。

常璩虽然在编书之时，曾标榜自己是"抑绌虚妄，纠正谬言"，但《华阳国志》此著也是虚妄、谬言多多，如"禹生石纽，启生涂山"之类谬言，就给后世带来了深远的影响。此外，《华阳国志》还认为，在秦占领巴蜀以前的西周之初，四川地区早就并存着一个巴国和一个蜀国。而且，最晚在西周之初，巴国已是"其地东至鱼腹（治今奉节），西至僰道（治今宜宾），北接汉中，南及黔、涪（今乌江流域）"；蜀国已是"其地东接于巴，南接于越（今贵州中部），北与秦分，西奄峨（今峨眉山）、嶓（嶓冢山）"这一广阔区域。而按照社会发展的一般规律，人类社会总是由氏族而部落，而国家，由小国而大国，或者说是古国、方国、帝国一路发展下来的。以华夏历史而论，当时的情况是，夏有万国，殷有三千，周有八百，到战国时期才出现方千里、方三千里的超级大国。而落后于华夏的古代四川，怎么可能早于华夏七百年的西周之初就已形成幅员千里的巴国和蜀国了呢？因而可看出这是常璩的一种谬说。

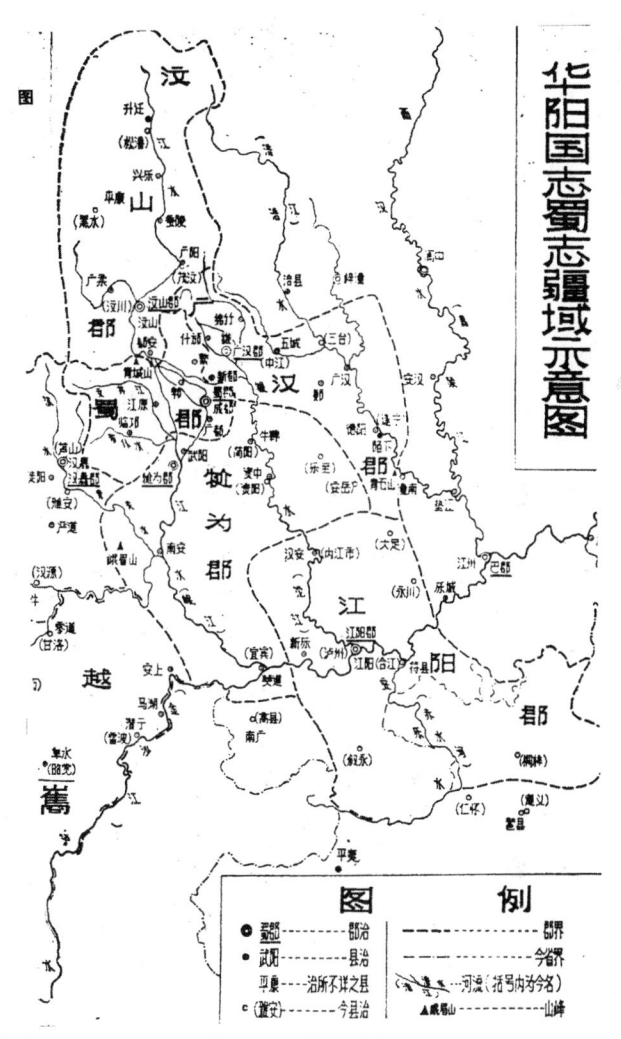

《华阳国志·蜀志》疆域示意图

按四川史家任乃强的说法，在留传下来的文字资料中，巴和蜀作为两个区域的名称，很可能起源于川东的巴山（或巴水）和川西的蜀山（岷山一带）。于是川东泛称巴，川西泛称蜀。其民族形成的时间上限应在考古学分期的旧石器时代，民族学分期的蒙昧时代，传说中的伏羲时代。因古代四川地区是少数民族所居之地，其"巴"与"蜀"很可能是民族语言的音译。按此音译，古代民族部落住在巴地的，中原都称之为巴；住在蜀地的，则称之为蜀。至于这些民族是从何处来到四川盆地的问题，历代史家众说纷纭，难有一个统一的结论。如住在岷山一带的蜀人，一说是彝人从滇池一带出发，来到昭通，沿岷江而上，最后到达岷山一带停留并开始聚居，而后慢慢形成了一个大的部落群，即蜀山氏。另一种说法则认为蜀人是古羌人的一支，是从青海的西北方向南下而到达岷山的。但不论这些人是从南还是从西北进入四川地界，其中一定经历了一个漫长的过程，氏族部落的人数也一定是由少到多像溪流汇入江河一样慢慢集中起来的。所以，古代巴、蜀地区以巴、蜀为名的方国当不止一个。而常璩却在自以为是地划定古代四川只有巴、蜀两个国家的前提下，把四川古史传说中的民族部落都强行纳入巴、蜀两国的体系中。于是，那些叫作蚕丛、柏灌、鱼凫、杜宇、开明等不同地区的蜀王，都被排列组合成了前后相继的朝代。而不同地区的巴国，也被说成是巴国首都的四方迁徙。这些论述尽管不符合历史实际，流传却相当广泛，并渐渐主导了四川上古史的主流。后世的研究者不得不按照这一新的发明创造进行编程录入了。当然，这样编程有个好处，将诸多神话传说按不同类型分期分批塞于某个王名下的口袋里，显得脉络清楚，不易混淆，后世学者也就对这个蚕丛、柏灌、鱼凫、杜宇、开明等王朝的前后排序默认了下来。

有关蜀国的开国领袖——蚕丛氏活动的具体年代与地域，《蜀王本纪》和《华阳国志》都没有明确记载，仅《古文苑·蜀都赋》章樵注引《先蜀记》说："蚕丛始居岷山石室中。"唐代卢求《成都记》也曾说过"蚕陵，即古蚕丛氏之国也"。两书所记蚕丛氏活动的地区大体相符，可见蚕丛氏主要活动在今茂汶一带。自20世纪30年代以来，茂汶一带发现了大量的古代民族墓葬。这是一种被考古学家称为"石棺葬"的特殊墓葬。当地流传有羌人住居的传说，而同样流传着的还有在羌人到来之前，该地居住着一群被称为"戈基"的居民。据称，他们的生理特征是"纵目""有尾"。这些戈基

位于茂汶的"蚕陵重镇"石刻

人后来被从北面来的羌人打败而迁走，留下了大量的"石棺葬"。这段史实反映在羌族最早的史诗《羌戈大战》和《嘎尔都》中。按照这两部史诗的说法，作为原生长在青海高原上的游牧民族的羌人来到岷江河谷后，受到了先在此处定居的戈基人的驱赶与顽强抗击。为了争夺这块肥沃的地盘，并在此长久立稳脚跟，羌人与戈基人展开了争夺大战。

四川大学考古教研室教授、三星堆遗址发掘主持人之一林向，多次对羌族住居区茂汶一带的传说进行调查、收集、整理，记录了两个民族之间相互交往和战斗的比较系统的故事。其中有一段这样记述道：

羌人来此前，这里住着戈基人，又叫呷尔布族人。这种人很矮很憨又很懒，只会收不会种。这种人有一根小小的尾巴，一旦尾巴干了，耳朵蔫了，就知道自己快要死了，便用石板砌个洞洞，"梭"进去睡下，就死了。

羌人来到后，呷尔布人就常偷窃他们的东西，甚至盗食羌人的小孩。却说在某寨住着一户羌族人家，父母早亡，只剩兄弟两人艰难度日。哥哥每天上山砍柴，临走时留一个"打尖"馍馍给弟弟当午饭。但后来这位哥哥发现弟弟饿瘦了，相问之下，才知有一个呷尔布族老婆子每天来要馍馍吃。哥哥很生气，有一天用牛屎做成馍馍，自己躲在楼上静等老婆子上门。老婆子果真来了，看见牛屎馍馍，就问：

237

"这馍为啥这样黑?"咬了一口,又问:"为啥这么难吃?"弟弟不答,老婆子丢了馍馍要吃弟弟。这时,哥哥在楼上出声了,老婆子问:"你是谁?"哥哥说:"我是天神。"老婆子不信,说:"天神会刮风。"哥哥听罢,就用撮箕一扇,风响了。老婆子又说:"天神会打雷。"哥哥用力推空磨,隆隆作响。老婆子听到响声就有点害怕了,又说:"天神会下雨。"哥哥没法,就屙了一泡尿,淋在老婆子头上,淋得她睁不开眼睛。哥哥趁机扔下一条皮口袋,代表天神命令老婆子钻进去。呷尔布人平时很害怕天神,老婆子只好钻进皮口袋。哥哥一看对方中了圈套,急忙下楼来把皮口袋捆吊起来,并嘱咐弟弟不准放开,然后出门去喊人。弟弟人小好奇,用刺芭将口袋扎了一个小孔,往里瞧。老婆子说:"你快放我,否则我就从小孔钻出来把你吃掉。"弟弟很害怕,忘了哥哥的嘱咐,打开了皮口袋。老婆子钻出来,三下五除二就把弟弟吃了,并把剩下的一副骨架立在门背后。哥哥回家发现弟弟已被老婆子吃掉,非常难过,便向寨子里的羌人哭诉。大家听后都很悲痛和气愤,表示要找对方报仇。但呷尔布人又戆又壮,势力很大,羌人战他们不过,只好争取天神的帮助。

此前,羌人尝新鲜的粮食和水果等物必先敬奉天神,然后自己才吃。呷尔布人则正好相反,自己先吃,然后再享天神。对此,天神对呷尔布人怀恨在心,并琢磨着给予一番教训。

且说天神在神山上放牧牛群,羌人按照事先的预谋,头天偷了一只偏花儿(瞎了一只眼)牛,第二天又偷了一只独角牛,第三天偷了一只断尾巴牛。当把这三头牛宰杀吃掉后,拿着剩下的筋筋骨头,邀请呷尔布人打平伙,以共同分享这份大餐。同时约定呷尔布人不必拿出太多太好的东西,只要出一些酸菜就可入伙。呷尔布人又笨又馋,高兴地答应了。大餐做好后,在吃的时候,呷尔布人争先恐后地拿着牛筋骨头一顿猛啃,羌人只吃酸菜。待吃完之后,呷尔布人把骨头扔在自家的门槛下,羌人则把柴灰放在门槛下。天神发现丢了牛,大怒,下到人间来查找。看见羌人门坎下是未烧尽的树疙瘩,呷尔布人门坎下是啃过的牛骨头,就把双方叫到一起来追查。天神叫他们都张开嘴巴来检验,发现羌人牙缝里是酸菜渣,呷尔布人牙缝是牛筋渣。天神当即认定是呷尔布人偷食了神牛,从此更加憎恨呷尔布人,开始明显地袒护羌人了。

第六章 史影里的蜀国

羌人见时机成熟，就找个理由故意与呷尔布人发生争执，并请天神出面调解。天神并不推让回避，就当起了双方的裁判。天神叫双方比武论是非，并特别规定羌人拿黑木棒，呷尔布人只准拿麻杆。第一个回合，羌人赢了。天神又叫羌人拿白石头，呷尔布人用雪坨坨来进行第二回合的交锋，结果羌人又大获全胜。呷尔布人颇不服气，表示要进行最后一次决战。天神要双方比赛溜索过河，并让羌人手抱溜筒，呷尔布人用嘴咬溜索。当双方滑至半路，天神开始问话。羌人手抱溜筒，嘴里答应一声就一个个过去了，呷尔布人松口答应，就一个个跌入万丈深渊摔死了。此后，天神发起了滔天洪水，把呷尔布人发臭的尸体冲得干干净净。羌人以胜利者的姿态出现在岷江河谷，开始了安居乐业的新生活。

林向记述的这段故事，与《羌戈大战》史诗的唱段基本相同，只是更具生活情趣和民间传说的意味。透过这首史诗与这段故事的表象，从所说的双方交战的工具除了石头便是木棍，未见有铜器应用的情况推断，这场战争似应发生在石器时代。

据《嘎尔都》这部史诗所说，当羌人战胜戈基人后，双方首领歃血为盟，保证今后互不侵犯，共同开发利用岷山河谷。从此两个民族不断融合，逐渐形成了日后庞大的蜀山氏部落群和后来雄霸一方的古蜀王国。在今茂汶一带有关石棺葬的传说，与上述史诗的内容基本相合，也与前引蚕丛氏"石棺石椁为纵目人冢也"的记载相合，看来蜀人来自羌人的演变并在岷山一带繁衍生息确有一些事实的影像可供观瞻，只是其年代难以考证。

当然，蚕丛氏并没有永久地在茂汶一带生活。张守节《史记·正义》引《谱记》有"蚕丛国破，子孙居姚、嶲等处"一语，已明确透露出后来的境况。只是作者未加以说明这个蚕丛国何以被破和被谁所破，从而留下了一个悬而未决的谜团。后世有的学者认为是被殷商王朝所破，有的说是为周武王所破，有的说是由于内乱被自己人所破，也就是说堡垒是从内部攻克的。但不管以何种原因，被哪家从内部还是外部所破，以蚕丛为领袖的方国曾遭遇过残酷的战争是可能的。正是由于这场血腥味颇浓的战争，迫使蜀人开始了大规模的流亡与迁徙。据历史残留的印痕与史影推断，蚕丛部族在腥风血雨中先是沿岷江南下，接着一支从乐山往西，沿大渡河至今汉源金口，再到达嶲地（今越西县一带）。一支则顺赤水（雅砻江）而下，一直到达姚地（今楚雄之姚安一带），这便是"蚕丛国破，子孙居姚、嶲等处"的注释。但这句话中的"等处"又做何解释呢？根据广汉学者刘少匆的研究，认为当年沿岷江而下的那一支，有一部分没有西去，而是径直往南，直抵岷江尽头之长江，即当今的宜宾一带，然后渡江至朱提，即今之云南昭通。此处属海底平原，比较适宜人类住居，而且农业、冶炼都很发达，古彝人很早就在此繁衍生息。一支蜀人留了下来，并与古彝人不断融合，渐渐发展成后来以杜宇为首领的方国。

按照《华阳国志》等史籍的说法，蜀族的首领自开国鼻祖——蚕丛之后，接下来是柏灌，再接下来是鱼凫。但在蚕丛氏与鱼凫氏之间，是否还有一个柏灌氏称过王，由于古籍中从无一句说到柏灌事迹的话，也就无从考订了。比如说这个柏灌是哪里人，如何上的台，在台上都做了哪些事，等等，后世史家和乡间百姓没人能说得清楚。有学者从蚕丛氏的地理条件与社会发展的自然法则两方面结合推测，认为这个柏灌是蚕丛氏一个支族的领袖，他自己成立了一个独立的氏族，相当于当今社会一个集团公司下属的分公司，他本人就是这个分公司的老总。另有一种说法认为，柏灌可能就是进入北川盆地的一个氏族首领，当蚕丛国破后，以柏灌为首的一支，也许是整个蜀山氏部族中的最强者，他们没有远遁，而是伺机发动反攻，实现复国的大梦。于是翻过与岷山相接的玉垒山脉，进入四川盆地的边沿，建立了柏灌与鱼凫两代王朝。或者，这一部分从雁门关东岸的安山乡，沿着小溪，翻越了高达四千多米的九顶山，进入彭县北部地区定居下来。此处正与汶川接壤，其间的白水河从北向南流入湔江。白水河两岸层峦叠嶂，河谷间有许多宜于种植和放牧的小台地，台地的密林中有许多雀鸟在此繁衍生息，并有羽毛鲜艳、身形奇特的大鸟生活其间。据《山海经·南山经》云，青之山"有鸟焉，其状如鸠，其音若呵，名曰灌灌，佩之不惑"。据广汉的刘少匆说，20世纪80年代，他作为一名文学工作者被组织上安排到彭县北部的白水河一带深入生活，曾亲眼看到过羽毛鲜艳身形奇特的大鸟。由此联想到，当年在白水河河谷间的台地上，或许就有《山海经》所说的那种大鸟。于是，刘少匆认为前来居住生活的蜀族一支便以百（白）灌作为族名的称谓了——尽管这个观点尚有不少值得商榷之处，但在没有更加充分的证据之前，也应算是对柏灌王在古史中神龙见首不见尾的一种诠释吧。

继柏灌之后，蜀国的第三代领导就是鱼凫王，但这个鱼凫王好景不长，后来也同他的祖宗蚕丛一样，演出了一场国破族亡的悲剧。有关这场悲剧的原因亦有多种说法，就古籍记载而言，只是寥寥数语，可做如下排列：

《蜀王本纪》："鱼凫田于湔山，得仙，今庙祀之于前。"

《华阳国志》："鱼凫王田于湔山，忽得仙道，蜀人思之，为立祠。"

《太平御览》卷八八八引《蜀王本纪》："（鱼凫）王猎至湔山，便仙去，今庙祀之于湔。"

由于这几条史料过于简单，也过于空灵，给后世史家留下了较大的想象空间，但想象毕竟不能代替考证，而真要考证起来又困难重重，所得结果的分歧自然很大。

单从字义上看，鱼凫，别名鸬鹚，是一种水鸟，形状像野鸭却长着锋利的喙，又叫鱼鹰，俗称"鱼老鸹"。又因其全羽黑色，俗称"黑老鸹"。此种水鸟因双眼闪着金光，眈视可畏，故又被称为"乌鬼"。据史家任乃强说，蜀族可能早在茂汶盆地居住时已有人驯化此鸟捕鱼，故其子孙用为图腾，称为鱼凫。也可能逾九顶山进入湔水盆地后才开始进入成都平原内捕鱼，而被称为鱼凫氏。总之，这一得名与蜀族开始捕鱼有关。

就地理位置和历史条件分析，当蜀族的其中一支进入湔水时，虽然成都平原上还是一片水域，不可住人，但已能进入平原水域捕鱼，应是可能的。既然要下山来捕鱼，就会发觉这块湖沼仍有局部的陇原丘陵是可以住人的。专业渔户可能为了捕鱼之便，迁居到山下台地或丘陇住居，同时在丘陇上试行耕种，逐步拓展，渐渐地开辟了成都平原，以至于建成国家。任乃强说："纵然这个推论没有任何文献依据，但只要按地理与社会发展的一般规律加以分析，所得结论亦当如此。"

关于鱼凫国破之悲剧发生的原因，有史家说鱼凫王是被从南边来的杜宇王率部所灭。也有人说是在岷山河谷为了争取更大的生存空间，鱼凫王率领部族在湔江与当地濮人不断发生战争，因"时蜀民稀少"，终于战濮人不过，被对方强行驱逐出境，便有了后世史家"得仙""忽得仙道""仙去"的记述。还有一种观点认为，鱼凫国破的根本原因，是与由于发倾国之兵参与周武王伐纣而遭到了周的暗算有关。以上种种说法似乎都有自己的理由，但细细推敲又感到理由并不充分，并有许多破绽和不能自圆其说之处，因而，对这一问题历代学者争论了几千年仍没有得到一个圆满的结论。尽管没有结论，对鱼凫国破这一事件还是公认的，既然鱼凫国破并已不再为王，那下一步就该轮到杜宇王粉墨登场了。

杜宇化鹃之谜

有关杜宇王的事迹，《太平御览》卷百六十六引《蜀王本纪》在叙述完鱼凫得道成仙之后，接着说道，"后有一男子名曰杜宇，从天堕，止朱提。有一女子名利，从江源井中出，为杜宇妻。乃自立为蜀王，号为望帝，移居郫邑"。

《华阳国志》云："后有王曰杜宇，教民务农，一号杜主。时朱提有梁氏女利，游江源。宇悦之，纳以为妃。移治郫邑，或居瞿上。七国称王，杜宇称帝。号曰望帝，更名蒲卑。自以功德高诸王，乃以褒斜为前门，熊耳灵关为后户，玉垒、峨眉为城郭，江、潜、绵、洛为池泽，以汶山为畜牧，南中为园苑。会有水灾，其相开明决玉垒山以除水害。帝遂委以政事，法尧舜禅授之义，遂禅位于开明，帝升西山隐焉。时适二月，子鹃鸟鸣，故蜀人悲子鹃鸟鸣也。"

以上是常璩号称兼采八家《本纪》，加以自己的推断，在折中体会之后弄出的一种说法，是历代史家中对杜宇事迹最为详尽的记述。但这个说法后人没有尽信，并提出了不少异议，如在杜宇称王并纳利为妃的问题上，后世学者就有不同的解释和看法。

按当代史家任乃强的推论：蜀族自蜀山氏至鱼凫氏，皆母系氏族，也就是说当王的都是女人。所谓"梁氏女利"者，实鱼凫氏最后之女王。所谓杜宇"纳以为妃"者，应是女王纳杜宇氏以为鱼凫氏女利之婿，因其才能得众拥戴，遂为蜀国元首。此事犹如舜取尧二女而得代尧，非先得位，而后纳以为妃。这样判断的理由是，其他的典籍关于女利之说都与常《志》不同，如《水经注·江水》引来敏《本蜀论》曰："望帝者，杜宇也，从天下。女子利，自江源出，为宇妻，遂王于蜀，号曰望帝。"来敏是三国时代的人，其说亦当与常氏同出于扬雄《本纪》而体会有所不同。来敏所说的"从天下"，显然说他并非是从江源而来的蜀族，女子利则是从江源来的蜀族贵女，或许就是女王。杜宇得以为妻，遂能得到王位。而杜宇其人不可能像传说中的神仙一样，真的从天上忽忽悠悠地落下来。从他能教当地人农耕来看，可能是从华夏那边过来的人。因当地人对他的身份和本领都觉得极其神秘，便像崇拜其他诸神一样将其看作从天上或从高山上而来的神人。

综合其他典籍，细致分析，可知扬雄原文的本来面貌。扬雄的原文很有可能是说女利"从江源井中出，为杜宇妻"。但《华阳国志》的作者常璩本着"抑细虚妄，纠正谬言"的观点，在"不信井中出人，又疑杜宇本为蜀王"的推断中，遂窜改为"（女利）游江源，宇悦之，纳以为妃"之说。由此，任乃强认为："这是常璩不知原始社会情俗与原始传说语言所致。原始传说'从井中出'者，谓蜀族自岷山来，在天文为'东井'，故说来自江源为'井中出'，以配杜宇'从天堕'之男子为相当。盖当时媒合者语也。'为杜宇妻'者自愿以杜宇为夫，非杜宇'纳以为妃'。引史文，最忌以自己体会之意擅改原语。此常璩之失，不可不辨。"（任乃强：《四川上古史新探》，四川人民出版社，1986年。）

另在《索引》所引《蜀王本纪》中，曾明确地提出杜宇是"朱提男子"。按广汉学者刘少匆的说法，"朱提"在今云南昭通，是万山丛中一幅海底平原，拥有面积较大的海拔二千米以上的可耕之地，其附近有大量的上等银矿，大约在殷周之时，已有中原矿工逃到其地进行开采。周、秦之间，中原来此教导土著采银与铜者日渐增多（朱提之南的东川市，至今仍以矿产著名），缘于矿业的兴盛，相继来开垦耕种者亦多。故此地虽远在万山群夷之中，却很早就已成为华

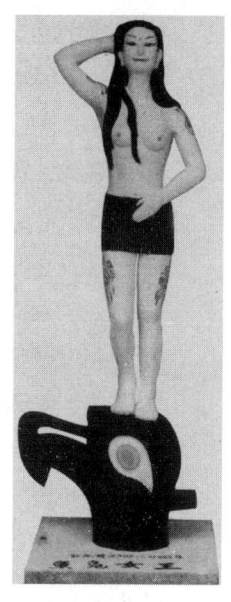

修复人员重塑的鱼凫女王像

人聚居之邑。秦灭蜀后即在此置县,汉世相因。其后西南夷屡乱,朱提县仍内属,盖因银铜矿业由华工所开,华人聚居者多,历世积久,所以能一贯地支持华夏政权。朱提地区的银与铜,名声之大,誉望之重,自周秦、两汉,下迄魏晋,皆为中华所艳称,并著于历代《食货志》之中。由此可知杜宇实华夏人亡命至朱提,以农艺技术教朱提人,从而开发了一方农业文化,奠定了秦汉置县的基础。可以想象的是,杜宇与蜀族女子(王)利结婚之前,他作为一名朱提酋长或德高望重之人,指挥部族运银铜至蜀市交易,为蜀王利所爱并发展到后来的缔结百年之好。婚后的杜宇因教当地农人耕种之术为蜀人敬重,女利则一切信任之,国务大权遂慢慢落于杜宇之手。后杜宇称王,并别立"蒲泽氏",建立营邑于郫,号曰望帝。故《华阳国志》云"移治郫邑,或治瞿上"。瞿上,鱼凫王旧邑。郫邑,别立蒲泽氏时之新邑。新邑初为便于渔业而设,嗣为杜宇教耕黄土丘陵之处,后遂建成为国家的都邑。(刘少匆:《三星堆文化探秘》,昆仑出版社,2001年。)

  可以想象的是,既然杜宇成了蜀的首领,朱提故地亦即为蜀国的一县。故如常璩所云,杜宇时蜀国领域已北至"褒斜",南迄"南中"。但这个疆域显然不能认为是统一的国家,只可以看作是杜宇之时,在大西南的广阔地面上,已形成的很多的氏族部落。他们在农业、矿业、工商业方面都比蜀国落后,都乐于亲附蜀族,以结成经济和文化的氏族集团。而杜宇领导的蜀族,已经组织许多氏族成为一个中央领导的部落联盟,正如尧舜时河东解池地区组成一个陶唐、有虞等氏族的中央部落联盟一样,有九族、百姓、万邦和黎民的区别。按"马列学派"的说法,就是已由氏族公社向国家组织过渡的组织形式。到后来的开明氏,才算得真正建成了一个地域广阔的国家。不过杜宇的末年,开明氏已经当政。常璩在《华阳国志》中叙述的疆域,实际上是开明氏阶段的蜀国的形势。

  再看常璩弄出的那个所谓鱼凫王"忽得仙道",与杜宇帝"升西山隐焉"的故事,实际都是被迫移交政权,与"尧幽囚,舜野死"之说相似。现代研究表明,氏族公社时期的首领是由群众推选交替的,不一定是由本人主动择人授权,更没有父死子承的事。不过群众归心的人,必然是本氏族内的人,只有发展到几个氏族联合建成一个公社时才会有氏族交替的事情出现。所谓"尧舜禅让",只是儒家矫伪的妄言。可以想象的是,杜宇能教农,就

第六章　史影里的蜀国

会受大众拥戴，前酋长不能不退位。后来的开明能治水，又会受大众的拥戴，杜宇亦不能不退位。退位就是他们必然的归宿。所以杜宇到了晚年便大权旁落了，只是在旁落之后，较前几位国王更加悲壮和令人怜悯罢了。

那么，杜宇的位子是如何被挤掉的呢？挤掉之后又是怎样的一种命运？

据《蜀王本纪》载："望帝（杜宇）积百余岁。荆有一人名鳖灵，其尸亡去，荆人求之不得。鳖灵尸随江水上至郫，遂活。与望帝相见，望帝以鳖灵为相。时玉山出水，若尧之洪水，望帝不能治。使鳖灵决玉山，民得安处。鳖灵治水去后，望帝与其妻通。惭愧，自以德薄不如鳖灵，乃委国授之而去，如尧之禅舜。鳖灵即位，号曰开明帝。"

此段记载与应劭的《风俗通义》、来敏的《本蜀论》所述略同。如《水经注》卷三十二引来敏《本蜀论》说："荆人鳖令死，其尸随水上。荆人求之不得。令至汶山下，复生，起见望帝（杜宇）。望帝立以为相。时巫山峡（塞）而水不流，帝使令凿巫峡通水。蜀得陆处。望帝自以为德不若，遂以国禅，号曰开明。"

从字意的表面看，以上记述无疑是个颇具神话色彩的故事。为此，常璩在他的《华阳国志·序志》中公然否定道："荆人鳖灵死，尸化西上，后为蜀帝。……有生必死。死，终物也。自古以来，未闻死者能苏。当世或遇有之，则为怪异，子所不言，况能为帝王乎？"于是，在常璩的著作中，对以上记述做了较大的外科手术，经删改之后，成了看上去既简略又无鬼神之论的论述："会有水灾，其（望帝）相开明决玉垒山以除水害，帝遂委以政事，法尧舜禅授之义，遂禅位于开明，帝升西山隐焉。"常氏不仅削去了"其不雅驯"者，甚至连"荆人鳖灵"一语也一并搞掉，而这四个字恰恰关涉到鳖灵开明的来源和族属问题，常氏对古代典籍如此胆大妄为地删改篡乱，显然是有悖历史的。

后世有学者解释，谓《蜀王本纪》文中之"尸"字，与殷墟甲骨卜辞中"尸方"之"尸"相同，与"夷""人"音同字通，从而把故事中"死而复活"的神话色彩冲刷殆尽。很显然，这个叫鳖灵的人是怀揣着一种不可告人的目的由楚国来到蜀地，并演绎出一连串精彩故事的。

关于鳖灵来自何处的问题，有些学者释荆为楚，但现在看来此"楚"不应当是楚族而是楚国，也就是说鳖灵是从楚国入蜀的。而他为何要由楚国入

245

蜀，是否只身亡命入蜀，等等，又是后世学者试图解开的一个谜团。有学者根据鳖灵在当了蜀王之后，便自号为开明氏这一点推断，认为其不会是只身入蜀，必有家族若干人同来。来蜀的原因，最大的可能是鳖灵随着政治野心的膨胀，策划指挥了一场反革命政变，在这场政变中举邑叛楚。由于不可避免地要受到具有强大军事力量的楚国皇家军队的讨伐，鳖灵的叛乱同样不可避免地要以失败告终。在败局已定，或者在败局未定之前鳖灵就做好了潜逃的准备。大敌当前，鳖灵在做了种种伪装后，率族人躲过了楚国皇家军队的围追堵截，一路辗转到达蜀国。当时的蜀国之王，实际只掌管川西大平原的黄土丘陵地区。平原以外的山区部落，都只是蜀国的附庸，只有经济联系，并非政治隶属。在这种情况下，鳖灵率族人到达蜀国后，先在今乐山市地面立稳脚跟，当渐渐解除了后顾之忧后，才到郫邑去觐见杜宇。这样说的证据是，《水经注》南安县云："县治青衣水会，襟带二水矣。即蜀王开明故治也。"足见鳖灵当年不但率族奔蜀，而且还在今乐山市一带建成过蜀国的附属部落。当鳖灵来到郫邑之时，便抓住蜀国君臣面临的最紧迫也最头痛的水患问题，用楚人治理云梦泽之法游说杜宇。

就地理位置而言，当年杜宇所管辖的成都平原是个冲积、洪积形平原，西北高，东南低，地面平坦，坡降约百分之三到五的幅度。岷江上游每当春夏山洪暴发之际，洪水自灌口汹涌冲出，弥漫整个平原地区，故地表堆积物不断增厚。东部一般厚三十米，西部则厚达一百米，最厚处三百余米。现代考古学家在平原地区所发现的古文化遗存多在地表以下，正是这种原因所致。当年这种洪水四溢，到处奔泻的状况严重妨碍了居民们的生产与生活。鳖灵来自水灾频仍的江汉平原长江沿岸地区，此地的文化与较偏僻的蜀地来相比，当更加发达和进步。这里的人群通过不断地对长江水系与云梦泽的治理，早已积累了相当的防洪排涝经验。当鳖灵到达成都平原时，目睹了洪水之灾，而杜宇王朝又苦于无法治理。在这种情况下，鳖灵就很容易地被对方接纳并授权于他，使其率族并调动部分蜀民治水。心怀阴谋和梦想的鳖灵巧借这一历史性契机，大显身手，在深山密林中"决玉山"以开沟通渠，使高地的洪水得以畅通并分流到大江大河之中。按《水经注·江水》所载："江水又东别为沱，开明氏所凿也。"也就是说当年是鳖灵率人开渠引岷江水入沱江以达到分洪的目的，为了使沱江畅流，鳖灵再率部族与蜀人凿金堂峡，

第六章 史影里的蜀国

让更大规模的洪水得以宣泄,从而达到了"民得陆处"的可喜成果。

当治水成功,水患消除之后,国人的生产和生活都安定下来。鳖灵自然得到了人民大众的爱戴,成了功德昭著、威望兴隆、如日中天的英雄人物。相比之下,老蜀王杜宇则有些猪八戒照镜子——自找难看,里外不是人了。在这种强大落差和鲜明对比下,鳖灵之取代杜宇已是大势所趋,只是选择什么时机和采取什么形式的问题了。于是,鳖灵在一帮幕僚和他老婆的紧密配合下,制造出了一个天下皆知的桃色事件。这一事件就是上述记载的杜宇趁鳖灵外出治水之机,跟其老婆偷偷上床有了一腿。而所谓杜宇这一"风流韵事",在当时的华夏君臣父子之间实在是屡见不鲜,甚至如同吃饭喝酒一样平常。如把这种事情放到"西僻戎狄之国"的小邦之中,更是平常得如同喝一碗凉开水。但由于此时国人从心理上已抛弃了老迈无用、腐败无能,且面目丑陋的老男人杜宇,而像墙头上的乱草一样,随着疾风的吹来全部倒向了意气风发、豪情满怀的大众情人鳖灵,老蜀王杜宇也就随之有了喝口凉水被呛肿了肺的况味了。国人的这种集体有意或无意识地倒戈,正好落入了对方事先设好的圈套,从而引发了倒杜的热潮。在公众的心目中,鳖灵的老婆尽管长得不是很美,但她已是蜀国的新的准国母式的人物,既然是准国母,就不是外人可以碰的,即便是老蜀王杜宇,也是同样不能原谅的。于是,当这一桃色新闻传出之后,杜宇就成了千夫所指的昏君,十恶不赦的混世魔王。在这场难辨是非真伪的事件中,杜宇是有口难辩,成了一个有巨大人格缺陷和不仗义的臭狗屎一样的人物。既然一个高高在上的神灵,在一夜之间突然变成了一堆臭狗屎,那就不太适合再做百姓精神上的神灵、现实中的领袖了。于是在鳖灵的胁迫、群臣的劝诱以及天下百姓的叫骂、责难声中,杜宇交出了蜀国最高权力。从此,杜宇氏从豪华的王宫中突然蒸发,仓皇出逃到野外的深山密林,躲在一个密室里,像若干年后伊拉克总统老萨一样,当起了亡国之君。而鳖灵以胜利者的姿态登上了蜀国的政治舞台,成了新一代领导,开始了新一轮治国安邦的伟大事业。至于二人的交接像常璩等人记载的师法尧舜禅让等颇为仁义的说法,当是这些文人墨客根据华夏族的传说,而杜撰出来的。

老杜宇流亡之后,本来应该老老实实地在那座不为世人所知的密所中,好好地活下去,但他没有这样做。他沉浸在痛苦中不能自拔,越来越觉得自

247

己受了冤枉和委屈，不久便在极度的悲愤忧郁中死去。临死之前杜宇觉得没有把自己的冤情向他的臣民解释清楚是个极大的遗憾，便在死后化为一只杜鹃鸟住居在岷山之中，每逢阳春三月，就张开翅膀飞到蜀人中间，字字血、声声泪地不住呼喊着："没干，没干，我没干……"在他如泣如诉的呼唤声中，蜀国的黎民百姓渐渐从迷惘中觉醒，蓦然顿悟这老杜宇与鳖灵的老婆压根儿就什么事都没有。在一点点像剥葱头一样得知了历史真相的同时，蜀国黎民也对自己过去的言行表示悔悟，不禁思念起这位当年曾带领大家兢兢业业地从事农耕，勤劳致富奔小康的老国王。为此，《华阳国志》曰："望帝去时，子规鸣，故蜀人悲子规而思望帝。"《太平寰宇记》引《蜀王本纪》说："望帝自逃之后，欲复位，不得，死化为鹃，每春月间，昼夜悲鸣，蜀人闻之曰：'我望帝魂也。'"由于这段意外插曲，后世留下了"子规（杜鹃）夜半犹啼血，不信东风唤不回""杜宇冤枉积有时，年年啼血动人悲"等诗句。几千年来，人们借着这些诗句，以此表达对杜宇这个流亡国王的伤怀之情。

古蜀国覆亡真相

鳖灵取代杜宇成为新的蜀王后，仍定都郫邑，号开明，又号丛帝，建立了开明王朝，其"后世子孙八代都郫"。今郫县境内仍有蜀人为纪念杜宇和鳖灵修建的祠堂，名曰"望丛祠"。望丛即望帝与丛帝之意，可见杜宇、鳖灵在蜀人心目中已有明确的先后排序的君王地位。《华阳国志》载，开明王朝"凡王蜀十二世"，亡于周慎王五年，即公元前316年。而罗泌的《路史·馀论》则说："鳖令（灵）王蜀十一代，三百五十年。"这个记载比常璩之说少了一世，不知错谬在谁。因鳖灵之后王世皆号开明，文献上往往不记其名，只书其号，后人统计容易致误。有人认为错在罗泌，他没有将第一代开国之君鳖灵王的世号计算在内，遂比常璩所记少了一世。但以三十年为一世计算，尚能与以上所说的总数三百五十年大体吻合。由此推知，鳖灵上台建立开明王朝约在公元前666年左右，相当于春秋中期。此后的三百多年

第六章　史影里的蜀国

间，是古蜀王国发展的重要阶段，也是最为辉煌的时期。在这种辉煌荣光的照耀下，开明王朝最终完成了古国—方国—帝国的转变。

从历史的角度看，与杜宇相比，鳖灵显然是一位更富远见和更有作为的政治家。刚一上台，就从血腥的宫廷斗争的旋涡中拔出，将主要精力迅速转移到开疆拓土、建功立业方面来。他亲自统率他的儿子和部族将士南征北战，东伐西讨，很快打拼出一块比杜宇时代辽阔几倍的疆域，并将周边各部族更紧密地联合到以自己为中心的蜀国阵营中来。到了春秋战国交会的时代，蜀国已是雄踞西南的一个幅员辽阔的泱泱大国了。也只有到了这个时候，其疆域才形成了真正意义上的"东接于巴，南接于越，北与秦分，西奄峨嶓"的辽阔局面。

就地理位置而言，巴、越、秦的边界，历史上记载的比较清楚，也多为人们所了解，只是峨嶓之地比较模糊。据后来的史家考证，当指今四川雅安芦山一带。上述各地至今尚有鳖灵率军作战和登临的遗迹。如四川东北部阆中市的灵山，山上峰多树杂，在世俗的眼中风景算不上很美，但因当年鳖灵帝有过在征战之余登上此山观赏的经历，后人便将此山命名为灵山，由此成为蜀地的名山之一。西边的雅安芦山一带，还保存有鳖灵的孙子"保子帝"在此率军打仗、安营扎寨的旧址。这些遗迹的存在与相关故事的流传，说明鳖灵当年的确是亲率将士四处征战，并在前线指挥过不少决定性的战役。在他的栽培和感召下，鳖灵的儿子、孙子直至后来的几世子孙，都继承了"老子英雄儿好汉"的优良传统，使蜀国的事业如奔腾的江河，不断向前推进，直至创造了可与北方崛起的强大秦国相匹敌的世纪性辉煌。

据《华阳国志》载：鳖灵渐老之后，不能再亲自统兵征战，便把军权授予自己的儿子卢帝，令其继续展开对周边国家的攻伐。为了从强秦手中夺取更多的地盘，卢帝按照老子的愿望，率领蜀国大军出师北伐。当蜀军在汉中褒城一带与秦军展开激战时，眼看城池已被蜀军攻陷，后方突有快马来报："大王，王后就要生了，请赶紧回去吧！"

卢帝一听，当即面露愠色说道："有什么大惊小怪的！现如今我蜀军几万将士在同敌军浴血奋战，生死不明，胜败难决，哪还顾得了生孩子！等我把汉中全境拿下再说吧！"

来人一看此景，遂急忙改口道："如果大王不能回去，请给孩子取个名

249

字吧，我好带回去禀报。"

卢帝想到自己不久就要攻下褒城，于是告诉来使道："不管是男是女，就取名叫褒吧。"来使答应着回转蜀地。后来王后生了个儿子，取名"保（褒）子"。

从这个故事可以看出，鳖灵的前几代儿孙们依然保持着祖上的那番雄心壮志。或许，正是因为有了这种不断进取的豪迈气概，开明二世卢帝才在后来创造了司马迁所记载的"攻秦至雍"的辉煌战果。

雍在今陕西凤翔，是当时秦国的首都。蜀国在杜宇时代虽然取得了"以褒斜为前门"的势力，但毕竟还没有跨过秦岭。而此时的秦国正是春秋五霸之一秦穆公在位，综合国力处在急剧上升阶段，出现了"并国三千，开地千里，遂霸西戎"的大好局面。就是这样一个处于强势进攻姿态下的秦国，竟被开明氏率领的蜀军一气攻到了都城，蜀势之强劲也就不难窥知了。正是凭着这样的气势与实力，开明王朝最终奠定了"据有巴蜀之地"的大国地位，并在战国初年相当长的一个历史时期内，与在西北部崛起的强秦保持了国与国之间的平等又相互制衡的关系。尽管《史记·秦本纪》曾有秦厉共公二年"蜀人来赂"一语，且有的学者认为这"赂"就是贿赂，是小国对大国的进贡讨好之意。但亦有学者认为这"赂"在古代是赠送的意思，犹如今天国与国的交往中，领导之间互送一点礼物表示友好，并非像后来的大宋国向大辽国，大清国向西方列强或赔偿或赠送大量金银财宝和数不清的美女一样，是弱者向强者讨好与乞和的表现。此时秦国虽然强大，但如前所言蜀国亦不软弱，礼尚往来是可能的，要说蜀国向秦国进贡讨好还看不出有更多的理由。

不管是相互交换还是进贡讨好，友情是暂时的，利益才是长久的。为了争夺各自眼中的利益，蜀与秦于公元前451年发生了大规模武装冲突，其主要原因是为了争夺汉中盆地一块叫作"南郑"的地盘。此时交战双方的实力仍不分伯仲。汉中南郑一带原是两国的分界线，此处位于汉中盆地西南部、米仓山北部，扼汉江和嘉陵江上游，是一块北出褒斜道可以进入中原，南下金牛道可以入蜀川，进可攻、退可守的战略要地。正因为其重要，才成为蜀、秦两国迭相争夺的焦点。

从开明二世率部"攻秦至雍"的文献记载看，南郑曾一度在蜀国掌握之中。雍的位置在今天的宝鸡以北。按照从南而北的进军路线，蜀军应大大地跨越了南郑。即后来进行了计划性退却，蜀军仍保持着战略进攻的态势。而作为具有重要战略地位的南郑，谙熟军事的卢帝是不会轻易让其江山易主的。但到了秦厉共公二十六年（公元前451年），秦国军队在做了充分准备之后，突然发起反攻，一举攻克南郑。蜀军不得不进行战略退却，自此南郑落入秦国之手。为了防止蜀国的反扑，秦国还在南郑修筑城池和围墙，以为战略防御之计，此所谓史书中"左庶长城南郑"的记载。

失去了如此重要的战略要地，蜀国自然于心不甘，也不能就此罢休，于是调兵遣将伺机反扑，并于秦躁公二年收复南郑。对于这段史实，司马迁谓之曰"南郑反"，意思是由秦的一边又反转到蜀那边去了。秦国经过一个阶段的养精蓄锐之后，于秦惠公十三年（公元前387年），再度出兵伐蜀，并一举夺取了南郑。但好景不长，蜀军又进行了一次反扑，南郑复又落入蜀军手中。对这段颇有戏剧意味的拉锯式的争夺战，司马迁在《史记·秦本纪》中记为秦"伐蜀，取南郑"。但很快又在同书的《六国年表》中记载："蜀取我南郑。"意思是秦取南郑在先，蜀取南郑在后，两者都发生在公元前387年之内。从文献上看，此后再没有"南郑反"的记载了。事实上，自这次南郑落入蜀人手中，直到七十年后蜀国灭亡之时才跟着一道又反转过来，成为秦的光复性地盘。故《华阳国志》曰："周显王之世（公元前386年—前321年），蜀王有褒、汉之地。"此正说明了开明二世时蜀国的鼎盛气象。

这种英勇豪迈、气吞山河的气象延续到开明十二世时，整个蜀国已看不到长江后浪推前浪的盛景，而是一派江河日下风雨飘摇的颓败之象了。相反的是，北部的秦国自商鞅变法之后国富兵强，实力迅速增长，已成为地方数千里、带甲百万众的头等强国。在这种欣欣向荣的局面下，秦国君臣滋生了荡平天下统一宇内的野心，从而不断向外扩张。就当时的情形论，经济文化已经高度发展的中原固然是诸国争夺的焦点，但具有重要战略地位的巴蜀同样也是秦国要铲平的对象。于是秦国君臣制定了一方面东击三晋，另一方面图谋汉中、兼并巴蜀的战略决策。在如此严峻的形势面前，蜀王非但不痛改前非，亡羊补牢，采取应对补救措施，以挽救大厦之倾斜，挽狂澜于既倒，反而搞得朝廷上下内讧不迭。四方百姓怨声载道，甚至揭竿而起，开始公然与朝廷分庭抗礼。蜀国的灭亡已成不可逆转的潮流了。

251

随着蜀王越来越贪恋酒色、倒行逆施以及朝廷内外乱象纷纭、政局动荡的加剧，许多"灾异"之说也跟着在朝野内外蔓延开来。据《华阳国志》载：开明十二世时，"武都有一丈夫化为女子，美而艳，盖山精也。蜀王纳为妃，不习水土，欲去。蜀王必留之，乃为《东平之歌》以乐之。无几物故，蜀王哀念之，乃遣五丁之武都，担土为妃作冢，盖地数亩，高七丈，上有石镜，今成都北角武担是也。"

从这段记载看，这位末代蜀王已完全进入了昏庸、癫狂、迷离的境地。当他听说武都有一个男人突然变成了女人，而且既美丽又妖艳之后，便以妃子的名义将其娶来，以满足自己的淫欲。虽然常璩说这女子是由山精变来，但以现代人的眼光看，此女子无非就是泰国境内公开表演的"人妖"而已。或许因为这"人妖"有着男人和女人都缺少的万种风情，才使末代蜀王集三千宠爱于一身，对其百般迷恋，以至死后还要为其大张旗鼓地做个纪念碑式的形象工程以做永久怀念。

除了以上这个故事之外，另据扬雄《蜀王本纪》载："（秦）惠王知蜀王好色，许嫁五女于蜀，蜀遣五丁迎之，还到梓潼，见一大蛇入穴中，一人揽其尾掣之，不禁，至五人相助，大呼拽蛇，山崩，时压杀五丁及秦五女……蜀王痛伤……作思妻台。"又说，蜀王与秦惠王会于褒谷，双方互赠礼物以示友好。秦王送了蜀王一筐金子，蜀王亦回赠了对方一口袋珍玩。想不到蜀王所赠秦王的珍玩刚带回宫内就化为一堆泥土。秦王大为恼火，说这个蜀王也太不是个东西了，竟用一堆泥巴扮成金子来糊弄蒙骗我。但有拍马溜须的一位臣僚闻知后，却认为是难得的吉兆，并前来恭贺道："土者地也，秦当得蜀矣。"这一下说得秦王大乐，马上下诏给这位拍马屁者加官晋爵。

如此这般所谓的天灾异兆，其实都是从不同侧面揭露出开明王朝社会秩序的不安定与政治动荡的危机。可惜此时的蜀王并不把这些天灾异兆放在心上，仍一如既往地寻欢作乐，耗损着蜀国的最后一点血脉。周显王二十二年（公元前347年），蜀王派使者朝秦，秦惠王为达到彻底灭亡蜀国的目的，利用蜀王贪图美色和金钱的弱点，用计引蜀王落入自己预设的圈套，让其为秦国入侵军队开道，终使蜀国覆亡。关于这个圈套的具体情形，《水经·沔水注》引来敏《本蜀论》记载道："秦惠王欲伐蜀而不知道，作五石牛，以金置尾下，言能屎金。蜀王负力，令五丁引之成道。秦使张仪、司马错寻路灭蜀，因曰石牛道。"

这个神里鬼气的故事当然不可能是事实的真相，但后人会从这"春秋笔法"的记载中看到一个历史真相的轮廓。这个轮廓显示的是秦人用计从蜀人那里得到了伐蜀的必经之路这一至关重要的军事情报。既然石牛道的情报已被虎视眈眈的秦人所掌控，处于优势地位并呈战略进攻姿态的秦军伐蜀已成为水到渠成的事情，剩下的问题就是寻找师出有名的借口和最佳的进攻时日了。

就在强秦四面扩张，连夺魏河西地及河东之安邑、曲沃，攻取韩之宜阳、鄢城，一路势如破竹，所向披靡之际，关东诸国面对危局，也开始联合起来共同对秦进行抗击。而秦国则倾全力于公元前318年及次年两次击败攻秦联军，使局面处于相持不下的胶着状态。在这种局面下，秦国要迅速东向扩张铲平六国，已变得复杂和困难起来。而就在秦国君臣处于短暂的迷惘之时，一件意外的事情引发了秦国兴兵南伐巴蜀的战略意图。

古蜀道上著名的剑阁遗址

公元前316年，开明十二朝蜀王之弟被封在葭萌之地，称苴侯。葭萌在今广元市西南和剑阁县东北及昭化一带地方，具有极其重要的战略地位。由于蜀王之弟对这位当王的哥哥的所作所为越来越感到不满，遂滋生了反叛之心。在深知自己尚无力跟蜀国中央王朝抗衡的情形下，苴侯开始与巴国首领联合，准备共同夺取蜀王政权。就在这位苴侯紧锣密鼓地做着准备，梦想一朝登上大位之时，机密泄露，很快被蜀王得知。周慎王五年，蜀王于愤怒中派出大兵讨伐苴侯，

253

苴侯抵挡不过，率部奔巴，欲与巴国联合共同击蜀。

就当时的形势来看，巴、蜀的北方有秦国，东方有楚国，楚、秦两国都呈虎狼之势紧盯着巴蜀，恨不得立即灭之而后快。楚在战国初年，北灭汉水中游之巴建立汉中郡，南灭廪君之巴建立巫郡。《史记·秦本纪》载，秦孝公元年（公元前361年），"楚自汉中南有巴黔中"，以此形成了对巴地的包围态势。迫于"巴、楚数相攻伐"的局面，川东诸巴"故置江关、阳关及沔关"以防楚。江关在今奉节，阳关在今长寿，由此可见楚国侵入巴地之深。

面对危局，巴、蜀两国应该团结一致，共同对外，像若干年之后的孙、吴联合一样共同抗曹，但这个局面却迟迟没有形成。由于巴对蜀的成都平原这块肥肉一直垂涎三尺，并想方设法要咬上一口，因而总是联合之日少，战争之日多。巴国每当战蜀不过或内部发生大乱时，便求助于秦、楚两国相助。如在战国后期，巴内部发生战乱，将军巴蔓子向楚国求援，要求楚国派兵帮助，并答应在战乱平息后，愿割城三座作为酬谢。在巨大利益的诱惑下，楚国出兵助巴平息了内乱。战后，楚王派人向巴索城。想不到将军蔓子却说，巴国是靠楚国的威灵平息了乱子，他也确实曾答应过在战胜后割三座城市作为酬谢，可是国土又怎么能够随便割让呢？只好用他的脑袋做酬谢了。说罢，这位将军拔剑自刎，用自己的人头答谢了楚国。蔓子一死，弄得楚国叫苦不迭，既感到窝囊又不好发火。楚王得知，觉得事已至此，难以再索求什么了，于是不再提及索城之事，并下令用上卿的大礼把将军蔓子的头于今四川忠县埋葬。忠县原名临江，到了唐朝贞观年间，为纪念这位蔓子大将军，李唐王朝将临江更名为忠州。今忠县西北里许的地方，就是埋葬蔓子头颅之处。蔓子的头被取走了，但身子却留在了国内，巴王也学着楚国的样子，以隆重的礼节，将其埋葬于今重庆市七星冈算是做了彻底的了结。

却说这次苴侯与巴王联合之后，开始与蜀军交战，但几个回合下来，苴、巴联军屡战屡败，总是处于劣势。为扭转被动局面，巴方军队的最高决策者又准备故伎重演，按过去的惯例求楚或秦出兵助阵，在同苴侯做了商讨并反复权衡利弊之后，决定派人向位于东北方面的秦国求援。接到求援告急文书后，秦惠王亲自主持会议商讨对策。庙堂之上，秦国的文臣武将展开了一场激烈的争论，许多臣僚都认为苴和巴都是言而无信、狡诈成性的小人当权，不应理睬他们，要集中精力攻讨兵少国弱之韩国；有的臣僚主张发倾国

第六章 史影里的蜀国

之兵攻地广之楚，楚亡，则天下可得矣。而秦国重臣司马错、田真黄则高屋建瓴地主张趁此机会征伐富饶广阔的蜀国。二人指出："蜀有桀、纣之乱，其国富饶，得其布帛金银，足供军用。水通于楚，有巴之劲卒，浮大舶船以东向楚，楚地可得。得蜀则得楚，楚亡而天下并矣。"这就是说，伐蜀不仅可以得到巴蜀地区富饶的物资、充足的人力，而且还可以取得一块东向伐楚的重要基地。这一高瞻远瞩、避实就虚的策略，为秦惠王所赏识，并终于做出了南下伐蜀的具有重大战略意义的决定。周慎王五年（公元前316年）秋，秦大夫张仪、司马错、都尉墨等统领大军开始沿石牛道一路往南，杀气腾腾地向蜀地扑来。

古石牛堡遗址

石牛道又名金牛道，也就是当年蜀王为了迎接秦王赠送的屎金的牛与美女，派五丁力士开辟的那条秦蜀通道。这条路是由今陕西勉县西南越七盘岭进入川境，至今广元朝天驿入嘉陵江河谷，是历代由汉中入蜀的主要交通大道。面对秦国大兵突至，蜀王得知消息后仓促下令应战，并亲自率兵在葭萌（治今广元市老昭化城）迎击。想不到两军初一交手，蜀军大败，丢盔弃甲退至武阳（治今彭山），蜀王在溃败中被秦军所杀（《蜀王本纪》作获之）。蜀的丞相、太傅和太子都败死于白鹿山（今彭州市北30公里）。

按照司马迁的记载，"冬十月，蜀平。贬蜀王更号为侯"。在灭蜀之后，"（张）仪贪巴、苴之富，因取巴，执王以归"。不知何故，司马迁没有明确记载灭巴的时日，但从当时的战局分析，离灭蜀时间当不会太远。当然，这次秦灭之巴是江州之巴，并非占有了全部巴地。灭江州之巴以

255

后，秦的主要军事行动暂告结束。而把全部巴蜀地区尽行纳入秦国统治之下并得以巩固，则是三十年以后的事了。

后来的史实证明司马错的战略决策是完全正确的，蜀国被灭掉之后，出现了"蜀既属，秦益强，富厚而轻诸侯""秦并六国，自蜀始"的政治战略格局。

秦灭巴蜀之后蜀地的状况，据《华阳国志·蜀志》载：公元前314年，秦惠王封蜀王子通为蜀侯，以陈壮为相。设立巴、蜀二郡，以张若为蜀守。出于多个方面的考虑，秦灭蜀后，对蜀的统治方法与灭六国后对六国的统治方法做了不同的处理。秦尽管建立了蜀郡，但同时保留了蜀国原统治者的地位，只不过贬号为"侯"而已。当然这并不是秦的仁慈所致，究其原因则是蜀的残余势力还相当顽固和强大（史称"戎伯尚强"），不得不暂时采取安抚、怀柔和羁縻性措施。另一方面，因蜀是一个非华夏民族国家，秦对非华夏民族的政策与对华夏地区的政策也因地制宜地做了区分。如对义渠的政策，秦实施统治的初期也是"县义渠，义渠君为臣"。对闽越同样如此，"秦并天下，废为君长，以其地为闽中郡"。

然而不幸的是，秦在封蜀侯三年之后便出现了"丹犁臣蜀，相壮杀蜀侯来降"的乱子，接着相壮也因叛乱被甘茂所杀。到公元前308年，秦王朝又封公子恽为蜀侯，但也只过了七年，便出现了"蜀侯恽反，司马错定蜀"的情形。次年（公元前300年），秦又封子绾为蜀侯，到了公元前285年，又"疑蜀侯绾反，王复诛之，但置蜀守。张若因取笮及其江南地也"。

秦王朝在灭蜀之后，三封蜀侯，又三次杀掉，都是因为谋叛，而派遣前往平叛的官员又都是著名的军事家甘茂、司马错、张若之流，史籍虽未见到这些战争详情的记载，但仅此已足以说明蜀人和秦王朝进行了顽强的斗争，前后持续了三十年之久。在这三十年中，开明王朝的残余势力在秦军一次次进攻打击下逐渐削弱瓦解，并逐步向西南退却。据后世史家研究表明，这股残余势力第一步是自成都平原退到青衣江河谷，故有"丹犁臣蜀"之事。丹犁就是汉代的沈黎，今雅安地区一带，至今在芦山县附近还留有一座开明王城。然后就是跨过大渡河，通过今凉山州，退到今西昌、姚安一带。再后，于战国末年经云南、广西进入今越南北部建立安阳王国，其国为汉初的赵佗所灭。

第六章　史影里的蜀国

秦在统一巴蜀之后，初立巴、蜀二郡，后分巴、蜀二郡再置汉中郡，共三郡三十一县。从此，北至秦岭，东至奉节，南至黔涪，西至青衣，包括今阿坝、甘南、凉山等州部分和鄂西北在内的广阔地区，都置于秦的郡县制度统治之下。郡设郡守，掌郡治；又设郡尉，辅佐郡守并典武职甲卒。县万户以上设令，减万户设长，下设丞、尉，辅佐令、长。县有少数民族便改称"道"。此后，秦国的制度政令逐步推行到巴蜀地区，并促使青铜时代的古蜀文明逐步融入铁器时代的中国文明之中。旧的古蜀王国消失了，一个新的大一统的时代到来了。

第七章 坑中珍宝之谜

天赐王国

　　出土文物的修复，北京故宫首次展示，世界性的瞩目与赞叹。三星堆文化研究热潮兴起，中国学者的特色与局限。坑中珍宝的破译，各路专家学者争相加盟。关于青铜器的探讨，海贝来源的争论，金杖性质的考证，鱼凫还是杜宇的猜测。在古蜀国闪耀的朦胧星光中，探寻的脚步仍在艰难地向历史的纵深穿插迈进。

是人是兽难分晓

按照中国考古学家与历史学家一贯的思维方式和学术研究套路，既然古蜀的历史已有了一个雾中楼阁般隐隐约约的转承组合系统，下一步就要看三星堆遗址两个祭祀坑出土的文物，是否与这段历史和这个系统相匹配。也就是说，这些文物与古蜀历史上的蚕丛、鱼凫、柏灌、杜宇、开明等为王的时代有无内在的关联。如果没有，当作别论；如果有，属于哪个时代，相互间是一种怎样的关系，如何对号入座，并找到自己的最佳搭档，等等。只有找到了这种内在的关系，最好是能对上号，研究工作才能取得重大成果甚至是重大突破。

对于这种具有中国特色的思维模式和研究方法，美国哈佛大学人类学系教授、著名考古人类学家、美籍华人张光直，在追究其形成的历史渊源时曾精辟地论述道："中国历史上第一次重大的发掘——由国家集中人力采用新输入的现代考古学的方法所进行的发掘，是在河南安阳的殷墟。这件事情对中国考古学后来的发展，是有很大影响的。殷墟是历史时期的遗址，对它的研究一定要使用文献的材料、出土甲骨和金文的材料，所以把考古学主要放在了历史学的范畴内。考古学的目的、方法和所利用的文献，使它主要在中国历史学的传统内延续下去。这种考古学的成见，影响到史前学的研究。假设中国集中人力连续数年发掘的第一个遗址，不是殷墟而是新石器时代的遗址，比如半坡、姜寨或者庙底沟，培养出来的一代专家，不在历史学而是在史前学的领域内，很可能中国考古学会走到另一条路上去。中国的考古学会更加注重生态环境、植物、动物、土壤的研究，注重陶片分析、遗址分析和石器分析等等，就如西方的那样。但是，历史是没有假设的……中国学者的一个习惯，是研究中国不研究外国。中国过去所有的考古学家，都是研究中国历史出名的，历史学家也基本上是这样。"

既然历史不能假设，以安阳殷墟发掘为标志培养出的中国学者的学术思维和路数，也就不可能在短时期内有一个大的改变。它所形成的强大惯性还要在考古学与历史学探索的学术道路上延长若干个时日。殷墟的发掘和研究如此，三星堆遗址以及器物坑的发掘与研究同样如此。那么，摆在众学者面前的三星堆遗址之谜，是否由于有了文献或多或少的记载与出土器物的参照，就能在历史的这个大框架中对号入座，在排列组合之中得以全面解开？这是一个有志于包括三星堆在内的古蜀文化探索的专家学者，所面临的一个既充满诱惑又荆棘丛生的探寻目标。

1987年5月26日，经四川省文化厅文物处与省考古研究所请求，中国历史博物馆派员四人，重庆市博物馆派员一人赴成都，与四川省考古研究所的修复专家杨晓邬等人会合，共同进行三星堆遗址一、二号祭祀坑出土器物的清理和修复工作，以便推进相关的发掘资料的整理、发掘简报的撰写和各项研究工作的进程。按照四川方面的规定，此次修复的器物主要是受到社会各界特别关注的青铜大立人像、大面具、纵目人面像、青铜人头像以及尊、金杖等器物。通过各方修复专家的密切配合与通力合作，修复进展顺利，在四个多月的时间内，就将两个祭祀坑出土的保存较好的主要文物，最大限度地恢复了原貌。

1987年10月，三星堆祭祀坑出土的青铜大立人像、

修复出土器物

青铜面具

青铜面具摹图

铜头像、纵目人面像等精品文物,随《全国重要考古新发现展览》首次赴北京,在故宫展出。这一举动立即引起了世界各地人士的极大关注,纷纷前来一睹为快。著名考古学家、时任哈佛大学人类学系主任的张光直闻听这一消息后,专程从美国飞往北京参观这次展览,并在青铜立人像前,久久伫立,赞叹不已。

从清理和修复的器物看,三星堆遗址两个祭祀坑共出土了五十四件青铜纵目人像及面具。这些面具看上去奇特古怪,整个造型似人非人,似兽非兽。因而两坑的发掘主持人"二陈"在共同撰写的发掘简报中,最早把这批器物称为"青铜兽面""纵目兽面像""青铜纵目兽面像"等等。这一提法公之于世后,很快受到了张明华、杜金鹏、高大伦等学者的质疑。这几名学者认为这些面具的形象压根儿就不是兽,而是活灵活现的人,应该称作"人面像"才合乎事实本身。这种面像的形式是从河姆渡文化的太阳神徽、良渚文化的祖神徽演化而来并更加图案化和人形化了。著名考古学家杜金鹏还指出,良渚文化里的一件所谓"兽面纹"的上半部,原本就不是什么鬼兽,而是一个明显的戴皇冠的人的形象。学者高大伦认为杜氏的这一说法更合乎历史的真实,并进一步补充说这种人面是从河姆渡"双鸟负阳图"演化而来。这个观点得到了许多学者的认同,因而为"二陈"最早所称的"兽面"变为"人面",做了阶段性的更加符合理性的诠释。

在这些人面群像中,有的两个眼角向上翘起,如同竖眼一般;有的眼球向外高度突出,如同战场上的指挥员架上了现代化的俄罗斯高倍望远镜。如在二号坑发现的十五件人面像中,均为半圆形,根据形态可分为三个型号,其中造型最神奇怪诞的就是那件被当作古蜀王"背椅"或"宝座",并轰动一时的眼球向前凸出16厘米的巨大青铜面具。

关于这件通高65厘米,面部至两耳尖宽138厘米的纵目

青铜纵目面具摹图

面具的性质,有的学者开始把这件器物往已大体划定的历史框架中乱装猛塞,并根据《华阳国志·蜀志》中"有蜀侯蚕丛,其目纵,始称王"的记载,认为这就是蜀人的始祖神——蚕丛的影像。其推断的理由是,远古时代,人类赖以生存的资源主要是动物,于是便产生了动物崇拜,同时也对祖先进行崇拜。图腾崇拜就是以上两者崇拜的结合。这一造型奇特的青铜大面具,可能就是远古蜀人的自然崇拜向祖先崇拜过渡的产物。而文献记载中所谓的"纵目",应是古代蜀人对自己祖先形象的追记,即采取极度夸张的艺术手法塑造的蚕丛纵目的图腾神像。这一形象,是人类对自然界和自身的认识尚处于原始水平时期,对其祖先神化加工的生动写照,就犹如女娲造人,以及伏羲女娲人首蛇身的传说形象一样。

除了《华阳国志》记载蜀人始祖蚕丛"其目纵"及"纵目人冢"等语外,《楚辞》亦有"豕首纵目"的记载。因而有学者认为"纵目"应该是"竖眼"的意思,也就是和著名的神话人物二郎神额中的第三只眼睛差不多。但这个看法遭到了许多学者的反对,认为这样的联想未免相差过大,很有些胡思乱想的味道。"纵"应该是"向前"的意思,或解释为"前伸",也就是人们常说的纵身、纵箭、纵深发展、纵目远眺等等。如果将"纵"理解为"竖",显然是只知皮毛而未解其本质。实际上,"纵目"一词的含义应当和青铜人面像的眼睛一样,眼球长长向外凸出,如同纵身跃出一般。这件面具的出土,正是文献中有关"纵目"的记载的写照,是几千年来为人们费解的难得的实物例证。

在进一步考察中,有学者根据《山海经》所谓天神烛龙"直目正乘"的记载,认为这件青铜纵目面像并不是什么所谓的古蜀始祖——蚕丛,而很可能就是《山海经·大荒北经》中记载的"烛龙"。这部古代地理名著,除记载民间传说中的地理知识外,还保存了许多远古的神话传说。如在一段故事中这样说道:大约在距今六千年前,西北方的钟山上有一条巨龙。它的身躯很长很长,一伸腰就能达到千里之外。它的样子很怪,浑身通红,虽是蛇身,却长着人的面孔,但眼睛不是横着长,而是竖立起来。这个人面蛇身的怪物经年蜷伏在钟山脚下一动不动,不吃、不喝、不睡觉,也不怎么呼吸。但只要它什么时候想起来开始呼吸,普天之下就会立即刮起飓风,搞得飞沙走石,日月无光,弄不好还会像当今的原子弹爆炸一样,造成房倒屋塌、天崩地裂的恐怖局面。不仅如此，这家伙的眼睛又大又亮，一睁眼就能把天外的阴极之地全都照个通亮，这个时候的天外就变成了白天。待它一闭上眼睛，天外立刻又成了伸手不见五指的黑夜。只要它吹口气，天外就立刻会变成狂风呼啸冰雪漫天的寒冬。它只要轻轻地吸口气，天外又变成了炎炎似火酷热难忍的夏天。真可谓达到了通天入地、偷天换日的神奇境界。由于它能像蜡烛一样发出光亮，人们便称它"烛龙"。又因为它能照亮天外阴极之地，所以又叫它"烛阴"。

烛龙的眼睛何以如此厉害？《山海经》说它"直目正乘"。"正乘"之意，语焉不详，历来颇多分歧，但对"直目"，大多数注家都赞成晋代学者郭璞的说法，即"目纵"之意。从"烛龙"的眼睛联想到三星堆二号坑出土的这件特大号青铜人面像，有的学者便开始颇为自信地认为，这就是烛龙"直目"的真实写照，也是三星堆遗址为什么在出土的器物中有不少龙的形象的原因。如出土的大型青铜立人像左衽上的龙，青铜爬龙柱形器上的龙，以及青铜神树复原后上面那条长达三米多长的巨型盘龙等等，都应与烛龙这个神物有关。

戴冠青铜纵目面具

另据当代学者王兆乾等人的研究，认为神话传说中的火神、光明之神和南方之神祝融读音与烛龙相近，因而烛龙又可视为祝融。《山海经·海内经》说："炎帝之妻，赤水之子生炎居，炎居生节并，节并生戏器，戏器生祝融，祝融降处于江水（岷江）。"《蜀王本纪》则说："蚕丛始居岷山石室中。"以此来看，传说中的祝融同蚕丛一样，最早都活动于四川西北的岷山和岷江一带。由此，古蜀人很可能将他们合为一个神，并引为自己的先祖来崇拜。三星堆出土的龙形器物，便是蜀人将自己的先祖与神灵融为一体的具体表现。

但也有学者认为三星堆二号坑出土的十几件眼球突出的青铜人面像,既不是烛龙,也不可能是祝融,而就是传说中的蚕丛及其部族的高级官员。

当然,考古人员还注意到一个不可忽视的事实:和这个被称为蚕丛影像的蜀人老祖宗同时出土的,还有一件鼻梁上装配有"龙"或"蛇"的青铜纵目人面具。此件器物堪称整个出土青铜器群中的绝品。这件面具宽78厘米,通高82.5厘米,在额正中的方孔中,补铸有高达68厘米的夔龙形额饰,耳和眼采用嵌铸法铸造,角尺形的一双大耳朵向两侧充分展开。最奇特的是一双眼睛,呈柱状外凸的眼球向前长伸约十厘米。鹰钩鼻子,大口微张,舌尖外露,下巴前伸。出土时尚见眼、眉描有黛色,口唇涂有朱砂的印痕,估计也应是这个青铜家族的一位高级神灵。

从这件面具的形象特点可以看出,古代蜀国的匠师们用大胆夸张的手法,将人和兽的形貌巧妙地结合起来,巧夺天工地创造出了面目威武、神情严峻,极富抽象的人兽杂糅的神灵偶像。由于这件文物在构思和制造过程中都赋予了极其伟大的天才的想象力,它在各类面具形象中异军突起,光芒四射。尤其是额上那道长长的直立的冠饰,犹如一道灿烂夺目的旗帜,壮美挺拔,迎风招展。只要站在它的面前,似能听到"哗哗"摆动的天籁般神圣高洁的声音。而那完美的造型设计以及精湛的制作工艺,又使这件器物显得威震四座,气盛八方,凛凛然有天神突降人间的神秘慑撼之感。如此大胆狂放,具有穿越时空的丰富想象力的造型艺术,不只是在蜀地前所未见,即是与中原同期的商周青铜艺术相比也是闻所未闻,前所未见的。

举世无双的青铜巨人

在北京故宫展览时,布展人员特地将一件形体高大的青铜立人像安排在整个展厅的正中位置。

这件青铜立人像出土于二号祭祀坑的中层,身高122厘米、冠高10厘米,连座通高达2.62米,重180多公斤。出土时已从立人腰的下部断为两截,下层方座底部残损。经四川省考古研究所修复专家杨晓邬妙手回春的

天赐王国

青铜大立人出土情形

意大利出土的青铜武士像

修复，基本保持了原貌。据陈德安等考古学家推断，此像铸造历史距今已有三千多年。如此巨大的青铜人像，在中国出土的商、周器物中可谓前无古人，其精湛的铸造工艺，也为中国美术史和青铜冶铸史所罕见。这尊青铜立人像不仅填补了中国青铜文化在这方面的一项空白，而且就时间论，比古希腊的德尔菲御者铜像、宙斯或波塞顿铜像还要早四五百年以上。即使在古埃及等世界文明古国中，也从未发现时间如此久远、体量如此重大的青铜人像。1972年，在意大利亚契市海湾发现了两尊希腊青铜武士像，使整个欧洲为之狂欢。14年后，三星堆大型青铜立人像横空出世，使整个世界为之瞩目，并再度引起了全人类心灵的强烈震撼。这是迄今为止中国发现最大的远古青铜人像，也是世界上同时期古文化遗存体积最大、艺术水平最高的罕见的绝品之一，是中国乃至整个世界青铜艺术发展史上的一座无法逾越的奇峰。

从外观上看去，这件罕见的青铜大立人像，身躯修长挺拔，头戴回纹筒形高冠，身穿窄袖与半臂式套装三件，前裾过膝，后裾及地，长袍上阴刻两组龙纹。有专家推测，这套打扮可能就是商代祭祀时穿着的"衮冕服"。大立人的左肩向右斜挎一条"法带"，目光炯炯，直视天下。小腿和手腕上戴有镯子，赤脚，一双大手做"掐指一算"状，透视出神秘威严、变幻莫测、法力无边的魔力，大有视天下苍生如草芥、揽天下沉浮于股掌之中的气势。从华贵的衣饰、富丽的穿戴和古朴的台基装饰可以看出，这尊青铜大立人像所代表的，绝非一般身份和地位的人物，当是君主王侯之类贵族首领。在三千多年以前，中国古代的君王都具有多重身份，既是号令天下的一国之君，又是统率全国大小巫师的群巫之长。这个国君平时做一些统治国家、压榨剥削劳动人民的事情,战时则统率三军出征,用劳苦大众的鲜血保住他的统治地位,以便继续长久地骑在人民头上作威作福。如遇天灾人祸或祭祀祖先、社祭、军祀时,则亲自出马,举行隆重的祭礼,以保统治阶级的地位平安与迷惑人民大众不要揭竿而起,毁了自己的安宁与幸福。基于这样一个历史事实,有学者认为这尊立人像代表的是政教合一的领袖人物,也就是蜀王兼群巫之长的形象。

也有的学者认为这一青铜大立人像,应是宗庙内祭祀先王及上帝特设的偶像,其作用是沟通天地、传达天神的旨意。著名考古学家俞伟超在大立人像赴北京展出之前,于四川省考古研究所修复现场,对这件刚刚修复完成的器物亲自做了考察后,对陪同的林向、赵殿增、陈德安、陈显丹三星堆的发掘者与研究者们曾这样说道:"大铜人站在祭坛上,大家都会推测他是一个神祇。但究竟是什么神祇,似乎难以琢磨。我看,如果把大铜人双手所持之物的原来面貌弄清楚,则神祇的属性就容易搞明白了。这个铜立人双手皆把握成圈状,把握的方向又表示出所持为一长形物品。如做仔细观察,其双手把握之物的断面大体呈方形。在当时存在的物品中,只有琮的形态与这种情况最为符合。由此可推测,铜人双手原持一大琮,如为玉琮,则埋藏时可能取下而置于他处,如为仿玉木琮,则就会因腐朽而不存了。三代之时,礼天用璧,祭地用琮。铜立人既然手持大琮,当为祭地之神,可知大铜人本身也就具有地神的性质。"在这个推论的指导下,俞伟超建议发掘者和修复者一道,仔细查找玉琮的踪迹,以便确认这一推论的可能。遗

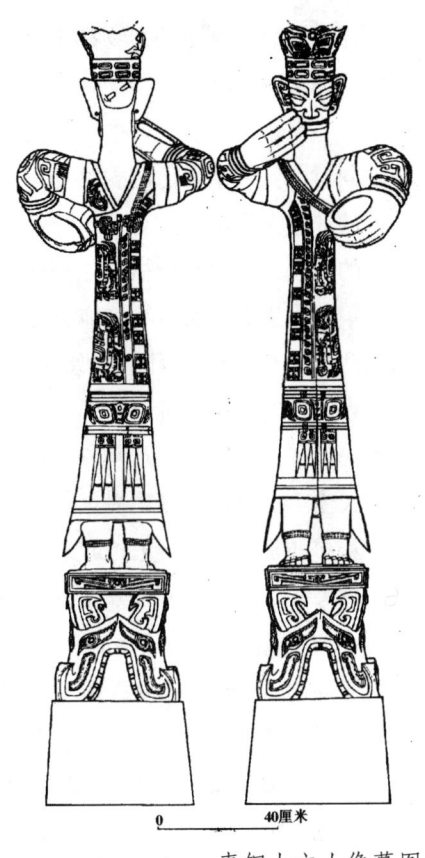

青铜大立人像摹图(背,正)

憾的是直到所有的器物都修复完毕，也没有发现可以和这件青铜大立人相关联的玉琮出现。

对于俞伟超这一推断，三星堆最早的关注和发掘者沈仲常在表示赞成的同时，又根据自己的观察和思考做了进一步论述。他认为：这件青铜立人像的双手大得出奇，与身体显然不成比例。当时匠师们为什么过分地夸大铜人的双手？而双手所执的原是什么东西？这是一个颇耐人寻味的问题。这件青铜立人像手中所执物确应为琮。琮内圆外方，外壁以减压法突出四块长方形凸面。从这件青铜立人像双手的握式中，正可以看到一个长方形凸面的一半。在二号祭祀坑出土的"神树"残件中，曾发现一件仅存上半身的小青铜人像，这件小人像双手分开平置于胸前，手中各执一件琮，这恰为大青铜立人像手中所执的器物提供了事实上的佐证。在此之前，考古人员所见到的琮最多的是玉制品。玉琮起源于新石器时代，最早见于良渚文化的墓葬中。经过考古学家多年的研究，一般随葬玉琮的良渚文化墓葬有以下四种特征：（1）规模较大，随葬品丰富；（2）墓主人多为男性；（3）玉琮往往与玉璧同出；（4）有些墓还有人殉现象（如张陵山M4）。据此，有的学者认为，良渚文化的玉琮是一种与原始宗教巫术活动有关的器物。它用于随葬，很可能具有避凶祛邪、保护死者平安吉祥之意，带有神秘的宗教色彩。当人类进入阶级社会之后，玉琮就成为祭祀天地的礼器了。与三星堆祭祀坑时代相近的殷墟妇好墓曾出土玉琮十四件，《周礼·春官·大宗伯》载："苍璧礼天，黄琮礼地。"张光直先生在《考古学专题六讲》中对玉琮有如下论述："琮的方圆表示地和天，中间的穿孔表示天地之间的沟通，从孔中穿过的棍子就是天地柱。在许多琮上有动物图像，表示巫师通过天地柱在动物的协助下沟通天地。"

最后，沈仲常总结性地说："如上所述，玉琮是祭祀天地的礼器，那么手持琮的青铜立人像所代表的又是什么人的身份呢？这件青铜立人像正身直立，神情庄严肃穆，双手执琮，琮的孔中或可能还插有通天地的木柱。在二号坑出土的大量遗物中，高大的立体铜人像只此一尊，它象征的应是在这里主持祭祀的巫师。根据祭祀坑的地理位置来看，人像身着左衽衣，结合同时出土的具有蜀文化共同特征的遗物分析，这件青铜立人像象征的无疑是蜀人。而衣服上的云雷纹和青铜尊等容器的特征，又显示出与中原商文化有一定联系的特征。因而不妨做这样的推论,这件青铜大立人像,象征当时蜀人中的群巫之长,也可能就是某代蜀王的形象。"

对于沈仲常的这一推论,同是四川学者的屈小强颇不以为然,他在做了一番调查研究后,认为青铜大立人像应是太阳神的形象。其理由是:原始社会的先民们在与太阳长期共处中观察到,太阳能促进树木、花草和农作物的生长、成熟,能给人带来光明、温暖,还能明辨善恶,洞察人间。所以,大约在进入新石器时代以后,他们便开始奉太阳为丰产之神、保护之神,以及光明正大、明察秋毫之神。三星堆二号坑出土的那尊高达2.62米的大型青铜立人像,就糅合进了传说中的太阳神形象。而头顶太阳的形象,在中原古史传说中是天帝少昊,他是黄帝与嫘祖在江水所生的儿子青阳。甲骨学专家们考证说,少昊部落集团各氏族"全是鸟的名字,明显是图腾的残迹"。又说少昊是商人的先祖,商人又曾以太阳为名,奉太阳为神。从字义上看,少昊的昊字则是从日从天,是头顶太阳的人。因而古代人尊称少昊是集鸟崇拜(属图腾崇拜)与太阳崇拜(属自然崇拜)于一体的人间首领。

关于沈仲常与屈小强各自的推断到底孰是孰非,学术界并未做出硬性的评判,但不管做何结论,有一个明显的事实不应忽视,那就是这具青铜大立人像在出土时,被拦腰折为两截。这个显然并非正常的现象,二号坑发掘的主持者陈显丹,对此做了两种可能的解释:一是蜀国的政权发生了巨大变更,取得政权者将古蜀王所崇拜敬奉的神灵作为战利品献祭给天帝,或作为一种最大的"封禅"所举行的"碎祭"。二是当时蜀国面临着灭顶之灾,蜀王在走投无路的情况下做出"自我牺牲"的决定,但又不能真死,于是他铸造了一个替身,这就是人们现在所看到的青铜大立人像。

为自圆其说,让这个解释看上去更趋合理化,陈显丹还列举了《三国演义》中曹操割发以代首级的故事作为佐证,并认为曹操的灵感与做法就是仿效先祖先王的风俗与做法实施的。按陈显丹的说法,三千多年前的古代君王,当他们在洪涝、干旱、地震、雷击等天灾人祸面前束手无策的时候,经常会以"死"的方式向天帝"谢罪",如同后来的皇帝们搞的"罪己诏"模式。他们的死法是在举行了祭祀礼仪之后,架起木柴将自己焚烧。当然,主持祭祀大典的君王们不会把自己真的投入火中,而是采取用自己的替身人像进行焚烧的方式,来完成这一庄严、肃穆、凝重的仪式。这种古老的仪式除古蜀国外，在中原的商王朝也屡见不鲜。据有关文献记载，商朝的汤王在打败夏朝的桀之后不久，天下出现了严重的干旱，整个国家陷于绝境之中。为除灾祈福，商王亲自登坛跪拜祈祷，但仍无雨。在无可奈何的情形下，商王开始对天祷告说："上天啊，如果有什么过错，你惩罚我一个人就行了，为什么要降罪于成千上万的百姓呢？"说完，便剪下自己的头发，又在地上磨自己的手，最后将自己的整个"身体"作为祭品奉献给了上天以谢其罪。这里记载的商王将自己贡献给上天，实际上就是类似三星堆青铜大立人像的替代品，最多只是把他那几绺头发割下，以此作为贡献而已。对于陈显丹的这一解释，有的学者认为有一定的道理，有的则一笑了之，嘴上不言，心中自是颇不服气。

通天神树

在三星堆遗址二号坑中，共出土了八棵被称为神树的青铜器物。这些树有大有小，但均被砸烂并经火烧，大多残缺不全。最大型的被称为一号神树，修复专家杨晓邬与他的助

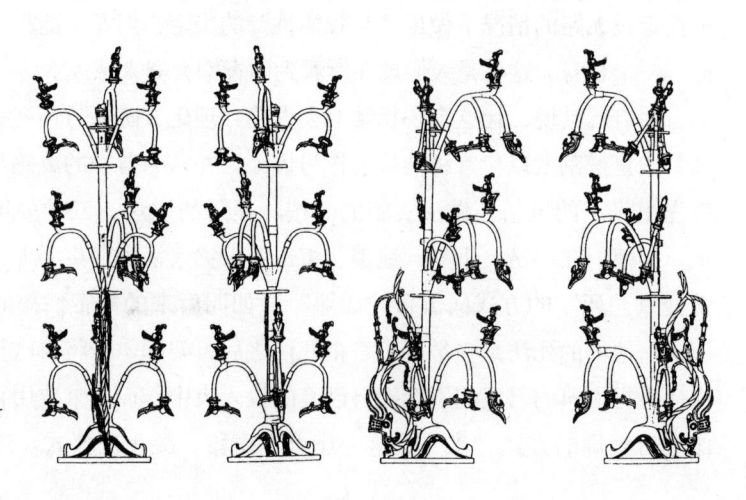

修复后的青铜神树摹图

第七章 坑中珍宝之谜

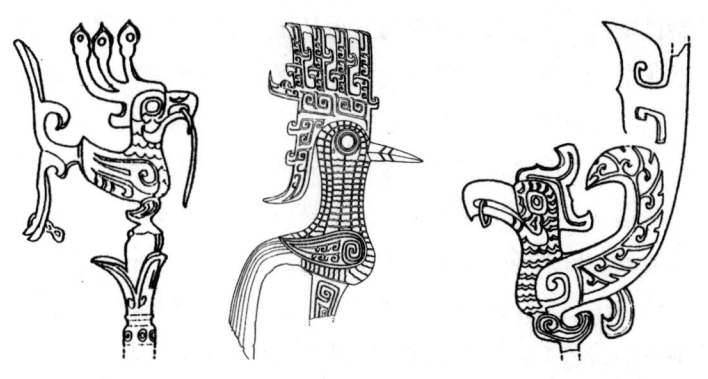

神树上的铜鸟摹图

手们经过三年多呕心沥血的修复，总算使这件器物比较完整地呈现于世人的面前。此树通高3.96米，整株树分为底座、树身、龙三部分。圆圈形的底座上有三个拱形的足，如同树根状。主干之上有三层树枝，均弯曲下垂。树枝尖端有花朵果实，每一枝的枝头上都站立有一鸟，全树共九只鸟。树的顶端因为残缺，不知顶部的具体情况。但从残缺的顶部仍能看见有一个巨大的果实，推测树的顶部也应该有一只鸟站立，因为它的结构与其他枝头的结构在整体上相同。神树的主干外侧有一条身似绳索的残缺的青铜龙，由树冠沿着树干蜿蜒而下，那弯曲的身子总长度达到了五米。龙身是用铜管扭成绳索状而成的，直径约十八厘米，呈由天而降之势。整个形象看上去大气磅礴，雄壮威武。那高昂的龙头与扭曲的龙身，给人以腾云驾雾、自由流动于天地间之感。这棵神树是中国国内出土青铜器中体量最大的一件，同时也是全世界范围内体量最大的青铜文物之一。据修复专家杨晓邬说，在一号神树的修复过程中，开始并不知道树干与那条残缺的青铜龙有何种关系，待各自修好后，神树怎么也不能单独立起来，非要有个支撑架才能立稳。经过一番观察，发现神树的底座和树干有几块多出的小铜片，望着这几块小铜片，杨晓邬突然意识到可能与刚修复的那条巨型龙有内在的关联，于是赶紧和助手把那条青铜龙

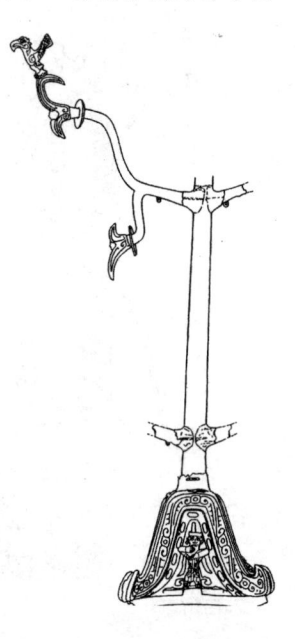

青铜神树局部摹图

搬过来核对，结果发现树与龙正是相互配套的一件器物。待把龙配上之后，神树站立后便不再倒下。这个时候杨晓邬才明白，这条攀在树上的巨龙除了它的文化内涵和寓意外，在技术工艺上明显地起到了保持树的重心稳定而不倒的作用，单是这一方面的铸造技术，就是一项了不起的发明创造和技术成就。后来经过多个实验室配合研究，神树的树身采用分段铸造法制成，运用了套铸、铆铸、嵌铸、铸接等手法，可谓青铜铸造工艺的集大成者。从现代美学的角度看，神树造型结构合理，布局严谨，比例适宜，对称中有变化，对比中求统一，整棵树虽由多段多节组合而成，但观之仍有浑然一体、天衣无缝之感，完全称得上是神工鬼斧、巧夺天工，达到了登峰造极的艺术境界。

除排序为一号的大型神树外，那棵中型神树的下半部分保存得比较完整，只是上部已基本残断无存，仅有一根枝头上有鸟造型的树枝大致可以复原。树的底座呈山形状，应表示神树长在神山上，上面刻有太阳和云气纹。座圈的三面各铸有一方台，上面有跪坐人像，人像双手不知握有什么东西。估计此树原高度也应在两米以上。小神树共有四棵，但均因残缺太甚，无法修复了。不过从残件上可以看出这些树的树干呈辫绳状，树座盘根错节，浑然一体，树枝端头造型应为人首鸟身像，有学者把它誉为人们常说的"连理枝"予以解释。

关于这大大小小的青铜树所体现的主题和用途，著名考古学家俞伟超在铜树的修复之时，曾受四川方面的邀请到成都做了亲身观察，并对当地学者发表了自己的看法。据俞伟超云：三星堆祭祀坑的大量出土物中，最引人注目的就是这两棵大铜树和一个大型铜立人像。这不仅是因为它们形体高大，形

铜树座摹图

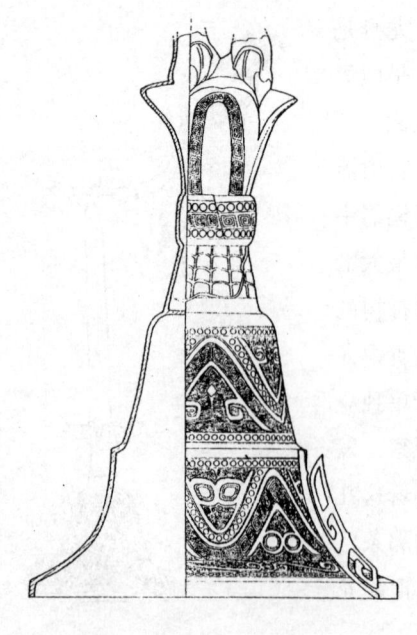

象奇特，更在于其含义难明，可以引起很多遐想。据初步推断，二者都应是当时土地崇拜的体现物。大铜树尚未全部修复，全形还不太完整，但大致可知是在一根大树干上，分出多层的三枝树杈，每枝树杈上，又再生出许多枝叶。上面悬挂着大量小件物品和神怪形象，看上去真是五花八门，眼花缭乱。尽管其细部还有许多复原不了的地方，但整个铜树的形态，一眼望去，就可以知道它同东汉时期在四川和云南、贵州以及甘肃和青海东部墓中随葬的铜质摇钱树有一脉相承的关系。那种东汉的摇钱树，我在1980年已著文说明是社树的模拟物。关于古代的社树崇拜，《论语·八佾》曾曰，"夏后氏以松，殷人以柏，周人以栗"，可知商代是流行的。三星堆的早期蜀文化既然存在着很多商文化的因素，当时的蜀人同商人一样崇拜社树就成为很可能的事情。"社祀"是一种祭祀土地神的活动，古代的农业部落因为见到粮食是从土地中生长出来的，为了祈求农业丰收，所以普遍崇拜土地神，并把这种土地之神叫作"地母"。社树就是一种地母崇拜的体现物。当时的蜀人，既然已经以农业为生，当然会出现这种地母崇拜。况且以后的东汉时期，四川又是铜质摇钱树最流行的地区，这自然潜藏着一种历史文化的传统。如果把这几方面的情况结合在一起考虑，把三星堆大铜树推定为社树的模拟物，看来是问题不大的。

对于俞伟超的看法，考古学界没有太多的争论，只是有不少补充或另外一个系统的全新论述。如参加三星堆发掘的敖天照则认为，这几棵神树应是"早蜀先民宇宙观的实体模式，也是太阳崇拜的实物写照，与古代民族普遍存在的自然崇拜有关。《山海经》和《淮南子》曾有扶桑和若木的记载，三星堆祭祀坑出土的一、二号铜树，就是栖息神鸟的扶桑和若木。扶桑在东方太阳升起的汤谷上，若木在西方太阳落下的地方。天上的十个太阳，由十个神鸟运载。一个在空中，九个在枝头……这就是远古时代人们认为宇宙有'十日'的神话传说，即太阳崇拜在三星堆遗址出土的青铜大神树上的具体体现。用这种方式以祈求太阳适时出没，风调雨顺，五谷丰登，人畜兴旺"。

关于敖天照所说的扶桑与若木的提法，早在20世纪70年代，史家郭沫若曾有过一番论述。当三星堆二号坑出土青铜树的消息披露不久，就有一大批学者以郭老的这篇文章为底本，再次推断、论证青铜神树所牵涉的扶桑与若木等问题。不过如同古人所云，姜还是老的辣。就学术水平而言，后来者似乎都未超出当年郭老论述的范畴。因而只要看了郭老对这一问题的论述，其他学者的考证也自然成了小巫与大巫的关系。

郭沫若在《出土文物二三事》（《文物》1972年3期）的第三个故事中这样说道：

1969年11月，在河南济源县轵成公社泗涧沟村西南，发现了一座西汉晚期的砖室墓。墓中出土了不少的陶器和陶俑，也有部分铁器如刀剑带钩之类。

在陶器中有一株陶树，通体施釉，上半部呈暗绿色，下半部呈黄色。树顶站一大鸟，头上有浅冠，颈与身直竖，颈颇长。树枝九出，约略以三枝为一轮，由上而下的第一、第三、第四枝上各有一小鸟；第二、第六、第九枝上各坐一猴；第五、第七、第八枝上无物，或系脱落，但无痕迹。三只小鸟和三个猴子都没有施釉。枝端有叶上翘，叶的外面，第一、二、三、四、六枝均着一展翅的知了（蝉），第五、七、八、九枝无蝉而有花。树脚呈三角锥体，三面穹窿，以三棱锐点突出为脚。锥棱上有飞蝉、奔马、踞坐的狒狒，两手各执一长物而食；锥面上有三个裸体的人，左腿上屈，左肘内屈，放在膝上；右腿下屈着地而坐，右肘撑在地上者一人，撑在右膝上者二人。此外有些花纹，似杂草。

这株陶树，同志们采纳了我的意见，定为"古代传说中的扶桑"。新华社曾据以报道，但未加以说明。我现在把我的意见叙述出来，以供参考。

在古时候，中国有一个神话式的传说，说天上本来有十个太阳，每一个都载在乌鸦的背上。这十个太阳和十只乌鸦都栖息在汤谷上的一株名叫"扶桑"的大木上。它们轮流值日，一个太阳和乌鸦值日时，其他九个太阳和乌鸦便在扶桑树的下枝休息。太阳背负在乌鸦上，大概是一半白昼、一半黑夜的象征。

有一次，太阳们没有遵守这个规约，十个太阳同时出来了。于是灼热不可当，草木和农作物都被烧焦了。老百姓们不仅热，更找不到东西吃。那时有一个会射箭的人名叫"羿"，他是尧皇帝的臣下。尧皇帝便命令羿去射太阳和乌鸦。羿果然射落了九个太阳和九只乌鸦，只剩下一个太阳和一只乌鸦在天上，于是老百姓就起死回生，天下太平了。

第七章 坑中珍宝之谜

陶制扶桑木所表现的就是这个故事的后一阶段。树顶仅有一个乌鸦站着，象征着剩下的一个太阳，下边的九个树枝只附着鸣蝉、小鸟、猿猴；树下的人和物，在草茵上，都好像悠然自得或奔逸欲狂。但人身上是一丝不挂的，正表明其原始，是所谓"葛天氏之民与？无怀氏之民与"了。

上述故事，我是从好几种古书上的记载综合起来的。为了表明不是杜撰，也或许可以满足读者的好奇，我想把那些资料综述在一道。

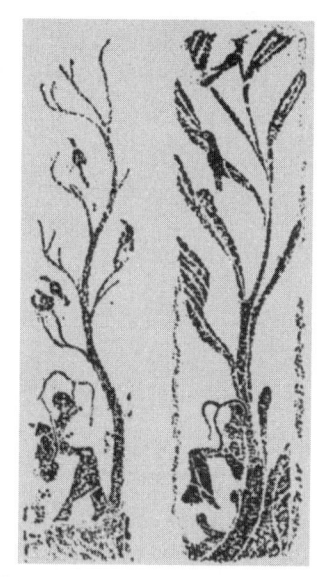

《山海经·海外东经》："汤谷上有扶桑，十日所浴，……居水中，有大木，九日居下枝，一日居上枝。"

《山海经·大荒东经》："汤谷上有扶木，一日方至，一日方出，皆载于乌。"

后羿射日（汉画像石，河南南阳出土）

《山海经·海内经》："帝俊赐羿彤弓素矢曾，以扶下国；羿是始去，恤下地之百艰。"

《庄子·齐物论》："昔者十日并出，万物皆照（照疑当作'焦'）。"

《淮南子·本经训》："尧之时十日并出，焦禾稼，杀草木，而民无所食。……尧乃使羿……上射十日……万民皆喜，置尧以为天子。"（《北堂书钞》卷百四十九引作"命羿射十日，中九乌，皆死，堕羽翼"。《艺文类聚》卷一所引略同。）

由上引资料看来，《淮南子》虽然把这故事定在唐尧时代，其实并不甚古。原始民族，数目字的观念是很有限的，所谓"以三为众"，正是实证。数目发展到十，并且以十进位，这是表明：有相当高度的文化了。

由传说的积极一面的精神来看，它标示着"人定胜天"——人能够和自然界斗争，并矫正自然界的不守秩序。这是自有人类以来的人民创造历史的不断的过程，这是可取

275

的一面。但故事却把这种精神归之于"善射"的羿，和有"圣德"的尧，那就是英雄创造历史的唯心史观了。其实即使羿这个人果真存在，果真善射，他所用的弓矢绝不是什么"帝俊"所赐，而是劳动人民所创造的，射的技巧也是几十万年来人类在渔猎生活中的经验积累，这些都绝不是个人英雄所能够独创。何况征服旱灾是劳动人民的水利工程——浇水、打井、凿塘、筑堰等等——的劳绩，也绝不是弓矢所能办到。帝俊和尧皇帝的莫须有更不必说了。

故关于射日的故事，公元前的诗人屈原也早就怀疑。他在《天问篇》里曾经发出疑问："羿焉弹日？乌焉解羽？"（羿在什么地方射落了九个太阳？乌鸦在什么地方折掉了翅膀？）可见富于人民性的屈原，早就不相信这个强调英雄帝王的神话传说了。

实际上这个传说可能产生于殷代。《山海经·大荒东经》里又说："有女子名曰羲和，方浴日于甘渊。羲和，帝俊之妻，生十日。"帝俊即帝喾，亦即帝舜，屡见于殷代卜辞，被尊为"高祖夔"，故帝俊是天神，亦是人王。所谓"羲和"其实即是娥皇，在《尧典》变成为管天象历数的官。《尧典》成书甚晚，可能在战国时代的初期。

殷代已是奴隶社会，是产生羿的传说的很好的温床。殷代以十日为一旬，甲乙丙丁戊己庚辛壬癸，是十日的名号，可能也就是十个太阳的名号。

不仅太阳是帝俊的儿子，月亮也是帝俊的女儿。《山海经·大荒西经》："有女子（名曰常羲），方浴月；帝俊妻

月神、日神像（汉画像砖，四川彭县出土）

常羲，生月十有二。"准十日为一旬，天上有十个太阳轮流值日，可知十二月为一岁，天上有十二个月亮在轮流值月。这很明显，是有了岁月旬日的历术之后，才有这些神话式的传说产生。这就是这个传说产生于殷代的证据。

生月的常羲，后来成为奔月的嫦娥，实际上是与娥皇为姊妹的女英。嫦娥又成了有穷后羿的妃子。后羿也善射，相传是夏代中叶的一位好田猎的诸侯。其实后羿和羿，是一非二。神话传说的变异性往往如此。

十分巧合的是河南济源县出土了扶桑木，约略同时在北京后英房出土了元代螺钿漆盘的残片，上有嫦娥奔月的广寒宫。扶桑木浑厚庄重，广寒宫精巧玲珑，同样是劳动人民智慧的结晶，同样是奴隶们创造历史的佳证。日月交辉，爽朗地在为当前毛主席革命路线的伟大胜利而欢呼！

一九七二年二月二十九日

除郭沫若所说的扶桑之外，在古代还有建木与若木两种树的说法，并且与四川之地有着不可分割的关联。据传在"都广之野"这个地方，有一棵树名叫建木。此树有枝叶、花卉和果实，还有龙蛇等动物。它的位置恰好处在天地的正中央，即所谓"天地之中"。一些名叫"众帝"的神人通过这棵树上天下地，此树由此成了登天之梯。关于这个"都广"的具体位置，学术界大多认为就是现在的成都平原，或更大胆地说是广汉的三星堆一带。而传说中的若木，生长在建木的西边，和扶桑树一样，也是树枝上有十个太阳。那太阳的光华普照大地，大地万物在这光明的照耀下得以生长。

扶桑、若木、建木，这三棵古代神话传说中的神树到底代表着什么？它们与三星堆出土的青铜神树又有着怎样的一种关联？按四川学者樊一的解释，中国的古典神话传说，太阳大都是由鸟来代表，"金乌西坠，玉兔东升"这句成语可谓人人皆知。这就是说，凡是神树上的鸟，代表或象征的都是太阳。古史传说中的三棵神树，则代表着古代人的世界观和宇宙观。古人认为天圆地方，大地是一块平面，上有弧形的如同盖子一样的天，这就是古代最为盛行的"盖天说"。从东边到两极，也就是整个天际。古代的中国人以东方扶桑、中央建木、西方若木为三个主要的坐标，构造了一个以神话形式出现的宇宙观念。不仅中国如此，在古代西亚、印度、埃及和古代欧洲的古典神话传说与出土文物中，也有神树的故事传说和神树的图案造型，那些神树之上也有一个或多个太阳。西方学者把这种神树称为"宇宙树"（Cosmic Tree）。由此可以看出，中外的所谓神树实际上都具有相同的性质，都反映了人类早期原始的、朴素的世界观及宇宙观。不论是中国的扶桑、建木、若木等神树的记载及传说，还是外国"宇宙树"的出现，它们都代表着不同地域、不同民族的一种共同的思维方式和思想观念，代表着人类早期对天际宇宙的共同认识。三星堆神树与中国古典神话传说中扶桑等神树具有高度的相似性，它与外国的宇宙树的意义是基本相同的。或者说，宇宙树这种称呼，似乎比一般称谓中的神树在定义上更加准确、科学，也更能揭示其本身的性质和内涵，因而可以说，三星堆神树就是中国宇宙树最具典型意义和代表性的伟大的实物标本。

按照樊一的说法，神树或者说宇宙树反映了古人对太阳及太阳神的崇拜，这一点似乎没有多少学者再行怀疑。可以想象的是，在缺乏科技知识的古代，还有什么比东边的晨曦、中天的艳阳和西山的落霞给人留下的印象更加深刻呢？万物生长靠太阳，这是亘古不变的真理。从这个意义上讲，宇宙树又是象征生命成长的生命之树，而生命则来源于大地、天空和太阳。三星堆神树，正是太阳崇拜的产物。

那么，三星堆青铜神树究竟是扶桑、建木、若木等神树中的哪一种呢？学者们在这个问题上争论颇多，各执一端，分歧甚大。但多数学者如樊一、赵殿增、陈德安等认为三星堆神树应是综合了多种神树的特征和功能的一种复合型产物，其理由是：

一方面，三星堆青铜神树完全符合扶桑和若木"上有十日"这一最为显著的特征。三层九枝及其枝头的九只神鸟，正是金乌即太阳的写照。尽管三星堆神树因为顶部残缺，树顶是否还有一只鸟尚不能肯定，但表现的是"十日"神话却是毋庸置疑的。即使原来只有九只鸟，如同马王堆帛画中只有九个太阳一样，仍然无须去怀疑它是"十日"神话的一种真实形象的反映。"十日"，是古人举其成数而言，本质上在于反映古人的一种天体宇宙观念。其中很重要的一点就是以太阳为坐标而建立起来的时辰观念。而时辰、季节对早期农业社会的人们来讲，可谓性命攸关的大事。正因如此，世人在某种画面或某种造型上就见到了同时出现的许多太阳。湖南长沙马王堆汉墓出土帛画上的扶桑图,可以说是最形象地表现了这一点。在这幅帛画的画面上,一条龙缠绕在扶桑树上,九个太阳一大八小。树顶的那个最大的太阳,如日照中天,普照大地。而那太阳图案中的鸟——金乌,更明白无误地向世人昭示了枝头的鸟究竟代表着什么。将这幅图画与三星堆出土神树对照,上面的鸟所代表的是不是太阳也就一清二楚了。三星堆神树这件稀世之宝的出土,使古史传说中的扶桑和若木得到了实物例证,而天上有"十日"的神话也因三星堆神树这一实物的存在,让当今人类进一步了解了先民们的世界观与神话之间的关系。

另一方面,三星堆神树也具有建木的特征和功能,它所在的位置恰好是古史神话传说中所谓"天地之中"的成都平原。天地之中,意即"世界中心",无论中外,古人往往认为自己处于大地的中央,故而"中心"甚多。建木和出土的三星堆神树一样,都有树叶、花卉和果实,还有"黄蛇",即张牙舞爪的龙。这个记载与实物得到了相互的印证。据发掘主持者陈德安说,三星堆神树出土时是与一大堆巫师雕像在一起的,这表明神树与群巫二者不是相互排斥,而是相互依存、互不可分,其用途是相同的。以"群巫之长"为首的巫师团体,正相当于那些通灵显圣,能借助建木这一登天之梯自由上下的"众帝"。而那条硕长无比的大黄龙,或许正是巫师与众帝们上天入地的得力驾乘。

正是基于以上的理由,才认为三星堆神树是一棵代表古蜀先民宇宙观念的神树——宇宙树,它反映了古蜀先民对太阳及太阳神的崇拜,并具有"登天之梯"的功能。巫师们借此神树,用以连接天地,沟通人神,并最终达到巫文化中特别突出强调的天人合一的神奇境界。

是神坛还是帽子

除了青铜大立人和青铜神树之外,还有一件堪称神品的器物,这就是同样出自二号坑的神坛。这个被考古人员称为神坛的器物共有三件,可惜均残损过重,一直处在断断续续的修复之中。所幸的是,其中一件残件虽然有

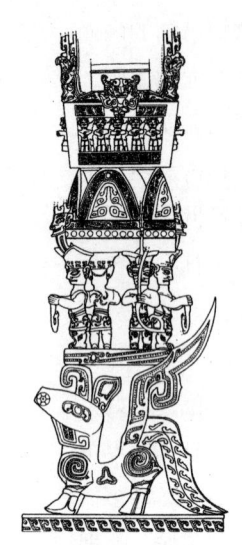

出土的神坛摹图

一半已被毁无存,另一半被烧变形,但经杨晓邬用尽平生所学,四面查寻,八方拼对,穷几十年文物修复之功力,总算对其中的一件弄出了原形的基本结构。整件器物残高53.3厘米,由兽形座、立人座、山形座和屋顶建筑四部分组成。其文化内涵和在艺术上的成就,可谓博大精深,魅力无穷,罕有其匹,具有极高的学术研究价值,为古蜀国的宗教祭祀活动提供了至关重要的实物资料。

从研究的角度对这件神秘器物进行解剖划分,整个神坛从底部到上部可看作由三个层面组成:

第一层,是圆座及两头怪兽。这怪兽的造型实在有些奇异诡谲,匪夷所思,考古学家们竟一时无法给它取一个适当的名字。这件器物比较显著的特点是蹄足、象鼻、兽耳,就像后世传说中的"麒麟"一样,是混合多种动物特征复合而成的一种神物。

第二层,即中间一层,是圆座及立人。圆座放在两头怪兽的头角和尾尖上,圆座之上围站四人,面向外,头戴冠,冠沿有一周图符,这种符号引起了许多考古学家的重视。在距今四千多年前的马家窑文化马厂类型的彩陶上,就有与此相似或相近的"雷纹"形符号。据有些学者说,这种符号是由"十"字符号演变而来的。但也有学者认为不是"雷纹"而是"太阳纹",这种符号最早出现于何时、何地尚不明确。所见的四个立人身穿短袖对襟衣裳,上下左右各有两

神坛中层摹图 　　　　　　神坛底层摹图

组火纹，腿部又有眼睛图像，当系文身标志，头顶又有戴冠的侧面人像。若仔细观察，可发现立人手中抱握的杖状物上端已残断，下端有分叉，究竟属于什么器物很难分辨。既像树枝，更像龙蛇。据学者樊一神坛中层摹图说，作为龙蛇的可能性更大一些。下端的分叉处或许是龙蛇的羽翅，但上端已残毁，没法进一步证实，空留下了一个无法弥补的遗憾。

第三层，即最上一层，先是山形座，呈四山相连状。再上面呈方斗形，顶部残缺，似为一座建筑物而缺了屋顶，有学者将其称作"盝顶式建筑"。顶部四角饰有立鸟，方斗上额正中铸有造型极其怪异的人首鸟身像。这个形象和青铜神树上的人首鸟身像相同，当是主神的形象。古蜀先民的宇宙观念及主神崇拜观念，在这件神坛上得到了充分体现。方斗的中间部分镂空，铸有一排大小、造型均相同的跪坐人像，每面五位，共二十位。这当又是一组神灵的形象。相对中心位置的主神而言，应该算是次神，或者如同阎王爷与小鬼，局长与各部门的科长、班长与战士之间的关系。跪坐人两手呈抱握姿势，跪于下槛上，手呈执握状，似拿有什么物体，有可能是璋之类的礼器，也可能什么也没拿，故意摆出这副姿势，以完成某种祭祀仪式。这件横空出世的绝代神品，构思奇特、神异诡秘，令人产生了无尽的遐想。

据三星堆早期的发掘者与主持人赵殿增说，这件器物之所以被定名为"神坛"，主要是它将人、山、鸟、兽等组合在一起，表现出一个相对完整的意图观念，反映了当时人们对天地人神关系的认识，因而在宗教祭祀活动中具有某种祭坛的性质。具体说来，可用以下五个方面来加以概括：

第一，它表现出三星堆古人对天、地、人三者关系的认识。神坛中层的一组立人像，所表现的是人间地界。人头顶

神坛上层摹图

马王堆一号汉墓出土帛画摹图

大山之上的盝顶建筑,所代表的应该是天上的神界。最下层的怪兽,则是用来表示地下鬼怪的境界。这说明古蜀人已经有了关于"三界"的观念。在马王堆汉墓出土的帛画"非衣"上,有对"三界"情景的生动描绘。如果将神坛与长沙马王堆汉墓中的那幅著名的帛画进行比较,就不难看出,帛画明显分为三层,表现的是天国、人间、地界,即天、地、人三界之中的情形。根据这个情形就可认为神坛下层的怪兽代表的是地界,它们用头尾顶起大地,就像帛画下层的神怪托举着大地一样。神坛中层持杖状物的人物代表人间,四人环围站立,表情庄严肃穆,做拜祭状。帛画中层的人物同样是打躬作揖,一副恭敬虔诚的样子,还有人跪拜在地,也是一派虔诚姿态。神坛上层人物头顶的山连同山顶的建筑及人物、动物等代表的是神域天界。神山顶上天宫最中心的位置是人首鸟身像,其显赫的地位无疑象征着它是一位主神,周围是凤鸟群翔,众神膜拜。帛画上层亦是一派天国模样,最中心的位置是人首蛇身(龙身)像,无疑也是表现的一位主神,周围是日、月和飞腾的奇禽怪兽。

从细致比较中可以看出,三星堆青铜神坛与马王堆汉代帛画所表现的内容颇为相似。如果说帛画的三界说能够确立,则青铜神坛的三界说自然也能确立。特别是二者的中心位置分别表现的是人首鸟身神祇和人首蛇身神祇这点,极具参照意义。三星堆神坛的时代比马王堆汉代帛画的时代至少要早一千年左右,可见古代中国人的三界观形成之早,而且还是以青铜铸造的立体的实物形态来予以表现的,两者之间可能有某种内在的文化联系。这件罕见的国宝对探索古代中国人的神话宇宙观具有极高的研究价值,其深刻的内涵让观者无不为之惊叹叫绝。

第二,在代表天上神界的盝顶建筑的正中上方,是一只人首鸟身的神鸟。从它的位置、造型、特征可以看出,这是神坛上的主神,处于被祭祀的地位。三星堆古国先民正是以鸟为主要图腾的。从金杖上鱼、鸟、国王头像共存等情况分析,这种鸟可能就是古蜀历史传说中的"鱼凫"。它既是氏族的图腾标志,又是民族的称谓,也是一代蜀王和王朝的称号。由此可以推断,三星堆古城繁荣时期的主人可能就是鱼凫氏蜀人。

第三,神坛中层的四个立人像,连接在上层的神山和下层的怪兽之间,身穿华衣,手捧祭器,既说明他们是人而不是被祭祀的神,又反映出他们是联系着天和地、沟通人与神之间的特殊的人群,是一种半人半神的巫祝或祭师。跪坐在拜台上的一排小人像，复原后总数为二十个，他们也是祭祀者。这种情景进一步证明，祭祀坑中出土的与这些人像形象姿态相仿的大大小小的立人像、跪人像、人头像，都是巫祝或祭师，是三星堆文化兴盛时期祭祀活动的组织者和实践者，进而成为以神权为主要特征的古国的统治者。

第四，在神坛中四个立人像的头顶正中，生出弯钩状的饰物，很像是一缕云烟。上面的侧面人面像，则像是祭祀坑所出的"人面具"，即三星堆古人信仰崇拜的最重要的神灵之一、祖先神蚕丛的象征。这是否说明参加祭祀活动的巫师正在产生理念上的"升华"，逐渐由人变成神，或是正在与神灵相互沟通，用这种"灵魂出壳"式的艺术手法以表现人与神的关系？这一形式除了体现三星堆先民们那超凡脱俗的艺术创造力之外，同时对考古学家们普遍认为的立人像、跪人像、人头像都属于巫祝或祭师，而人面具为神像的推论提供了有力的佐证。

第五，三星堆遗址特别是祭祀坑中出土的文物与宗教祭祀活动有关，这已经成为大多数研究者的共识，并成为不争的事实。但就这座神坛而言，当是不可多得的形象资料。它可能表现了一个完整的祭祀场面或观念，而世人的认知程度还只是它博大精深的神秘内涵的一个很小的部分。即使是这一小部分也不见得完全正确，应该还有更多更奇妙的含义未能认识。因此，这件神坛和同坑出土的"祭祀图玉边璋"等器物一样，仍然期待着高水平的学者继续深入研究，以获取更大的成果，让现代人类更加贴近古蜀人的心房，走进他们那跳荡的心灵深处，从而触摸到那鲜活历史的真实。

对于赵殿增提出的这几个推论，有为数不少的学者表示认可，或者认为至少有些道理。但也有学者不以为然，并提出了大相径庭的观点，如广汉学者刘少匆认为，这件神秘的青铜器压根儿就不是赵殿增、沈仲常、陈德安、陈显丹、樊一诸人所说的什么玄之又玄的神坛，只不过是一顶帽子而已。

按照刘少匆的说法：坛者，土筑之台也。凡用于祭祀的曰祭坛，用于教学的曰杏坛，引申之，文人活动场所叫文坛，政治家驰骋之地叫政坛，坛的意思随着社会的不断进化而变得抽象起来。就祭坛而言，早在远古的新石器时代就已经出现，如浙江余杭瑶山良渚文化时代的祭坛遗迹，已被考古发现所证实。夏代的祭坛是什么样子，到现在仍不知其所以然。但《国语·鲁语上》却记载有哪一部分人可以列入祀典的记载。商代的祭祀繁多，是人祭牲祭的鼎盛期，甲骨文中有详细记述。江苏铜山丘湾发掘的一处商代祭祀遗址，中间是以大石作为祭坛，周围置奴隶和狗，即《淮南子·齐俗训》中"殷人之礼，箕社以石"之谓，是专为社祭所用的。殷之后，对祭法已有专门的规矩。如祭天、祭地、祭日月、祭祖先，对坛从内容到形式，都有明确的叙述，古代文献《礼记·祭法》中讲得已很清楚。

由此，刘少匆认为，所谓神坛则是一种泛指，即祭神之坛。但具体是哪一种神坛，因对象不一样，就需有其更为具体的称谓。如我们称各种庙宇都谓之庙，但世上却没有一座没有名称的庙宇，不管是东岳庙、灵官庙，还是土地庙……都有点像白马黑马一样有自己的名称。如果那件神奇的青铜器物是神坛，我们不禁要问，它是什么神祇的形象？又是什么神？以现在拼对的残片看，似乎没有主要的形象。说它是祭神兽？又有人；是祭人（祖先），形象又雷同；是祭山川，又有人和神；是祭天神，又有人和兽……如果祭坛上只呈放这样一件神器，恐怕这神坛的具体称谓谁也叫不出来。因此，这根本不是什么所谓的"神坛"。如不是神坛，又是什么？按刘少匆的推断，它应是某个青铜头像上的帽子。

所谓帽子之说的理由是，三星堆出土的青铜头像，特别是比较大型的神像，其中有些应该有冠而没有冠，这一奇特与不合礼仪的现象，我暗地里总觉得难以解释。因为，以当时的铸造技术，是应该而且能够为这些无冠的神像造出堂皇的冠冕的。因为古人和今人一样，是很注意帽子的。《仪礼》首篇就是《士冠礼》。他们喜欢戴帽，而不像今人怕戴"帽子"，什么"地富反坏右"、"现行反革命"、"臭老九兼反动学术权威"等各种帽子，曾让中国人特别是知识分子尝够了苦头。西周以前，真正的冕冠到底是什么样子，目前尚无形象资料可以援引。但在商代，人们多头戴高帽或圆箍形的帽子，则是可以肯定的（《中国全史·中国远古暨三代习俗史》第141页）。西周以前，头冠尚无旒冕之形。因此，它的图饰，均应在帽檐的上端。古代的王冠上图饰本来就很复杂和精致，作为神冠当然更应丰富而奇特。因此，在这又圆又高的神冠上，上古的艺术家们，进行了纵横驰骋之想象，终于制造出了这一绝世珍奇——神冠。

如果这一说法成立，那冠上的各种图饰，又是什么意思呢？刘少匆说，据我看，它用各种形象表明，神是天地间所有一切的主宰者。这三层是地、人、天三界的缩影，也就是古人天、地、人观念的反映。那无以名状的动物，是地上走兽的综合形象。人在兽之上，所以为第二层。铜冠最上一层的山和人面鸟身像，是指天。因为，在古人的眼里，山和天是一致的。在天上生活的是这些天使，而这一层的跪坐人像则表明人是天神的奴隶。总之，在我看来，每座神坛祭祀的对象，都是具象的，而作为一种装饰则常常是抽象的、概括的。尽管如此，这件器物的艺术价值仍然是无与伦比的。

海贝何处觅故乡

在三星堆遗址两个祭祀坑中，除发现大量的青铜、玉石器及金器外，还发现了大量的海贝。这些海贝一部分堆放于坑底，一部分装在青铜尊等礼器中。根据成都地质学院古生物系教授何信禄领导的科技人员鉴定，出土海贝大体分为三种类别：

1. 虎斑宝贝（Cypraes tigris），长约三厘米，背部有大小不同的棕色斑点，这种贝出土较少。

2. 货贝（Monetaria moneta）出土较多，长1.5厘米左右，略呈卵圆形，背部上方略高。大都被磨成一大孔，正面和背面的四周有黄褐、灰绿及红色纹点。

三星堆遗址出土的海贝与石贝

3.环纹货贝（Monetaria annulus），是出土最多的一种，它只及虎斑贝的三分之一大，环纹内有的呈淡褐色或浅灰色，环纹外有的呈灰褐色或灰白色。这种环纹贝数量较多，大部分背部被磨成大孔，以致有的背面成扁平状。经比较鉴别，这种环纹货贝与云南省博物馆保存的二十万枚海贝基本相似。

考古人员发现，三星堆出土的海贝大部分都有穿孔，有学者认为穿孔的贝是装饰品。这种用作装饰品的贝一个明显的特征就是齿向外，背部向内，线从齿部穿过，再通过磨出的穿孔钉牢在衣帽上。但据两坑的发掘主持者之一陈显丹说，不能把凡是有穿孔的贝都看作装饰品。因为随着商品经济的发展，交换愈加频繁，所需贝的数目也随之增大。为了便于携带，借用装饰贝穿孔的方法，把作为货币的贝也一同用绳子穿成串使用，就成为很自然的事情。古代使用贝币的单位是"朋"，而朋字在甲骨文中作" "，单从字形上看就一目了然。所以穿孔与否，不一定就是区别贝币和装饰品的唯一标准。从出土情况看，穿孔与不穿孔的贝似乎也没有太大的区别，两者常常都是混合在一起存放的。那么，三星堆两个祭祀坑出土的贝是做何用途的呢？按照陈显丹的看法，认为在当时是作为一种重要的商品媒介出现的，其主要依据和理由是：

从文献和考古资料中可知，贝作为货币至少在商代就已存在了。如河南郑州和辉县的早商墓葬中，考古人员在其中发现了用贝随葬的现象，尤其是郑州白家庄一个奴隶主的墓葬中就出土了随葬穿孔贝四百六十多枚。而在殷墟的晚商墓葬如妇好等贵族的

郑州商城新发现的商墓出土的由贝壳、绿松石穿成的项饰

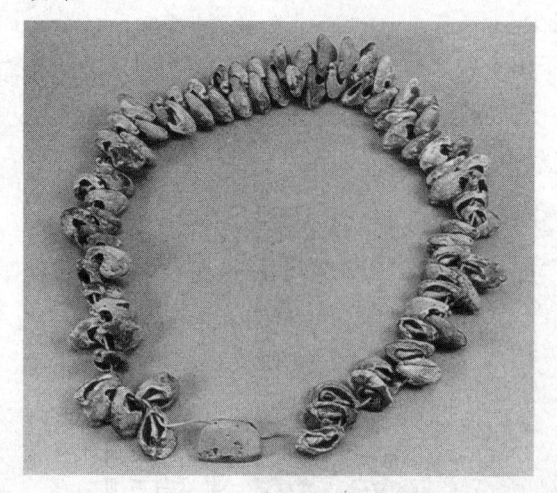

墓葬中，殉贝的现象则更为普遍。在古代社会中，由于手工业内部的分工和专业生产某种产品作坊的兴起，必然会引起交换的扩大。这犹如马克思在《资本论》中所说，"随着商品交换的发展"，"一般或社会等价物的形态"，"终于排他性地固定在特种商品上，并结晶为货币形态"。三星堆遗址一、二号祭祀坑出土的贝，除了作为祭祀之珍宝和财富献与诸神外，同时也具备了货币的形态而流通于世。

从考古资料看，至西周早期，通用的货币仍然是贝，并且货币性能更加充分地表现出来。殉贝的情况也比商代更为普遍，数量也成倍地增长。例如沣西张家坡和客省庄发掘的一百八十二座西周墓中，共殉贝一千枚以上，几乎半数的墓都殉有贝。而三星堆一、二号坑出土的贝，其形制均与沣西张家坡和客省庄、殷墟、后岗等地出土的同时期的货币——贝的形制一样，多为背面磨平。因此完全有理由认为这种贝除了用于占卜祭祀外，更主要是作为财富的最高象征物——货币显现于世。尤其是这些贝出于祭祀天地、日月、宗庙先祖等神祇的祭祀坑中，就更加说明了这一点。通过考察发现，坑内出土贝所显现出的这种价值和用途，与遗址内发现的各种专门的手工业作坊遗迹所呈现的社会经济也相互吻合。再从整个文化面貌来看，三星堆遗址出土的许多酒器及其他青铜器物，与中原的二里头、殷墟、后岗等出土的器物基本相同。这充分反映出蜀和殷商民族在政治、经济、文化等诸方面有着密切的联系。因而在殷墟、后岗等商城遗址中能出土货币，作为商代晚期的三星堆祭祀坑同样出土了商品的媒介物——货币也就不足为奇了。

对于陈显丹的这一观点，三星堆遗址的发掘者之一敖天照除表示赞同外，对海贝的来源这一争论颇大的敏感问题做了较为详细的推理和论述。按敖天照的说法，1929年在月亮湾台地出土的玉琮，同后来在殷墟妇好墓出土玉器的形制非常相似，而三星堆出土的陶器和射部呈叉形的玉璋与河南偃师二里头遗址出土的同类文物，在器形上亦非常相似。若从与海贝同坑出土的两件铜牌饰观察，无论大小和形制也都与偃师二里头遗址出土的"嵌绿松石饕餮纹牌饰"相似。举世闻名的二里头遗址是商代早期探索夏文化的重要古文化遗存，因而可看出三星堆文化很可能从夏代就与中原文化有所交往，直到殷商时期交往更加密切并受到了中原的影响。据故宫博物院著名鉴定专家杨伯达考察，三星堆遗址1929年出土的玉琮和1983年出土的琄圭，都是采用新疆和田的玉石制作的。从以上情况来看，这些玉石和文化传播的途径，很有可能是西北部地区的人民由新疆塔里木河南面的通道，经甘肃河西走廊到陕西地区，沿"石牛道""褒斜道"等栈道，经汉中、广元再到成都平原而完成的。《史记·货殖列传》说："栈道千里，无所不通，惟褒斜绾毂其口，以所多易所鲜。"这说明此处的栈道确实是古时贸易往来的交通要道。湖南博物馆著名学者高至喜在《论我国春秋战国的玻璃器及有关问题》中说，战国时代，我国自制的琉璃制品属于铅钡玻璃。不含钡的钠钙玻璃，均是从中亚或西亚输入的。新中国成立前茂汶地区早期能与三星堆遗址时代衔接的石棺葬中，曾发现过琉璃珠，经测定未含钡。如果高至喜所言正确，这说明这些琉璃珠是钠钙玻璃制品，应是从中、西亚传播而来的。其路线很可能是从新疆塔里木河南、北面通道至木鹿城（今马里）汇合，再经和卖城（今里海东南）、斯宾（今巴格达东南）等地抵达地中海东岸，转罗马各地最终到达东方中国的。这是一条位于四川西北的"丝绸之路"，也是其他商品及东西方进行各种经济、文化交流的古老的路线。由此推理，三星堆海贝可能是来源于中原地区的贝币，也有可能是通过"北丝路"传播而来的。

三星堆遗址地处原广汉郡辖区。从该遗址考古得知，早在殷商时期古代蜀国就已有繁荣的手工业作坊，并制作出了精美的器物。可能当时的蜀人用这些产品，与云贵一带的少数民族进行商贸往来，并逐步形成了艰险曲折的步行商道。后来秦朝为了加强对西南地区的联络，在原商道的基础上扩宽为五尺，始成四川通往云贵地区的重要道路"五尺道"。有的海贝可能是来自东南沿海的越南、老挝等地，其商贸交往的古栈道也是经川南的宜宾，过高县、筠连，从大关、昭通到云南曲靖的"五尺道"。在抵达昆明后，从元江沿红河下航到越南；或是经云南弥勒、文山出国，沿明江到达河内。

《史记·大宛列传》载，汉武帝派张骞出使西域时，在大夏（今阿富汗北部）发现了蜀布和邛竹杖。由此可知蜀布在汉代已远销到印度和西亚等地。从印度史书《国事论》中得知，蜀地所产丝织品及毛织品，早在司马迁时代之前（即公元前4世纪以前）就已销往印度了。就海贝的主要产地而言，应在西南亚及印度洋沿岸。因而三星堆海贝的来源，也可能是通过"身毒道"从印度输入的。其路线可能就是被早年经商的蜀人花费艰辛的劳动开通，后来被秦汉修筑成为从成都经汉源至邛都（即今西昌东南）的"牦

第七章 坑中珍宝之谜

牛道"，或是经大渡河南到灵关过孙河（今西昌安宁河）至邛都的"灵关道"。经过这两条道并在云南大理的"博南道"会合后，再经缅甸到印度。此后再经巴基斯坦，到达中亚进行商贸往来。这一路过关夺隘开辟出的古代通道，就是后来被时髦的学者们所称谓的"南方丝绸之路"。也就是说，三星堆出土的海贝原产于东南亚地区，随"南丝路"从印度等地输入应是可能的。只是从国外收集的海贝，不一定在当时就作为货币交换而来，也可能是因为蜀国需要海贝做货币，就在对外贸易中把这些产地的海贝作为商品交换而来了。总而言之，从三星堆海贝的来源分析，古代蜀国已经在四周的崇山峻岭中，开辟出了通往西亚和南亚诸国的曲折通道，促进了经济、文化的繁荣，带来了蜀国的兴旺发达，并促使蜀国最终成为在相当长的一个历史时期内可与强秦相匹敌的西南大国。

对于敖天照的这一说法，云南大理学者刘光曙颇不以为然。按他的研究，三星堆的海贝既不能充当货币，也不是从所谓的南北丝路进口，而是另有一番尚没有引起学界足够注意的情形。这一情形经刘光曙深入调查研究后被发现了。刘曾向学界这样宣称：

古代中原海贝的来源不清楚，但从历史上看，夏朝末期，在夏的东方的商部落有很大的发展，势力扩展到渤海。西太平洋沿岸是产贝之地，商部落要获取贝就是件很容易的事情。夏要获取海贝可能通过商部落。当贝运到了夏控制的中原地区时，就显得极其珍贵，被视为珍宝。由此可以认为中原早期海贝就来自黄河下游的渤海与黄海之中。

从三星堆发掘情况看，两个祭祀坑时代大致相当于殷墟晚期，器形虽与中原殷文化地区所出接近，但也存在一定差异，而更接近陕南城固、川东巫山、湖南岳阳以及湖北枣阳、沙市等地出土的同类器物，这就表明此地区商代晚期文化有其共性。如果从这些地区所处的地理位置来看，都属长江水系。陕南城固、湖北枣阳在汉水流域一带；四川广汉在岷水、沱江之间；川东巫山、湖南岳阳、湖北沙市都在长江两岸。这些具有共性文化特征的地区，显然是由长江连接而成。长江就是这一文化的传播线，广汉三星堆海贝应是由这一条线从东海输入而来的。如果按敖天照等人的说法，三星堆海贝是通过"南方丝绸之路"从越南或印度一带输入的话，涉及的问题就复杂了。如此遥远的路途，加之崇山峻岭的阻隔，其运输之困难可想而知，要想

289

直接贸易往来，几乎是不可能的。如从文化的承接关系来看，三星堆海贝文化早于云南海贝文化，而不是相反。"南方丝绸之路"的开通是东汉永平十二年才出现的事情，而三星堆海贝早在殷商时期就有了，比丝路的开通早了两千多年。所以，三星堆海贝来源与这条所谓的"南方丝绸之路"没有任何关系。然而若从长江这条线路寻找三星堆海贝源的话，以上的疑团豁然解开。从长江运输可利用舟楫之便，由东海溯江而上，当属于正常和较轻松的流通。而在这一条线上恰恰又可找到同一时期的共性文化特征。所以，三星堆海贝从东海由长江输入的可能性是最大的。

除此之外，还有一个不可忽视的问题，这就是从文献记载来看，古蜀族不但与夏族有着密切的来往，与殷商同样保持着密切的关系。蜀国作为臣属之国经常向殷商朝贡，殷商也可能对前来朝贡的首领回赐一些礼物以示友好。海贝对于地处西南边远地区的民族来说，因不易得到而视为珍宝，而殷商因控制着渤海与黄河中下游地区，要获取海贝不过是举手之劳。在这种地理差异的情形中，商王可能就以海贝回赐朝贡者。蜀人得到海贝后，铸礼器盛装，并只有在重大的祭祀活动中才把这些珍宝拿来敬献祖先或崇拜之神。由于海贝来源有限，且十分珍贵，只能珍藏于少数首领手中，而不可能充当一般等价物的货币作用。出于某种礼仪的需要，也可能将一定数量的海贝作为祭品放于祭祀坑或部落首领一类的人物墓葬之中，以示对祖先的敬奉，这也就是三星堆两个祭祀坑出土海贝的真正原因。

刘光曙的这番高论一出，立即得到了曾参与三星堆发掘的四川学者莫洪贵的遥相呼应。在刘氏宣言的基础上，他又从八个方面进一步阐明了三星堆所出海贝既不是货币，更不是由南方丝绸之路传来的论点：

1. 广汉三星堆海贝的时代是殷墟文化第一、二、三期，属商代晚期祭祀坑内出土的。但目前南丝路上，虽各地有一些海贝出土，但基本上都是秦、汉以后的，特别是云南晋宁石寨山出土的二十六万枚贝虽与广汉三星堆海贝相似，但时代相差太远。三星堆的海贝比它们早一千多年。

2. 南丝路上，没有发现以海贝做货币使用的证据（凉山地区到新中国成立前还处于奴隶制发展时期）。

3. 既要以贝作为币，首先要解决贝的来源。海贝本产自热带沿海浅水中，需人工打捞运输。要以此作为货币，其需要量是很大的。试想，在当时条件下，要将海贝从产地运往整个南丝路确非易事。而且贝是骨质的，易碎，不易保存，即使有贝，也只能是以物易物做交换使用。

4. 作为货币产生和使用，都是和一定的社会经济的发展相联系的，它必须具备两个基本条件：一是需要一个具有一定权威性和代表性的政权机构（国家）来主持发行，保证流通并维持其币值的稳定与有效，要有面值；二是只有当生产得到发展，独立的商品生产业已形成，货币交换才能成为一种可能。

5. 海贝作为货币，虽从新石器时代，夏、商、周直到近代，各地墓都有贝出土的情况，但缺少有说服力的文献记载，只能作为饰品而非货币出现。在那以物易物的时代，海贝作为物品，可以交换其他物品，这是可能的。西周以后出现的金属货币，那才应是中国真正的货币开始。

6. 南丝路上至今未发现商代墓葬或祭祀坑殉葬海贝，所以广汉三星堆的海贝无法与南丝路上联系。

7. 广汉三星堆海贝与中原各地商代墓出土的贝，以及三星堆出土的青铜礼品、玉石器物与中原的殷文化相似，三星堆的器物，包括贝应是中原传过来的。

8. 海贝出现在大型祭祀坑里殉葬，是装饰品，是祭品。既然是一种祭品，自然就不可能作为货币出现。

莫洪贵的"八点宣言"一出，学界为之瞩目，自然又引出了正反两个方面的声音。广汉学者刘少匆撰文表示部分同意，部分否决。按他的观点，三星堆出土的海贝当是货币无疑，并且产于中国南部海域及印度洋。但对是否从所谓的"南方丝绸之路"上直接贩运而来的问题，他宣称自己为之极度怀疑。

刘氏在解释自己的怀疑观点时说道：不知道谁的脑子出了毛病，我们总以能开辟一条古代的"南方丝绸之路"为荣，但在遥远的杜宇时代，是否就已经到达了西亚和北非，实在值得讨论。丝绸之路，首先是一条商道。三千多年前，住在三星堆地区的蜀人到那里去买什么？卖什么？这条路即使在正常的情况下，一个商人要走多久才能到达目的地？他们为什么要付出如此重大的代价？古蜀时人要到印度或西亚，一路诸侯林立，到处要收"养路费""过桥费"，有些地方还要面临着要么留下买路钱要么留下人头的两难抉择。其中的高山、断涧、急流、野兽、瘴气等等，难一尽说，绝不比唐僧师徒到西天取经容易。如果沿古牦牛道南下，过了双流，就有"神仙难过"的新津渡。以后还有飞仙关、泥巴山、大渡河、金沙江，这还是在四川境内。岷江水面广阔，羌江水流湍急，雅安多雨，清溪风大，泥巴山山高雪厚，大渡河险恶异常。越往南走，山岭纵横，地势崎岖。到了安宁河谷，道路稍稍平坦，但土著人十分剽悍。新中国成立前，亦为匪盗出没之所，何况还有闻名世界的险流金沙江等等……以我亲身体验，古时的三星堆人，要走到金沙江边恐需半月，更不说地形更加复杂、野兽更加凶猛、民族更加陌生的云南了。以上仅只是在中国境内。从缅甸到印度，再从印度进抵西亚，我没有计算共有多少里路程。就从最简略的地图上看，其间要经过许多大河、高山、沙漠，才能到达古时之西亚文明地区，即今伊拉克一带。很难想象，这些不是"圣徒"和"使节"的商人，在盗贼出没、艰险万分、陷阱无数的小路上跋涉数月或数年，就是为了出卖自己背着的几捆"蜀布"和蜀锦？而他们风餐露宿，九死一生，从阎王爷的脚下好不容易挣扎着回到三星堆，除了弄到的几个海贝之外什么特产也没带回来，这可能吗？同时，中国和印度、西亚、北非等诸国，都没有双边直接贸易往来（秦之前）的记载，更没有实物做证，这就不能不令人更加为之怀疑了。

　　刘少匆解释说，絮叨这些，不是说南方丝绸之路不存在，而是说在三千多年前的杜宇时代，这条直接的商路不可能存在。这样说，并不是忽视南方丝绸之路开通的重要与光荣。这条商路首先应是间接的，然后才有可能发展成"直达"，这在上古时期，非经过成百上千年的岁月不可。可以说，三星堆古城鼎盛时代，古蜀国以海贝作为货币，与当时的"国际贸易"有关，但是否就与海贝的出产地有直接交往，不可等同看待。当时的蜀国不大可能把自己的货物直接运到印度、中亚或非洲，大多应是通过"转口贸易"来进行。经过多次"转口"，就把沿海诸国本不很看重的海贝，变成了中国各邦国珍贵的"硬通货"，可能更符合当时的实际。

　　继刘少匆之后，关于三星堆出土海贝问题的争论此起彼伏，很是热闹红火，但到底谁是谁非，直到2003年仍无一个学界共同认可的定论，看来这个问题还需持续一个相当长的时日才能见到最后的分晓。

第七章 坑中珍宝之谜

车轮、盾牌颇思量

除以上器物外，三星堆遗址二号坑还出土了六件直径80厘米的圆形青铜器。器形的中心是一个突起的大圆泡，似古代马车的毂，四周有五根放射状的横梁，似车轮的条辐，并与酷似轮牙的外圈相连，铜泡中央与边圈的各部位有穿孔可供钉铆。就器形而言，与商周遗址出土的车轮颇为相像。因此，在发掘之初，陈德安、陈显丹等考古学家将其定名为车形器、轮形器或干脆就唤作车轮。并初步推断，这些轮子应是嵌在木轮外的外壳，出土的六个轮子正好可以组装三辆车子，这是殷商时代的车辆首次在四川乃至整个西南地区发现云云。

但是，随着这几件青铜器的去锈、拼接等工作的完成，有的学者发现这几件被称作车轮的器物压根儿就不是车轮，应当有另外的解释。曾主持三星堆遗址发掘的四川大学教授林向，曾别开生面地认为这一器物应是古代的一种盾牌。

按林向的考证，商周时期的车子过去发现得不少，但限于当时的发掘水平，很难剥剔出车轮和车舆来。现在发掘技术提高了，已成功地发掘出一批车子。如殷墟几个地点的发现，浚县辛村、长安张家坡、北京琉璃河、宝鸡茹家庄等地点的发现，都是商周车舆比较有代表性的典型。如把这些车子的车轮与三星堆出土的所谓车轮比较，却发现二者大相径

二号坑太阳形器出土情形　　修复后的太阳形器

山西曲沃曲村—天马晋侯墓地车马坑（作者摄）

庭。主要表现在：

其一，大小悬殊。商周车轮外径一般为140厘米左右，至少在120厘米以上，最大可达146厘米，这比三星堆出土的"车轮"几乎要大一倍。即使是到了战国时期的小径车轮，如辉县琉璃阁5号车，轮径也有95厘米。按照车子行驶的规律，如轮径太小，意味着对道路平坦、舒展的条件要求更高。而就蜀地的条件，这样轮径的车子显然是无法行走的。

其二，轮辐不对。商周车轮的辐条数一般都在18—26根，商代以18根为多，后世逐渐增加。西周末、春秋初的上村岭虢国墓地一大墓中出土的车子辐条已增至28根。只有在如此密集的情况下，轮牙在受压过程中才能均匀地受力而不易损坏。三星堆出土的轮形器只有五根横梁，作为轮辐就显得过少，导致轮牙受力不均，滚动不了多长时间恐怕就会被压扁完蛋。

其三，结构不合。商周的车轮其牙、辐、毂各部件都用木制，尚未见有以铜皮整个包裹的轮子。商代车辔长度在14厘米以上，即使是西周的短型辔也长达10厘米左右，这是为了保证轮与轴套合牢固而又能旋转灵活而设。可三星堆出土的轮形器中间的铜泡虽鼓出，但要装下车轴长长的出头是绝对不够的，因无法套合，就更谈不上牢固不牢固的问题了。

其四，孤证难立。商周的车轮一般出土于两种情况，一是车马坑内出土带有轮子的车辆，或伴有车辆的零部件同时出土。二是卸下的车轮，或放于椁顶，或放于墓道内。除车轮外，必有其他车、马饰同出，如考古发掘的茹家庄一号鱼伯墓就是如此。而三星堆出土之轮形器却无其他任何车、马器相伴而出，自然要令人生疑。

除以上四点外，林向认为，对于这件器物是否是车轮的问题，还需要与整个古代巴蜀地区的文化面貌联系起来考虑。古蜀为四塞之地，高山环列，江川纵横，丘壑阻隔，交通艰险，故唐代李白称之为"蜀道难，难于上青天"。如此特殊的环境在商周时期几乎无法用车。这也就是此前为什么在巴蜀文化的遗物中一直未见有车或车器出土的原因。成都周围大型的遗址如三星堆、十二桥已发掘了几千平方米，均不见有车轮痕迹。彭县竹瓦街两个商周窖藏出土铜器四十多件，也不见有车、马器出土。而分布于四川各地的近万座各式各样的巴蜀墓葬，或出独木舟，但却仍无一件车器出土。因而可以说像中原那样重要的车马文明，在古代的巴蜀文化中是不具备的，这也是蜀地在地理环境制约下所形成的地域文化中的一个宿命。

既然三星堆出土的这件轮形器不是车轮，那又会是什么呢？林向认为："此器的形制与其他地区商、周遗址的铜盾饰相通，很可能就是青铜盾饰。只是目前尚不好解释的是，这种圆盾太重，手执作战有困难。考虑到它是作为宗教仪式舞蹈中的陈设，这是可能的……总而言之，三星堆二号祭祀坑出土的轮形器是圆盾饰。它同兽面盾饰、铜舞戈与玉舞戈，都是古蜀国祭仪之一——干盾舞的器械。而那圆而隆的蜀盾，当是早期蜀文化的特征之一。"

对于林向的考证结果，广汉学者刘少匆表示不敢苟同，并列举了如下理由予以批驳。

一、两个祭器坑青铜兵器甚少，除了铜戈，并无他类，何以突然冒出一个用于战争护卫的盾牌？

二、轮形器虽未公布重量，但按实际目测，大的分量较重，小的又难以掩护身体，内圆背后，似无把手。若真的做盾牌使用，一定很不方便。

三、我在宝鸡青铜器博物馆，参观过一面鱼国之盾，那盾牌背后的支架已无踪影，只有正面大约七十厘米的圆状物。它中镶有青铜泡，上有饰纹，下敷漆皮。可以想象，那支架应为木结构，这盾牌才不会很重而十分实用，只是出土时支架在土中掩埋过久而腐烂。如果三星堆出土的青铜轮状物，是用来跳干盾舞的道具，一是太重而难以挥动；二是无把手难以把握，因之颇令人生疑。

除刘少匆外，对所谓车轮或盾饰两种推断的怀疑者大有人在，并认为作为车轮与盾饰都是不可能的。有考古学家通过对江苏连云港将军岩画的研究，发现三星堆出土的这件轮形器和岩画中的"天文形器"极其相似。器物本身可能代表了某种巫术的符号。它的外轮表示"天圆"，里面的条辐则是"规矩"的组合纹，也可视为立竿见影的"立竿"的最简化符号，寓意为通过立竿测影，确定规矩方圆，引申为天地宇宙四方。也有学者认为此器物是对太阳崇拜的象征，并对照古代埃及、罗马以及中国古代储存器画上的异型太阳纹加以考证对比，认为此物是"太阳"形器，而非他物。对于这一推论，四川学者胡昌钰、蔡革二人表示赞同，并认为轮形器的中间部分，也就是隆起的如同烧饼样的小圆圈可以释为太阳，所谓"车辐"可释为古籍中所说的"其华照下地"的光芒。古代的鱼凫部族向来有崇拜神鸟、凤凰和太阳的习俗。如果说以鸟或人首鸟身来象征太阳尚有一层抽象或间接的意义的话，那么，这件器物则是最具象、最直接地表现了太阳，因而这件轮形器应是鱼凫部族崇拜祖神的标志。此前学者们认为三星堆文物有大量的是反映了古蜀先民的太阳神崇拜情结，这也是最为有力的证据之一。

拥护"太阳轮"一说的学者如樊一、刘少匆，对此器产生的具体功用又进行了大胆探索研究。按樊氏的考证，这个"太阳轮"应是常设在神庙中的神器，或原本钉挂在某种物体之上，专门用于某种祭祀仪式，并作为一种象征接受人们顶礼膜拜的太阳神祇。刘少匆则认为，象征太阳的轮形器很容易让人联想到古蜀人的天文历法。根据前些年学术界流行的蜀夏同源的理论，古蜀人使用的历法当是夏历，而著名的《山海经》中已有十月、十二月和岁的记载，可以作为一个旁证证明当时确是以干支纪年的。如果三星堆出土的轮形器象征太阳，以此推论，其轮辐应为六根，隔挡也应该是六个空间，以此来象征单月和双月的历数。但这件器物却只有五根轮辐，与想象中的六根不合。对于此点，是否可认为古蜀人使用过十月历？据当代最伟大的少数民族天文历法学家陈久金的研究，古彝人确曾使用过一种特殊的历法——十月太阳历，并在彝文古籍《祖神源流》中多次提到"一年十个月，一月三十六，一年三百六"和"一年分两截，两截共四季"等语。也就是说这种历法的一个月为三十六天，一旬是十二天，一年为三百六十天，余下五至六天作为年节，合起来一年正好相当于夏历的三百六十五天。三星堆出土的轮形器与古彝人的这一历法纪数颇有相通之处，以轮辐代表雄月，空白隔挡代表雌月，也就是古历法术语中所说的既生霸，既死霸，或许有其一定的道理。

权力的魔杖

曾被误认为是"金腰带"而风靡一时的金杖自一号坑出土后，经清理、修复后，全长1.42米，直径2.3厘米，净重约五百克。从制作工艺看，系先用金条锤打成金皮后，再包卷一根木杖而成。出土时金皮已被压扁变形，木杖因年代久远早已荡然无存，只是金皮内尚存炭化的木渣，依此推测原来内里应有木杖。

这根金杖之所以引起学者们的高度重视，除了本身是用黄金做成的器物之外，最为珍贵和富有研究价值的是在杖的一端，有长46厘米的一段图案。这段图案经修复专家杨晓邬用特殊的化学药品清洗除污，极清晰地发现图案共分三组：靠近端头的一组，为两个前后对称、头戴五齿高冠、耳垂三角形耳坠的人头像，一副笑容可掬的样子。另外两组图案相同，两只两头相向钩喙似鱼鹰的鸟，在展翅飞翔，背上各有一支射进鱼头的箭——对于这个图案，学者们有两种不同的解释：一是认为表示箭贯穿了鸟身又射中了鱼头。再是认为那不是箭，应叫"穗形物"，并进而推测当时的农业已有了水稻种植。

由于金杖图案的鱼和鸟紧密地联系在一起，有学者认为，表现的应是分别以鱼和鸟为祖神崇拜的两个部族，两个部族联盟组合而成了传说中的鱼凫王朝。另有学者认为，图案中的鱼和鸟本身就是鱼凫的图画阐释，也就是鱼凫氏及鱼凫王朝图案与图画性质的徽号和标志。据《蜀王本纪》记

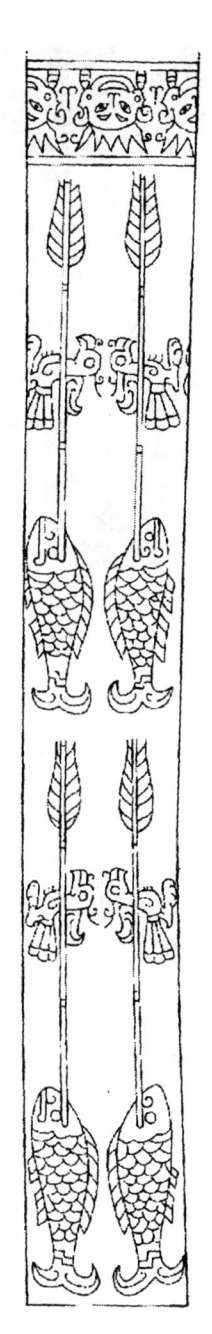

金杖上的图案

天赐王国

载："蜀之先称王者，有蚕丛、柏灌、鱼凫、蒲泽（即杜宇）、开明。"其中柏灌、鱼凫、杜宇都崇拜鸟，并以鸟为图腾。鱼鹰即鱼凫，纹饰图案的意义可能是通过巫术作用，祈求捕捉到更多的鱼。鱼凫时代的经济来源以捕鱼为主，出土的金杖应是与鱼凫时代有关的具有巫术性质、兼具象征古代蜀国王权的权杖。

殷墟出土的著名祭祀器后母戊青铜方鼎

四川学者屈小强在将这根金杖与中、西亚文明做了对比后认为，以杖作为王权或神权的象征，虽然在古埃及文明、爱琴海诸文明以及西亚文明中是司空见惯的文化现象，却毕竟不合中华古文明的传统。中国夏、商、周三代王朝都用"九鼎"象征国家权力。夏代开国，"禹铸九鼎"。从此，易鼎成为权力转移的同义语，并有"楚子问鼎""问鼎中原"一类的成语典故传世。而古代蜀国为什么不用鼎而是以金杖标志王权，并当作古蜀王国政权的最高象征物，这可能是古蜀王族毕竟与中原华夏族关系较远（虽可能同属北

夸父追日图（《山海经·海外北经》明刻本）

第七章 坑中珍宝之谜

汉朝以孝治天下,授"王杖"给七旬老人以示优待

蒙古利亚小种族),不是中原王朝的支裔或封侯的关系。因而,在政权象征问题上,便没有按中原方式去做。这个现象说明古蜀国具有与中原同时期的文化不同的来源与内涵。而权杖所反映出的异域文化因素,则有可能再次证明古蜀社会的对外开放程度,证明古蜀王族可能引进了古埃及文明、古西亚文明的某些政治制度,只是这些引进形式多于内容罢了。

屈小强的这一论断,学者刘少匆明确表示不敢苟同。刘氏认为屈小强是只知其一不知其二。真正的历史事实是,古代中国并非无权杖之说。中国人用杖,由来已久。杖,既是一种生活用具,也是一种装饰品。《山海经·海外北经》,就有"夸父追日,弃其杖,化为邓林"之说。《山海经·海内经》说都广之野"灵寿实华",这灵寿木就是做杖的好材料。《汉书·孔光传》中有"赐太师灵寿杖"的说法。古蜀人来自山区,用杖助力,更是一种必要的器具。而中国历代王朝,都有赐杖与老臣的惯例。如《礼记·曲礼》曰:"大夫七十而致仕。若不得谢,

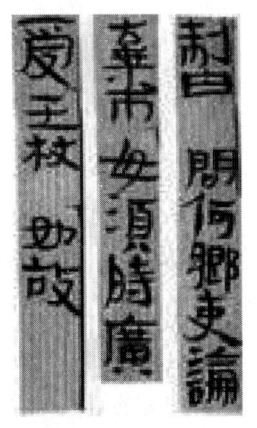

武威王杖诏令册

299

四川剑门竹杖

则必赐之几杖""谋于长者，必操几杖以从之"。而不同身份的人，手杖的装饰和长度都各不相同。戏曲中，皇家使用的"龙头拐杖"虽是道具，长度就和三星堆所出金杖差不多。至于包金拐杖、包银拐杖、木杖、藤杖、竹杖……品种甚为复杂。而杖首、杖身装饰各种花纹，各种造型，更是珍贵手杖所必有。否则，怎么表示自己的身份？既然可以表示身份，当然可以代表权力。因此，用金杖象征至高无上的权力当是一个不争的事实。

　　为此，刘少匆还举例说，据古玉研究专家古方考证，在江浙一带的史前良渚文化的大墓中，就有包括玉戚、玉瑁、玉镦等仪仗玉质附件出土。这些出土的附件连起来，就是一件完整的玉杖。如江苏武进县寺墩遗址3号墓的平面图上，明确地显示玉戚上部约六厘米处的"玉格饰"和下部44厘米处的"带槽玉器"，应属同一玉戚的上下两个附件。考古工作者对各部件进行了装接复原，就形成了一件长68厘米，有柄首饰（即玉首）和柄尾饰（即玉镦）的完整器物。这件特殊的玉器就是墓主人生前用以显示自己地位的权杖。这一考古证据至少可以说明，中国之权杖古来有之，且是土生土产的，不一定是受西亚文化的影响。当然，寺墩遗址墓葬中出土的玉杖，与三星堆出土的金杖，在形式和性质上都有区别。前者是方国的国君，后者是一个联合王国的君王，将金杖称为王杖，恐怕更为确切。同时可以认为，鱼鸟象征吉祥，箭翎则表示威武，这正是金杖作为权力象征的应有之义。但有人认为，这支金杖的图案，有鱼有鸟，当印证是鱼凫王所执掌。但直到目前，尚无任何实物能证明鱼凫王朝的族徽是由鱼和鸟组成。金杖上的图案，第一组当然是王者之像，但第二组、第三组，从顺序上看，是先鸟而后鱼。这种排列方式则很难解读成鱼凫，而应读成凫鱼才对，但历史上的蜀国又没有凫鱼这一名称的国王。所以，要说这根金杖为鱼凫氏所用,理由还欠充分。

关于刘少匆对鱼和鸟这两件图像所做的结论,有学者认为这是刘氏本人只知其一不知其二的表现和明证,并表示这柄金杖上的图案毫无疑问就是鱼凫王的象征和整个族属的族徽的铁证。由此提醒对方不要忽视,或视而不见的是,在三星堆二号坑与金杖同时出土的还有一件青铜大鸟头。这件器物通高40.3厘米,头顶原似有冠饰。出土时,发现其钩喙口缝和眼珠周围皆涂朱砂,原本是一只彩色的雄鹰。鹰颈下端有三个圆孔,估计是做固定用的。从制造形式上看,有可能是神庙建筑上的饰件,也有可能是安装在什么物体之上作为仪仗用途的象征标志。无论是文献记载还是远古传说,作为远古时代图腾遗存及自然崇拜、神灵崇拜、祖先崇拜之物,鸟与蜀人有极为密切的关系,几代蜀王直接以鸟为名,足证此点。而三星堆文物中众多的鸟形器物及纹饰图案,更从考古发掘的角度提供了有力的实证,反映出古蜀先民的鸟崇拜观念。

有相当数量的学者认为,三星堆二号坑出土的青铜大鸟头,其造型与鱼鹰(鱼凫)的造型十分接近,应是蜀王(鱼凫)的象征,也有蜀族的族名、徽号之意蕴。结合遗址出土数量巨大的鱼凫造型的勺把即鸟头勺把这种情况,并综合其他各种因素进行分析,认为三星堆古蜀国最繁荣的时代属鱼凫王朝时期。如再联系到广袤的蜀文化分布区域内,大量出土鱼凫造型的勺把这种情况,可推测三星堆古蜀国鱼凫王朝时期的势力,已达到了一个相当广阔的范围。根据三星堆文化稍后时期的汉中平原出土、不乏带鱼凫造型意味的青铜器群的研究,有学者认为汉中平原一带是三星堆古蜀国的东北边界,当盛极一时的三星堆古蜀国突然消亡之后,鱼凫氏的一支部落就迁徙到了此地,开始了新的生活。

当然,就这批珍宝的本来面目、用途和性质等而言,单凭就器物论器物是难以解释清楚和明了的,必须结合当时的历史条件和人文背景,方能在学术研究上有所突破。而这些弥足珍贵的世之大宝,何以出现在三星堆遗址,又何以被埋入两个土坑中,被埋器物又何以遭到了明显的外力打击与焚烧,等等,诸如此类的问题,则是学者们更加重视与关注的焦点。在古蜀国那闪烁着朦胧星光的照耀下,中国学者探寻的脚步,仍在艰难地向历史的纵深穿插迈进。

第八章 在迷雾中穿行

天赐王国

两个器物坑性质之争，冯汉骥当年的断言再度被忆起，窖藏的可能性到底有多大？两坑的发掘者"二陈"给予坚决否定，风云一时的"祭祀坑说"由此出笼。学术界纷争再起，火葬墓与盟誓之说的加盟。徐朝龙的否定之否定，亡国宝器掩埋坑的再度提出与肯定。孙华盖棺难定论，学术界依然是雾中看花，两个器物坑仍是迷雾重重难窥真容。

祭祀坑之说的出笼

早在1986年,在广汉召开的"巴蜀历史与文化学术讨论会"上,就有为数众多的专家,高屋建瓴地注意到了三星堆遗址两个器物坑性质的重要,并提出了"墓葬陪葬坑说""亡国宝器掩埋坑说"等多种说法。在这次会上,有的学者又把当年冯汉骥提出的观点旧事重提,仍坚持认为应属于窖藏性质。

1976年9月,当冯汉骥躺在病榻上,在生命的最后一段历程中,指导他的爱徒童恩正,在论述月亮湾出土的玉器时,曾有过这样明确的表示:"广汉玉石器埋藏的性质,过去有人认为是古代蜀国帝王的墓葬,有人认为是祭山川之所。现在看来,以属于窖藏的可能性较大。根据我们解放后多次在广汉调查和试掘的情况来看,这里文化层的堆积很厚,范围也相当广泛,很可能此处原来是古代蜀国一个重要的政治经济中心,而发现玉器的地点,即为其手工业作坊所在地。历年来出土的玉石成品、半成品和石坯,应该就是这个作坊的遗物。但不知由于什么原因,这个作坊突然废弃,人们只能仓促将所有的产品埋藏起来,以后也就没有机会再来挖掘,所以保存至今……对此我们亦有一假设:据《蜀王本纪》和《华阳国志》的记载,蜀的统治者原为杜宇氏,以后为开明氏所取代。据《华阳国志·蜀志》载开明氏位十二世,《路史·余论》则记开明氏经十一代三百五十年为秦所灭。按秦灭蜀为公元前316年,经上推算则开明氏取代杜宇氏的时间约在公元前666年左右,广汉玉石器作坊的突然废弃,可能与这一历史事件有关。"

继冯汉骥与童恩正发表这一观点之后的1986年,曾主持三星堆考古发掘的四川省博物馆著名考古学家沈仲常和另一位同事黄家祥,又发表了《关于广汉土坑出土石璧的认识》

第八章 在迷雾中穿行

皇娘娘台齐家文化
第48号墓地

一文。文中说："在本世纪30年代，广汉土坑出土了石璧等遗物。这种土坑到底是墓葬或是一种祭祀坑？石璧等遗物是作为墓葬的或是作为祭祀坑的埋藏物？弄清这些问题，对于我们认清石璧的性质，解开埋藏或随葬石璧之谜无疑是有所启迪的……我们认为解放前广汉土坑出土石璧、玉琮等一组玉石礼器当是作为随葬品埋入墓葬的，出土石璧、玉琮等一组玉石礼器的土坑当是一座墓葬。这座墓的墓主人当是有一定地位、一定身份和级别的显贵者。同时还说明，林名均和郑德坤先生有关解放前广汉土坑出土石璧在坑中置放的情况，当以'葛氏据董君所闻，谓璧在地中布置，由小而大，分三道，一列坑左，一列坑右，一列坑面，形如长方坑之装饰'。比林氏从摄影员晋君所闻石璧大小不等'叠置如笋，横卧泥中'的记载，更接近于墓葬随葬石璧的置放情况。虽然良渚的墓葬、齐家的墓葬随葬的玉石璧没有显示出分成几道、几列，但仍可看出石璧的置放是有特定的位置。这里可举皇娘娘台齐家文化第48号墓随葬的83件石器的置放情况为例。从发表的考古资料中可看出大量石璧在墓坑中部，墓坑内其他地方也零星有一部分。另一部分石璧压在人骨架之上，一部分石璧在墓坑底部的人骨架之下。因此，从记载的广汉土坑出土的石璧情况，我们可以推知，放在坑面的石璧，当是墓坑的底部。这座墓葬之所以无人骨架发现，从当时记载看，由于墓坑在溪底，燕氏'疑其下藏有金珠宝物，乃待至深夜，始率众匆匆前往掘取……'这可说明只是为了索取宝物，即便坑内有残留的人骨架痕迹，在黑夜的挖掘过程中，是绝不会发现和保留下来的。再参照中原一带商、周之际大量遗存的发掘，我们可以说，不能一见到有人骨架的遗迹就判定为墓葬，有的遗存尽管有人骨架却不是墓葬。由于某些特殊的地理环境，土壤中酸碱程度不一样，有些墓坑内人骨架全部腐朽，荡然无存，连骨架的痕迹也难以辨认，而随葬器物却放置在墓坑原处保存下来，特别在发掘早期墓葬中会遇到这种情况。遇到此类现象，我们也不能断然就判定它不是墓葬。这些情况，在今后的田野考古工作中，可能还会出现的。广汉土坑出土的石璧等玉石礼器，我们通过上面与其他考古资料的比较研究后，推测这个土坑是一座墓葬，出土的石璧等玉石礼器是作为随葬品埋入墓坑内的可能性极大，而且随葬有璧、琮这类玉石礼器的墓主人，在当时是有一定地位和身份的显贵者。这种组合的玉石礼器的随葬品，在前面所列举的考古资料中均已看出。因此，广汉出土玉石礼器的土坑是祭祀坑的可能性极小。"令沈仲常、黄家祥意想不到的是，就在他们发表此文的两个月后，震惊中外的三星堆器物坑被发现了。

三星堆一号坑发掘情形

面对两个大型的土坑和埋藏的奇特古怪的器物，在随后召开的学术讨论会上，沈氏除了坚持以前的观点——即新发现的两个器物坑，同此前燕氏发现的玉器坑一样同属墓葬之外，还稍有缓和地表示："即使不是墓葬，也

应与墓葬有关。"

但三星堆两个器物坑的主要发掘者陈德安、陈显丹则不管沈仲常这位考古界老前辈振臂高呼的"祭祀坑的可能性极小"那一套高见,当发掘刚一结束,就本着一位西方哲人所说的"我爱我师,但更爱真理"的格言,很快就断定两坑是不折不扣的祭祀坑,并在随后发表的权威性简报中,明确地向学术界正式提出了三星堆两个器物坑是祭祀坑的论点,并直接把"祭祀坑"三字作为一、二号发掘简报的标题公之于世,并这样论述道:

一号祭祀坑开口于三星堆遗址第五、六层以下。从地层的叠压打破关系分析,此坑年代的下限不会晚于三星堆遗址第三期后段。

坑内出土的青铜头像、人面像等为国内首次出土,目前尚无可比材料。璋、戈等玉器,从器形特征看有的可早到二里头文化时期,有的又晚到殷墟时期,也不能做断代的依据。只有出土的陶器和青铜容器,为推断祭祀坑的年代提供了较科学的根据。陶器中的广肩平底罐和颈部施凹弦纹的壶,是三星堆遗址第三期出现的典型器物,尖底盏器座是第三期偏晚出现的新器物。尖底盏形体较大,胎较厚,尖圆唇,腹较深。器座底部较平,边缘较锋利。形制呈三星堆遗址第三期特点,与第四期器物明显不同。故可进一步推测此坑的时代为三星堆遗址第三期后段。

青铜容器中罍的形制、花纹与河北藁城台西村墓葬出土的铜罍相似,尊的形制、花纹和铸造工艺与安徽阜南月儿河段打捞出的商代前期(晚于郑州二里

二号坑出土的青铜神坛摹图

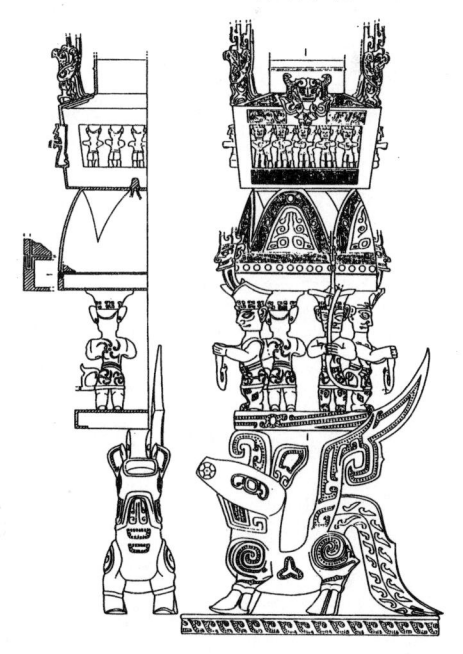

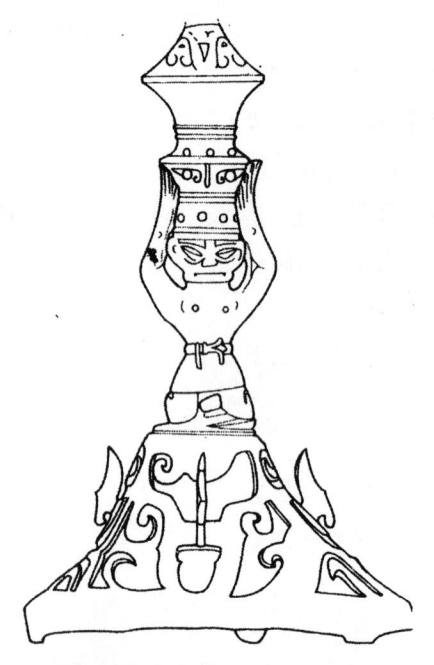

三星堆遗址出土的玉神坛与青铜顶尊跪坐人像摹图

岗上层，与殷墟文化第一期相当）的龙虎尊一致，时代也应与之相当，盘也是商代前期的形制特征。据此，我们推测一号祭祀坑的相对年代相当于殷墟文化第一期。

过去有关商代祭祀的考古材料，主要有"人祭"和"杀牲祭"两种。而以"俑"代替人牲作为祭品，则尚无发现。在殷墟妇好墓中，随葬的玉人、石人，似乎可以看作是用"俑"替代人殉的发端，广汉三星堆一号祭祀坑内出土的铜人头像，颈部做成倒三角形，出土时有的内装海贝，有的内插象牙，均被火烧过。这种情况，不像是作为祭祀对象——"神祇"，而像是作为祭品——"人祭"的代用品。颈部做成倒三角形，很可能用它们象征被杀的"人牲"。

燔燎的现象，过去也很少见，仅在殷墟丙组基址内发现有"烧牲祭"。但甲骨文中有关"燎祭"的卜辞屡见不鲜，祭祀的名目相当繁多，对象很广泛，祭品尤为丰盛，有牛、羊、羌、犬、豚等，有的用牲多至十五头牛及卅牛，可见"燎祭"是隆重的大祭典。三星堆一号祭祀坑内瘗埋了约三立方米经火燔燎敲碎的骨渣，出土的金器、青铜器、玉石器、陶器、象牙、贝等均用火烧过。我们认为，这些遗物是在举行一次规模浩大、祭典隆重的"燎祭"活动后瘗埋下的。

三星堆一号祭祀坑既使用"燎"祭，再将"燔燎"后的祭品"瘗埋"，我们推测祭祀的对象是天、地、山、川诸自然神祇之一，而祭祀先公先王等人鬼的可能性很小。

二号祭祀坑与一号坑相比，出土遗物不论种类还是数量都丰富得多。在二号坑出土的遗物中，提供判断时代依据的器物主要是铜尊、罍等容器及大型青铜立人像、青铜树上的

第八章 在迷雾中穿行

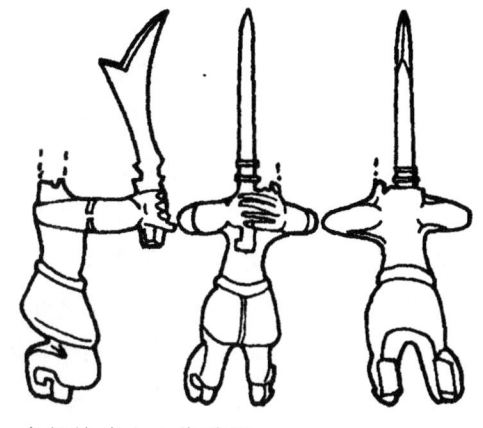

青铜持璋小人像　　青铜持璋小人像摹图

鸟及其他纹饰。但上述器物的时代差距较大，我们选择其中铸造年代最晚的，作为此坑下埋年代的上限。

二号坑与一号坑同处一个区域，相距仅三十米。但一号坑开口于第2发掘区的第六层下，其时代相当于殷墟一期。而二号坑则开口于第2发掘区的第五层下。就地层关系而论，二号坑显然晚于一号坑。

二号坑出土的璋、戈、瑗等玉石器的形制和一号坑所出相比，显得体形长大而厚重。青铜头像比一号坑出土的种类增多，造型也有所变化，显得更为成熟。因此时代应比一号坑晚。

二号坑出土的青铜尊多为侈口，高领，束颈，鼓腹，圈足上镂方形或长方形孔。这些器物的器型及纹饰特征，均与晚期商文化特征相同，约相当于殷墟二、三期。从二号坑内出土的大量鸟的形象来看，头上都有冠，钩喙，尾上翘。而殷墟一、二期所发现的鸟纹，头上都无冠羽，尾普遍下垂，直至殷代末期容器上的鸟才普遍有冠，尾上翘。故就鸟纹相比，二号坑的时代也晚于殷墟一、二期，大致相当于殷墟晚期。

关于二号坑的性质，或认为是"墓葬陪葬坑"，或认为是"异族入侵"等等，我们认为二号坑应是祭祀（埋）坑，

309

其理由是：

一、半个多世纪的调查发掘，附近没有发现墓葬区。在两坑的周围，砖厂十余年烧砖取土，也没有发现墓葬。因此，是墓葬陪葬坑的可能性很小。

二、古书记载中有荆人"鳖灵尸随江上，遂活"，"望帝以鳖灵为相"，最后"杜宇禅位于开明"的传说，这仅仅是意味着政权的变更。其间虽然不免有争斗，但似乎没有发生过将宗庙彻底"犁庭扫穴"的剧烈事件。况且，二号坑中出土遗物的投放都有一定顺序，同类遗物的分布也较为集中，这反映出投放这些遗物是有目的而不是盲目的，有规律而不是任意的。

三、出土的青铜人头像、人面像、神树以及玉璧、瑗、璋、戈等，都应是祭祀用品。特别是边璋上遍刻的图案，应是蜀人祭祀礼仪的反映，其中一组图案是插璋祭山。《周礼·春官·典瑞》载："璋邸射以祀山川，以造赠宾客。"边璋的图案印证了古书的记载，也为我们判断二号坑的祭祀性质提供了证据。

二号坑出土的遗物均有火烧过的痕迹。结合文献记载，我们推测，当时的祭祀应有"燔燎"祭天、"瘞埋"祭地、"悬庋"祭山等形式，二号坑正是一次重大综合祭祀活动的遗存。

林向（右一）向前来参观考察的四川省领导、专家介绍三星堆发现、发掘情况

对于陈德安、陈显丹提出的这套新观点，三星堆发掘的主持人之一、四川大学考古系教授林向表示在器物坑性质的判定上不能认同。他认为蜀文化是有别于中原文化的地域性文化，有自己的原始宗教信仰，不能用中原祭祀坑来硬套。在林向看来，这种合坑埋藏的情况，很可能是古代世界风行的巫术——"萨满文化"的产物，大概是附近场地上举行了巫术活动后的"厌胜"性埋藏。林向说："我们知道，原始宗教的灵物和偶像也可能遭到蔑视和责罚。民族志材料告诉我们，有些原始部族认为，不灵验的灵物可以抛弃另找代替，不灵的灵物加以虐待、捶击、辱骂，可以刺激灵验起来。偶像如果不能满足崇拜者的希望，也有可能被打击、丢弃或烧毁。例如：奥斯蒂亚人在出猎不获时，就要责打偶像。坑里的酒樽与失宠的神像大概也是如此被埋入地下的。至于神像为什么会失宠，已不可深究，但笔者颇疑此事与蜀地洪水及战乱有关，时间应发生在杜宇时代。三星堆遗址第八层上有一层厚约20—50厘米的淤土，青黑色，包含物极少，此层以上出筒瓦、汉砖等物。第八层相当于第四期，殷末周初，正是祭祀的年代。这大概就是巫术厌胜性埋藏的原因吧。神灵不能制止洪水，只好埋入地下，开明治理了水患，就取得了政权，当是地下埋藏器物的谜底。"

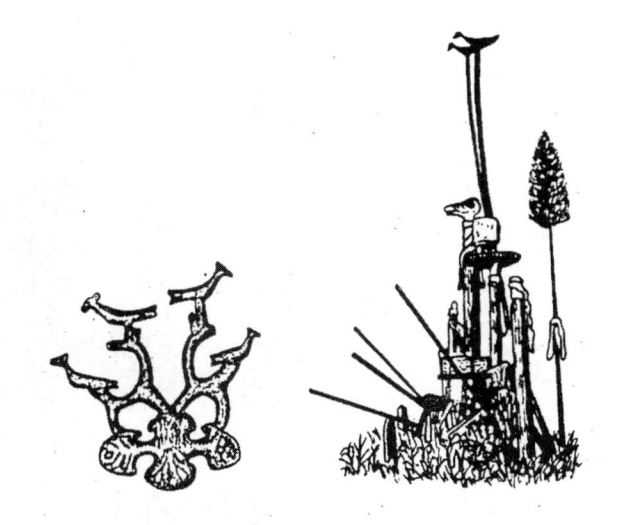

古代女真族的萨满帽饰（左）与俄罗斯奥洛奇人萨满祭坛（右）（引自冯恩学《谈三星堆出土神树的性质》）

林向的观点一经传出，作为他的学生，陈显丹立即做出了回应，并拿出了比先前还要详尽的论证、论据，对自己的老师进行了毫不留情的反击。陈氏以洋洋洒洒的长篇大论反驳道：

天赐王国

坑中出土的青铜立人残像摹图　　出土时破碎的青铜人头像

　　三星堆遗址两个坑的出土情况，其中有一些重要的现象，就是这些遗物被火烧、涂朱、涂蓝色、有意毁坏等。林向教授根据坑内出土遗物被捣毁这一现象，认为两个坑是"厌胜"的结果。这种将坑内的其他现象置之一边，单以此点来判定两坑的性质是缺乏依据的。如果说坑里的神像、神树等遗物中损毁一两件崇拜物作为不灵的灵物进行刺激的话，还可以说得过去。而实际上坑内的各种礼器和遗物几乎都遭到损毁，难道说一个民族所崇拜的偶像全都失灵了吗？这是不可能的事情。何况在民族志的材料中所反映的各民族对崇拜的偶像或神灵，大都是极端崇拜而又忠实。至于坑内为何要将这些偶像损坏埋入坑内呢？根据文献记载，在我国古代有许多王者或巫为祈雨、祀社等祭礼不惜"以身为牺牲"。如《吕氏春秋·顺民》载："汤克夏而正天下，天大旱，不收。汤乃以身祷于桑林。曰：'余一人有罪，无及万夫；万夫有罪，在予一人，无以一人之不敏，使鬼神伤民之命。'于是剪其发，磨其手，以身为牺牲。"这件事情亦见于《淮南子》《尸子》《尚书大传》等。当然，以身为"牺牲"，并非是真的王者本人或巫要断其发、磨其手或自焚，而是制作一些偶像作为替身，以献诸神。这也是在不得已的情况下而进行的。

312

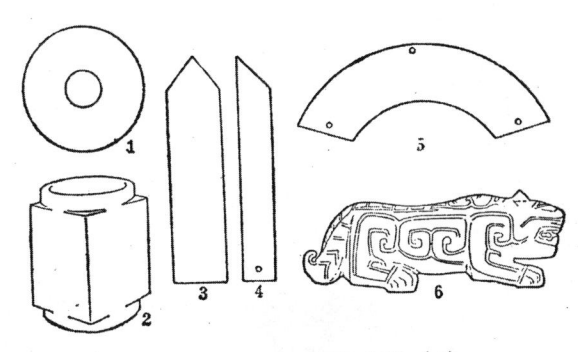

因此，一、二号坑的情况只能是古蜀人在遇到了某些特大问题时（如外敌入侵等），为求得神灵的保佑或宽恕，非自我牺牲不可，因而在祭祀礼仪中制造出若干替身代己。但其中也不排除是他们仇视的人或鬼神以及战俘的偶像。因此笔者认为要正确得出结论，不仅要分析坑中所出的实物，更重要的是还应分析坑中各种遗迹现象。

古代礼制中的"六瑞玉"形状

从出土的遗物来看，除人、动物等偶像外，其余均属礼器。且从两个坑内发现大量的红砂泥芯、铜渣及部分范模和黄金料等情况来看，坑内的遗物系就地铸造和举行某种仪式时在现场使用后而埋入坑中的。由此可见所谓"不灵之神物"又何必临时来进行铸造呢？灵物之灵否，是经过一段时期的供奉祈祷后才能得知其灵与不灵，故所谓"厌胜"的说法是不存在的，它只能是作为某种偶像的替身。

其次从两个坑中出土的大量玉石器的用途分析来看，在我国，玉石器的使用很早，也是很普遍的。虽然当时玉、石不分或难以区别，但人们至少已把它视为珍宝一类的贵重物质。石器时代遗址中出现的璧、琮一类的玉石器，可能是作为礼器进行一系列宗教活动乃至于人类社会等级划分的标志。过去在遗址中很少发现玉琮。考古学家王巍在论述良渚玉器时曾说"迄今所发现的玉琮，皆出自于规模较大的墓葬，这一点说明玉琮是氏族部落中的首领及其权势者才拥有的贵重之物"。王氏之言是有道理的。到了奴隶社会，玉器仍以其质地、色彩、光泽等赢得人们的喜爱而作为珍宝利用和收藏，尤其是商代，这种观念更为明显。而三星堆遗址一、二号坑出土的大量璧、圭、璋、瑗、琮等玉石礼器，应

用于祭祀的高级礼器

民间祭灶神
(清·佚名绘)

属与商同一时代的祭祀之礼器。从一号坑出土的一件残长167厘米、宽23厘米的特大型玉璋和二号坑出土的一件璋的外表雕有人物的情形来看，祭祀的特点就更加突出了。

再者，我国考古材料中用牲作为祭礼之物是屡见不鲜的。在崇拜鬼神祭祀之风盛行的商代，祭祀更是礼制的重要组成部分。"国之大事，在祀于戎"，就是这一情况的生动写照。贵族奴隶主十分重视祭祀，并把它作为国家的大事。殷代经常举行各种祭典，祭祀对象包括天地、山川、日月、风雨、神鬼、祖先等。在这些祭祀活动中都要进行杀牲。三星堆遗址一、二号坑所出的七十余枚（节）象牙门齿、白齿、象骨及三立方米左右的动物骨渣，无疑是当时作为祭祀之牲被杀后填充于坑内的，只不过在形式上与中原文化略有差异罢了。一个是杀牲后整体埋入坑内，一个是放血、焚烧、砸碎再埋入坑内，但其总的性质应是一样的。这种现象再一次说明了两个器物坑并非"厌胜"之结果。

最后，从二号坑内出土的青铜神树来分析，所反映的正是祀社的情况。《吕氏春秋·顺民》篇载："汤克夏而正天下。天大旱，不收，汤乃以身祷于桑林……"《艺文类聚》十二引《帝王世纪》说汤"祷于桑林之社"。这个"社"字至关重要，它于树（桑林）的关系是非常密切的。自商、周以来，不论是行军出师祭祀还是社祀，可以说都是离不开树的。学者陈炳良在《中国古代神话新释两则》一文中说："桑林是殷商民族，以及古代若干其他民族祭祀祖先神明的圣地。"可见树是祭祀之器。

第八章 在迷雾中穿行

从上述的各种遗物现象结合文献记载分析表明，三星堆遗址一、二号坑应是祭（埋）祀坑。从两座祭祀坑中发现的各种遗物和遗迹现象分析研究，可知采用了以下四种祭祀方法：

一、燔燎法。根据两个坑内所出遗物上都有火烧、烟熏痕迹和大量的竹木炭、灰烬及被烧熔的青铜器和烧得裂片的玉石器等分析，两个坑的祭祀者在此进行了燔燎。

二、瘗埋。两个坑的数百件遗物和牲物经火燎后，又全部埋入坑中，这显然是瘗埋的手法。

三、血（灌）祭。是将祭祀之牲杀戮放血。一号坑内出土的三立方米的动物骨渣烧后均呈白色，表明当时是将牲物放过血的，放血的目的是为了血（灌）祭。

四、悬祭。二号坑内出土的青铜树上均悬挂着许多飞禽异兽、果实和其他仿昆虫类的青铜饰件，以及铜器、石璦等。这些遗物一方面反映着"桑林"的景象，另一方面映照出了古人祭祀所采用的悬法。

从以上四种祭法，再结合两个坑内出土的各种遗物来看，不论是一号坑还是二号坑，都不是单祭某一物事，而是由燔燎、瘗埋、血祭、悬祭等组成的合祭。这种祭法是古代特别隆重的祭礼，其反映的祭祀内容主要是祭天、祭地、祭山、迎神驱鬼、迎敌祭祀等。

自1980年省、县各方联合对三星堆遗址进行大规模发掘以来，考古人员对这三个土堆的断面和底部进行了多次考查分析，证明是人工逐层堆积起来的三个土堆，而非自然堆积。其包含物主要是商代或更早时期的陶片，不见晚于商代

蜀字的造型不仅与蚕有关，也与龙、蛇有关

315

的遗物。三个土堆到底做何用途，与两个器物坑有什么关系？这也是判断两个祭祀坑不可忽视的问题。按照我的推断，所谓三星堆的三个堆子，实际上就是以土祀社的产物。土，在殷契中与社字同属一字，其形有作 ⌂、⌂、◇ 等，意在表现这些突出于地平线上隆起的土包，土包周围又有滴血之形。这种方法可能由原始的土地神祭祀发展为社主祭祀。在原始社会时期，人们直接崇拜土地，向着土地祈祷、献祭，把供物撒在地上或埋入地下。随后在祭地时搞一个土堆作为祭祀的对象，或规定一个地方作为祭祀场所。这个土堆或祭祀场所天长日久之后，就变成了土地神存在的象征或载体。故《诗·大雅·绵》把象征土地神的土堆称为"冢土"。冢土即是隆起在地平线上的高大土堆。三星堆三个土堆也就是高出地面十米高（现存半个土堆的高度，原来可能还高）左右的高大土堆。古人为什么要筑冢土祭社呢？应劭在《风俗通议·祀典》中说："社者，土地之主，土地广博，不可遍敬，故封土为社而祀之，报功也。"而古代的国家就是建立在社的基础上的。在甲骨卜辞中还常见唐土（社）、亳土（社）和"蠢社"的记载，可见每个"邑"里都可能有社。因此卜辞中"作大邑于唐土"，从另一个方面证明邑之所在必定有社。三星堆遗址城墙的发现以及大量的房屋建筑、作坊遗迹的发现，显系城邑之设施。因此三星堆的三堆土作为蜀人祀社的"冢土"也就不觉为奇了。而三星堆遗址出土的神树反映了"桑林"的情形，而两个祭祀坑的方向也恰好对着这三个土堆。因此，我们有理由认为三星堆的三个堆子和两个祭祀坑应是一个整体，是蜀人在此举行各种祭礼的一个重要场所。

两坑应是火葬墓

陈显丹投放的这个反击林向的重磅炸弹，得到了许多学者的赞同与支持。一时间，"祭祀坑说"甚嚣尘上，大为走红，似乎成为学术界的定论。但就在这场争论的大幕即将合上之时，有位叫张肖马的学者又提出了自己的理论。

按张氏的说法，三星堆遗址发现了古蜀王国的都城，据初步调查推断，城内面积规模已相当庞大。都城的确定和两个器物坑出土大批精美的遗物，完全证明了古蜀王国已进入了文明时代。两个器物坑出土的遗物，反映出古蜀王国祭祀内容极其丰富而又复杂，与殷商王朝相比应毫不逊色。这些遗物许多应陈藏在宗庙或神庙内。但是，作为古蜀王国的都城，在所谓的"祭祀坑"周围与附近区域，没有发现宗庙、神庙或祭坛一类礼仪性建筑，也未发现与祭祀活动有关的其他场所，仅发现独立的两个器物坑，相距约三十米。如在这两个土坑中举行古蜀王国恢宏的"综合性祭祀活动"，实在难以使人信服。祭祀本是国之大事，极受重视，都要修建与之有关的礼仪性建筑以供举行活动，由于受到商文化影响，古蜀王国亦当不会例外的。

张肖马接着说道：

陈显丹曾宣称三星堆遗址中的三座土堆是蜀人祭社的"冢土"，它们与两个"祭祀坑"属于一个整体，是蜀人在此举行各种祭祀的场所云云。根据四川省博物馆最早对三座土堆的田野调查，得知"三座土堆是各长数十米至百米，宽二十至三十米，高约五至八米，连接成一线的土堆"。从三座土堆的长宽比例看，不像"冢土"。三座土堆连成一线，更类似一条长土堰，与城墙体亦有相似之处。此前未见土堆上有任何建筑遗迹的报道，也未见其中有玉石器与铜器或哪怕是几个残块的报道。土堆的时代与两个器物坑的时代，二者的关系并不明确，仅猜测土堆是"冢土"，可见其立论的证据不足。土堆的功用究竟是什么？尚待考古发掘来证实。也不排除这种可能：三座土堆原来相连，后经几千年的风雨与人为的毁损，形成今日所见的分离的土堆了。

再者，古蜀王国恢宏的祭祀典仪，应有与之相适应的庙坛一类的礼仪性建筑或其他大型祭祀场所，作为经常举行宗教祀典的固定的神圣之地。考古发现证明，在新石器时代晚期都能出现与氏族、部落与部落联盟或更大的文化共同体相适应的公共祭祀场所或宗教中心，而进入阶级社会后，中原殷商王朝以及春秋战国时期的诸侯国的都城，也都有宗庙类的礼仪性建筑。甲骨卜辞中有"坛"的记载，还有其他祭祀场所。由此及彼，古蜀王国的都城一定也会有与之相适应的庙坛类礼仪性建筑或神庙，或者其他大型祭祀场所，绝不只是已发现的两个器物坑。

前些年，经考古工作者的努力，在成都平原已经发现一处古蜀王国用于宗教祀典的神圣场所，那就是著名的羊子山祭坛。据考察其始建年代在商代晚期，是一座三级四方无屋樹的土台，台高有十余米，底边103.7米见方，一、二级各宽18米，第三级31.6米见方，总体积为35574立方米，其规模是相当巨大的。这是一座与古蜀文明相适应的祭坛，是一个宗教祭祀中心，有着祭天礼地等功用。所以，三星堆古城范围应有庙坛类以及其他祭祀的场所。

最后尚不能忽视的一点是，古蜀国为举行一两次祭祀活动，专门就地铸造数百件青铜器，加上金器与玉石器等，共计器物近千件。如此多的高级珍品，将其全部捣烂毁坏再埋入坑中，这是难以令人信服的。而古蜀王国的祭祀内容是极其丰富的，祭祀活动也是相当频繁的。在这样一种情况下，如果举行一次祭祀就要耗费掉近千件器物，其国力是难以承受的。既然如此，也就决定了它的不可能性。

当然，需要说明的是，我以这样的证据否定两个器物坑是"祭祀坑"，并不是否定坑中出土大批与祭祀有关的器物的性质，二者应严格区别开来。如坑中的神树和各类神祇与神灵，原应藏于古蜀王国的宗庙或神庙内，举行祭祀时才使用。那么，两个器物坑既然不是"祭祀坑"，其性质是什么呢？要回答这个问题，有待两个器物坑的全部资料公布后，经过认真而全面的研究与分析，最后才能推导出比较合理的结论。

张肖马的声音刚刚发出，学界中人尚不知是为之欢呼还是高声断喝，浙江省考古所的著名学者张明华又提出了一个"墓葬坑说"，并以超越前人的论证和论据使这场争论再生波澜。

张明华说：

三星堆遗址发现商代祭祀坑的消息，轰动了国内外。但三星堆挖的两个坑何以被定名为祭祀坑？据两坑的发掘者"二陈"发表的报告云："填土清理完了，展现在人们面前的不是什么棺椁之类或完整的器形，而是已经烧过的骨渣和变形的器物，从而认定广汉三星堆一号祭祀坑，是巴蜀文化中首次发现的祭祀坑。"但我以为，"二陈"仅以此点作为依据是比较勉强的。从遗迹所处的地理环境、结构形式、出土器物等方面观察，与目前已知的祭祀遗迹几无共同之处。商代主要的祭祀是以人祭、杀牲祭等形式出现。如：河南安阳侯家庄甲种Ⅰ式大型墓HPKM1001墓道中的砍头人祭；山东益都苏埠屯甲种Ⅰ式M1"奠基坑"的人祭；郑州二里岗的人兽灰坑合葬祭；江苏铜山丘湾的人祭台地遗存；等等。更早的祭祀遗迹如：辽宁红山文化、浙江良渚的瑶山圆坛、方坛形祭祀遗存等，与三星堆的形式、结构、内容也有差异。殷墟王陵东区的祭祀坑除人祭外，亦有器物埋葬，但多与人或车马同坑，而且器物品类和数量十分有限，根本无法与三星堆一号坑丰富珍贵的瘗藏等同起来。但三星堆遗迹这一特殊情况是否无踪可寻了呢？地处中原的殷墟妇好墓的有关资料似乎为大家提供了一些线索。从双方的对比情况看，三星堆附近有马牧河与鸭子河，妇好墓附近有洹河；三星堆土坑位于长数十至百米、宽二十至三十米，高五至八米的大土堆上（不知这个大土堆所指者何，颇怀疑张氏没有到过现场，也没有把出土资料看明白——岳南注），妇好墓位于一片岗地上；三星堆土坑长4.5—4.64米、宽3.3—3.48米，妇好墓坑长5.6米、宽4米；三星堆土坑方向南北（340），妇好墓方向亦南北（100）；三星堆坑中出土金、铜、石、骨、陶、象牙器三百余件，妇好墓出土玉、铜、石、骨、陶、象牙器1928

张氏文章影印件

件。这一切，反映了两者具有基本相似的地理环境、形式结构和丰富、珍贵、组合完整并代表当时最高生产力水平的出土文物品类。

当然，由于三星堆坑中未见棺椁和人骨架，就此认定它是墓葬似乎是不完备的。但我们不能忽视了两个重要因素：一是三星堆遗迹位于高墩上；二是坑中出土器物有明显的火烧痕迹。据有关资料统计，古代棺椁、人骨的保存好坏，除了泥土的酸碱程度和年代远近诸因素外，潜水面上下大有差别。以上海青浦福泉山遗址为例，处于同样地理位置上的墓葬、土墩上部属于唐、汉、战国、良渚文化的人骨架、棺椁腐朽严重，几乎无法辨识。相反，土墩部接近潜水面或潜水面以下的时代更早的崧泽文化时期的人类动物骨骼、木构建筑、古代种子等倒保存良好，许多人骨敲上去还铿锵有声。道理很简单，潜水面以下的地层深处是一个避光、恒温、水饱和的稳定环境，而潜水面以上，距地表浅近，一年四季、早晚、晴雨、雪冻、干湿变化频繁，对任何物体的破坏性都很强烈。因此，在潜水面以上，处于土墩高处的三星堆土坑中，即使有人骨，也早腐朽得面目全非，更何况坑中堆放着那么多的随葬器物和骨渣（原约有三立方米多），要人为地加以区别谈何容易！

三星堆遗址中的出土器物，大都被火烧过，骨渣大多数泛白，一部分呈蓝黑色，这一现象十分罕见。简报认为这就是甲骨文中的"燎祭"。但我认为甲骨文中提及的燎祭尽管名目繁多，但仍多见牛、羊、羌、豕、豚等，并无作为礼器的青铜、玉器出现。即使殷墟比较可信的燎祭遗迹——宫殿宗庙丙组基址中，也只有羊的骨灰。

三星堆遗迹（一号坑）是否是火葬墓？可资借鉴的资料很少。近年太湖地区良渚大墓的陆续发现，方知江苏寺墩良渚大墓82M3，是我国最早、最富研究价值的大型火葬墓之一。虽然时代上与三星堆存在着一定差异，但惊人的相似点反映了它们之间的可比性。

我国古时居住在西北地区的氐羌族盛行火葬。这一习俗含有祈求灵魂乘火上天而得到永生的意思。《墨子·节葬》下篇中记载："亲戚死，聚柴薪而焚之，火熏上，谓之登遐。"壮族也有将非正常死亡（摔死、杀死、落水死、难产死等）的人烧成灰烬的习惯，意在免使恶鬼进门缠身。考虑到寺墩M3在良渚墓葬中不属地位低下的贫民小墓，如此高大的土墩墓地和随葬丰富的情况，说明墓主生前具有氏族首领或王的地位，将其视作因非正常死亡而火葬比较合理。联系三星堆坑中出土的火烧过的骨渣和丰厚器物，完全可以认为，三星堆一号坑就是一座王陵。它的主人就是殷代一位手执金杖，地位显赫而死于非命的蜀王。这位蜀王死后，人们为他举行过隆重的火葬仪式。

张明华这显然是把两个在平地上发掘的器物坑，自作主张地搬到三星堆的高台之上。但不知出于何种原因，学术界却充耳不闻，没有人出面与其争辩。倒是中国社科院考古研究所的考古学家王仁湘在此之后，又横生出了一个"盟誓遗迹"说。按王仁湘的解释：

在诸侯林立的商、周时代，与兼并战争始终伴随的是频繁的盟会活动。如《春秋》所记242年内，列国间的军事行动凡483次，而朝聘盟会达450次。盟会的作用并不次于战争。盟誓时有一定的科目，主要是茬牲歃血。《春秋正义·鲁隐公元年》说："杀牲歃血，告誓神明，若有违背，欲令神加殃咎，使如此牲。"《释名·释言语》则云："盟，明也，告其事于神明也。"盟誓科目在不同部族并不相同，如《淮南子·齐俗训》所说："胡人弹骨，越人契臂，中国歃血，所由各异，其于信一也。"

三星堆葬物坑中有大量兽骨遗存，发掘者断定牺牲在焚烧前都曾放血，也许就是歃血的结果。大量使用玉器也是古代盟誓的通例。侯马东周盟誓遗址发现的数百座坑穴，也都埋有玉器、牲，或有载书，有的还见到祭器。所不同的是，三星堆的祭器、祭牲都曾经炭火焚烧过。因而我曾考虑是否有另一种可能，那就是蜀部族与其他部族结盟活动所留下的遗迹。

认为这是盟誓遗存，还有一个重要证据，就是那些原本不属于一个部族的青铜偶像，它们有相当一部分代表的是蜀族以外的部族，如果纯是蜀族自己的宗教祀典，却请了若干个不同部族的代表参加，那是不可思议的。而这种现象只可能在盟誓时才会出现，那是一种多部族的联盟活动。是否可以这样设想：青铜大立人代表了主誓盟主蜀王（包括金杖在内），其他头像则代表了与盟的各部族首领。每经过这样一次盟誓，就结成了一个新的蜀族大联盟。

还有一点值得注意的是，铜像铸造地点可能离埋葬坑不远，坑内烧骨渣中发现了铸造用的泥芯和铜渣，说明铸造活动是会盟之前不久完成的，那些青铜制品不会是经过长期陈列的宗庙祭器，而应称作为"盟器"。《孔子家语》说:"夏后氏之送葬也,用盟器。"专为盟誓制作的器具,就是所谓盟器。与其说三星堆葬物坑为礼拜自然神祇的祭祀遗迹,还不如看作是盟誓遗迹更为妥帖。盟器与牲,都是古人用以通达神灵的工具,盟会就是通过这种隆重的方式请求神灵来监督誓言实现的活动。

继王仁湘这一说法之后,四川省考古所的胡昌钰又提出了一个"鱼凫王朝灭亡"说,即三星堆两个大型器物坑是鱼凫王朝灭亡的标志。此说在总体上和陈显丹之说保持一致的共性,只是局部做了新的创意和开拓。按胡昌钰的说法:

《礼记》曰:"天子大社,必受霜露风雨,以达天地之气。"说明社是建在露天场所的方坛,其上设置社神或作为社神象征的神石、神树等,作为崇拜物来祭祀。当一个国家灭亡时,战胜国则建屋掩社,即所谓"是故丧国之社屋之,不受阳也",或捣毁对方的社或社树、社神,以求在精神上彻底摧毁对方。鱼凫氏的国家和权力的象征是被"屋之",还是被捣毁呢?这里虽不能一一加以稽考,但他们崇拜的社神、社树却实实在在地被毁坏了,并被挖坑深埋,似乎再也不能让其"达天地之气"了。为什么这些被祭祀的诸神连同社神、社树会一起被捣毁和深埋呢?因为这些铜罍、尊、彝等器物是杜宇族以前的蜀王族用以祭祀的重器。正如《礼记》所说,"家主中溜而国主社,示本也"。所以,这些礼器对于一个王族来说,无疑会是至关重要的根基和资本。礼器的被掠、被毁,正标志着一个国家的灭亡。顺而推之,鱼凫王朝的社神、社树、权杖及大量礼器的被毁和深埋,表明这两个器物坑应是埋葬鱼凫王朝的"坟墓",标志着鱼凫王朝的灭亡,同时也标志着杜宇王朝的建立。这是杜宇氏用同战败的鱼凫国的社树、社神和所用礼器来祭祀自己祖先而专门设立的祭祀坑。从遗存迹象看,杜宇王将遗存入坑前曾举行过某种仪式,并有意将鱼凫王朝的社树、社神及礼器等损坏,然后有一定次序地再将这些遗物投入坑中。

既然两个器物坑既标志着鱼凫王朝灭亡的坟墓,同时又是杜宇王用以祭祀自己祖先的祭祀坑,那么,这两个土坑就不应像它的发掘者"二陈"所说的那样一前一后,应为同一时间所挖。

此外，两个器物坑所出器物大都有意被毁、被烧。"二陈"认为这是以燔燎法祭天，瘗埋祭地，显然两个器物坑都与某种宗教活动有关，是一种有目的、有意识的行为。两个坑所出器物内容大致相同，相距不远，且坑向和下埋手法大致相同。如果说一号坑下埋下限为殷墟一期，而二号坑为殷墟晚期，两坑下埋时间间隔起码一百多年，就确实让人难以理解了。应该这样认为，一、二号土坑下埋的下限时间相同，均在殷末周初。至于两个坑内一些器物、器形的不同，这可能与杜宇氏在"厌胜"埋藏时曾有所分别有关。在此之后，诸多的文化因素仍然流行了一段时间，这是杜宇氏取代鱼凫氏以后，文化上的一些承袭反映，正如周朝取代殷商之后，文化上仍有承袭一样。

亡国灭族之坑

继胡昌钰的"灭亡说"之后，1955年生于四川，毕业于四川大学历史系考古专业，后到日本为日人投资兴办京瓷株

徐氏文章影印件

·争鸣园地·
三星堆"祭祀坑说"唱异
—— 兼谈鱼凫和杜宇之关系
徐朝龙

广汉三星堆遗址以1986年发现的两个埋藏有大量金器、玉器和青铜器的所谓"祭祀坑"而驰名于中外。其发现带来了"巴蜀文化"研究的质的飞跃，从而掀开了探讨四川上古史的新篇章。

1986年，遗迹刚发现而发掘工作正在进

对象则推测是天、地、山、川诸神祇，而非先公先王等人鬼，具体内容纷繁，不一而足。又两坑时代分别在三星堆文化三期后段或四期前段（或认为两者均为四期末），年代大致相当于殷末周初。器物所有者或说"鱼凫"、或说"杜宇"。

式会社做买办的徐朝龙，挟东洋之学以自重，又在这场众说纷纭的大论战中，毫不客气地提出了又一推断：

1986年，广汉三星堆遗址两个器物坑刚刚发现而发掘工作正在进行之时，尽管还没有进行任何科学的研究，也不知道根据什么，从新闻报道方面就已经在大肆使用着"大型祭祀坑"这一定义了。当初也曾出现过一些不同意见（如认为是"窖藏"或认为"厌胜""宗庙犁庭扫穴的遗物"等），但很快就被淹没在"祭祀坑"说的潮流中。自那时以来，绝大多数议论都是以"祭祀坑"这一超前定义为前提进行的。

日子一长，新发现的兴奋有所降温，出土资料的面貌日渐清楚，从而使人们可以有机会冷静思考一下问题的所在。在接触大量资料（包括观察实物资料）以后，我认为：在"祭祀坑"的性质问题上，有些看法恐怕未必没有一个"当事者迷，旁观者清"的问题。

在这里，我只想以一个在国外研究者的角度就"祭祀坑"的问题以及与之有关的三星堆和"鱼凫"以及"杜宇"的关系问题进行一些探讨。

首先，从陈德安、陈显丹撰写的报告来看，定性为"祭祀坑"的理由显然是没有经过深思熟虑的（顺便说一句，在"一号祭祀坑"的报告中甚至连断定的理由也不做任何交代，从标题上就直截了当地使用起"祭祀坑"这个词来）。"二陈"之说基本理由可以简单归纳如下：

1.在"祭祀坑"附近没有发现墓葬，故不是陪葬坑。

2.杜宇和开明之间的政权变更没有发生过"犁庭扫穴"的剧烈事件，而且遗物投放有目的、规律而非任意的。

3.出土遗物都应是祭祀用品，边璋图案在古书记载中是祭山用物。所以，可以证实两坑为祭祀遗迹。

很明显，仅仅用上述这些简单的理由就来断定如此重大的遗迹的性质未免有草率之嫌。这且不去说，在考虑将两坑定性为"祭祀坑"时，以下一些常识性的问题恐怕是很难视而不顾的。

1.在古代，祭祀活动是"国之大事"，当然不会是某年某日突然想起来才进行的，而必然是作为文化传统中最重要的一环世世代代经常并持久地开展下去的。那么，这样看来，如果像三星堆"祭祀坑"所见，仅仅两次"祭

第八章　在迷雾中穿行

祀"活动，就把包括金"王杖"、金人面、青铜人像、青铜神树、玉器、海贝（钱币？）、象牙等如此巨量的社会最高财富投入进去，即便设想三星堆的青铜器时代持续了一千年左右（从二期末起算），那么，在此期间蜀人们曾举行过多少祭祀？这些祭祀需要耗费多少社会财富？按照当时的社会生产力能否承担得起如此巨大的耗费？

2.在主要生产工具还是石器的生产条件下，要生产如此大量的青铜器（逾吨！）和玉器（百余件），除了巨大的人力、财力外，无疑还需要花费相当长的周期。如果它们仅仅是为了一两次祭祀而生产的，那么，是否只有设想这些祭祀是在很多年前就计划安排好了，然后为了实现它，整个三星堆的蜀人们不惜倾其鼎盛时期的"综合国力"，在相当长的一个时间里去制造那些贵重的祭祀物，而主要目的不过在于制作好后便将它们砸碎、烧毁埋葬掉而已。我认为，无论是蜀国先民们对神灵有多么虔敬，这样荒唐的"祭祀"恐怕绝非是他们实际生活所能承担的。

3.在出土的遗物中，礼器占了多数的现象似乎是二陈主张"祭祀坑"最主要的理由。然而，我们知道礼器在中原地区多是为"子子孙孙永保用"而传之后世或者随死者埋入墓里，而像三星堆那样"祭祀"后将礼器全部砸碎烧毁，然后集中埋在一起的情况极其罕见。中原地区礼器主要是作为随葬品见于墓葬，而祭祀坑中常见的是牲口或奴隶，这样的传统到春秋时期也没有变化。这就是我们许多学者尽管在时代断定、青铜器和玉器型式甚至祭祀传统上热衷于和中原进行比较，但却拿不出中原的实例来为三星堆"祭祀坑"的断定做旁证，因而只好敷衍为"蜀地独特的祭祀"之说的原因。就拿"燎祭"来说，从来的文献材料上都是说用牲口，绝无拿珍贵的礼器等来"有意"烧、砸、埋的。在对于旨在尊畏神祇的宗教活动来看，后面这些行为是特别不好说明的。总之，礼器必然和祭祀相关也许还说得过去，但"祭祀坑说"者混淆了一个最根本的问题，即：礼器的功用与埋它们的土坑的性质之间是没有必然联系的。要说礼器出现在土坑里，因而土坑就必然是"祭祀坑"，那么所有出土礼器的窖藏是否都只有定为祭祀坑才是呢？必须特别指出的是，"二陈"凭空弄出的这个"祭祀坑说"，其所谓"祭天""祭地""祭山""迎神驱鬼""迎敌祭祀"等种类繁多的论点，很明显都是建立在这个脆弱的假设之上的，如果该假设不能成立，则以上的诸说都将无法

325

站住脚而成为胡说了。

4.关于进行"祭祀"者,国内学术界普遍认为是蜀国的最高统治集团,而被"祭祀"的对象有说是统治者本人,有说是蜀人们尊崇的神祇,或称"政教合一"的代表。那么,最高统治者们将自己的形象或神祇们铸造成威严巨大的青铜像让被其统治的人们朝拜从而达到威慑社会的目的尚可以理解,而自己动手把自己的偶像或自己尊崇的神祇们砸碎、烧掉并埋入土里,究竟是一种什么意味的行为呢?这恐怕是"祭祀坑说"最难以解释的问题所在。比如,"二陈"一面说以"牲礼火燎祭天",又论"以瘗埋还生产资料于地";在这里说蜀人"动用了大量的动物和三百多件玉石礼器、金器及尊、罍等青铜礼器(似乎有意避免去提到大量的青铜人像)"来祭祀西山,在那里又谈论"政教合一的统治人物"以及小巫师们在"驱鬼"。最后,祭祀活动又成了战胜外敌的"迎敌祭祀"活动了,而且指挥蜀人对敌人的偶像进行打击破坏以求神灵帮助的"司巫"(高大的铜人),竟然也落得一个被打碎埋入土坑的结局。也许主张者自己也觉得牵强过分,因而又设想出是蜀人为了"求得神灵的保佑或宽恕,非自我牺牲不可。因此在祭祀礼仪中制造出若干替身代己,但其中也不排除是他们仇视的人或鬼神以及战俘的偶像",这到底是什么祭祀?谁在祭祀谁?这种解释曲折而多变,让人不得要领。

5.为了和"祭祀"沾上边,众多的青铜人头像还被认为是"人祭"的代替。可是我们知道,在当时先进的中原地区商王朝还在大量地使用人殉,而在社会发展明显落后的四川地区却居然如此文明起来,竟然不惜花费精力、财力使用昂贵豪华的青铜人像来替代那些奴隶,这实在是不可思议的。另据说"祭祀坑"里出土了大量被烧过的所谓"动物骨渣",但至今没有见到详细的分析报告。

也许因为这些骨渣都被砸碎而难以进行辨认。但像如此关键的考古材料仅仅凭现场的一次肉眼观察就做出定性未免太草率。而且"二陈"根据骨渣多数颜色发白就断言那些动物是被放血后才"燔祭"的,并和"血(灌)祭"也挂起钩来。以常识而论,任何血肉之躯无论放血与否骨头一经火化皆会呈白色或灰黑色。当然"二陈"的主要目的明显在于要旁证两坑为"祭祀坑"。关于这一问题,我倒是对林向先生的"骨渣里可能有人?!"的质疑

第八章 在迷雾中穿行

颇感思路犀利。

6.再从青铜人像来看,高大的铜人、神树等自不必说,人头面具、车轮形器、大眼睛铜片、龙柱等皆附有加工非常精致的用于吊装的孔眼或部件,而且多是经过细心剔锉修整的,那似乎表明它们并不是仅仅为一次性使用而生产出来的。又从其制作精细造型威严并讲究视觉效果来看,可以设想它们是曾被陈设在某一特定的神圣场所,供人们长期顶礼膜拜的。很有可能它们在被砸碎、烧毁投入坑内以前已经存在了相当长的一段时间了。至于坑中发现泥芯和少量铜渣并不能说明这些青铜器就是为"举行仪式时在现场使用"而"临时就地铸造"的。熟悉青铜器铸造的人就知道有些泥芯往往会留在器物胎内。而"祭祀坑"中的器物多被砸碎,因而泥芯破土残留于坑内是非常自然的。至于铜渣,既然如报告所说有许多青铜器已经被烧毁了,产生了铜渣也不足为怪。

除以上六点疑问和我做出的新的解释外,不妨回过头来,再看看"二陈"对"祭祀坑"的定性理由。

第一,说附近没有墓葬,因而不会是陪葬坑,这有可能。但要说不是陪葬坑就一定是"祭祀坑",则未免武断。它为什么就绝对不能是"祭祀坑"以外的其他行为的结果呢?按此说法的理论类推,中原商、周的祭祀坑都是和宗庙建筑一起发现的,那么三星堆"祭祀坑"附近没有发现宗庙,何以决定其是祭祀遗迹呢?很显然,仅仅凭两坑周围没有发现墓葬就主张是"祭祀坑"是不能成立的。

第二,把"杜宇让位于开明",看作"仅仅意味着政权的变更",而似乎没有发生将宗庙彻底"犁庭扫穴"的剧烈事件。在没有任何科学研究结果的情况下,就开始用"和平禅让"的神话传说来指导和修正考古学的现象,这是有失严谨的。况且还没有任何材料可以确切证明"祭祀坑"就是杜宇的。为了主张两个坑是"祭祀坑",此说视青铜器和玉器几乎都被砸碎且不少残缺不全的事实于不顾,而将器物投放时有顺序有规律的做法,强调为进行"祭祀"的证明。事实上,即便是"窖藏"或者是"犁庭扫穴"的结果,投放的器物也未见得就总不摆好(况且实际上两坑内的遗物绝对说不上是很有顺序,而不过是扔下去时种类有先后而已)。尤其是绝大多数遗物是在埋入以前就被砸坏了的,在此强调放入坑里有秩序与否似乎没有任何意义。很显然，器物的投放有无顺序和规律是没有必要硬和"祭祀"拉在一起的。

第三个理由是，礼器较多，故必为祭祀。如上面所述，这种论断造成了很大的偏向，忽视了器物本身的用途与土坑的性质之间本来是没有必然联系的。礼器多是事实，但礼器大量砸碎、烧毁并集中埋葬的现象作为祭祀活动遗迹则非常罕见。《周礼·鸡人》说："凡国之玉镇大宝器藏焉。若有大祭大丧，则出而陈之。"《春官·天府》上此句后还有"既事，藏之"之句。即在祭祀时将礼器拿出来陈列，祭祀结束后便藏起来以备再用，而没有说要将它们砸碎、烧毁，然后再埋掉。"祭祀坑"说从遗物有被火烧过的痕迹再联系文献，估计当时应该有"燔祭""瘗埋"等祭祀活动，于是断定"祭祀坑"正是"一次重大综合祭祀活动的遗迹"，却对从未见诸文献的砸毁、破坏现象视而不顾。至于牙璋，《周礼》上也只是说"璋邸射以祀山川，以造赠宾客"，根本没有说要砸毁、烧毁，然后埋掉。牙璋上有蜀人插璋祭山的图案怎见得就可以证明那两个坑就是"祭祀坑"呢？

通过以上分析可以看出，为了附会"祭祀坑"的说法，有关三星堆两个出土青铜器、玉器的土坑的解释，被发掘者"二陈"发挥到了一个远远超越常识的地步。遗憾的是，对以上我所指出的如此多而明显的矛盾现象，似乎很少有人去指出。其实上述几种主要观点里，除了占主流的"祭祀坑"说外，其他的学说都各自包含有非常合理的成分，这正是因为那些学者们注意到了"祭祀坑"说力图否认或无视的部分。依我看来，集思广益，把这些学说中合理的成分综合起来再加以进一步论证，就可以得出一个没有牵强附会而又与历史事实相吻合的结论。

比如在青铜器方面，有关研究已经很多。在这里我只想指出的是：三星堆青铜业与中原地区之最大的不同在于其重点表现的是人物而不是器物。青铜彝器基本仿自中原，龙、虎、蛇等动物（鸟除外）也并非表现特异，而人物表现则个性极其强烈，完全游离于中原传统。因此，在器物和人物两者之间形成了强烈的反差。这里我们可以看出三星堆青铜器作为文化构成的部分所具有的双重性格。中原风格礼器的存在，反映了对外来文化的崇尚和利用其对社会施加心理压力的意图，而地方风格的巨大人物像等，则意味着突出土著政治的权威和对稀有社会财富绝对占有的能力。我们知道，中原地区青铜器的发达一直是以器物制造为中心的。因此，以突出人物表现为主的青铜

第八章 在迷雾中穿行

业，反映了三星堆文化有着自己一套不同于中原宗教意识和文化背景的思维方式和组织形式。

此外，三星堆的青铜器有一些非常值得注意的现象。比如，发掘地层里很少出青铜器，因而看不到一个青铜业技术上的积累和渐进发达的历史。这一现象既可能反映了统治阶层对青铜器的高度垄断，也可能暗示着如此发达的青铜业的出现是具有突然性的。支持后面一种可能性的证据是：一般都认为其中原风格的器物都系本地铸造，而且其时代上限据认为都在殷墟晚期或者具有"晚商文化特征"。"祭祀坑"里出土的这些本地铸造的器物，都仿自中原地区某一个特定时期的风格究竟意味着什么呢？从三星堆文化的时代下限为西周前期，再结合青铜器的上限时代来看，可以说这批青铜器是"来得急，去得快"。很显然，它们的出现是有着非常特殊复杂的历史背景的。那么，这个背景是什么呢？

从当时的古蜀国与中原的关系来看，甲骨文中证明蜀和殷商基本是敌对关系，殷王朝不仅压榨蜀，还多次讨伐蜀。又据《尚书·牧誓》记载，周武王发动灭殷战争，蜀人是积极参加了的。根据青铜器在三星堆出现的时期以及在此之前三星堆没有相应发达的青铜业存在和技术积累等事实来判断，可以做这样的推测，即参加周人同盟军的"蜀"很有可能就是"鱼凫"王朝的蜀国（鸟头勺把最多的第三期后半部蜀文化达到全盛）。在殷商时期，他们得不到中原先进的技术。在摧毁殷王朝后，他们作为"战胜国之一"可能不仅分到了相当的战利品，而更重要的是还获得了不少从事青铜器铸造的技师。这些隶属殷王朝的技师们被带回四川后，在鱼凫王的命令下，利用先进的中原技术制造出了殷代晚期流行但属于西周初期的青铜礼器（尽管比较粗糙或有走形）。同时，他们还依据当地要求设计制作了具有蜀文化风格的青铜像等（蜀人在很早之前就可能拥有诸如"纵目蚕丛"之类的人物形象，以用于宗教礼仪，只不过可能是用其他材料，诸如木头之类制作的罢了）。我们知道那些青铜像（器）与中原青铜器相比，无论在技术还是在造型上，都并不复杂，对那些手艺高超的技师们来说是完全不成问题的。不过，为了弥补这些本地风格青铜制品的单调和简朴，技师们还尽量运用了中原风格的纹饰来进行装饰。在当时，先进的技术是具有政治上的意义的。拥有中原的器物和吸收一定中原礼仪诚然可以为强化统治服务，但在同时又不能让其压倒

329

传统的政治和文化。因此，中原的青铜器技术才被用来铸造了那些形态奇特的巨大人物和鸟头。相对于中原风格的器物，其在视觉效果上的优势是不言而喻的。其结果让人明显感到两个系统相异文化的骤然合流。总之，遗迹本身缺乏青铜业发展线索，器物的时代特征局限以及青铜器在造型和传统上两种对照强烈风格迥异的制品共存等现象，透露了三星堆本来没有青铜器技术积累，而在特定时期引进中原技术的同时也积极进行了转用这样一个特殊的历史背景。在这里，我还想提醒各位学者留意两点：唯一出现在"祭祀坑"里，而且是被"最后放置（下去）"的一套尖底盏意味着什么？"祭祀坑"的时代与三星堆文化的结束在同一个时期反映了什么问题？对这两个意味深长的问题，我可以比较自信地结合其他问题一并做出如下解释：

1.三星堆出土青铜器、玉器等遗物的土坑并不是陈德安、陈显丹所谓的什么"祭祀坑"，而是古代四川最初的大规模王朝更替的直接结果。那些宗庙重器是随鱼凫王朝的灭亡而被砸碎、烧毁后埋葬的。造成这一切的主要原因就是杜宇王朝这一新的政治势力的崛起，即鱼凫（族）并不是忽然"仙去"了，而是被杜宇族推翻，毁灭在血腥的改朝换代斗争中。鱼凫族最后的王及其宗族被杀并连同其王杖等财宝被烧毁埋葬在一号坑。他们的宗庙被捣毁，那些一度神圣不可侵犯的以祖先蚕丛为主的众神像、礼器等被搬出来打碎、烧毁后抛入随意挖的二号坑内埋掉。正如《国语·周语》所言，"人夷其宗庙，而火焚其彝器"是对这场政治悲剧的绝好写照。其实，三星堆器物坑的问题说到底就是一个坑内遗物的破坏、焚烧以及掩埋等行为，是所有者自己所为，还是非所有者所为的问题。很明显，只有承认是非所有者（外来对立政治集团）所为，才能顺利地解释清"祭祀坑说"所含的种种牵强附会的部分，从而得到合乎逻辑、常识以及历史事实的结论。也就是说，所谓的三星堆"祭祀坑"应该更名为"鱼凫灭国器物坑"。杜宇族取代鱼凫王朝在早蜀文化历史上是一个重大的转折点，而"鱼凫灭国器物坑"则是这一历史巨变的见证。

2.三星堆遗址"鱼凫灭国器物坑"的时代应在西周中期，青铜器的出现和尖底盏的存在可以证实这一点。三星堆的青铜器很可能是古蜀鱼凫王朝利用参加周武王灭殷战争后得到的战利品——青铜器铸造技师制作的。他们既仿制了中原殷晚期风格的礼器，也让技师们铸造了非常独特的青铜像、神树等为自己的政治、宗教目的服务,从而出现了造型和传统上鲜明对立的两种系列并存的罕见现象。这就是缺乏技术积累和发展的三星堆何以突然拥有发达的青铜铸造业的背景原因所在。青铜器制作于西周初期,毁坏于中期,尖底盏出现于三星堆最晚时期,这一切都为时代断定提供了根据。尖底盏本是来自杜宇族文化圈的代表器物,作为唯一的一套陶器被"最后放置"在坑里烧残的重器之上,可能是杜宇氏在埋葬蜀王鱼凫后为了镇鬼压邪庆祝胜利而举行过某种仪式(祭酒?)的证明。

3.杜宇族和鱼凫族不是什么同族关系,虽然二者似乎都与"鸟"有关,但前者在实质上从来没有和"鸟"发生过联系。他(们)之所以要"更名"为"蒲单"完全是出于治蜀政治策略上的需要。而被称为"子规"与"杜鹃",则纯粹是因为后世人们的追认。他(们)在西周前期,曾处在以三星堆为政治中心的鱼凫王朝的统治下,西周中期取得政权。成都地区是其政治中心,以尖底器为代表的陶器群是他们最主要的文化特征。在"积百余岁"之后的春秋前期,"荆人"的开明王朝又取其天下而代之,历史再度被暴力与强权改写了。

❀ 不祥宝器掩埋坑

继徐朝龙那长篇推论之后,便是北京大学考古系教授孙华以总裁判的身份,所做出的盖棺论定式的概括性评说。他在对许多论点、推断甚至是妄言做了否定的同时,特别对"二陈"最早提出的那个"祭祀坑"之说,再度提出了尖锐的批判,孙华道:

有关三星堆器物坑系祭祀坑之说,其根据主要有二:一是两个器物坑"出土的青铜人头像、人面像、神树以及玉璧、瑗、璋、戈等,都应是祭祀用品";二是两个器物坑中的器物都经过火烧,它们应是"燎祭"的遗物,是在"燎祭活动后瘗埋的"。这两个说法都来自陈德安、陈显丹执笔的发掘简报。但这些根据实际上并不能证明三星堆器物坑就是祭祀坑。三星堆器

331

物坑的器物种类很多，既有许多与祭祀有关的物品，如铜像、铜礼器和玉石礼器等，也有一些与祭祀关系不大的器物，如金杖、象牙、海贝、陶器等，不得以偏概全。退一步说，即便是两个器物坑中的器物都可以用于祭祀的目的，坑中器物的用途与坑的用途，二者也并不等同。更何况坑内那些浸透着浓烈原始宗教色彩的铜像，它们本身就很复杂，既有形体巨大、凸眼尖耳的神像，也有所谓"大巫师"的立人像，还有许多冠式与发型都各异的铜人像。在这些铜像中，铜神像在祭祀中应作为祭祀的对象而出现，其他铜像则应是主持祭祀和参加祭祀的人像。将祭祀对象和祭祀参加者埋在一起进行祭祀，这是很难令人相信的。

如果三星堆器物坑真是祭祀坑，那么祭祀掘坑掩埋祭品，这是属于瘗埋一类祭法，而三星堆器物坑所埋之物又多有被火烧的痕迹，这又属于燎一类祭法。根据古代文献记载，瘗埋一类祭祀方法是"既乃埋藏之"，其对象主要是在地下的种种神灵。而燎一类祭祀方法却是"既祭积薪烧之"，其对象主要为在天的诸种神灵。祭品用火焚烧与掘坑掩埋，其祭祀对象有别，用"先燎后埋"来解释三星堆器物坑的遗存状况，进而将坑的功用推断为祭祀坑，这是不妥当的。

祭祀是古代人们经常进行的活动，而无论是祭地、祭社、祭祖，还是祭祀山川，瘗埋又都是一种十分重要的祭祀方式。由于祭祀要经常举行，瘗埋又是重要的祭法，所以凡是祭祀场所都有许多用于瘗埋祭品的深坑。考古发现的祭祀场所，祭祀坑往往十分密集，如仅在殷墟西北冈商王陵区东部区域（即1400号大墓周围），已发掘和探明的祭祀坑就有上千座之多。三星堆器物坑现在仅发现了两座，从已发掘的情况看，今后也不可能再发现许多。这就不大符合祭祀的要求。根据古代文献记载和现代考古材料，中国古代祭祀无论是埋祭还是燎祭，它们所用的祭品不外乎牲、玉两类，从未见有将大量金、铜、玉、石、骨器一起焚烧或一起掩埋的现象。三星堆器物坑埋藏物品的巨大数量，也使人难以相信这是用于祭祀的目的。且不要说经常举行这样的祭祀非一般国家财力所能承担，就是一年或十年举行这样一次祭祀也太劳民伤财了，这都是祭祀坑所难以说通的。

在否定了"二陈"的"祭祀坑说"之后，孙华对前些时候沈仲常、张明

第八章　在迷雾中穿行

华等学者提出的三星堆器物坑是墓葬（包括墓葬陪葬坑）的说法，也提出了异议。他认为沈、张等人因为不同意陈德安、陈显丹的祭祀坑说，却一时又提不出更好的解释，于是便将这两座器物坑与墓葬挂起钩来，或称之为墓葬陪葬坑，或称之为火葬墓等等。实际上，正如"二陈"在《三星堆遗址二号坑简报》结语中已经指出的那样，在三星堆一带经过"半个多世纪的调查发掘，附近没有发现墓葬区。在两个坑的周围，砖厂十余年烧砖取土，也没有发现墓葬"。因此，三星堆器物坑是墓葬陪葬坑的可能性很小。

　　至于张明华提出的三星堆器物坑系火葬墓的说法，可知此人注意到了坑中器物均被火烧的现象，也注意到了"甲骨文中提及燎祭尽管名目繁多，但仍多见牛、羊、豕、豚等，并无作为礼器的青铜器、玉器出现"的事实。但如果仅凭这两点就推断三星堆器物坑是"死于非命的蜀王"的火葬墓，却又存在着如下方面的问题。首先，三星堆两个器物坑各自包含物差别较大，一号坑有大量烧骨渣和所谓金杖，尚可能勉强与火葬墓联系在一起。但二号坑既没有烧骨渣也没有所谓金杖，只有纵横交错的六十余枚象牙，这就很难将它与火葬墓相联系了。其次，如果三星堆一号器物坑是蜀王的火葬墓的话，蜀王火葬后的骨渣就应妥善保存，不应当随便倒在坑中"呈斜坡状堆积"。更何况《一号坑简报》已经指出，该坑多达三立方米的骨渣都"属于较大动物的骨骼"，并未说其中有人骨，不存在火葬墓假设的前提，所以将两坑断为火葬墓是颇为荒谬的。

　　既然三星堆器物坑不是祭祀坑，也与墓葬没有关系，从其埋藏现象来分析，又不容有窖藏的假设。因此，有的学者开始注意到该坑器物多与原始宗教有关的现象，提出了三星堆器物坑系某种特别原因形成的掩埋毁弃宝器的掩埋坑。至于这个特别的原因，则有神灵失验和国家灭亡两种解释。

　　三星堆器物坑为失灵神物掩埋坑之说，其合理因素甚少。因这两个坑包含器物的种类很多，不仅有青铜神像、神树、人像，也有尊、罍、彝等铜礼器和璧、瑗、璋等玉石礼器，此外还有金杖、象牙、海贝等物。这几乎包括了当时社会最珍贵的东西，不仅仅是个别灵物和神像。从历史文献和民族志材料来看，古代人们对于自己崇拜的神灵都是十分尊崇的，即便向神灵所求之事失验，那时的神职人员也会找出种种理由来解释。只因向神许的愿未能实现就将神像捣毁埋入地下，这种事情是很难发生的。毁弃失灵的灵物而另

333

外制作一个可能灵验的灵物，这种现象只存在于流行灵物崇拜的人群中，并且这些所谓的灵物一般都很简单草率，因而可以不时以新换旧。三星堆器物坑的时代已是王权神授的时代，器物坑中巨大的青铜神像和各种精美的宗教用具反映了人们对于神的敬重程度。如果经常毁弃这样的神像和祭祀用品，这不仅为当时社会财力所不能容忍，同时也足以导致精神世界的动摇——当时的统治阶级和祭司巫师集团是不能容忍这种事情发生的。

　　对比之下，三星堆器物为亡国宝器埋藏坑之说就合理得多。古代国家间打仗，胜利的一方将敌国的神庙宝器毁坏掩埋起来，或失败的一方将自己的神庙宝器付之一炬后埋藏起来，这种可能性并不是没有的。商王朝灭亡时，商纣王就曾穿上宝玉衣赴火而死。不过，这一种说法也还存在一些疑点。疑点之一，是三星堆两个器物坑还存在着年代不一致的可能性。按照原简报结语的判断，三星堆一号坑为殷墟一期，二号坑为殷墟二期以后。而根据现已公布的材料，我们虽然已经可以证明二号坑不可能晚于殷墟二期，它应是殷墟一期偏晚阶段或殷墟一、二期之交的东西，但却不能排除一号坑早于二号坑，两坑年代不一致的可能性。只要三星堆一、二号坑之间存在着相当的时间差距，亡国宝器埋藏坑之说就难以成立。因为一个国家在前后不长的时间里两次遭到强敌入侵，宗庙被焚，宝器被毁，这种可能性是很小的。疑点之二，中国古代虽有为使敌国彻底灭绝而捣毁敌国宗庙的习俗，但在一般情况下，敌国宗庙虽要焚毁，宗庙内的宝器却不在毁弃之列。战胜国往往是把战败国的宝器当作战利品或者政权变更的象征运回到自己国家中去。所谓"燔溃其祖庙""迁其重器"，就是这种习俗的反映。

　　三星堆器物坑的埋藏原因，既然以上两种解释都难以成立，剩下的解释范围就相当狭小了。通过仔细分析这两个器物坑的埋藏现象，并权衡各方面的制约因素，孙华认为，三星堆器物坑很可能是根据原始宗教的某种习俗而掩埋的古蜀国国君神庙器物的掩埋坑（下简称为"不祥宝器掩埋坑说"），这种解释主要基于以下三个方面的理由：

　　1. 这两个器物坑器物等级很高，器物功用又多与原始宗教有关，它们应当是当时蜀国政治和宗教的最高统治者神庙中的东西。

　　2. 三星堆一、二号器物坑的时间不同，存在着一定的年代差距。这个差距如果代表的是一个或两个蜀王的统治年限，或是具有某种特别含义的年代距离，这就正好可以解释三星堆一号坑早于二号坑的年代现象。

3. 只有在三星堆器物坑的器物是已故蜀王或旧时代蜀王神庙中的东西，新王用之不祥的情况下，这些器物被掩埋于地下才可能得到合理的解释。

当然，以上这种解释，主要基于三星堆一号坑与二号坑时间存在一定的年代距离这一点而立论的，如果这两个坑最终被证明年代完全一致。那么，除非再发现一个或数个与这两个器物坑年代不同的器物坑，否则，这种解释存在的可能性也同样是很小的了。根据现已公布的材料，三星堆器物坑系"亡国宝器掩埋坑"和"不祥宝器掩埋坑"的解释是相对合理的。

第九章 三星堆城破之谜

天赐王国

为弄清三星堆古城的整体面貌，考古人员展开了又一次大规模的钻探与发掘，城墙的发现与确认，远古之城的庐山真面目得以显现。成都平原大普查，宝墩、鱼凫古城的发现，古蜀文化的血脉源源不绝，流淌不息。关于蜀国亡于战争的推断，遗址内，一根"世纪标尺"的发现，预示着一场特大洪水的到来，三星堆城破，古蜀人由此踏上了迁徙漂泊之路。

天赐王国

宝墩、鱼凫城的发现

自孙华对"亡国宝器"与"不祥宝器"掩埋坑的说法给予了相对肯定之后,学术界有为数众多的专家学者对这一观点,或表示认同,或感觉有较大的可取之处与合理性。于是,这一说法一时成为三星堆两个器物坑性质的主流论断。既然这批器物是在亡国与不祥的情况下被埋藏,那么接下来就要推断这个国家为何而亡,一批好端端的国之重宝又为何成了不祥之物,直至出现了非要捣毁焚烧并遭掩埋的悲惨命运。而要弄清这些疑问,首先要搞清楚三星堆遗址到底是不是一座古蜀国的王都。如果是,研究尚可沿着这一思路继续追寻探索;如果不是,则学者们的一切推断与假设都很难成立与存在了。尽管此前像苏秉琦那样的考古学大师曾推断三星堆是一座古都,但是不是王者所居的首都,尚难推定。而事实上,对于一座古城或者王都的确定,任何伟大的学者只是凭着在地面上观察以此做出判断是远远不够的,必须通过考古发掘,并且要发掘到一定时期之后,才能得出最后的结论。

三星堆东城墙发掘现场

为此,自1988年10月至1989年1月,四川省文物考古研究所陈德安、陈显丹等考古工作者,再度挟两个大型祭祀坑发掘的余风,一鼓作气,对分布在广汉三星堆遗址南部的"土堆""土埂"进行了全面调查和试掘,从而进一步证实和确认了三星堆的"土堆"和"土埂"均系人工夯筑堆积的土城墙。

1990年春与1991年冬,四川省

和广汉市考古工作人员再度合作，在东、西城墙周围又进行了有重点的发掘。通过两次发掘，了解到三星堆古城墙外均有城壕，城墙的填土就是从城壕中挖取而来的。城墙的横断面呈梯形，墙基宽约四十米，顶部宽二十余米，墙体由主城墙和内、外侧墙三部分组成。主城墙逐层填土平夯，两腰间经过铲削修整后，用木棒拍打，内外侧墙系分段夯筑而成。发掘过程中，考古人员在主城墙局部，还发现由长40厘米、宽30厘米、厚10厘米的土坯砖分段砌筑。这些筑城所使用的土坯砖，是中国城墙建筑史上发现最早的实物例证之一。如此久远的城墙建筑结构，在整个世界文明史上也是极其罕见的。

1994年冬，四川省文物考古研究所考古队陈德安等考古人员，在三星堆遗址南部地段再度选点发掘。这一地段被当地土著称为"龙背"。经发掘得知，所谓的"龙背"也是三星堆整座古城城墙建筑的一部分，按其位置推断应是古城最南边的南城墙。至此，已发掘证实的三星堆古城建筑总面积达到了3.5平方公里以上，名列全国已发现的商代古城前茅。

陈德安（左蹲者）在发掘现场

被岁月风尘掩埋了几千年的三星堆古城，总算在世人面前露出了庐山真面目的一部分。面对如此恢宏庞大并具有厚重神秘文化内涵的一座古城，为数众多的学者认为这就是古蜀国某一时期的政治、经济、文化中心，是一座当之无愧的王都。也有部分学者禁不住瞪大了眼睛，带着惊讶与疑惑的表情发出一连串疑问：如此浩大的古城真的是古蜀国的国都吗？如果是，它是什么时候出现的？又是什么时候消失的？它的前世今生是谁，在这块温热多情的土地上留下过印痕吗？

为了解答学者们的疑惑，也为了把学术目光放得更加辽阔，以便在进一步深化研究探索中，取得更大、更辉煌的成果，深受鼓舞的四川考古界，在继续探索三星堆古城奥秘的同时，开始着手投入相当一部分人力和财力，在整个成都平原上展开了地毯式考古调查，四处搜寻与三星堆古城有关的远古信息，特别是其他一些古城的线索。在1995年至1996年短短的两年时间内，就相继于成都平原发现了新津宝墩古城、都江堰芒城、郫县三道堰古城、温江鱼凫城、崇州双河城、紫竹城等六座古蜀文化时期的早期城址，并对每座古城的城墙和文化堆积较厚的区域做了解剖和发掘，从而对这些遗址的文化内涵有了初步的认识。考古人员惊奇地发现，尽管七座古城的年代不尽相同，但它们的文化面貌在总体上却大体一致，均有一组贯穿始终而又区别于其他考古学文化的独特器物群，这组器物应属同一考古学文化遗存。

在所发现的七座城址中，宝墩古城是面积最大、文化内涵最为丰富，同时也是最有代表性的一座标示性建筑，属于同类考古学文化遗存中最为典型的遗址。因此，按照考古学文化命名的惯例，考古人员将这七座古城的文化统称为"宝墩文化"。

宝墩古城遗址位于新津县城西北约五公里的龙马乡宝墩村，过去一直被人们称作"龙马古城"。当地土著传说它是三国时期诸葛亮七擒孟获的"孟获城"。这个城址的平面呈长方形，其中东北、东南两面墙的北段以及西北墙的北段尚保存完好，其他保存较差，高度仅为完好城墙的一半左右。拐角中，西南墙与西北墙相接的地方保存完好，数千年前的夯土清晰可见，最宽的地方达二十五米，最高的地方为五米。按照城墙的长度计算，宝墩古城长约一千米，宽约六百米，总面积为六十万平方米。

当考古人员最初发现这座古城时，并未预料到它的年代有如此久远，只

第九章 三星堆城破之谜

是在城墙上发现了汉代的墓葬。后来，通过对城墙的解剖和遗址内的钻探、试掘，才蓦然意识到这是一座古蜀时期人类遗留的大型城址，此后相继出土了大量的陶片、石器、墓葬和房基。随着出土器物的不断增多，遗址的文化内涵逐渐浮出水面。最后考古学家们确认，这是一座早于三星堆古城遗址的古蜀文化早期遗存。

继宝墩古城发现之后，另一座颇具影响，并与三星堆遗址有着更加直接联系的古文化遗存，便是轰动一时的鱼凫城遗址。这座古城位于成都平原温江县城以北约五公里的万青镇鱼凫村，传说是古蜀王鱼凫的国都所在，故称鱼凫城。从它所处的地理位置看，属于成都平原的腹心地带。因为传说的诱惑，这座古城对于考古学家来说具有非凡的吸引力。1996年冬天，成都市文物考古研究所的考古人员王毅、江章华等对该城址进行了详细的调查、钻探和发掘，结果发现鱼凫城的城墙形状与宝墩时期其余几座古城大相径庭。其他的古城形状呈长方形或接近方形，而鱼凫城是呈规则的六边形。可惜这座在成都平原名声最为显赫的古蜀时期的城址，其城墙墙体毁损严重，保存极差，仅有南垣480米、西垣南段350米、西北垣西段370米、东南垣150米依稀尚存。复原后的城垣全长约为两千一百米，城址总面积约为四十万平方

四川省考古研究所发掘的鱼凫村遗址

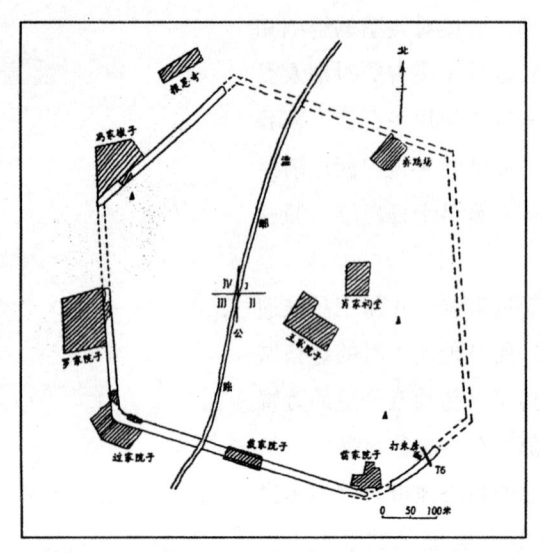

鱼凫村遗址平面图

米。在对鱼凫城的发掘中，考古人员没能发现类似三星堆那样能够代表鱼凫王国都城所特有的重要文物，只是发现其城墙夯筑十分讲究，内侧墙体的土均为质地紧密的黏土，而外侧墙体的土是质地疏松的黑土与黄土，但土中夹杂有很多坚硬的鹅卵石。在发掘中，考古人员注意到，有一条古河道从西北墙穿过，又从东南横穿遗址流出。由于对河道的形成年代与遗址的年代关系一时难以断定，因而发掘人员也就暂时无法断定鱼凫城的废弃是否跟这条河流有直接关系。

著名考古学家林向、赵殿增及成都市考古研究所的考古人员，通过对宝墩、鱼凫城等新发现的七座古城进行勘察、研究，认为这些城邑在人类文明历史的长河中早则早矣，但就个体存在的年限而言不会很久。几座古城此兴彼废，交替更生，各自兴盛了200—300年的时间。因为当时整个成都平原尚处于酋邦制时代，酋邦不像国家以领土为疆域，而是以同血缘的氏族部落的聚邑为疆域，或村居或筑小城，部落联盟的中心酋长则居中心大城，其他则居小城或村居。人来筑城，族迁城废，天灾人祸，兴废消长，变化多端。也正因为如此，在这一历史时期，成都平原上才留下了这么多的古城。这些以宝墩文化为代表的古城不论后来保存得好坏，从考古发掘的成果看，其文化内涵与三星堆文化遗址一期（即萌芽期）相互衔接。也就是说，宝墩文化是三星堆文化的胚胎和母体。换言之，三星堆文化是宝墩文化的延续与发展。没有宝墩文化的铺垫与滋润，就没有后来三星堆文明的辉煌。

第九章 三星堆城破之谜

既然三星堆古城的前世今生已有了较为清晰的线索，那么，延续了宝墩文化血脉，承载了这一文明遗产和生命基因，在古蜀人类历史上曾辉煌盖世的三星堆古城又是如何走上毁灭的呢？遗憾的是，古代文献没有点滴记载。专家学者们除了对已公布的考古成果做尽可能全面深入的研究外，仍在不断地全方位搜寻资料，并根据这些资料透露的点滴信息，谨小慎微地校正着自己原有的成果，以此希望有所新的发现与突破。

而此时，四川省内有一个号称"学界怪才"，名叫邓廷良的多学科研究者，亲自到三星堆做了一番考察。在与部分学者们座谈之后，根据他的理解和想象，以无知者无畏的心态，放开胆子编了一幕叫《丛林战舞》的剧目。在剧中，邓廷良把三星堆古城正式确定为鱼凫王朝的首都，并描绘了三千年前这个王朝在城陷之日那颓败悲壮的一幕：

暮色苍茫。

风儿把满天的乌云急急地赶向广汉平原上空。泛着鱼肚白的古雒水（即今鸭子河）匆匆流过，将一股股带血的腥味送向它环绕的三星堆城头。

在一面依然平静飘扬的绘有黑色鱼凫标志的大纛下，最后一代鱼凫王率领为数不多、个个血污的守城将士，怒视着城下四周黑压压一望无际的杜宇族大军。刚才，这儿才经历过一场激烈的鏖战。来自蜀国以南重镇朱提的年轻的杜宇王，趁鱼凫王朝倾精锐北上参与伐商之际，挥师入蜀，一路势如破竹，不到一个月的时间就打到了三星堆蜀都城下。此时，他们已在雒水两岸安营扎寨，点燃起一堆堆篝火，踌躇满志地劲舞狂欢。鼓声与歌声笼罩四野，胜利的喜悦充溢军营……明早，他们就将一鼓作气，以摧枯拉朽之力入主三星堆城，正式建立杜宇王朝。城内，鱼凫族将士在三个巨大的黄土圆丘上也点燃了祭天地祖先的燔燎。从西南商道入贡国都的数十头珍稀大象，被全部宰杀慰劳与社稷共存亡的将士们。象牙及国之重器青铜纵目大面具、青铜神树以及巨大的玉、石、璧、璋与贝货珍宝，被依次投入几座火坑。猩红的火焰伴随着滚滚浓烟腾空而起，映红了半边天宇。

清脆的编磬敲响了，铿锵的编钟叩响了，沉重的錞于撞响了，凄厉的埙篪吹响了……年迈的鱼凫王面向西北方向遥远的岷山故地祷祝着，两行晶莹泪水悄然爬过他那清癯和布满皱纹的双颊……良久，他滞缓而庄重地戴上黄金面罩，将手中雕绘有鱼、鸟图案的金杖朝天竖起——一场震撼天地的祭祖、祀神、祈天大歌舞即刻开始。在十余个头戴纵目大面具的王室巫师的带领下，全城残余的将士连同眷属及城内百姓一道，唱起激昂的"左言"《鱼凫歌》，在雄壮而悲怆的乐声中一同踏地起舞，决心以死来谢社稷、祖神、上帝。

……终于，鱼凫王和他的将士们淹没在翌日的血泊中。方圆十二里的夯筑城郭被夷为平地，只留下鱼凫子孙死不旋踵的荣光以及那一大堆怒目圆睁、象征灵魂不死精神的祭祖面具和几座还余烟袅袅的祭祀坑、大圆丘……

在邓廷良编造的这一剧目的基础上，四川成都图书馆的学者肖平再度展开想象的翅膀，对其中的内容做了新的补充与更大胆的设想。按照肖平的描绘，展现在世人面前的是这样一幅历史画面：

在三星堆古城即将被攻破的前夕，鱼凫王站在被战火洗礼过的残垣断壁上，忽然想起了陪伴他一生的神灵和偶像。这些本来待在幽暗宗庙里的神偶像天空中的闪电一般，忽然浮现在他的脑海里。虽然它们没能保佑他赢得这场战争，但它们毕竟是祖宗遗留下来的国家重器，关乎这块土地、这方百姓、这片天空的荣辱衰败——这样的东西岂能落入敌人之手？负伤的士兵一瘸一拐地前来报告说，南边的城墙已经失守了，敌人像潮水一样向他们涌来，他们该咋办？鱼凫王用他那鱼鹰般锐利的眼神瞪了一眼这个惊慌失措的士兵。心想，怎么办？干脆集合剩余的士兵和百姓举行最后一次祭祀吧。于是，在无比悲壮凄厉的气氛中，鱼凫王带领他为数不多的士兵和百姓，匆匆忙忙地完成了这场空前绝后的祭祀。祭罢，再给它们建造了两个可以安息的土坑，然后众人一齐拔剑自刎。

破城之后，身披大氅的杜宇威风凛凛地站在三星堆的土台上，他的目光傲慢地俯视着战败者的鲜血和这座残破的城池。尽管以前他听说过鱼凫王的城池修得多么固若金汤，多么范围广阔，多么豪华壮丽，但当他攻破这座城池并置身其中时，脸上不禁露出了一丝狞笑，心想，再坚固的城池不也被我杜宇给攻破了吗？

此时的杜宇看到，在他的脚下，鱼凫王朝军队的尸体像刚刚收割的庄稼

第九章 三星堆城破之谜

一样倒在地上，鲜血染红了泥土。难道历史的变革都必须付出如此血腥的代价吗？他有些不敢相信，但很快又从忧郁的思索中回过神来，下了一道旨意："把鱼凫王的宗庙全部毁掉，该烧的烧，该砸的砸，让曾经保佑过他的神灵们都一道见鬼去吧！"于是，士兵们站在杜宇面前发出阵阵欢呼。劫掠和报复本来是战胜者最普遍的心理欲望，不如此，怎么对得起死去的同伴，怎么对得起为这场战争所付出的高昂代价呢？接着一把火烧起来了，那一块块石头撞击青铜人像、青铜神树的"咚咚"声，以及青铜神坛的碎裂声，久久地回荡在历史的隧道里。新掘出的土坑旁，一批批被大火焚烧和砸烂的礼器被倾倒下去，"叮叮当当"的响声听起来像是神灵们无助的哀怨……

蜀亡的另一种版本

对于邓廷良与肖平想象出的这个剧目与画面，四川学者刘少匆表示不敢恭维，特别是对邓廷良编造的一幕更是不屑一顾。按刘氏的说法，这悲怆壮烈的一幕，如果作为瞎编乱造的科幻小说来读，无关紧要。相声中，张飞还可以战岳飞，关公还能战秦琼呢！但若作为描述一段历史，就有必要进一步探讨。有些学者把湔山定在灌县境内沿白沙河一带，如果按《华阳国志》记载："（鱼凫）王猎至湔山，便仙去，今庙祀之于前。"就根本没有到过三星堆。那么，这决死一战，就是子虚乌有了。再说，杜宇能在不到一个月之内，就来到三星堆城下了吗？假设杜宇率部前来攻打三星堆古城，从云南的朱提渡长江，沿岷江而上，一路要遇到若干个濮族小国的狙击，在江原还有"完婚"的大事。当他征服了这些濮族小国后，还要教他们务农，取得信任才能联军伐鱼凫。这一连串的事加起来，要到三星堆，一个月不行，五个月也不成，即使是"艺术虚构"，也还有不少漏洞。

按刘少匆的研究与推断，他并不否认三星堆古城为鱼凫王朝的首都，只是鱼凫国破，应与参与伐纣有直接关系。刘氏说：公元前1026年冬（作者注：根据夏商周断代工程最新科研成果，武王伐纣应是公元前1046年），即周文王五十二年，太公姜尚，派使节入蜀，联络蜀王鱼凫氏，会同西南巴、

345

濮各部,相约次年春天,会师孟津,进军朝歌。蜀与周人本是姻族,加之长期受到殷人的镇压和迫害,早对"瘟商"恨之入骨,便欣然加盟,倾其精锐北上伐纣。而蜀中彝、濮等小国,对蜀人来到川西平原屡屡吞食他们的领土十分不满。但蜀人武器精良,又抵抗不过,但驱蜀之心,早已有之。因此,趁蜀军挥师北伐,国内空虚之际,一举摧毁了鱼凫王朝。于是,蜀人又一次亡国。

关于鱼凫亡国的具体时间,刘少匆的推断是早于克商之前。其理由为,蜀国既加盟伐纣,《牧誓》中,蜀就应该在"我友邦冢君、御事……"以内,但誓词中讲的都是"蜀人"。所以说,鱼凫王朝的覆灭,当在牧野誓师之前。

鱼凫王朝在蜀地失国了,已开赴中原的参战武士,继续参加伐商的战斗,并在战争中立了功,其首领封为伯。因为他们都是战士,所以,在鱼凫氏的鱼字旁,特别加了一个"弓"字。胜利挥师的周武王在渭水之南、清姜河西岸的地方,专门拨了一块地盘,为他们建立了一个国家——强国。据说,国最强盛时,南界曾越过秦岭,到达嘉陵江上游。但他们始终未能进入四川盆地,恢复鱼凫王朝。在此之后,蜀国复兴的重任,才历史地落到了杜宇部落的肩上。

对于刘少匆的这番别开生面的推断,三星堆祭祀坑的发掘者陈显丹表示部分地同意,但在具体亡国这一点上却另有别论。按陈氏的说法,从古文献中,可以看到古蜀人不仅与夏人发生争战,而且在商王朝统治时期也常与商人冲突。因此,在商王朝的甲骨文中留下了一些只字片言。在这些记载中有商王命军队伐蜀和抽调蜀国射手的内容。如"至蜀""征蜀""伐蜀""……蜀射三百",或充当驭手的卜辞"□蜀衘□"。也有商王派遣使者

殷墟出土的卜甲

到蜀国的记载："丁卯卜，共贞，至蜀，我又（有）史（使）。"这段记载的意思是，丁卯的那一天，一个名叫共的人占卜，问派遣使者去蜀这件事的吉凶。

当然，蜀王是不会任由商王摆布的，他经常拒绝商王的要求。因此商王就派军队镇压，这就出现了"□寅卜……王登人正（征）蜀"的卜辞。此卜辞的意思是说，商王武丁准备征集军队讨伐蜀国。这种战事的记载有多起。由此可见，蜀、商之间的恶战使二者结下了冤仇，而不是成为朋友。不过对记载中的蜀是现在的何处，是否就是指今天四川的问题，学术界曾有不同的看法。如甲骨学者胡厚宣认为甲骨文中的"蜀"在今山东泰安至汶上一带；陈梦家释为旬，即认为是指后世的旬国；董作宾认为在今之陕西或者四川；李伯谦将汉中地区出土的铜器和陶器与成都平原蜀地的一些铜器和陶器进行比较研究后，提出了汉中盆地"城固铜器群为代表的文化有可能是更早的蜀文化，蜀族最早的中心可能不是在其他地区，而是在汉水上游，只是到了西周时期才转移到成都平原"的说法。而三星堆遗址的发掘表明，以小平底罐、高柄豆、飞鸟头形勺等器形为代表的这类文化遗存，在川西平原是自成系列的一支新文化。这支文化的上限在新石器时代晚期，下限至商末周初或略晚些。除第一期遗存外，二至四期遗存和过去已被大家所认识的春秋战国时期以柳叶形青铜短剑、烟荷包式铜钺、三角形铜戈为代表的巴蜀文化相衔接。故有人将这类文化称为"早期巴蜀文化"或"早期蜀文化"。

从三星堆遗址发掘的情况来看，至迟在二里头文化（学术界普遍认为是夏文化）时期，蜀族就与中原有文化交往。商、西周时期交往更为密切。一号祭祀坑出土的器物中，除金杖、金面罩、青铜头像、部分玉璋等具有强烈的地方特点，为商文化所不见外，其他如尊、罍、盘等青铜容器与玉、璋等都和商王统治区域内出土的商代前期器物的形制、花纹基本一致。在祭祀礼仪上，蜀人用"燔燎"法可与卜辞中"燎祭"相印证。这些均说明蜀人在物质文化方面受到中原商文化的影响，在宗教意识、祭祀礼仪制度方面也与商王朝有相近之处。也就是说，甲骨卜辞中的"至蜀""征蜀""伐蜀"所指的蜀，应就是川西平原的蜀。这个川西平原的蜀与商是仇敌，但与西北部的西歧却是要好的盟友。

西歧是周人的领地。当时周人也常与商人发生恶战，周、蜀自然成了朋

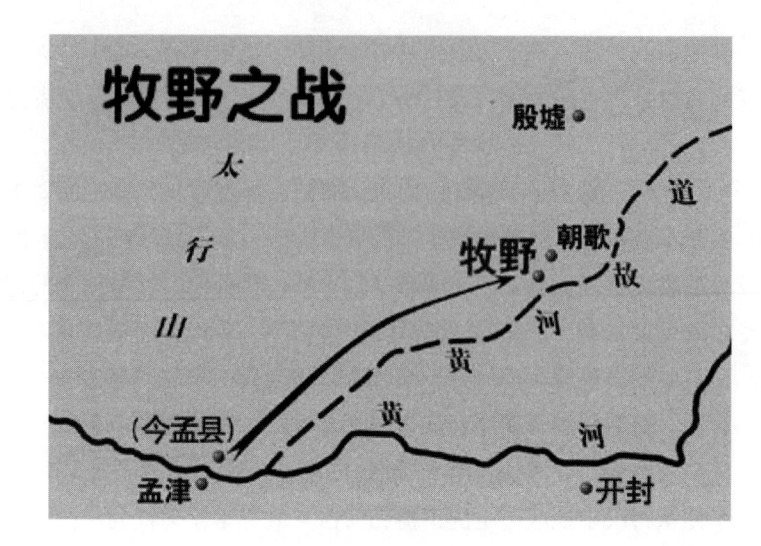

牧野之战线路图

友和盟军。因此，周武王在与商纣王的决战中特邀蜀军前往参加，蜀军答应后，迅速在预定的甲子日前赶到了集结地应是可能的。

历史上著名的牧野决战前，周武王和他的弟弟周公统兵车三百辆，勇士三千及西南盟军蜀、巴、庸、羌、微、卢、彭、濮等国的精锐之师，在牧野举行誓师大会。誓言说：我的朋友们，纣王的军队虽然很多，但天帝就站在你们的前面，你们必然会打胜的。你们不要害怕，但也不要掉以轻心，拿起你们的戈，举起你们的盾，勇往直前吧！誓毕，周武王率军与商王的十七万大军在牧野（今河南淇县西南）之地进行了生死决战。

就在牧野大决战中，援周的蜀军奋勇当先，个个骁勇善战，以锐不可当之势，在很短的时间内就与其他盟军一起，彻底摧毁了商王朝的精锐部队。最后，商纣王在鹿台自焚，从此结束了商王朝对中原的统治。

周朝的胜利，可以说主要依靠了四川境内几个方国的军队，特别是巴、蜀的军队功不可没。因此，当时的史官在《尚书·牧誓》中是这样赞誉道："武王伐纣，实得巴蜀之师，巴蜀之师前歌后舞，令殷人倒戈。"

第九章 三星堆城破之谜

为此，陈显丹结合文献《逸周书》继而推断说：就在周与蜀等国联合灭掉商王朝之后，蜀国的厄运到来了。由于蜀军参战将士对胜利果实的分配不满，加上蜀王不愿受周武王的支配，两国之间便产生了新的矛盾。周王朝认为，商王朝虽已消灭，但蜀国却是一个强国，而又不肯臣服于周，将来必是一大隐患。因此，周武王在克商的第三十七天，突然派兵袭击蜀军。蜀军毫无准备，被周武王的军队打得七零八落，溃不成军。蜀王手下的霍侯、佚侯等主要将领和其他四十六名各级军官被生擒，损失车辆辎重达一千多辆，士兵死伤者无数，蜀军元气大伤。

周朝自周厉王以后，由于朝野内外矛盾加剧，天下开始大乱。位于西南的蜀国首举反周大旗，并率先称王称帝，以至各国仿效，纷纷割据，自立为王。在楚、秦、晋、韩、赵、卫等国称王时，蜀又改王称帝，并东伐西征。一会儿与楚国交战，一会儿又与秦军对垒，乃至蜀王的江山，曾被楚国的开明氏所取代，直至若干年之后被秦所灭，成为华夏大国的一部分。

蜀人大迁徙

针对陈显丹的这一说法，四川大学教授林向明确指出，三星堆古城既不是毁于杜宇攻击的战火，亦不是终结于援周伐商的事件，而是毁于一场特大洪水的侵袭。就在1986年的那次著名的多方联合发掘中，在三星

林向（右）与学生在三星堆发掘现场考察

三星堆遗址第三区坑位图，中间为考古人员留出的关键柱，柱上可见洪水导致的淤土堆积（林向摄）

堆的北面、古城内建筑群之间，考古人员发掘出一条壕沟。经林向测量，沟内的文化层堆积超过2.5米，根据土色土质共划分为十六层。后来经碳14测定，文化层的最早年代距今约四千八百年左右，其探方的剖面几乎构成了川西平原近五千年来的世纪标尺。

就在考古人员正在发掘的某一天，四川省水利研究所的几名工程师特地来工地参观考察。当他们站在壕沟边听完林向的介绍后，面对发掘后特意留下作为研究之用的巨大"关键柱"久久审视不去。在这根"关键柱"的剖面上，可以看到整体为十六层的文化堆积中，第七层是个明显的分界层。这是厚约20—50厘米的洪水淤泥层，顶面呈水平状，底面则随第八层的顶面形状而倾斜，呈凹凸不平状。发掘时，考古人员清楚地观察到这一淤泥层在壕沟及其周围存在，颜色为青黑色，纯净而几乎没有什么包含物，只是在底部发现过一柄长24厘米的柳叶形铜剑。在这一层之上，1—6层分别是现代耕土层到东周层。下面的8—16层，根据地层叠压与陶器形态分析，可分为四期：

第一期，时代相当于新石器时代晚期。

第二期，时代相当于夏、商之际。

第三期，出土一组有特色的陶器，如小平底罐、鸟头把勺、高柄豆形器、杜鹃、绵羊等，还有一个被反缚的无头石人像，相当于商代中期。

第四期，富有特征性的文化发展到鼎盛，相当于殷末周初。建筑遗址分属于第三、四期，整个漫长的文化堆积看上去在第七层突然产生了断裂。

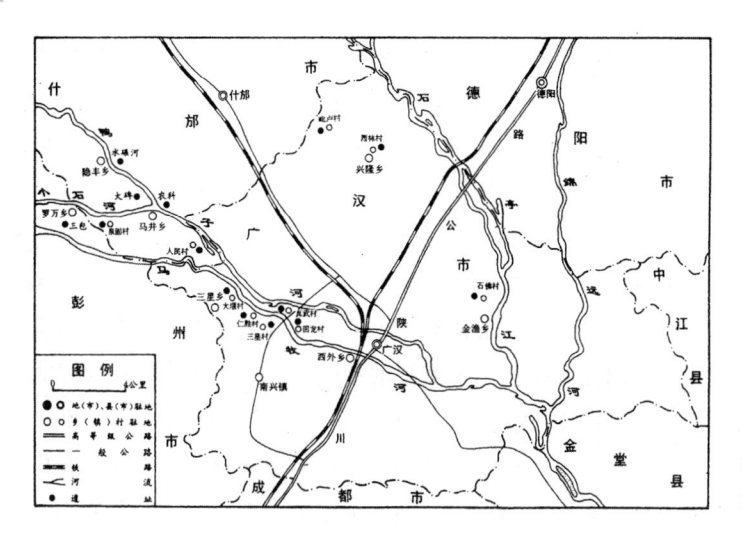

金堂县与三星堆位置平面示意图

由此可以看出，这根"关键柱"的剖面所透露出的文化堆积突然中断的信息，可能与不可抗拒的特大洪水有关。对此，林向专门与前来参观考察的水利专家就这一问题进行了讨论。按水利专家的说法，成都平原的东北部属于沱江水系，东向穿越龙泉山的金堂峡，峡谷长12公里，最狭处不到150米。而平原西部，水系的上游素有"西蜀天漏"之称，雨量集中在夏秋季节。每当暴雨成灾，东向穿峡的径流量可大于三千立方米。所以，至今峡口的金堂县常发生水灾。加以金堂峡常有壅塞的危险，两岸山岩属于侏罗纪蓬莱镇砂岩与泥岩石层，最易风化崩坍，又恰有一条东向的断裂带通过，存在着每千年发生一次大于五级地震的危险性，更加大了水道堵塞的可能。一旦金堂峡被阻，就可使广汉、德阳、新都一带低洼处成为洪涝泽国。

从文献记载看，古代蜀国确有自己的洪水传说，同时由于水的原因而发生了政变，并导致了改朝换代，甚至迁徙都城的重大事件的发生。杜宇时代就发生过一次特大洪水，并有了"其相开明，决玉垒山，以除水害，帝遂委以政事""帝升西山隐焉，时适二月，子鹃鸟鸣，故蜀人悲子鹃鸟鸣也""开明王自梦郭移，乃徙治成都"等记载。尽管常璩等人对这种包含真实历史内核的神话传说往往加以改篡,但至少可以从中看到三个方面的事实:一、杜宇时洪灾极为酷烈,《蜀王本纪》说"若尧之洪水",民不能"陆处"。二、因灾而变,改朝换代,开明乃荆人鳖灵,等于是"异族王蜀"。三、杜宇下台是被迫的,蜀人才会悲子鹃。过去,史家总说蜀史可信成分不多,今见这根"关键柱",可作为一件历史史实来证明文献记载并非空穴来风,事实胜过了雄辩。

按林向的研究成果推断,三星堆遗址出土的大量青铜鸟头,勾喙的鸟头与杜鹃的形象相同,还出土了一件陶塑展翅的杜鹃鸟。这一连串的现象并非偶然。结合那根"关键柱"所透露的远古信息,可以这样认为:三星堆古城的最后放弃不是发生在鱼凫时代,而是晚于鱼凫的杜宇时代。在这个时代里,代表古蜀文明权力中心的三星堆古城被洪灾所困。当杜宇王所属的四方部族领地被洪水淹没,村寨被冲垮,三星堆古城在洪水的冲击浸泡下,即将面临灭顶之灾时,不得不率领举国民众弃城出逃。其后,古蜀国的这个权力中心都邑,便转移到成都市区的金沙遗址中去了。

按照林向的说法,三星堆古城最后的场景应是这样的:

大雨滂沱,电闪雷鸣,连续不断的暴雨仍在不住地下着。这场雨对三星堆古城的老国王杜宇与统治之下的四方族人而言,是一场末日之灾。夜里,杜宇躺在宫中那潮湿的床榻上,听着洪水在城墙外面不断拍打撞击的声音,心中充满了焦虑与不安。这种声音越来越壮阔响亮,越来越令人心慌意乱、胆战心寒。直觉告诉他,岷江上游的狂涛巨澜正以万钧雷霆之势向三星堆古城冲压而来。这一夜,杜宇几次披衣坐起,来到大殿门口,望着漆黑的雨幕不时闪过耀目的电光和随之爆出的隆隆雷声,他在心中不住地祈祷和哀叹。

翌日清晨,老态龙钟的杜宇在近臣的服侍陪伴下,忧心忡忡地登上了城楼。就在登城的过程中,他感觉原本坚实的城墙此时已经像浸泡在水里的蛋糕一样有些酥软了。惊恐中他不禁问道:"上个月我们祭祀过几次天神、雨神和水神了?"

负责国家祭祀仪式的大臣立即上前躬身禀报:"我们一共祭祀十几次了。前一段每三天祭祀一次,这几天改为每日一次。"

杜宇听罢,将那老眼昏花的眼睛转向城外,望着在雨水泥泞中挑筐搭

第九章 三星堆城破之谜

担、四散奔逃的草民百姓，又望望城内四处涌动的水流和一个个脸上布满了惊恐之色，精神即将崩溃的纷乱的人潮，又绝望地垂下了头。刚才答话的那位臣僚看到主子一副忧郁沉重的表情，心中泛起了一股酸楚，感到了面临局势的危难与自己责任的重大。他忙凑上前来既表现自己又推卸责任地说道："依臣之见，这些太庙里的神灵好像一点也不中用了，是不是被娇宠坏了，或者是中什么邪了，在我们急需他鼎力相助时，他们却像死的一样，一点表示都没有，索性给点颜色瞧瞧，看它们还敢不敢发邪？"

"不许胡说！"杜宇用沙哑的语调打断了这位臣僚的话，停顿片刻，又突然想起了什么，轻轻地对陪同的众臣僚们说道："走，大家一起到太庙去看看这些个神灵到底是咋的。"言毕，在群臣的簇拥下，走下城楼的瞭望台，向城内的太庙走去。太庙那高大的殿堂里，香烟缭绕，雾气迷蒙。只见一尊尊、一排排、一列列由青铜铸成，神态各异、大小不一的神偶、神物和由各种玉器组成的祭品，错落有致地摆放在不同的位置，呈现出一派众神荟萃的天国境界。

老杜宇先是在群神面前跪拜、祈祷了一番，然后起身围着庙堂转了一圈，心怀怨恨与愤懑之情暗暗想道，眼看我的蜀国就要国破家亡了，这些神偶一点救援的表示都没有，看来确乎是不甚灵验了，还是赶紧想别的办法自救吧。

回到官殿之后，寻找新的居住地和迁都的想法终于被杜宇提了出来。众臣僚在表示全力拥护的同时，认为应迁往成都平原的腹心地带，而不应该再回到平原西北边祖先们住居的山地里去了。假如再回到那里，对于已经熟悉了平原农耕生活的部族来说，无疑将面临更多、更大的灾难。杜宇听罢，表示赞同，遂吩咐臣僚速派人到成都腹地去联系其他部落，寻找新的居住地，并令全城的官员和百姓做好大搬迁的准备。

洪水依然没有退去的迹象，而且来势更加凶猛。在越来越混乱危急、诸事纷杂的局势中，主持搬迁的大臣向杜宇禀报道："那些用于祭祀的国家礼器是否全都带走？"杜宇蹙着眉头想了想说："带走一点象征性的神物就可以了，其余的留下。在我们撤出这座城之前要举行一场盛大的祭祀，把这些不中用的偶像烧掉。"众臣僚对老国王的话语，纷纷表示理解与赞同。是呵，即使是再伟大的神灵，也要为天下苍生服务。如果不为天下苍生服务，将不再被认作神灵。

这天上午，折腾了十几个昼夜的狂风暴雨，总算有了短暂的停歇。笼罩在滚滚乌云中的三星堆古城迎来了一个短暂的喘息机会。但几乎所有的人都清楚地知道，这是又一场更大暴风雨来临之前的预兆，这片刻的安宁根本无法阻拦城外的洪水以更凶、更猛、更快的速度和更为浩大的流量涌向这座已岌岌可危的古城。

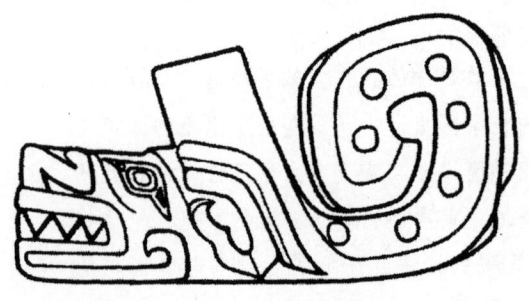

就在这个危机四伏灾难临头的空隙里，一场特殊的祭祀在满城哀怨与愤怒的目光中悄然开始了。在一块高高的台地上，一头头无法带走的战象和牛羊等牲畜被宰杀，以慰劳全城的将士和有功的官员。一件件青铜神偶和玉石礼器，被从太庙里搬出，一堆堆散发着潮湿与霉味的木柴被架了起来。大火终于点燃了，呈麻花状的滚滚浓烟伴随着霉烂的气味冲天而起，径直插入低低悬垂着的铅灰色云层。古城的上空，不祥的大鸟扑扇着黑色的翅膀在天地间低低盘旋，不时发出一阵阵恐怖凄厉的哀鸣。火堆旁的台地上，两个宽大的土坑在苦力们挥汗如雨的抢挖中很快完成。烈烈火光映照下，土坑外的武士们在如狼似虎地吞吃了烤熟的大象、牛羊之后，开始举起铜锤、铜刀、铜棍、石头等一切可用以撞击与切割、分裂的工具，狠狠地打砸和焚烧着从太庙里搬来的各种青铜礼器。平日里躲在太庙高高的殿堂之上，养尊处优的神偶们，面对这突如其来的灾难，却神通顿失，束手无策，一

三星堆遗址出土的青铜龙形饰摹图　　砸烂焚毁的祭祀器物

第九章 三星堆城破之谜

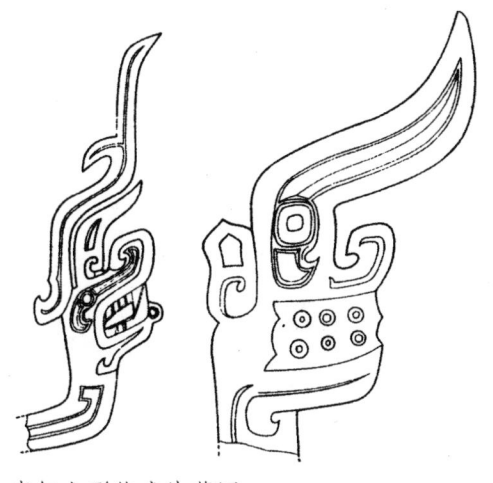

青铜龙形饰残片摹图　　　　三星堆出土的被焚毁的青铜人头像

个个缄默不语，任凭众武士们的刀劈、锤砸与焚烧。

几天之后，滔天洪水挟带着滚滚巨浪动地而来，在江河震荡，山呼海啸中，汹涌澎湃的浪头在声若巨雷的奔腾声中撞开了高大坚固的城门，折断了城中高大的旗杆，席卷荡平了城中的大街小巷、殿宇茅舍。瞬间，三星堆古城变成了一片泽国，水中漂浮着屋顶的茅草和婴儿的衣衫……

三千多年之后，考古人员在三星堆遗址，发现了这次特殊祭祀留下的两个土坑，以及壕沟中那一层青黑色的沙砾淤泥。

又过了十几年，在成都平原腹心地带，发现了杜宇王朝自三星堆迁徙之后，建造的另一座新的都城——金沙遗址。

第十章 金沙 金沙

随着发掘的继续，地下文物不断出土。神奇的金冠带、扑朔迷离的太阳神鸟金箔、旷世珍品青玉琮的横空出世，再度令芸芸众生为之倾倒浩叹。在百思不解中，大批成品的象牙又走入了考古人员的视野。关于象牙的保护与大象来源的追索，一副龟甲王的现身，又令考古人员忆起了久远的筑城传说。三星堆与金沙遗址的谜团拨云见日，血脉总相连，古蜀历史的长河再度激起奔腾的波澜。

沙中觅珍宝

　　2001年4月4日，成都西郊金沙村发现了大型古蜀文化遗址——金沙遗址。自金沙遗址发现的消息公布之后，所展开的大规模发掘仍在继续。随着地下文物的不断出土，遗址的文化内涵以及与三星堆遗址的关系，也越来越清晰明亮。林向等考古学家的预言与推断，也在一点点地得到证实。

　　自2001年下半年开始，成都市考古所的考古人员，又对出土玉石器、铜器、象牙等器物的地点进行了普遍调查。与此同时，考古队还集中精力，对遗址范围内的摸底河南侧金沙村一带、原中房集团即将进行挖坑盖房的所谓"梅苑""兰苑""体育公园"等工地进行了文物勘探与考古发掘。并对摸底河北侧的黄忠村、龙咀村周围，及沿河地带进行了大规模考古钻探、文物勘探和考古发掘。

　　经过两年多的努力，到2003年9月，考古人员进行文物勘探的工地达66个，共分布探沟一千七百余条，钻孔五千余个，布置5米×5米的探方两千二百余个，发现各类遗迹单位

媒体对金沙遗址的报道

继三星堆后四川最为重大的考古发现
成都近郊金沙发现古蜀国中心遗址

　　本报讯 2001年2月8日下午，中房集团成都总公司在成都市青羊区苏坡乡金沙村修建"蜀风花园大街"下水管道的施工中，挖出一批象牙、玉石器、铜器等文物。成都市文物考古研究所闻讯后立即派员赶赴现场，了解有关情况，责成施工单位立即停工、落实工地的安全保卫措施，并于次日进场组织发掘，现发掘工作仍在进行中。

　　经过9个多月的文物勘探和考古发掘，取得了重大进展；再加上近几年在蜀风花园

- 已探明遗址分布面积达3平方公里
- 发现有象牙堆积坑、大面积的野猪獠牙和鹿角堆积、石璧和石璋半成品堆积区及大量的房屋建筑遗迹
- 发现大片墓地
- 出土了金器、玉石器、铜器等重要文物2000余件和数以吨计的象牙

"梅苑"东北部发掘全景

第十章 金沙 金沙

近三千个，商周时期文化堆积面积近三十五万平方米。基本弄清了遗址的大型建筑基址区、祭祀区、一般居住区、墓地等几大功能分布区，对遗址的性质、时代等也有了一定了解。从发掘钻探中可知，整个金沙遗址面积在五千平方米以上。经成都市考古研究所与当地政府部门及开发商共同协商，对发现遗迹的区域划定了保护范围。

金沙遗址发掘现场（作者摄）

从考古人员勘探和考古发掘的阶段性成果看出，金沙遗址有着严格的布局结构。遗址的东部是宗教仪式活动区；遗址的中南部是居住活动场所；遗址的中部则是住居区和墓地；遗址的北部，是先后进行过两次大规模发掘的黄忠遗址，其主体遗存的时代为商代晚期至西周时期，据考古人员推断应是金沙遗址的一个重要组成部分。

金沙遗址几十个探方同时开挖，据作者了解，发掘者主要是清理表面的小墓，真正的商代遗址还在地层之下

发掘成果表明，遗址内文化现象极其丰富，共发现房址、窑址、灰坑、墓葬等近千座。其中有十余座房址长度在20米以上，最大的一座6号房址长度为54.8米，面积达到了五百多平方米。这些大型的建筑布局都遵循一定的规律。据考古人员分析可能属于同一组建筑，而这组建筑极有可能就是金沙遗址宫殿区的一部分。无独有偶的是，这一地区的位置分布，和三星堆遗址两个祭祀坑与内城宫殿区的分布格局完全一致。发掘人员由此推断，这可能是一处与三星堆遗址性质相同的大型的商周时期蜀文化中心区域，是三星堆古城毁弃之后古蜀国的又一都邑所在。

从金沙遗址出土的文物数量来看，可谓数目众多，种类

天赐王国

修复后的金冠带

丰富。已出土金器、铜器、玉器、石器、象牙、骨器、漆器等三千多件，另外有数以万计的陶器和陶片。其中仅出土的金器就多达九十余件，器物种类有金面具、金冠带、蛙形金箔、太阳神鸟金箔、鸟首鱼身金箔、金喇叭形器、金盒形器、鱼形金饰及大量金器残片等。在这些出土物中，以金冠带、太阳神鸟金饰、金面具最具特色和文化价值，器物制作工艺达到了极高的水平，堪称同时期金器加工工艺的经典之作。

最令人注目的金冠带为一圆圈形，直径约五十九厘米、宽约四厘米、厚0.02厘米。此器物表面錾刻四组图案，以其中的一人面纹为中心，分布两侧的图案完全对称。每组图案由一鸟、一鱼、一箭和人头图案组成，纹饰构图简洁，主要使用錾刻技术，间或采用了刻划工艺。考古人员发现，金带上的图案和錾刻工艺，与三星堆遗址一号坑出土的金杖上的图案几乎完全相同，因而可进一步说明金沙遗址和三星堆遗址的关系极其密切，属于一个连续的文化系统。为此，成都市文物考古所所长王毅通过研究对比后，曾明确对外宣称："这条金冠带不是一般的装饰物，它肯定是当时此地最高统治者戴在头上，象征着特殊权力和地位的装饰物。金带上的花纹也不是普通的图纹，而是这个民族或统治阶

太阳神鸟金箔

第十章 金沙 金沙

层的特殊徽记,具有特殊含义,并非一般人可以使用。这种花纹在其他的考古发掘中极少发现。金冠带上的鱼、鸟纹饰与三星堆遗址最高权力的象征——金杖的图纹惊人地相似,这几乎可以肯定金沙遗址的主人与三星堆的统治者一样,同属于蜀王,而不是隶属于三星堆统治者的藩王。而两种文化也同属一个文化系统,并且两个遗址之间必然存在着某种特殊的联系。尽管具体联系的情况一时尚难以确定,但可以初步推断这个遗址的主人肯定是古蜀国的最高统治者之一,与三星堆的统治者地位相当。"至于这条堪称绝品的金冠带出土的具体情形,据当时发掘的考古人员张擎事后回忆说:"金冠带的出土使我们激动不已,但也让我们深感后怕,因为这条金带出自雨水管道的回填土中。要知道这些回填土是挖掘机从沟中挖出,又堆放在人来人往的露天,待管道修好后,再由人工进行回填夯筑。我们就是从杂乱的回填土中发现了它。现在想来,这件宝物没有在中间的流动过程中被不法分子趁火打劫,能完整地保存下来,真是不幸之中的万幸呵。"斯言甚是。

　　遗址内出土的另一件堪称神品的金器——太阳神鸟金箔,器身为圆形薄片,空心部分是图案,外径12.5厘米,内径5.29厘米,厚仅0.02厘米,重20克。从外形上看,与现代剪纸工艺制出的物品极为相似。据器物的发掘者朱章义、张擎等考古学家的研究,认为中心镂空的圆形代表太阳,其外侧十二道弧形代表太阳的光芒,整个器物形象地表现了运行中的太阳特征。在器物外缘与十二道太阳光芒之间又镂空出四只飞鸟。鸟的形制相同,均引颈伸腿,首足相接,张开的喙微微下钩,逆时针同向飞行。中心的太阳及光芒和周边的四只鸟,共同组成了一个圆形的极具动感的图案。其构思新颖,极富现代气息,在商周时期出土的文物中属于极其罕见的神品,达到了同时期工艺技术的顶峰。

　　关于这件器物所代表的文化内涵,学术界基本倾向于"太阳崇拜"说。远古时期的人类对太阳的东起西落,还没有像现代人这样具有科学认识。他们看到能在天空中飞翔的只有鸟。因此,他们认为太阳的东起西落,是鸟背负着,在天空中飞行,而且由一只鸟来背负着又大又热的太阳飞来飞去,一定感到很累。所以想象中应有多只鸟轮换着背负才比较合理,于是便有了白天和黑夜。在《山海经·大荒东经》中就有这样的记载:"汤谷上有扶木,其叶如芥,一日方至,一日方出,皆载于鸟。"通过这个记载可知这件器物

361

金沙遗址出土
的玉琮

表明了古蜀人对太阳的认识和崇拜。

金沙遗址出土的铜器均为小型器物，大多不能独立成器。据考古人员分析判断，应是大型铜器的附件。而在发掘中发现的少量铜尊圈足残片和大型铜异形器残片，则暗示着在未来的发掘中极有可能出土大型青铜器。此次出土的器物主要有铜立人像、铜牛首形饰、铜戈等。其中青铜立人像高约二十厘米，重641克。人体立于座上，头戴有十三道光芒的太阳帽，长辫及腰，脸形瘦弱，两耳有穿孔，双手握于胸前，手腕上戴一铜饰物，腰系带，内插一物。其造型特征与人物形象和三星堆二号祭祀坑出土的大型青铜立人像极其相似。这一鲜明特征再度反映了金沙遗址与三星堆遗址在文化脉络上惊人的一致性。

除金器与青铜器外，金沙遗址出土玉器一千余件。这在所有出土文物中占有十分重要的地位。所出玉器不仅数量多，种类丰富，而且制作工艺十分高超，普遍具有色泽温润、质地坚硬、美观、持久、稀少之特点。主要器类有玉琮、玉璧形器、玉璋、玉戈等，尤以十节玉琮、玉璋、玉人面等最有代表性。这批玉器表面色泽艳丽，呈现出红、紫、褐、黑、白等多种颜色，极富层次变化，打磨极其细腻规整，表面异常光洁，堪称玉器中的极品。令考古人员格外注意的是，有几件玉琮在出土时，射孔中均填满了沙子。在太阳的光照下，沙子金光闪闪，异常明亮。考古人员联想到"金沙"的得名或许就是因为古河道中有沙金的缘故吧。

最令发掘者难以忘怀的是2001年2月12日上午。那天，天气阴沉沉的似要下雨。考古人员张擎手拿微型摄像机正在聚精会神地拍摄发掘人员从散土中清理翻查出来的文物。9时30分左右，一位技工突然对张擎喊道："来，来，快来这里拍一下，我发现了一件宝贝呢！"张擎闻声立即赶过去，只见这位技工手拿一件东西，正轻轻抹去上面的泥土。仔细一打量，原是一件青色的大号玉琮。张擎见状大惊，急忙对

第十章　金沙　金沙

正在现场检查工作的成都市考古所所长王毅喊道："王所长，快过来，不得了了，这里发现宝贝了！"王毅闻听急奔而来，从技工手中小心谨慎地接过玉琮一看，脸上立即露出惊喜之色。他捧在手中一边观察一边情不自禁地说道："旷世珍品，旷世珍品呵！"赞叹声中，众考古人员纷纷围了上来，共同目睹这件宝器的旷世风采。

只见这件青色的玉器为十节玉琮，高约二十二厘米，重1358克，青色，上下共分十节，外方内圆，上大下小。全器上共雕刻出四十个神人面，每一个人面均雕刻出冠饰、眼睛和嘴，冠饰和嘴上还雕刻有比发丝还细的微雕。这件器物和长江中下游地区新石器时代的良渚文化玉琮十分相似，但也有一定的不同之处。从整体上看，良渚玉琮有粗犷之感，一般内壁较为粗糙，打磨不精。而这件玉琮却精雕细刻，内壁打磨十分光滑，看上去比较内敛。特别令考古人员感到不可思议的是，著名的良渚文化是长江中下游地区的一个新石器时代文化，而金沙遗址则是位于长江上游的一个商周时期遗址，两者之间的时间差异达1500—2000年左右，在地理位置上也相隔数千公里。如此大的时间、距离之差，其中间的文化传承关系是直接的还是间接的，颇令人费解。据王毅、朱章义、张擎等考古人员后来考证，这件器物的制作者可能不是金沙遗址的古蜀人，而是良渚文化的先民。也就是说，这件器物在商周时期已经是一件拥有一千多年历史的文物了。

出土的石虎　　　金沙遗址出土的石蛇　　　出土的石人

至于这件器物是如何历经一千多年而保存下来，又是如何辗转数千公里而流传到成都平原，并经古蜀人之手埋藏于金沙遗址之中，则成了一个难解的谜团。

同三星堆遗址有所差别的是，在发现大量精美玉器的同时，金沙遗址还发现了近七百件形态各异、用途不同的石器。其品种主要有璋、璧、虎、蛇、龟、跪坐人像等。据发掘人员研究，这些器物大多已不具有实用性，而与祭祀宗教活动密切相关。尤其是跪坐人像和动物形石刻圆雕作品，造型优美，栩栩如生，是中国目前发现的时代较早、制作最为精美并和祭祀活动有关联的石雕艺术品。其中几件跪坐人像，高15—25厘米不等，总体形象是头发中分，长辫及腰，双手反缚并有绳索捆绑。两耳穿孔，嘴部和眼眶涂抹鲜艳的朱砂，如同现代女性一样吊耳环、涂口红，表情各异。据分析推断可能是奴隶或战俘的象征。令考古人员大感兴趣的是，这几件跪坐人像均出土于金沙遗址的祭祀区，并和玉器、铜器等一起出土，说明它们同样是作为祭品被埋于地下的。这一祭祀的形式，又可说明成都平原已具有了高度的文化和文明程度。而同一时期，中原地区商周王朝的国王和贵族们杀人祭祀还是一种普遍现象。这在甲骨文中有很多的记载，考古发掘中也发现大量的实物。二者的文化差异如此之大，是学术界在此之前所未曾想到的。

金沙遗址出土的玉璧与石璋等器物

就整个金沙遗址的发掘而言，除发现各种大小不一的器物外，更重要的是发现了远古时代的建筑遗存。其中在位于摸底河北岸的黄忠村"三和花园"工地内，一次性发现了17座大型房屋建筑基址。房址均为木（竹）骨泥墙式建筑，多数为长方形排房。这些排房在建造时，一般是先开挖墙基，再做其他各部件的安置。墙体多采用木骨泥墙或加立柱的方法。由于时代过于久远，晚期破坏比较严重，发掘时墙体和地面均已不存，仅有墙基槽和柱洞尚依稀可辨。那些被埋在黄土之下数米，开口都在第五文化层之下的六座房址，布局较有规律，均为大型排房建筑。虽然因发掘场地限制，有三座房址未能发掘完毕，但可以肯定这六座房址为同时规划和修建的一组建筑。这一组建筑基址的发掘总面积在一千平方米以上，是西南地区所发现的最大的一组建筑群。从几十年的考古情况看，以木骨泥墙为主体的宫殿式建筑基址在西南地区极少发现。据发掘者推断，这种成组的大型排房建筑绝非一般平民所能拥有，只有古蜀国最高统治阶层才有能力组织人力、物力来修建这一工程浩大的建筑物。结合金沙村出土的大量同时期祭祀用品和专用祭祀场所分析，这一组建筑基址很可能是金沙遗址的中心宫殿区，也就是当年古蜀国的国王临朝听政、发号施令，以及群臣集会的国之圣地。

大象来源之谜

继发现建筑遗迹之后，考古人员在金沙遗址的东南部，摸底河与那一组著名的大型建筑基址相望的部位，再度展开大规模钻探与发掘，正式确定了古蜀王国的祭祀区域。根据钻探和部分发掘的情况看，整个祭祀区面积约一万平方米，是一个长期使用的专用祭祀场所。其主要特点是文化堆积厚，祭祀遗存丰富，从已发现的二十五处祭祀遗存来看，祭祀的方式、方法并不完全相同。有的像三星堆遗址一样开挖较深的长方形坑；有的开挖较浅的不规则形土坑；有的则利用当时凹凸不平的地面，将祭品扔入后用土掩埋；还有的采取直接在平整的地下掩埋的方式进行祭祀。所发现的祭品大多以玉器、铜器、石璧、石璋等器物为主，但同时也发现了相当数量和规模的象牙祭品。在不同的祭祀坑中，出土象牙总数已达到了三百多根。这一出乎意料的发现，引起了考古人员的特别关注。

从发掘的情况看，以象牙为主的遗迹，主要以祭祀区的K1和Lll地点最具特色和代表性。在一个平面形状呈三角形的坑中，考古人员于坑内填土

天赐王国

作者在现场看到，金沙遗址下层出土器物，坑壁上成捆的象牙显露出来

60厘米的下层，发现了平行放置的密集的象牙层。从断面分析，象牙达八层之多，最长者近1.5米。由于象牙的质地较为独特，三千多年前的象牙出土极少，而象牙的保护在中国尚无成功的经验。20世纪30年代，以李济为代表的第一代考古学者，曾在安阳殷墟出土了数十件象牙、象骨，以及雕镂精巧的象牙礼器和占卜用的象骨。这是此类文物在中国首次科学的考古发现。后来在福建闽侯县石山遗址、浙江吴兴邱城新石器时代遗址下层、河姆渡文化遗址、山东大汶口遗址、上海青浦遗址的崧泽文化遗存、河南淅川下王岗仰韶文化一期遗址以及四川巫山大溪文化遗址中，都曾发现过象骨、象牙和用象牙雕刻的饰品。遗憾的是，由于当时的条件所限，这些象牙、象骨出土后大多数惨遭毁损，使后人难窥真颜了。

在1986年三星堆遗址的发掘中，考古人员曾于一号祭祀坑出土象牙13根（节），二号祭祀坑出土了象牙60根（节）。从当时的发掘情况看，象牙在坑中是覆盖在玉器和青铜器之上，处在最上层的位置。根据陈德安与陈显丹对发掘现场的观察和分析，被埋藏的象牙均遭到了不同程度的焚烧，部分象白齿后来经科学鉴定属亚洲象种。如此成批成根（节）的象牙出土，在中国境内是极其罕见的。同历次发现象牙的遭遇一样，仍然是由于条件所限和事发突然，三星堆

366

第十章 金沙 金沙

金少遗址出土的不同年龄段和形状的象牙　　出土的象牙

出土的象牙依然没有得到很好的保存和保护，从而成为无法弥补的遗憾。意想不到的是，就在三星堆发掘的十几年之后，在金沙又有大批象牙出土，并且数量如此之巨。这不能不引起考古人员的高度警觉和重视。在一时找不到较好的保护方法的情况下，出于对文物负责和预防因保护不力而遭到破坏的考虑，在发现发掘之初，成都市考古研究所所长王毅得知消息后，果断下令暂停对象牙坑的发掘，已经发掘的部分立即回填保护，并着手研究整体提取的可能性。按考古人员的设想，此次提取、保护如能成功，一个以象牙为主的保持原始形状（不是复制品）的祭祀坑，将展示在世人的面前，在了却历代此类考古发掘中的遗憾的同时，也将成为金沙遗址的一大亮点。

就在此坑回填的两个月后，在相距三米的地方又发现了一个象牙祭祀坑。此坑平面形状大致为长方形，长2.5米，宽1米，高1.3米。大量的象牙采用平地掩埋的方式，被叠压于第十一层文化堆积之下。面对象牙的再次出土面世，考古人员意识到这类器物以后可能还会不断地发现，总是采取用土回填的办法毕竟不是长久之计，必须尽可能地想方设法予以提取出来，以便为后来更多的发现提供可仿效的经验。为了将这批象牙完整地取出和保存下来，在发掘之前，所长王毅

367

委托几名考古人员和文物保护方面的专家进行沟通、研究，并获得了几个看似可行的方案。由于成都平原地下水位较高，象牙又大多埋藏于距地面近四米的地下，常年被地下水浸泡，含水量极高，文物的强度极低，一旦失水太快，像众多出土的漆木器一样，很快就会开裂变形，原来光滑坚硬的表层随之脱落，直至变得像一块烂树皮一样一拿即碎，无法长期存留。从文物保护专家处得知，象牙和漆器的提取与保护具有同样的道理，最主要的就是要解决文物本身强度过低和失水过快的问题。为解决这一问题，发掘人员首先在坑的上方搭设了一个简易的发掘棚，避免太阳光径直射入坑内。同时在发掘过程中不断用湿毛巾擦拭，发掘完毕后又用保鲜膜贴于象牙表面，这样就保证了在发掘过程中象牙不会因为失水太快而开裂，并造成质地光滑的象牙表层脱落。为解决象牙强度低和在提取的过程中象牙发生断裂的弱点，考古人员采用了石膏加固的办法，首先将象牙与下部的泥土全部脱离，重新做象牙的支撑点，避免在提取象牙时，泥土与象牙的黏结力把象牙拉裂。此后再用绑带对保存较差的部分进行加固，考虑到石膏凝固时要大量吸收水分，为防止石膏对象牙内水分的吸收，在倒入石膏前还要在象牙体外加一层塑料薄膜再次覆盖。当这一切完成之后方能倒入石膏。待石膏凝固后，用绑带将象牙和石膏固定在一起，进行整体搬运。这样就借用了石膏凝固后强度高的特点将象牙无损地搬运出坑外。

当象牙被整体运回室内后，将每根外围的泥土清理干净，再进行必要的修复。最后将象牙放入已做好的专柜中，取出石膏模板，加入一种透明的高分子材料进行封存。至此，一根完整的象牙就展示在人们的面前了。在这个祭祀坑中，共出土象牙十五根、象牙器十二件、镶嵌玉片的漆器和木胎虎头漆器各一件。特别引人注目的是，这批象牙埋在地下越几千年，但基本保持了原来的风貌。每根的长度都达到了1.5米以上，最长的一根长1.85米——这是金沙遗址已发掘的祭祀坑中最大的象牙，堪称象牙之王。经初步鉴定，象牙的来源同三星堆出土的一样，均系亚洲象种。当然，考古人员在对外宣布这一成果时，特别做了说明。那就是自己所做的这一切，仅仅是对象牙的一种临时保护措施，不是象牙的永久保护方案，还有大量的工作需要继续做下去，才有可能从根本上解决象牙的保护问题。为了这个目标，成都市考古研究所决定，不但与国内外的文物保护专家进行合作研究，寻求更好的象牙保

第十章 金沙 金沙

护方案，还与四川大学、成都有机硅研究所等自然科学单位合作，成立象牙保护研究课题，力争让这一全世界罕见的距今三千多年前的数百根象牙能永久地展现在人们的面前。

早在三星堆祭祀坑发掘之时，一号坑内除发现象牙外，还发现了很多大型动物的骨骼。有学者经过观察和科学鉴定，认为是大象的遗骸。既然在祭祀坑内有遗骸埋藏，那就证明应是活着的大象在附近被宰杀后埋藏的。否则，不太可能专程从很远的地方运一批大象的排骨或大腿到三星堆来掩埋。如果是单纯的象牙则有可能，因为象牙的价值和一堆排骨的价值是不能同日而语的。既然如此，新问题就相应地出现了，即这些大象是在哪里生长的？又是从哪个地方来到三星堆古城的？从可查考的文献来看，川西平原并无象群生长繁衍的详细记载。因而有研究者认为，三星堆祭祀坑所埋的象牙、象骨，是"热带丛林文化的赠礼"，是古蜀人历经千山万水，沿南方丝绸之路从印度和孟加拉国等地贩运而来的大象在附近宰杀的结果。这个说法得到了不少学者的赞成，曾流行一时。只是后来有学者提出了不同的看法，这种时髦的推论才变得有点陈腐和难以自圆其说。

考古发现证明，在商代以前，中国大陆就有大范围的象群活动区域，直到春秋战国时期，长江流域仍有大象生存。所以三星堆和后来的金沙遗址所出象牙或象骨，极有可能出自本地。关于大象在这一时期的活动情况，文献也有一些零零碎碎的记载：

憬彼淮夷，来献其琛，无龟。象齿，大赂南金。
（《诗经·鲁颂·泮水》）
巴浦之犀、氂、兕、象，其可尽乎？　（《国语·楚语》）
巴蛇食象，三岁而出其骨。　（《山海经·海内南经》）
又东三百里曰岷山，江水出焉……其兽多犀，象，多夔牛。
（《山海经·中山经》）

从文献和考古材料两方面结合可以证明，在春秋战国之前，长江流域的生态和气候条件都适宜于大象的生存。不然，大象耕田的传说，怎么会得以代代流传？河南省简称豫，又何以得名？中国的象牙制品品种繁多，做工精细，用途广泛，在世界享有盛誉。从象尊、象邸、象笏、象车、象管、象床，一直到象牙筷，可以说应有尽有，如果没有原料，或原料来源过于遥远，何以会产出如此之多的象牙制品？

广汉学者刘少匆曾针对三星堆出土象牙的产地问题做过专题研究，认为大象是土生土长的，就产自成都平原，而商周时期的黄河流域也盛产大象。至于后来在中国北部消失的原因，主要是生态环境变化之故。因为大象的生存，需要有茂密的阔叶林和鲜嫩的草本植物。同时，气候也要暑热和潮湿。所以《大唐西域记》里说："地惟暑湿，偏宜象住。"中原地区森林的日渐稀少，使气候变得干燥，丧失了大象的生存条件。所以，象群就朝南方迁徙。《尔雅·释地》说："南方之美者，有梁山之犀象焉。"因而后来所称的象郡、象州，名副其实。《山海经·海内经》曾有这样的说法："西南黑水之间，有都广之野，后稷葬焉。爰有膏稻、膏黍、膏稷，百谷自生，冬夏播琴，鸾鸟自歌，凤鸟自舞，灵寿实华，草木所聚。爰有百兽，相群爰处。此草也，冬夏不死。"这个记载就是现在人们看到的西双版纳的景色。西双版纳现在仍有大象生存，焉知当时的都广之野无象？其中，特别值得注意的是，"草木所聚""冬夏不死"是大象生存的必要条件。而"爰有百兽，相群爰处"，虽是一种泛指，但川西有虎、豹、犀等大兽，何以能没有适应此生存条件的大象？要知道，这里正是"地惟暑湿，偏宜象住"的地方。

从间接方面看，古人的祭祀活动，必定与自己的生存环境有密切的联系。献给神祇和祖先的祭品，一般都是自己身边之物。雄鸡鸟头如此，尊彝壶卣如此，陶俑陶马也是如此。非洲人以鳄鱼为长寿吉祥，是因为那里河流里的鳄鱼特别多。印尼以椰苗赐福，是因为印尼到处都遍布着高耸入云的椰树。如果象牙只是象征财富而埋入祭器坑的，那么三星堆第一坑的象骨和金沙几十个祭祀坑的象牙又当做何解释？

也许有人会提出，成都平原倘若真有大象，为何文献资料没有提及，以前地下也出土不多？其实，古文献资料对蜀地的叙述，从来都很简略，因为这里本是"蛮夷之地"。而出土不多不等于没有出土。三星堆两个祭祀坑和金沙遗址不是已经大规模出土了吗？而无论是三星堆还是金沙，真正的考古发掘还远远没有结束，也许更大规模的象牙、象骨就深埋在人们平时最不留意的地方。再者，川西古象化石已有多处发现，仅广汉就有两处。至于大象

第十章 金沙 金沙

以后为何消失了，原因很简单。大面积的农业开发，必然要毁坏林木茂草，这样就断了大象的生路。它们只得往南逃窜，最后到了滇南的热带和亚热带雨林，这才定居下来，其情形当发生在杜宇为王的时代。所以，自开明之后，尽管文献记录多了起来，却没有川西有大象的记载。

刘少匆最后认为，退一万步说，蜀地无象，祭祀祖先需以象为祭品，荆州、滇、桂都有象群，大可不必舍近求远，到万里之外的印度和孟加拉国去购买。何况，即便已有南方丝绸之路，其交通工具也只能是人背马驮。从印度到三星堆，一路要历尽千难万险，倘遇高山险流，得过湘竹索桥，几千斤重的大家伙，没有汽车、大船，它们又怎么"飞越天堑"？所以，无论是三星堆的象还是金沙遗址的象，自遥远的印度之说论据并不可靠。岷山多犀、象，应该是更符合古时川西地区的地理环境的。

就在学者们围绕三星堆与金沙遗址出土象牙、象骨的来源与产地问题争论不休之时，关于两个遗址内所出象牙的功用问题又被好事者提了出来。有的学者认为是一种巫术作用，是作为"厌胜"的灵物而埋入土中的。也有人认为是奉献给神灵享用的祭品，用于祭天大祭。两种说法各有长短，一时难分伯仲。但有一个现象却引起了争论双方的注意，即在金沙遗址发掘区的东北部，考古人员发现了一个比较特别的土坑，此坑坑口在第六层文化堆积之下，平面形状大致为长方形，长1.5米，宽1米，高0.2米，面积约1.5平方米。堆积分为上下两层，上层为七根象牙，下层为十六件玉器。其中一件玉璋上雕刻有四组对称的肩扛象牙的跪坐人像。这件玉璋的出土对于研究古蜀人如何用象牙进行祭祀活动提供了极为重要的资料，也为解释三星堆与金沙遗址为什么有如此众多的象牙找到了依据。

除了数量众多的象牙外，金沙遗址在祭祀区的北部，还发现了大量的獠牙、鹿角祭祀遗存。在面积近五百平方米的地层下，出土了野猪獠牙一千余枚，鹿角数百支，并有少量象牙、玉器、美石、陶器等同时出土。当然，这个数量，只是整个金沙遗址的一少部分，还有一大片已探知的鹿角和野猪獠牙堆积区尚未发掘。另一方面，已发掘部分也仅仅是清理出土的部分，其余的正在紧张的清理之中。

在一个祭祀区有如此众多的鹿角和野猪獠牙被掩埋入地下，到底有何用途，这是考古人员必须解决的问题。经过分析判断，首先认定大量的鹿角和野猪獠牙并不是单独存在的，它与珍贵的象牙、玉器、石器以及精美的砾石等共同堆积在一起。按照以往的习俗，古代玉石器、象牙和美石等，都是作为祭祀用品来掩埋的。如果鹿角和野猪獠牙不是同类的祭祀用品而是另类废弃物的话，不可能只有鹿角和獠牙，而没有其他动物以及野猪和鹿的其他部位的骨头。这些玉器、象牙等珍贵文物也不可能与之同时废弃。为此，朱章义、张擎等考古人员专门请这一方面的有关科技工作者对鹿角和野猪獠牙进行了鉴定。在鉴定过程中，有一个特别的现象引起了考古人员与科技人员的注意。这就是所有的野猪獠牙均是下犬齿，没有一件上犬齿。按一般常识论，一头野猪应有四只獠牙，上犬齿与下犬齿各二。而金沙遗址祭祀区的这批獠牙只有下犬齿，而独缺上犬齿。这种情形显然是在摆放埋藏前，经祭祀者有意选择的。成都市考古所所长王毅率考古人员，对鹿角和野猪獠牙的出土情况做了仔细分析，认为堆积似无规律，投放也非常零乱。如果换一个角度思考，或许这本身可能就是规律，它首先违背了每类物品相对集中的规律，是古蜀人有意而为之。在金沙遗址的其他发掘区域内基本不见这类堆积。这就进一步说明它是祭祀遗存。众所周知的是，野猪是一种十分凶猛的动物，獠牙最具特征，在新石器时代和商周时期的许多器物上都用獠牙进行装饰。如良渚文化玉琮上的神面纹、商周时期青铜器上的动物图案等等，均说明獠牙和鹿角一样都有驱邪的作用。而金沙遗址的这一堆积文化层，自然和宗教礼仪有关，应是一个特殊的祭祀遗存。为了让这一世界罕见的文化遗产以原始状态展示于世人，考古人员在发掘过程中没有将野猪獠牙、鹿角取出，而是按原址保护要求做了力所能及的保护，以让前来考察的不同专业的学者从不同的角度进行多方位观察和研究，以便从这一珍贵遗存中获得更多的信息，为学术的研究和进步做出更大的贡献。

出土卜甲与龟城的传说

继象牙与獠牙的发现之后，大约在2001年年底到2002年年初这一时期，在金沙遗址又出土了十九枚卜甲。令考古人员欣喜若狂的是，其中一枚竟

第十章 金沙 金沙

然长达59厘米。这一千年巨型龟甲，经中国历史博物馆馆长俞伟超等考古文物专家鉴定，认为这是世界范围内所见到的最大的卜甲。1985年，在离金沙遗址只有几公里的十二桥遗址（脱胎于三星堆文化而又稍早于金沙的一处大型商周遗址），曾发掘出土了数百片卜甲碎片。其中拼合成最大的一块直径超过三十厘米，算得上是一只罕见的庞然大龟，令当时的考古人员惊叹不已。而金沙遗址此次竟出土了如此庞大的卜甲，怎不令考古学家们为之振奋狂喜。它不仅是迄今为止发现的最大远古卜甲之王，代表了古蜀国统治者崇高的权势和地位，也为金沙遗址中心被确立为古蜀国庞大的祭祀区提供了有力佐证。

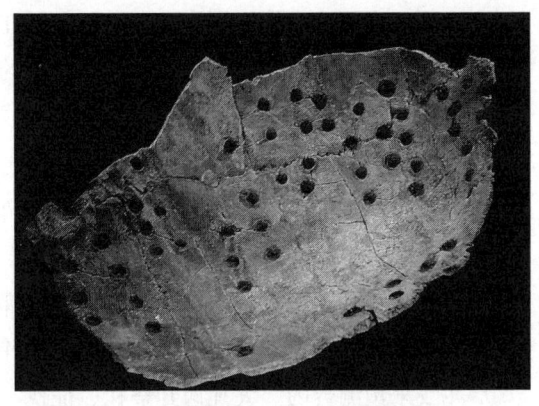

金沙遗址出土的卜甲

从整体上看，这枚"卜甲王"的表面有许多烫裂的小孔。当时的古人正是通过烫裂后的裂纹来占卜凶吉。而能用千年巨龟做占卜之用的，非地位显赫的王室莫属。据发掘这一区域的主持人朱章义说，商周时期的卜甲是古人用于占卜的龟甲。中原地区出土的许多卜甲上都用甲骨文记载占卜之事。而此次在金沙出土的十九块卜甲上却没有找到任何文字。此前成都地区出土的卜甲也都没有发现过文字。这一现象表明了两种可能：一是古蜀人在占卜习俗上与中原文化是有所差异，卜甲原本就只有钻孔没有文字。二是有一部分有文字，只是没有发现，不排除今后

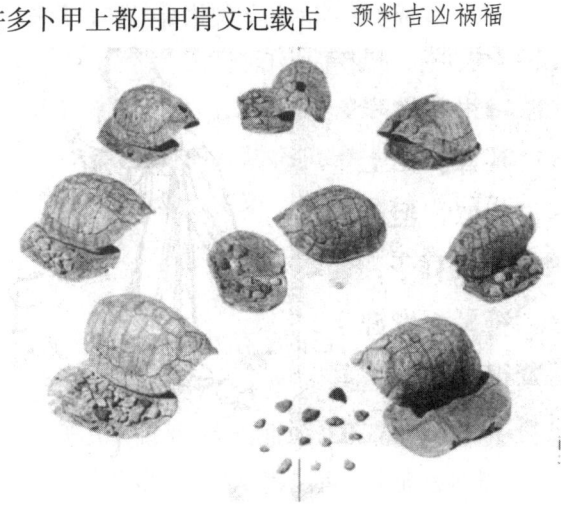

殷墟遗址发现的小型卜甲。占卜是中国古代一项重要的活动，"占"是观察之意，"卜"是以火地灼龟壳，巫师（贞人）从龟壳上出现的裂纹形状预料吉凶祸福

发现的可能性。据朱章义考证，此前凡在蜀地出土的卜甲均为龟腹甲，也就是乌龟肚子上的那块硬甲，而不是背上的那一块。究其原因，可能是由于龟腹甲要比龟背甲的坚韧度差，修整起来或者钻孔烧灼起来比背上的那块更加容易和方便吧。但不管是龟背还是龟腹，二者的功用和意义却是完全一样的。所以古蜀人取材时，往往将龟背和龟腹连接处的"甲桥"锯断，只取腹甲用于占卜。

从考古发掘来看，在商周时期的成都平原，就已有着发达的占卜文化和与中原相同的占卜习俗。统治者们习惯并爱好让巫师烧灼龟甲，并以此观察兆纹来预测吉凶。大凡遇到祭礼、征伐、田猎、使命、往来、年节、婚丧娶嫁等大大小小的事情，古蜀国的上层统治阶级都必须要占卜测算。成都地区已发现过卜甲的商周遗址，散布于包括以十二桥命名的十二桥、方池街、指挥街、岷山饭店、抚琴小区、将军衙门、军区第三招待所、新一村等十几个大小不同的遗址。且各遗址发现的卜甲数量众多，龟的种类也包括陆龟、黄缘闭壳龟、乌龟等，形成了与中原地区在功能与意义上基本相同、相通，但又有自己特色的古蜀龟壳式占卜文化。

当然，任何一种文化的发生发展都是跟它所涉及的物质基础分不开的。古蜀地区占卜文化的盛行，应跟成都平原曾经大量产龟不无关系。前些年，地质工作人员曾在自贡市郊区侏罗纪地层里，发现了四川地区最早的一批龟，距今已有一亿两千万年左右的历史。当然这批龟早就失去了鲜活的生命，变成了冷冰冰的坚硬化石存留了下来。据地质水利专家考证，在三四千年以前，成都平原江河密布、湖沼众多，各种各样的龟还在张牙舞爪地爬来游去，在河滩上留下了无数蹒跚的脚印并产下了小小的卵子。生活着的龟们总是瞪着机警与略带忧伤的眼睛，面部表情看上去很酷，只是行动迟缓，像背负着命运的大山，又像承载着一种说不清道不明的历史使命，或者还有一种对人类命运的预言和昭示。就是在这样一种环境和生活境况中，古蜀人对龟类崇拜的习俗被慢慢培养了起来。看上去笨手笨脚的龟们，生活不太方便，但却有自己的生存方法和特别顽强的生命力。民间盛传的"千年的王八万年龟"的说法虽不切实际，但一只龟活个百八十岁是完全可能的。

据成都图书馆的学者肖平说，几千年前的十二桥遗址和相继崛起的金沙遗址宫苑中，可能就养着许许多多大小不一、品种各异的乌龟。这些龟当然

第十章 金沙 金沙

不是在河滩或污泥中满地乱爬的那种贱货，大都是名贵品种，是蜀王统治下的各部族首领进贡而来的。据《甲骨文简论》一书统计，武丁时期，中原商王就收到各地的龟甲贡品一万两千版。蜀王虽然没有商王那样家大业大和豪华气派，但他本人生活在盛产龟的国度，想来他坐收的渔利也一定不会太少。

在日常生活中，渐渐被人们神化了的龟不但和人类的生死祸福密切相关，而且在传说中还和成都古城的关系异常紧密，并产生过一段流传千古的奇缘。据说这段奇缘发生于秦灭蜀之后的一段时期。秦惠王命令驻守在成都的秦国征蜀总司令张仪，集中财力、人力修筑成都大城，要把被中原人视为"蛮夷之地"的成都建成一座高标准、高层次、高质量的"三高"型超级都市。接到命令之后，张仪决定不惜一切代价把都市建成。于是，他手下的一帮文臣武将，很快就招来了全城最优秀的建筑设计大师、工匠和无以计数的民工开始筑城。当时筑城现场人山人海，人们来回穿梭忙个不停。但是城墙每筑一次，就坍塌一次，无论怎样翻着花样折腾都筑不起来。张仪望着这个场景，既感到生气又有些纳闷，便一个人悄然来到城边紧皱眉头向远处观望。正在这时，前方突起一道白雾，接着"忽有大龟浮于江"面。这大龟在水中抬起头看了张仪一眼，然后奋力游到了东子城的东南角，长长的脖子伸出江外，核桃大的眼睛流着青绿色的泪水，冲张仪长啸两声，然后猛地翻了个身，露出白白的腹甲绝气而亡。张仪望着眼前的一幕，先是惊讶，接着感到有些不可思议，再接着是一股莫名的伤感袭上心头。他阴沉着脸，悄悄地返回驻地，命人找来巫师，将刚才所见叙说一遍，询问这是一种什么征兆。巫师思索了一会儿道："天机不可泄露，泄露者必死。这只乌龟是为了帮您建城而以身殉难的。现在您就命人沿着大龟游动的线路筑城，即可大功告成矣！"张仪听罢半信半疑，遂抱着试试看的想法依计而行。想不到一试果然成功，再也没有像从前那样发生坍塌事故了。于是，张仪开始集中力量搞突击、打歼灭战，一座具有超级规模和"三高"标准的大城很快建造了起来。因为有了这段颇具传奇色彩的经历，也为了纪念这只老乌龟的舍生取义之功，人们最初把成都城称作"龟化城"。

具有神话色彩的故事自不能当作真实的历史来说明问题，但张仪筑造龟城却是事实。关于成都最早建城事，据四川著名学者任乃强说：开明氏称帝

375

时，蜀国都邑已由郫邑徙居新都（今新都县名未改，言新都以别于旧郫），又向南展拓为广都（故邑在今成都市东郊沙河堡、中和场地界）。迨治水功成，乃定都于大䂾山下的赤里街，是为成都。故《华阳国志》云："蜀以成都、广都、新都为三都，号名城……开明王自梦郭移，乃徙治成都。"这个记载未明确指出是哪一代开明王。按上文所述，可能指的是第九世的开明帝，因为只有到了他这一代，才"始立宗庙，易服色"。这个改革开放的时间，大概就是在徙都之后才一步步完成的。那时的成都可能还只有郭，无城，故叫"赤里街"。其故址在今城北二十里昭觉寺附近，略与砂原齐平的黄土陇上，故曰赤里。秦灭蜀后，张仪筑龟城，为蜀郡治，亦只在今城北的驷马桥附近。唐代又徙向南。今天的成都城乃明代所筑，较唐代之城又向南做了扩展。

血脉总相连

从地理位置看，无论是开明王建造的"赤里街"，还是张仪修筑的龟化城，继之唐、宋之后崛起的新城，都和金沙遗址近在咫尺。也就是说，金沙遗址是已发现的成都城最古老的城址，是整个长江上游和中国西南地区继三星堆遗址之后，又一处最为重大的考古发现。它的意义不只是对一座城市的研究至关重要，更重要的是它极大地拓展了整个巴蜀文化的内涵与外延，为探索古蜀文明发展的历史提供了大量难得的实物资料。

透过金沙遗址的考古发现，结合成都平原先秦考古发掘与研究成果，考古学家初步认为，金沙遗址的时代上限可至宝墩文化（公元前2500－前1700年）时期，下限可至春秋时期。其主体文化遗存的时代当在中原地区的商代晚期至西周早期。金沙遗址附近区域，以前曾发现过大量商代至西周时期的文化遗存，如位于金沙遗址北部的黄忠村遗址，就曾发现过与金沙遗址主体文化同一时期或稍晚的墓葬、陶窑和大型建筑遗址柱洞等。而在金沙村的东部、南部也曾发现同一时期的文化遗迹多处。从考古学的划分来看，此前发掘的三星堆遗址，文化最灿烂的时期约为商代中期。也就是说，金沙遗址的主体文化处于古蜀文化分期的中段。它晚于三星堆文化而稍稍早于成都市区1985年年底发现的另一处古文化遗址——十二桥文化。

有了金沙遗址的发现与发掘，结合成都平原的宝墩文化、三星堆文化和十二桥文化的研究，就可以把成都平原新石器时代晚期到战国时期的历史文化脉络连接起来。这对蜀文化的发生、发展、演变过程的历史追索和学术研究，具有里程碑式的重大意义。因为有了这样的发现和研究成果，遂使此前不被国内学术界当一盘菜来看待的偏远落后地区，一跃成为中国文明的起源与发展研究的重要区域之一。当然，金沙遗址的意义不只这些，通过对其不断的发掘与研究，还可以在相当大的程度和范围内揭示金沙遗址与三星堆遗址二者之间的关系，并有助于加深对三星堆遗址以及两个器物坑性质和出土器物文化内涵的认识，破译古蜀文化遗留给后世人类的许多未解之谜，对建立整个商周时期成都平原先秦考古学年代序列和文化谱系，具有划时代的意义和决定性的作用。

就金沙遗址本身而言，其丰富的文化遗存、精美的器物造型、发达的冶炼技术和高超的制玉、制陶工艺，以及复杂的聚落布局，包括宫殿区、宗教礼仪活动区、一般居住区和墓地等遗迹现象的发现，凸显了金沙先民高度发达的文明，揭示了中国青铜时代西南地区较为发达和最具魅力的区域文化。这一独特而富有鲜明个性特点的文化，作为中国青铜文化重要的有机组成部分，又当之无愧地成为世界青铜文化大家庭中的一朵奇葩，在极大地丰富了中国与世界的多元性青铜文化宝库的同时，也成为继三星堆遗址发掘之后世界学术界关注和研究的热点之一。

众所周知，中国古代祭祀活动有着悠久的历史和独特的思想、文化与具体的操作仪式。金沙遗址所在的商周时期正是祭祀活动最盛行的黄金阶段。这种活动构成了当时古蜀国社会生活中最重要和不可或缺的组成部分。据朱章义等人员的考古勘察，金沙遗址祭祀区规模宏大，所探明的面积已达到了一公顷以上。从已发掘的区域看，祭祀活动频繁，方式独特，品种繁多，文化堆积厚度高达四米以上。从出土的祭祀遗物所展现出的特点来看，各个小型区域出土的文物相对固定，没有大面积混乱局面出现。这种格局当是由不同时间、不同内容的宗教祭祀活动所致。除此之外，考古人员还在金沙东北八公里处的羊子山，发现了同时期的三层祭祀台。这一切充分反映了古蜀国祭祀活动的频繁和宏大气派。

除祭祀的功能之外，金沙遗址出土的遗物还具有多元性特征，与周边地区古代文化之间有着千丝万缕的联系。从出土的玉钺、玉戈及玉器上的多种纹饰可以看出，商周时期成都平原和中原地区的关系十分密切。具有良渚文化特征的十节神面纹玉琮、玉箍形器等珍贵器物的出土，尽管其中内含的许多未解之谜没有得到破译，但却以鲜活的实物例证，证明了长江上游和下游地区早在三四千年以前就已经有文化交流的历史。而出土的一件玉圭形器，周身阴刻的连体兽面纹，就与中原地区西周早期铜鼎上的兽面纹基本一致。出土的铜容器圈足上的纹样，以云雷纹为底，上面再饰以夔纹。这些都是受中原商文化与周文化影响的结果。至于那些凹刃凿形器、玉斧形器、有领玉璧形器等出土器物，则与东南亚地区青铜时代出土的同类器物及装饰风格非常相似。这就从另一个侧面反映了商周时期成都平原和东南亚地区的古代文化之间已有了交往和相互影响，对于探索商周时期成都平原与东南亚地区青铜文化以及其他诸文化的关系，有着其他遗址无法替代的重要作用。

就金沙遗址与三星堆遗址的文化特征以及性质比较而言，金沙遗址出土的金器、铜器、玉石器等珍贵文物绝大部分都是礼仪性用器，与宗教祭祀活动有关，其总体风格与三星堆祭祀坑出土的器物相一致。如金面具、金王冠带、铜立人像、铜环形器、铜方孔形器、玉璧、玉璋、玉戈、玉凿、石蛇等，均与三星堆祭祀坑出土的同类器物在造型风格和图案纹样上基本相同。这一相同的文化特征，表明该遗址与三星堆遗址有着极为密切的渊源关系。金沙遗址出土的金面具和三星堆出土的青铜面具在造型和风格上基本一致。两者均保持着远古祭礼的神秘威仪，特别是那条令人怦然心动的金冠带所錾刻的细腻的鱼鸟花纹，与三星堆金杖上的图案仿佛出自一个工匠之手。有的学者认为此金冠带和三星堆的金杖可能为同一个蜀王所拥有，只不过金杖是握在手里，而金冠带则是环绕在皇冠之上的饰物罢了。金沙遗址出土的青铜小立人像，则是三星堆青铜人像大家族中的孝子贤孙及接班人的具体体现。

最不可思议的是，金沙遗址大量象牙和动物骨骼的出土，也同三星堆祭祀坑的象牙与动物骨骼无甚区别，加之两处器物的埋藏均较为集中，因此当这批器物被发掘并集中展示时，就构成了一种考古学文化的基本面貌。凡是目睹过金沙遗址考古学文化面貌的学者，无一例外地认为，它跟三星堆遗址

第十章 金沙 金沙

一定有着密不可分的隐秘联系。三星堆文明的猝然消失,作为一个难解之谜曾引发了学术界长久不息的论争。金沙遗址的横空出世,则使这个悬念和谜团终于有了破译的可能和拨云见日的亮色。同此前林向等学者们想象大同小异的是,三星堆文明由于突如其来的洪水或战争消亡之后,这个王国的幸存者于死里逃生之后,陆续迁徙到了以金沙遗址为中心的宽阔地带,并使三星堆文明在血与火的洗礼中得以延续和重建。可以说,金沙遗址是三星堆文明突然消亡之后在成都平原腹地的再次复活,是商代中期正处于鼎盛的古蜀王国在遭遇了一场狂飙突进、天崩地裂的突变之后,于劫难的灰烬中重新燃起的希望之火,是在伟大民族复兴的号角中崛起的又一股新生力量。这股力量在古老而神奇的成都平原上,自强自立,生生不息,绵延不绝,创造出了一个又一个人类文明的奇迹,最终使古蜀文化呈现出了一派光芒四射的大景观、大气象、大辉煌来。

当然,金沙遗址所显现的文明特征也有与三星堆文明不尽相同之处。如金器的多样化,石跪坐人像、石虎、石蛇等数量众多的石圆雕像。这在三星堆未见出土,在国内则属于首次发现。除此之外,那数以吨计的象牙更是罕见。三星堆

尚未发掘的金沙遗址

遗址以青铜器见长，而金沙则以玉器见长。金沙出土的玉器不仅数量众多，且十分精美，其中大型玉琮的出现又让人想起良渚文化，并对二者的文化交流进行思考和追索。那巨型卜甲的发现则又把金沙遗址同稍晚的十二桥文化连接起来……当然，从文明的产生和发展规律看，这些现象的出现并非偶然，都是可以按照科学规律得到合理阐释的。因为任何一种文明都不是孤立和突然生长起来的。它必有内部和外部的推动力量，也必然离不开大地的滋润和它身处那个环境中的文化浸淫。据考古人员透露，整个金沙遗址的发掘尚未过半，许多未知的文化面貌和因素亦未被揭示出来。要对这一面积宏阔、内容庞杂、文化精深的古代遗址，在短时期内做出全面的分析和判断还为时尚早，即使是经验丰富的考古学家也无法预测和断言此处是否埋藏有类似三星堆青铜神树和大立人像那样巨型的商周时期的青铜制品，或者还有比三星堆遗址更多、更美、更珍贵、更具学术研究价值的器物发现？这一切都有待进一步的考古发掘和研究。或许正如著名考古学家林向所期望的："我们仍将寄希望于未来的考古发现。可以相信，在不久的将来，这里将爆发出更加惊人的考古新闻。让我们以恒久的耐心，饱满的热情，科学的态度，在新世纪的灿烂光照里努力工作吧。"

悲回风

末章

天赐王国

就在金沙遗址的发现、发掘取得初步成果，并在国内外引起震动之时，三星堆遗址的出土文物已走进博物馆，开始登台亮相，对外展览了。

1987年5月，四川省委宣传部部长许川针对有关部门做出"进一步保护好三星堆遗址"的批示。随后，四川省、德阳市、广汉县三家文化部门正式确定了三星堆遗址的重点保护区域和一般保护区域。同时决定拆迁遗址内所有的砖瓦厂。与此同时，三方提出了就地建立"三星堆遗址博物馆"和筹建"三星堆工作站"的初步构想。

此时广汉县打报告向省里索要的搬迁费仍没着落，对于砖瓦厂的拆迁问题，在省、地、县三方协商之时，广汉方面藏而不露，当场答应。但协商过后却并不直面乡镇官员和当地的工厂主及受雇的民工，并积极去做工作，而是把这个棘手的难题推到省文化厅头上，迫使其出面挑头亲临第一线做具体的落实工作。省文化厅深知这一工作的难度，便指示省考古研究所出面与当地具体协商解决。省考古研究所的负责人赵殿增接到领导的命令，自知使命难违，便做了一番思索与谋划。他令陈德安以三星堆考古队队长兼工作站筹备处主任的名义，把此前由省、市、县三方文化部门在协商中做出的搬迁决定，向当地砖瓦厂的厂主和民工们予以通报。按照这一指导思想和战略方针，陈德安来到三星堆遗址保护区，把这一决定通知到各个工厂，希望对方尽快做出抉择。这些砖瓦厂的头头脑脑及民工们，在经过反复权衡之后，决定找领导讨个说法。于是，几家工厂的头面人物凑到一起开了个会，决定进一步解放思想，放手发动群众，把民工组织起来，齐心协力，先到县再到省，挨家挨门上访讨说法。如果要砖瓦厂搬家可以，但必须拿出一笔搬迁费和安家费，否则不搬。在这种情绪主导下，各砖瓦厂迅速组织人员，组成了上访队，分乘两台敞篷汽车一路鸣笛，浩浩荡荡地向广汉县城奔去。

这支上访队来到广汉县文化局后，说明了原因和要求。负责接待的领导听罢，显出一脸同情与为难的表情说："你们的砖厂搬与不搬，县里并不关心，主要是省里催着要办，具体地说是省文化厅非要这么办。我们广汉县文化局是文化厅的下级单位，又是县政府一个并没有人瞧得起的科级小单位，平时'扫黄打非'还忙不过来，对于你们这档子事，我们是心有余而力不足，有苦难言，想帮也帮不上什么。你们若肚子在吃饱之后还有怨气，又觉得还有本事折腾几个回合，那就赶奔成都，找省里的领导当面锣对面鼓地大

末　章　悲回风

战一番去吧。"

这位领导的一席话说得众人大眼瞪小眼，最后还是一位白发老者发话打破僵局道："我看这事与广汉没啥子关系，都是省文化厅搞的鬼，大伙就不要在这里干耗着了，还是到省里去吧。"众人闻听此言，齐声嚷着："好，好，就按您老说的办！"而后呼呼啦啦地争先恐后涌出了广汉文化局那几间略显寒酸与简陋的屋子。

三星堆砖瓦厂上访队乘车驶出县文化局，一路急行来到了成都。拐了几个弯之后，敞篷汽车顺利地开进了四川省文化厅大院。上访队员从车上跳将下来，前呼后拥地来到了文化厅文物处办公室。正在埋头写着汇报材料的一位处领导，发现自己的屋里突然进来了黑压压一片如同电影里上演的梁山好汉式人物，一个个脸色铁青，二目圆睁，气势汹汹。这位处领导一时大惊，摸不清对方的来头。但从来者的面部表情、穿衣打扮和行为姿态上判断，像是一群民工。这位处领导平静了一下有些紧张的心态，犀利的目光在众人脸上横扫了一遍，声音低沉有力地问道："你们来这里有什么事吗？"

人群一阵骚动，只见领头的分开人群挤上前来答道："呵，呵，是这样，我们是为了三星堆砖瓦厂的事来的。"

"砖瓦厂与我们有什么关系，没听说文化厅要盖房子呵？"处领导做不解状反问着。

"听县里说你们文化厅不让我们烧砖了，让我们搬迁，我们来找你们理论理论，看这是咋整的事情呢！"领头的上前挪了一步，涨红着脸解释道。

"我们文化厅不知道这搬迁的事情。既然是听县里说的，那你们就去找县里的人好了，到我们这里来干啥？"处领导有些不耐烦地说道。

"那陈德安老师对我们说，省、市、县已经决定让我们搬家了，还要我们尽快搬迁，这没有钱咋个搬法嘛！要我们搬可以，你们必须给钱，否则我们是不会受骗上当的。"

处领导一听，立即火起，放高了声音道："我刚才已经告诉你了，这个事与省文化厅没有任何关系，谁让你们搬的家，你们就去找谁好了，不要在这里扯淡了。"

对方听罢，眨巴着眼睛望了处领导一眼，脸顿时涨得像个紫茄子，沉默片刻，以略显沙哑、苍凉的声音道："好吧，既然你们什么也不知道，那

383

天赐王国

陈德安在整理修复三星堆遗址出土的器物

我们也就不难为你了。常言说得好，昨天的路再长也短，今后的路再短也长，来日方长嘛，那咱们就走着瞧吧！"言毕，大手在空中猛地一挥，冲手下的队员们重重地说了个"走！"字，率部走出文化厅办公楼，乘上汽车，向省考古研究所疾驶而去。

陈德安正在省考古研究所与修复人员一道清理从三星堆发掘出来的器物，听说两辆汽车拉了三星堆砖厂的几十人要找自己兴师问罪，立即意识到是为搬迁之事而来。在一时摸不清对方意图的情形下，他立即向赵殿增做了汇报。赵、陈二人对可能的情况做了分析，认为无论是采取软的还是硬的两种极端方法，都不利于对局势的控制，只有采取和稀泥与捣糨糊的方法予以周旋，才能不把事情引到自己身上，并能顺利地将这帮人尽快打发出门。按照这一战略方针，陈德安主动下楼迎接，将来人让入会客室，并仔细聆听了对方兴师动众来成都的意图。在一番唾液纷飞与乱哄哄的陈述、辩解、痛责、咒骂之后，眼看到了中午吃饭时候，经向赵殿增请示，陈德安强打精神，小心谨慎地带着上访队的几十名队员，来到大门外一家饭馆欲设宴款待。上访队员们一见，甚为感动，连呼"这一圈下来，总算遇到了与人民大众心连心的好人，也总算找到了一个说理的地方了"。同来的领头人受这种情绪感染，满含感激之情地对陈德安道："陈老师，我们来不是要为难你，本来我们是想到省文化厅反映一下情况，看能不能给点钱，结果你们的那位领导火气很大，一下就把门关了。我们到这里来主要是看看您，顺便问一下您，这事到底咋办好。"

陈德安望着面前这群生活在社会最底层，挣扎在贫困线

末　章　悲回风

上的父老乡亲，心中涌起了一股难以名状的情愫，颇动感情地说："你们的确是不容易，但这砖厂最终是要搬的。据我所知，现在县里已打报告给省里，争取财政拨款，只是不知道哪一天能拨下来。你们回去后，也不要带着人到处转了，这对整个社会的稳定以及你们个人都没有什么好处，稳定是大局嘛！各位好好地活着，慢慢地等着吧，事情最终是会得到解决的……"

陈德安的一席话，说得大家心中热乎乎的。饭罢，陈德安欲掏钱买单，那位上访队的领头人一把拉住陈的衣袖道："你看看陈老师，怎么还用你来掏钱，应该是我们来请你呀！"说着，令人跑到前台结了账。望着面前一张张饱经沧桑的脸庞和一双双渴求得到尊严、幸福、民主、自由的眼睛，陈德安心中在翻起了一阵酸楚的同时，也夹杂着一丝淡淡的愧疚。

两个月后，四川省省长蒋民宽到广汉视察工作，在视察三星堆遗址时，广汉县委书记叶文志提出了砖厂搬迁经费落实问题，希望这位即将调往北京的省长给予特事特办的关照。回到成都后，蒋省长指示财政方面立即拨款给广汉，以支持三星堆砖厂搬迁事宜。广汉方面接到这笔款项后，为所有的砖厂进行了搬迁赔偿与重新安置。

从此之后，三星堆遗址的保护方案得以落实。1988年1月13日，三星堆遗址被国务院正式批准为全国重点保护单位，从而得到了更高规格和更具安全度的保护。

既然遗址已成了"国保"单位，两个祭祀坑出土的器物大部分已得到了清理、修复，那么盖博物馆的事就成了一件紧迫的议题。因为从整体形势来看，只有把博物馆盖起来，三星堆出土的文物才有可能重新回到广汉。于是，在广汉县主要领导的指示下，各个行政职能部门，按照各自的分工与受领的任务立即行动起来，经过一番努力，总算有了一点眉目与希望的曙光。

1988年6月2日，四川省文博界的行政官员与专家学者聚集在广汉外宾楼，与广汉县的有关领导，首次讨论博物馆的馆址和馆名问题。经过一番争论，相继出台了如下几种方案，其中馆址为：

1.在广汉金雁湖公园的对面，占地面积30亩。

2.在广汉城桂花街的城南。

3.在三星堆遗址内。

馆名的方案为：

1. 蜀都博物馆。
2. 三星堆遗址博物馆。
3. 三星堆博物馆。
4. 广汉三星堆蜀都博物馆。

　　根据以上几个方案，各路来客展开了讨论。多数专家学者认为，有关馆址的第1、2两个方案，没有代表性，是不可行的。关于馆名的几个方案，凡与会的有识之士一致认为1、4两条，不能审时度势和正确地对待现实状况和研究成果，具有盲目性。因为三星堆遗址刚刚揭开冰山的一角，真正的文化性质和内涵尚不清楚。尽管有学者们推断具有古蜀都邑的可能，但没有一件确切的证据可以证明这就是古蜀国的国都。况且从考古钻探的情况看，遗址内一直没有发现大规模的陵墓。这也是一个令许多主张蜀都的学者颇感心虚的软肋。如此一种现状和学术研究成果，就直呼蜀都或广汉蜀都，实在有夜郎自大、自吹自擂，甚至是胡思乱想的味道。经过为期三天三夜的激烈讨论，方案终于被确定下来，最后定名为三星堆遗址博物馆，馆址建在三星堆遗址之内。

　　方案既定，广汉方面迅速报到省里审批。1988年8月11日，四川省编制委员会批准在广汉建立三星堆遗址博物馆，隶属广汉县文化局（后升格为副县级单位，直接隶属于县政府）。1990年3月3日，广汉县政府邀请有关方面举行三星堆遗址博物馆设计方案论证会。会上从十八个设计单位中选出了三个方案，其中两个为德阳设计院的方案，另一个为西南设计院的方案。经当地官员、文博、建筑等方面的专家评定，最后选定西南设计院的"蜗牛"方案。尽管这个蜗牛状的东西明眼人一看就是美国著名建筑大师莱特设计，并于1959年坐落在纽约第五大道上的古根海姆美术馆的模仿之作，但广汉并不是纽约，这个"蜗牛"当然不如纽约万丈高楼丛中的那"一粒贝壳"来得自然和从容。因而这只"孤独的蜗牛"从外观看上去就显既单薄小气，又瘦弱不堪，外形简陋，内部空间狭窄，但根据肥水不流外人田的原则，在没有更好、更多选择的情况下，只好矬子里拔将军，决定选用这一方案——这就是后来建成并用于对外展览，并被人们笑称鸭子河边一只蜗牛的三星堆博物馆主体建筑。

末　章　悲回风

又经过了近一年的折腾，筹建博物馆的事总算有了一个大体的轮廓。前期的基本工作已经做完，可谓万事俱备，只欠东风。这个"东风"包含的内容，除了缺少金钱之外，还有一点不可或缺，那就是凡在"国保"遗址之内建造博物馆，必须有国家文物局的批文方能动工兴建。鉴于这一关键性的高级别门槛不过不行和非过不可，广汉方面本着夜长梦多，事不宜迟的处事原理，于1991年春，令文化界的老将敖天照与博物馆筹备处一位临时负责人同赴北京，向国家文物局领导当面汇报，陈情盖博物馆所具有的重大历史与现实意义。

当敖天照等二人到达国家文物局，找到分管的副局长沈竹并陈述了理由后，沈竹一时拿不准是可以盖还是不可以盖，便把文物处处长黄景略找来征求意见。黄景略听罢，直言不讳地对沈竹和广汉方面的敖天照道："这盖遗址博物馆可不是闹着玩的，也不是你们想盖就可以盖的事，首先要把遗址的内容搞清楚，连里边的文化内涵都搞不清，还怎么盖馆？盖起来后怎么展览？怎么对外解说？让观众看什么？听什么？你们说是个城，可这城的陵墓在哪里？没有陵墓能不能说是城？如果找不到陵墓，城墙的具体位置至少应该搞清楚，可到现在还没有完全弄明白。五年前我去三星堆工地时

黄景略（右）向作者讲述当年敖天照、刘家胜进京要求建博物馆的往事

就跟赵殿增说过，如果是城，更要好好地探一下，尽量弄清这个城是怎么回事。如果四川方面在钻探上有困难，我可以帮着从洛阳请几个探工。洛阳探工在钻探陵墓与文物古迹方面很有经验，全国好多地方都是我帮着给找的洛阳探工。可你们的赵殿增没当回事，只说是地下有土坯、有城墙，可到底这土坯或城墙是咋回事？北城墙在哪里？是被鸭子河冲毁了还是没有冲毁？是在河北边，还是在河南边？这一切到现在也没搞清楚。这样一个发掘状况就要建遗址博物馆，你们说说这个三星堆是什么遗址呵？是古蜀的什么人生活住居的地方呵？搞考古嘛，有它的特殊性，有些问题不见得全部搞清楚，也可能永远搞不清楚，但总得有个差不离吧？否则你们说这是古蜀鱼凫王或杜宇王或开明王的都城，或者是他们共同生活、工作和战斗的地方。过几年又说是不对了，不是那么回事了，这不让人笑话吗？你们广汉县抢文物比较积极，地下出土的东西还没有清理、修复，报告也没有发表，你们就敢扣押文物不放，要是出了事你们的领导能负得起这个责任吗？群众的眼睛是雪亮的，你为了一点本地区的利益就什么也不管不顾了，国家的法律法规也不要了，这能行吗？当官太狭隘了不行，太本位主义了不行，光想着自己升官发财，不管别人死活不行。"

黄景略说到这里，停顿了一下，点支烟在手上，环顾了一下沈竹与敖天照二人道："依我看，这盖博物馆也不是不可以，既然是遗址博物馆，就要把遗址尽可能地搞清楚。那样吧，你们回去跟省考古研究所商量，至少把城墙的事弄明白，什么时候把这个事搞清楚了，再申请盖馆的事，否则这个馆不盖也罢。"

听罢黄的发言，敖天照解释道："省考古研究所和我们联合在这方面也做了些工作，去年一年基本就是围绕着城墙的问题做的工作，特别是对东城墙的局部进行了发掘，发现了土坯砖，大致了解到城墙的始筑年代和夯筑方法、城墙建筑结构等。与此同时，省、县双方还共同投资了140万元，在鸭子河南岸修建了三星堆遗址防洪大堤。这项工程既保护了遗址的安全，也保护了土壤的流失。总起来说，工作还是做了一些的。"

敖天照说完，众人沉默了一会儿，沈竹接过话题道："工作是做了一些，但总是要把这遗址的事情尽量搞清楚一点才好。我看刚才黄处长说的不是没有道理，你们回去就再继续做一下工作吧。"敖天照等二人听罢沈竹副

末　章　悲回风

局长这带有一锤定音性质的发言，虽心中压着火气，但不好当场发作，深知自己无力回天，只好哼哼哈哈地点头答应着，颇为尴尬与恼怒地走出了国家文物局。

回到四川后，敖天照等二人将北京之行向省、县有关领导做了汇报。省、县领导深感无奈，只好再和省考古研究所赵殿增协商，令陈德安、陈显丹出面组织人力物力，继续对三星堆遗址进行勘察发掘。经过了近一年的努力，取得了丰硕的成果。特别重要和关键的是，在遗址的西部发现了城墙，经过部分试掘和解剖，发现了大量与城门有关的柱洞和其他建筑遗迹，从而使三星堆古城墙在学术界首次获得了确切的肯定。

既然古城墙已发现并被学术界认定，从东、西城墙的间隔与规模等迹象推断，此地作为古蜀国某个时代的都城是不会出现大的偏差的。至于是属于鱼凫还是杜宇，或者是开明，仍然难以做出最后的结论。尽管如此，广汉方面还是再度打起精神，要解决盖博物馆的最后一道障碍——钱的问题。在首先以东道主的身份召开了一场一百余人的"国际学术讨论会"之后，又通过某种关系和日本《朝日新闻》接上了头，并由日方出面以"庆祝中日邦交正常化20周年"为由头，要把三星堆遗址出土文物运到日本东京、广岛、长崎等地进行展览。同时，也付给广汉方面一部分实惠。此时，三星堆出土的文物都在省考古研究所的仓库或修复室，要想使这批东西漂洋过海到日本展览，就必须得到国家文物局的同意，否则将难以成行。为了促成此事，广汉方面再次派出敖天照和博物馆筹备处负责人刘家胜赴北京进行汇报兼游说。敖、刘二人深知此事办成的可能性甚小，但还是硬着头皮随着颠簸动荡的火车，心中"嘭嘭"打着小鼓来到了国家文物局，找到了副局长沈竹。待说明情况后，沈竹觉得此事有些棘手，再次让经验丰富的黄景略出面答复。黄耐着性子听完敖、刘二人的一番叙述后，反问道："这事你们觉得合适吗？"

刘家胜思索了一会儿道："这个事嘛，我们也没经历过，不知道合适不合适。不过我们要盖博物馆正缺钱，如果能到日本展览，我们就可以得到一部分钱。要是在那里搞个巡回展出，让日本民众普遍都看一下，门票卖得就多了。日本人说这个博物馆就由他们出钱给盖，这样的好事可是打着灯笼也难找呵！"

黄景略听罢点点头，沉默了一会儿道："钱是个好东西呵，这年头不但有钱能使鬼推磨，要是钱多了还能让磨推鬼呢！日本人的提议就能让你们置国家民族尊严于不顾？以前我就对你们的领导明确指出，三星堆出土的文物既不属于广汉，也不属于四川省，而是属于整个中华民族。当然，也可以说是属于世界人类的，但它首先是属于中华民族的，所有权归中国政府和人民所有，然后才是整个世界人类的。这么珍贵的文物，我们国家上到国家主席，下到普通老百姓，整个十二亿人民大众都没能看上一眼，你们就为了几个钱把东西运到日本去，这还有一点民族尊严和情感吗？如果把这堆东西真的弄过去展览，你们准备找谁陪同一道去？除了你们县里几个地方官员，是不是还有1941年日机轰炸成都时死难烈士的后代也一道过去？至于这个中日邦交正常化嘛，当然要比不邦交、不正常好一些，总比打起来要好嘛！但不能搞成一旦邦交不正常，日本人就驾着飞机往四川扔炸弹；一旦邦交正常了，四川人的腰里不是别着匣子枪，也不是高唱着什么'大刀向鬼子头上劈去'的歌曲，而是披着老祖宗留下的珍宝，跑到日本国土上去讨好，这不是不肖子孙是什么？当年鲁迅先生说的没错，真是哀其不幸，怒其不争，想一想真恨不得一头撞死算了。"

趁黄景略打火点烟的空隙，敖天照颇有些不服气地道："照你这么一说，这国与国之间还不能有正常的文化交流了？我们伟大的邓（小平）总设计师说过，贫穷不是社会主义，发展才是硬道理，要摸着石头过河。这过河可以，怎么过海就不成了？要是不能过海捞钱，这博物馆还怎么盖？"

黄景略吐口烟雾，平静了一下刚才有些激动的心情道："我的理解是，贫穷不是社会主义，可别人把你卖了，你还帮着人家点钱，这同样也不像社会主义。你们要摸着石头过河，是鸭子河还是大渡河，我管不了，但要搂着三星堆的文物过海，我可以管。那就是在考古资料没有发表，发掘报告没有出版，中国人没有看一眼之前，是绝对不能放行的。"

"那我们该咋办？"看到黄景略如此慷慨激昂，情绪激动，没留半点活动的余地，刘家胜插话问道。

黄景略望望敖、刘二人，站起身以平和的语气道："说了这么多，其实一句话就可以概括，中华民族的文物，还是让中国人先来开开眼吧。至于盖博物馆的事，国内有钱。要是各方面都符合法律法规，国家文物局可出一部分帮着你们盖。"

末　章　悲回风

敖、刘二人听罢，不知是喜是悲，木呆呆地坐了一会儿，怀揣着悲感交集的纷乱心情黯然神伤地离去了。

尽管二人走了，但黄景略对此事仍惦念在心，总感觉不太踏实。在天高皇帝远的地方，有些事情是没有谱的，往往有一些意想不到的事情都会凭空冒出来。如果当地官员经不住金钱的诱惑，想个点子，钻个空子，欺上瞒下，把东西装上轮船漂洋过海也是可能的。为防万一，黄景略报请领导批准，专门以国家文物局的名义起草了一份文件，下发到四川省有关部门，彻底断绝了部分当地领导欲携三星堆珍贵文物赴日展览念头。

广汉方面一看赴日展览的事这次又被国家文物局给搅黄了，大为光火，盛怒之下便不再顾及建馆的事宜是否得到了上级有关部门的批复，于1992年8月28日，在三星堆遗址北部，靠近鸭子河的河滩上，举行了声威浩大的三星堆遗址博物馆奠基仪式。

此后，在成都方面一批社会活动家和致力于和平建设人士的斡旋下，1993年4月，国家文物局下发了"关于建立三星堆博物馆有关事项的批复"的文件，最终同意了广汉方面的申请，在三星堆遗址建立三星堆遗址博物馆。

1994年7月，由中央、省、县三方投资兴建的三星堆遗址博物馆主馆土建工程竣工。同年9月，三星堆考古工作站

三星堆博物馆奠基典礼

陈德安等考古人员,在遗址内发现了苦苦追寻了十几年的南城墙。至此,除北城墙可能被鸭子河冲毁外,三个方向的城墙全部找到并通过发掘得到了确切的证实。已探明的三星堆古城区范围面积达到了三平方公里以上。

1995年1月至6月,由广汉县文化局原局长肖先进牵头,以陈显丹、樊一、夏大正为主创人员的三星堆遗址博物馆"古城古国古蜀文化"内容设计和形式设计两个方案通过审定。1996年8月,三星堆遗址博物馆内部装修及陈列布展,外部园林建设及附属建筑修建等各项工作全面展开。1997年7月4日,经四川省有关方面讨论决定,将原定的"三星堆遗址博物馆"更名为"三星堆博物馆",同时把开馆时间定在1997年10月26日,即在成都召开的第五届中国艺术节开幕的次日。

当这个决定下达后,广汉方面极度兴奋,一边加紧对外部园林和附属设施的建设,一边向省政府打报告索要正在省考古研究所修复的三星堆遗址出土的文物。为此,省政府办公厅专门召集省文化厅、省考古研究所与广汉方面的负责人开会协调,并请考古研究所尽快交出文物。尽管这时省考古所的赵殿增已不再担任主要领导职务,但他制定的基本战略决策没有大的变化。当年陈德安等人为把三星堆祭祀坑出土的器物拉到成都,忍受了巨大的屈辱与折磨、忍让与妥协,一路费尽心机,过关夺隘,总算突出重围,成功地进行了战略转移,其悲壮苍凉的情景仍历历在目,并像梦魇一般缠绕在脑际挥之不去。既然这胜利的果实已经牢牢在握,就不能轻易让别人取走。于是,继赵殿增之后而上任的考古研究所负责人,仍然延续了赵殿增当年制定的基本战略战术,以"文物正在修复,已修复的部分文物大多都在国外展出尚未运回"为屏障,把广汉方面的请求和省政府协调人的要求暂时挡了回去。

当此之时,三星堆出土的文物的确是在紧锣密鼓的修复

就在省县双方较劲争雄的空隙,考古人员在工作站内修复出土的青铜神树

末　章　悲回风

1996年9月，三星堆出土文物在英国伦敦大英博物馆展出时情形

之中，同时有一少部分文物正在国外展出。这个展览由国家文物局和中国历史博物馆组织，名称为"中国文物'人与神'特展"。由于三星堆文物巫术特色较重，看上去颇有些神里鬼气的意味，便特地挑选了青铜大立人像、纵目人面具、太阳器、牙璋、铜尊等二十多件器物随团展出。这批文物于1995年6月始，先后在德国的埃森和慕尼黑、瑞士的苏黎世、英国的伦敦、丹麦的路易斯安娜等城市的文化艺术场馆巡回展出，至1997年秋季才全部结束，时间长达两年余。当参展的文物运回四川省考古研究所后，所内人员听说这批文物在海外展出的两年多来，受到了外国人的喜爱与欢迎，所到之处均引起极大轰动时，显得异常激动和兴奋。有人专门为此发表文章，以极大的热情礼赞和讴歌道："这是中华人民共和国首次用自己的文化瑰宝敲开了不列颠博物馆的大门。"

巡回展览是大获成功。前几年由于国家文物局黄景略等人的阻挠而吃了闭门羹的日本人，一直暗中窥视着邻边这个号称礼仪之邦与泱泱大国的一举一动。获此消息，他们立刻火速派出精锐人员秘密潜入成都，悄悄地与当地文化官员磋商，以"三星堆文物既是中国的，更是世界人类的共同财富"为借口，提出希望三星堆文物能在日本展出。磋商结果，中国方面同意于三星堆博物馆正式开馆之后，打破三星

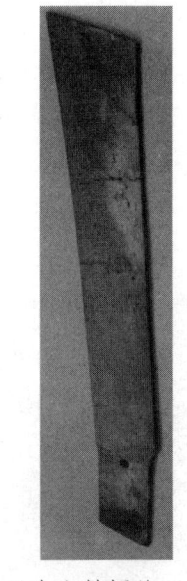

日本人拍摄的三星堆出土玉璋

393

堆文物没有单独到海外展出的先例，允许这批出土文物中的精品赴日本展出。

当大部分条件谈妥后，日本方面派出一个先遣队来到成都，先行察看文物，计定包装计划，商讨运输线路、文物保险等事宜，并专门带来了摄影师，为预展的文物拍照，做展出前的预热、宣传工作。此时，三星堆出土的部分文物正在省博物馆展厅对外展出。中国方面派出由四川省考古研究所修复专家杨晓邬等人负责监督和协助日方的拍摄工作。

当拍摄工作开始后，日方工作人员连同摄影师，一副狂傲骄横、目空一切、恣意妄为之态，压根儿就不把考古研究所派出的专家杨晓邬等人放在眼里。按照杨晓邬等专家的要求，展厅中的文物在拍照时，必须在地上加铺软垫，且由中方人员亲自动手移动文物。因为就这批文物的材质、习性以及修复后器身各部位的承受力等等，杨晓邬等修复专家了如指掌。在移动时他们会注意到每一个部位、每一个细节，不至于造成大的闪失。但几个日本人特别是年轻气盛人高马大的摄影师却不吃这一套。他将几张白纸铺在展厅的硬质水磨石上，置杨晓邬多次建议于不顾，并胆大包天地撇开中方人员，开始和同伴把一件又一件文物，搬来倒去来回调整位置以便拍照。当摄影师对着一件玉璋拍了几张之后，感觉不甚满意，于是放下相机亲自上前拿起玉璋来回翻腾，以便调整出一个最佳的角度。意想不到的是，就在他一恍惚间，沉重的玉璋突然脱手，"咣"的一下掉在了铺有两层白纸的水磨石地面上。随着"砰砰"几声清脆的响动，玉璋当场被摔成几截，四散于地下。眼看着文物被摔碎，中方人员无不惊骇，一个个瞪大了眼

玉璋被摔碎情状

末　章　悲回风

睛看着对方和脚下的器物，心中迸发出痛楚与怨恨之情。但日本的那位摄影师仍像什么事情也没有发生一样，满不在乎地站起身，准备继续拍摄这件玉璋。在他的心目中，或许这件经自己之手亲自摔碎了的中国文物，更富有刺激性和拍摄灵感，就像当年他的同胞在南京大屠杀中的表现一样。但此时的成都毕竟不是当年的南京。杨晓邬等人当场以东道主的身份高声喝令对方停止一切操作，开始针对这件玉璋做各方面的善后处理工作。正在众人面带惊恐之色分头忙碌之时，无事可做又颇感无聊的日本摄影师，从身旁一个同人手中要过了中日双方签署的文物保价单，当翻到这件玉璋时，保单上清清楚楚地填写着3500万美金。这位摄影师看罢，嘴猛地大张，眼珠往上一翻，腿一软，高度1.83米、重约一百公斤的身子，如同被飓风蓦然拔起的电线杆，在空中摇摆晃动了几下，"扑通"一声跪到了地上，手里那沓保价单飘飘悠悠地落到了被摔碎的玉璋上。

　　几年之后，当时在场的中方人员还清晰地记得这个经典的场景。他们共同的感觉和印象是：这个摄影师像抗战影片中出演的已走上末日的日本鬼子一样，"哗"的一声就倒下了，特别是平时高高昂起的头颅，如同被突然掐断了颈部的谷穗，"噗"的一下垂了下去，再也抬不起来了。为此杨晓邬曾慨叹道："鬼子就是鬼子呵！"

　　此前这位猖狂的摄影师绝没有意识到，这件通长65厘米的玉璋，竟是国宝级的极品文物。他不可能知道，在三星堆两个祭祀坑出土的所有玉璋中，不仅是这件器物形体较长，制作工艺精美绝伦，更重要的是这件玉璋两面均饰有人像和其他形态的图案，揭示了古蜀人祭祀活动的秘密，具有丰富的文化内涵和学术价值。正因为如此，它才与同坑出土的青铜大立人、青铜神树等器物，均被视为极品，对外展出的保险费也达到了3500万美元，折合人民币近3亿元的天价，成为中国所有单件出土文物保价价位之最。而同一时期举世闻

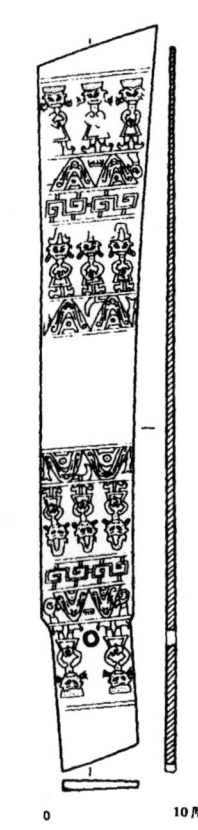

三星堆遗址出土的
玉璋摹图

395

名的秦始皇陵兵马俑中的极品——将军俑，对外展出的保价仅为500万美元，马俑为250万美元。由此可见这件玉璋的价值之高。

国宝级的极品玉璋已被摔碎，不可一世的日本人倒地不起，接下来的工作就是中日双方重新谈判。最终的结果是日本方面针对这次重大损毁文物事故给予了经济赔偿。这次事件之后，与日本方面的合作仍在友好与愉快的气氛中继续进行，双方都在耐心与默契地等待三星堆博物馆开馆之后，中国的文化瑰宝敲开日本博物馆大门的那一天。

当与日本方面的纠葛与前期合作暂告一个段落之后，时间已到了1997年的10月。此时的三星堆博物馆一切布置妥当，真正是万事俱备，只欠东风。这个"东风"当然就是两个祭祀坑出土的文物。但尽管广汉方面派出博物馆的人员在省政府、文化厅、考古研究所三方之间来回穿梭，但毫无成果。而攻击的重中之重——省考古研究所，却如同一块巨型橡皮一样不软不硬。整个考古研究所从领导到专家再到修复文物的技工，在涉及文物时要么相互推诿，要么装聋作哑，没有半点交出的意思。在焦急与无奈中，广汉方面高层领导决定一方面从考古研究所发表的资料中寻找突破口。凡是在公开或内部报刊、书籍、音像制品中发表的器物资料，全部

广汉兴建的三星堆博物馆

末　章　悲回风

进行登记造册，并在册后附上原文。在向省政府递交报告和当面陈述时，就以这份登记册和所附的原文为准，以便利用大家都看得见摸得着、实实在在的铁证，堵住考古研究所领导那整日放言"正在整理之中"的嘴巴。另一方面，向省考古研究所保证，只要对方交出文物，每年可享受博物馆门票收入20%的分红，以用于文物的修复和今后三星堆遗址的继续发掘和研究。

省文化厅与省考古研究所经过一番磋商，在权衡了利弊之后，也做出了决定。考古研究所出面承认已经修复完成了对方登记册上的文物，但这些文物在修复后仍需一段时间的观察和保养，方能拿出来对外展出。同时对20%门票收入分红这一提案给予了坚决拒绝。

当这种拉锯战持续到1997年10月20日的时候，形势发生了急剧变化。四川方面接到了中央的正式通知，称中共中央政治局常委、全国政协主席李瑞环于两天之后的10月22日抵达成都视察工作，其中有视察新建的三星堆博物馆的日程安排。面对这个通知，四川省高层领导经过询问具体操办的下级官员，在得知三星堆博物馆内部除了几个亮着的灯泡和几只在墙角无目的地来回爬行的蜘蛛外，只有极少的一部分文物。省领导闻听此言，立即感到了责任重大与时间的紧迫，当场做出批示，令省文化厅、省考古研究所立即无任何条件和理由地交出已修复的文物，运至三星堆博物馆紧急布展，以高质量的文物和陈列方式，迎接李瑞环同志的视察。

省里的一批官员连同广汉方面的帮手，高举着领导的批示，如同举着尚方宝剑来到了省考古研究所。当批示展开后，省考古研究所领导知道大势已去，没有继续抵抗的必要了。于是急忙请示省文化厅领导是否按批示办理。这位厅领导听罢，命令考古研究所按批示办理，但尽量少交，绝不能全部交出去。省考古所领导于无奈中命人打开了保存文物的仓库。有些出乎意料的是，当仓库打开后，整个局面立即被手拿尚方宝剑的省政府官员和广汉方面的人控制，凡修复完工的文物几乎全部被拉走，只有20%未修复的显然是拿不到台面上去的器物被当作破铜烂铁留了下来。处于被动地位的省考古研究所，在这次文物争霸中再次失手，落了个一败涂地的下场。尽管后来省文化厅的领导得知这种凄凉的景况后大为光火，责怪陈德安等人失职。但事已至此，形势比人强，省考古研究所已无力回天，只能听凭事态的发展了。一场轰轰烈烈的文物争夺战，以李瑞环的到来为契机，就这样偃旗息鼓，再度合

397

天赐王国

杨晓邬在捆绑包装三星堆遗址出土的大型铜人，准备赴日本展出

1998年4月，三星堆文物在日本展出广告

上了它的高潮大幕。

继李瑞环到来之后，1997年10月26日，三星堆如期开馆。从此三星堆遗址特别是两个祭祀坑出土的文物走出深闺，让中国和世界人民一睹它的旷世风采。就中国的情形而言，上至国家主席，下至平民百姓，都相继走进博物馆展览大厅，面对罕见的稀世珍宝一饱眼福。既然三星堆博物馆已经开馆，部分中央领导和普通百姓也都见识了所展国宝的风采，已经达到了国家文物局黄景略处长要求的"让中国人先看，然后才是外国人"的目的，那下一步就该是带着瑰宝去撞击日本博物馆大门的时候了。于是，根据此前达成的协议和默契，日本方面不再以中日建交多少年这张牌为由头，而是以"《朝日新闻》创刊120周年暨朝日电视开播40周年纪念大会"为引子，邀请四川方面携瑰宝前往祝寿。由于事情复杂，牵涉到诸多方面，必须由几家合作才能成行。四川省文化厅、考古研究所与三星堆博物馆摒弃前嫌，在三方将各自的利益分享以及应尽的义务等谈妥之后，从三星堆出土文物中挑选出包括青铜大立人、青铜神树等最为珍贵的285件精品，于1998年4月首次漂洋过海，开始在日本的东京、京都、福冈、广岛等地巡回展出——这是举世瞩目的三星堆文物出土之后，真正以专题的形式，用大规模、高质量、高品位的展品，首次敲击海外博物馆的大门。

末　章　悲回风

　　在此次展出的285件文物中，曾被日本摄影师打碎的那件玉璋尽管后来被修复专家杨晓邬重新修复，但还是没有随同其他的同伴一道踏上日本国土。当时考古研究所许多人曾说："这件玉璋有其独到的灵性，它是不情愿让日本人看到自己的尊容，才出此下策，不惜以粉身碎骨的代价断了对方的念头。而打碎它的那位摄影师已触犯了神灵的威严，是要遭到报应的。"当负责护送文物随展的杨晓邬来到日本，顺便问起那位摄影师的近况时，对方告诉他，那个倒霉的家伙回来之后就被老板解雇了。由于他的失误已被日本同行所知，很长时间没找到工作，后来就疯了。听到这个消息的时候，正是东京街头樱花盛开的季节。当杨晓邬于当年的11月再度赴日准备接回展出的文物时，那个摄影师已经自杀身亡了，不祥的谶语似乎得到了应验。

　　在日本的巡回展出于同年的12月6日结束。当这批文物重新回到三星堆博物馆时，短暂的合作随之结束，三家分晋、裂土割地的格局业已形成，接下来就是新一轮的争夺战。

　　广汉方面望着三星堆博物馆自开馆之后，前来参观的人流如鸭子河暴涨的河水汹涌而来，深感这座无烟工厂的威力和实惠，已远远超越了当年在三星堆建起的十几个砖瓦厂。在春风满面、弹冠相庆、开怀畅饮之时，他们仍没有忘掉当年在三星堆两个祭祀坑出土的文物中，还有20%留在了省考古研究所。如不把这批漏网之鱼全部打尽，当然算不得完璧，也不能称得上是全面胜利。于是，广汉方面发出了对省考古研究所最后一战的口号，声言要不惜一切代价让对方无条件地交出最后一批三星堆文物。

　　省考古研究所闻听此事，虽然大为恼火，但考虑到目前的情势，经研究，向广汉方面提出要修复、移交剩余的20%的文物是可以的。但唯一条件是把当年由广汉方面提出的，把博物馆每年门票20%的收入作为红利由考古研究所享有。对方一听，给予严词拒绝，并表示道：那些都是老皇历了，今天再提起就明显有些不识时务了。

　　接下来的日子，双方边打边谈，各有进退，一路下来又耗掉了几个年头的时光。到了2001年，随着金沙遗址的发现和媒体的炒作，三星堆遗址与三星堆博物馆也随之升温。广汉方面借此东风，又在原有的基础上辟出一个新馆，希望把留在考古所20%的文物修复后摆在新馆展出，并再次委派高规格的代表团找考古研究所谈判。与此同时，广汉方面还调整战略战术，一举打

2001年，三星堆文物在美国西雅图博物馆展出

通了省文化厅的各个关节，并通过文化厅向省考古研究所直接施压，以达到促使对方无条件就范的目的。但省考古研究所从领导到普通职工，好像突然增添了阳刚之气与不屈的血性，声言要修复文物，就必须拿出足够的钱来，否则，一切都是废话。对于这个要求，广汉方面自然不会轻而易举地答应，双方再度陷入了欲进不能、欲退不休的胶着状态。

而此时，省考古研究所设立的三星堆工作站，因缺少经费的支持，已有几年没有在遗址区内开展勘察或发掘的业务，工作站本身的立足生存已成了亟待解决的燃眉之急，考古勘察与发掘便无从谈起了。省考古研究所主持三星堆文物修复的原首席专家杨晓邬，已在无休止的论战中，黑发人熬成了白发人。此前，经过了十几年的探索、学习以及与修复界高手的相互交流，杨晓邬已对三星堆出土文物的内涵与精髓，有了比较全面而深刻的把握，并把出土器物按照不同的内容与内涵排出了系列。如在祭祀坑中出土的青铜面具，他站在修复的角度，已排出了A、B、C等多个系列。其中A型青铜器制作的年代最古老，做工和用料也最为精细，越到后来做工和用料就越粗糙，工艺水平也越低下。如果对这些技术上的差异与艺术上的内涵不能正确把握，就无法对出土文物进行修复。即便是照着葫芦画瓢式地强行排列组合和进行

末　章　悲回风

修复，也只是"死"文物一件，根本无法体现商周青铜器那种特有的宏阔厚重、华美壮丽、撼人心魄的神韵、灵性与风采。而要将残碎的文物恢复出原有的神韵与灵性，就必须用心灵和生命与它们沟通交流。而要沟通交流就需要时间和真诚的投入。如果没有生命热血的融入，要做到这一切是不可能的。遥想当年，三星堆文物到日本巡回展出，杨晓邬把文物护送到东京之后，按照中方的安排，他应该返回中国。在即将登机的那一刻，他站在候机厅朝东京市中心的方向望了一眼，想起与自己朝夕相伴十余年并亲手修复的文物，如同想起了自己养育的孩子孤零零地漂泊他乡，竟一时泪流满面，鸣咽不止。像这种真情和心灵的相通相融，并不是每一个人都能具有的。

　　事实上，省考古研究所仓库中残留的那一部分文物，并不是广汉方面有些人所想象的仅仅是一堆并非珍贵的破铜烂铁。恰恰相反，这一少部分文物同样是整批文物阵容中的精华，如著名的青铜神坛，就是这批文物中的极品或绝品。遗憾的是神坛在出土时已被烧成炭化状，上半部全部被烧掉，已无迹可寻，能够修复的仅是四个侧面了。但就这四个侧面，以及侧面上栩栩如生的图像，其学术研究价值是三星堆两个祭祀坑出土的任何一件器物都无法与之匹敌的。当然，除青铜神坛之外，尚有头顶之冠被烧焦的一件青铜大立人像没有修复。另外还有一件比已经修复展出的那件俗称"千里眼"、面部宽138厘米的青铜纵目人像还要庞大、厚重，气势还要雄浑、威武的青铜面具——这是目前已知世界上最大的青铜面具。只是这个面具的下半部有几个地方残缺，需要用铸造法进行修复。而铸造的工艺又极其复杂烦琐，所需费用也相当昂贵，这就需要有相当数量资金的投入方能完成。当年到日本展出之前，被后来自杀谢罪的日本摄影师弄碎的那件国宝级、保价上亿元的带有图案的玉璋，也同样藏于考古研究所的密室之中……所有这些，除了大量资金的投入之外，还需要有与器物心心相印的专家来承担修复之责。而此时，能与这批器物心灵相通、血脉相连的杨晓邬就要退休了，与他一道共事的几个助手，则另有其他的修复项目和个人兴趣，整个心思并不在这批器物之中。这批器物也就自然很难得到及时有效的修复。正如杨晓邬所言："这批珍贵的器物，可能还要在仓库中放下去，也可能是遥遥无期地一直搁置下去了。"

　　——这就是展现在世人面前的三星堆遗址出土文物的命运，以及十七年来围绕这批珍贵文物所展开的硝烟不绝、纷争不断的结果。

几乎成为共识的是，世界上任何一个国家，几乎都将自己的文物和国家命运、民族命运联系在一起，视它为国家的象征。如第二次世界大战中，纳粹德国占领了法国的巴黎，希特勒的士兵从凯旋门径直向卢浮宫走去。即使把法国所有的领土都占领了，倘若拿不下卢浮宫和卢浮宫的文物，仍然不能算是占领法国和得到法国——无论是希特勒还是他的士兵都深知这一点。可是，当纳粹官兵瞪着猩红的眼睛端着刺刀冲进卢浮宫时，看到的只是徒空四壁，一件珍宝也没得到。因为，法国政府已经组织法国人民，尤其是那些普通的公务员和市民，提前把这些珍宝都转移了。法国人说："战争是政治家们的事，和平也是他们会议桌上的事。我们也有自己的事要做……"于是，当巴黎即将沦陷的最后时刻，法国人就被组织起来进入卢浮宫，悄悄地转移了这些珍宝。他们把转移出来的珍宝藏在山洞里、私人住宅里、地下室里……直到德军撤走，才把三十多万件珍藏一件都不少地陆续送回到卢浮宫。这一震惊世界的壮举，法国人感到很平常。因为他们深知，只要卢浮宫毁灭不了，法国就不会毁灭；只要卢浮宫的文物还在，法国文化的血脉就不会被割断，人类文明的香火就会绵延不绝。卢浮宫成了法国命运的象征，是一个不可战胜的民族的象征。

然而，在中国，在中国大地上出土的珍宝呢？那维系着民族情感与巴蜀文化血脉的三星堆出土文物又是如何呢？想来不能不令人为之扼腕哀叹。

令人略感欣慰的是，随着金沙遗址的发现与发掘的进展，三星堆遗址与出土文物已经引起了世界性关注。2003年5月10日，新华社对外播发了这样一条消息：

金沙遗址再次震惊世界

新中国成立以来四川省规模最大的一次科学考古发掘——金沙遗址考古发掘工作再次取得突破性进展，三千多件珍贵金器、玉器、石器、青铜器、象牙器和数以万件陶器、陶片的出土震惊了社会各界。该区域占地200亩的地下，已探明有数万平方米的文化遗存堆积，神秘的金沙遗址的地下分布情况正逐步明朗。

末　章　悲回风

据考古专家称，金沙遗址极有可能是三星堆文明衰亡后在成都地区兴起的一个政治、经济、文化中心——古蜀国在商代晚期至西周时期的都邑所在。通过对金沙遗址的发掘与研究，对建立成都平原先秦考古学文化序列和对巴蜀文化的深入研究，以及破解三星堆文明衰亡之谜等具有重要的学术意义。据初步研究的结果表明，古蜀国统治者在成都附近的活动从原来认为的2500多年之前，向前推进到3000多年之前。

另据可靠消息，由于金沙遗址近期不断地有惊世发现，已引起国际社会和联合国教科文组织的极大关注，国家文物局近日已决定将金沙遗址和三星堆遗址联合申报世界文化遗产。四川省和成都市政府部门已决定重新投入经费起动已停止几年的三星堆遗址的勘察与发掘，并对原出土的文物进行全面修复和展出。金沙遗址的发掘和保护也将按照三星堆工作站的模式，在此处建立长期的考古工作站和兴建一座大型遗址博物馆。

或许，这是一个自1986年三星堆两个祭祀坑发掘以来，向外界传递的最令人振奋，也是最自然和正常的信号。这标志着近二十年来，在与文物相关的各方经历了如此多的风霜雨雪、明争暗斗的角逐拼杀之后，一段非正常的悲怆苍凉的历史有可能宣告终结，从而在法制规范的社会大背景下，走上以国家利益为最高目标的理性、祥和、自然的坦途。但愿这一美好的愿望能在新的世纪光照中成为现实。

2003年12月22日于北京逸园
2011年6月27日改定

主要参考文献

一、著作

《古代的巴蜀》，童恩正著，四川人民出版社，1979年出版。

《冯汉骥考古学论文集》，冯汉骥著，文物出版社，1985年出版。

《四川上古史新探》，任乃强著，四川人民出版社，1986年出版。

《巴蜀考古论文集》，四川省文物考古研究所编，文物出版社，1987年出版。

《民国军事史略稿》（第二卷），姜克夫编著，中华书局，1991年出版。

《巴蜀历史·民族·考古·文化》，李绍明、林向、徐南洲主编，巴蜀书社，1991年出版。

《四川通史》（第一册），段渝著，四川大学出版社，1993年出版。

《三星堆与巴蜀文化》，赵殿增、林向、李绍明主编，巴蜀书社，1993年出版。

《中国通史》（第一册），范文澜著，人民出版社，1994年出版。

《巴蜀文化新论》，林向著，成都出版社，1995年出版。

《四川考古论文集》，四川省文物考古研究所编，文物出版社，1996年出版。

《三星伴明月——古蜀文明探源》，屈小强著，四川教育出版社，1996年出版。

《四川考古报告集》，四川省文物考古研究所编，文物出版社，1998年出版。

《三星堆寻梦》，樊一著，四川民族出版社，1998年出版。

《三星堆——长江上游文明中心探索》，陈德安、魏学峰、李伟纲著，四川人民出版社，1998年出版。

《三星堆文化探秘》，刘少匆著，昆仑出版社，2001年出版。

《三星堆发现发掘始末》，肖先进、敖天照、刘家胜、包育智著，四川人民出版社，2001年出版。

《点击三星堆》，冯学敏、梅子著，广东旅游出版社，2001年出版。

《三星堆奥秘》，陈显丹、肖先进、刘家胜著，四川人民出版社，2001年出版。

《扶桑与若木》，西江清高主编，巴蜀书社，2002年出版。

《古蜀文明与三星堆文化》，肖平著，四川人民出版社，2002年出版。

《中国古代文明十讲》，李学勤著，复旦大学出版社，2003年出版。

二、论文

《四川古代石器》，戴谦和，载《华西边疆研究学会杂志》1936年第四卷。

《汉州发掘简报》，葛维汉，载《华西边疆研究学会杂志》1936年第六卷。

《古代巴蜀与中原的关系说及其批判》，顾颉刚，载《中国文化研究汇刊》1941年9月1卷。

《巴蜀文化》，卫聚贤，载《说文月刊》1942年第3卷4期。

《殷代的羌与蜀》，董作宾，载《说文月刊》1942年第3卷7期。

《广汉古代遗物之发现及其发掘》，林名均，载《说文月刊》1942年第3卷7期。

《四川古代文化史·广汉文化》，郑德坤，载《华西大学博物馆专刊之一》1946年卷。

《宝成铁路修筑工程中发现文物简介》，王家祐、张甸潮，载《文物参考资料》1954年3期。

《四川新繁、广汉古遗址调查记》，王家祐、张甸潮，载《考古通讯》1958年8期。

《巴蜀文化初论》，徐中舒，载《四川大学学报》1959年2期。

《四川新繁水观音遗址试掘简报》，四川省博物馆，载《考古》1959年3期。

《四川巫山大溪新石器时代遗址发掘记略》，四川长江流域文物保护委员会文物考古队，载《文物》1961年11期。

《记四川彭县竹瓦街出土的铜器》，王家祐，载《文物》1961年11期。

《广汉中兴公社古遗址调查简报》，四川大学历史系考古教研组，载《文物》1962年11期。

《出土文物二三事》，郭沫若，载《文物》1972年3期。

《桃都、女娲、加陵》，郭沫若，载《文物》1973年1期。

《湖南楚墓中出土的天平与砝码》，高至喜，载《考古》1972年4期。

《记广汉出土的玉石器》，冯汉骥、童恩正，载《文物》1979年2期。

《关于广汉土坑出土石璧的认识》，沈仲常、黄家祥，载《成都文物》1986年4期。

《三星伴月话蜀都》，林向，载《文物天地》1987年5期。

《成都十二桥商代建筑遗址第一期发掘简报》，李昭和等，载《文物》1987年12期。

《蜀酒探源——巴蜀的"萨满文化"研究之一》，林向，载《南方民族考古》1987年1期。

《广汉三星堆遗址》，王有鹏、陈德安、陈显丹、莫洪贵，载《考古学报》1987年2期。

《广汉三星堆遗址一号祭祀坑发掘简报》，陈德安、陈显丹，载《文物》1987年第10期。

《试析三星堆遗址商代一号坑的性质及有关问题》，陈显丹、陈德安，载《四川文物》1987年10期。

《三星堆祭祀坑会否是墓葬》，张明华，载《中国文物报》1987年6月

2日。

《成都地区卜甲的初步研究》，罗二虎，载《考古》1988年12期。

《蜀国早期都城初露端倪》，陈德安、罗亚平，载《中国文物报》1989年9月15日。

《成都市蜀文化遗址的发现及其意义》，王毅，载《成都文物》1989年1期。

《三星堆一、二号坑几个问题的研究》，陈显丹，载《四川文物》1989年《三星堆遗址研究专辑》。

《丛林战舞》，邓廷良，载《艺苑求索》1990年4期。

《广汉三星堆青铜器研究》，陈显丹，载《四川文物》1990年6期。

《广汉三星堆遗址研究专辑》，载《四川文物》1989年、1992年增刊。

《三星堆"祭祀坑说"唱异——兼谈鱼凫与杜宇之关系》，徐朝龙，载《四川文物》1992年5、6期。

《三星堆考古发现与巴蜀古史研究》，赵殿增，载《四川文物》1992年《三星堆古蜀文化专辑》。

《蜀盾考》，林向，载《四川文物》1992年《三星堆古蜀文化专辑》。

《浅谈三星堆出土金面铜头像的修复工艺》，杨晓邬，载《四川文物》1992年《三星堆古蜀文化专辑》。

《鱼凫考——也谈三星堆遗址》，胡昌钰、蔡革，载《四川文物》1992年《三星堆古蜀文化专辑》。

《广汉月亮湾遗址发掘追记》，马聚贤，载《南方民族考古》1992年5期。

《关于三星堆器物坑若干问题的辩证》，孙华，载《四川文物》1993年4、5期。

《广汉三星堆遗址海贝的研究》，莫洪贵，载《四川文物》1993年5期。

《试论三星堆海贝来源及其影响》，刘江曙，载《四川文物》1993年5期。

《三星堆海贝来源初探》，敖天照，载《四川文物》1993年5期。

《从月亮湾到三星堆》，王仁湘，载《文物天地》1994年6期。

《三星堆文化与二里头文化的关系及相关问题》，杜金鹏，载《四川文物》1995年1期。

《广汉三星堆遗址一、二号坑的时代、性质的再讨论》，陈显丹，载《四川文物》1997年4期。

《三星堆文化与夏商文化的关系》，邹衡，载《夏商周考古学论文集》科学出版社1998年出版。

《三星堆遗址的发现与研究》，陈德安，载《中华文化论坛》1998年2期。

《从古代中国看琉球列岛的宝贝》，木下尚子，载《四川文物》2003年1期。

《三星堆话古》，敖天照、刘雨涛，载《广汉文史资料选辑》第九辑。

《三星堆神坛考》，樊一、吴维羲，载《四川文物》2003年2期。

《三星堆玉石器再研究》，敖天照，载《四川文物》2003年2期。

《三峡考古琐记》，林向，载《四川文物》2003年3期。

《三星堆文明原始宗教的构架特征》，赵殿增，载《中华文化论坛》1998年1期。

《三星堆探索》，赵殿增，载《中国旅游报》2001年2月9日。

《一个充满活力的学科生长点》，赵殿增、陈德安，载《苏秉琦与中国当代考古学》科学出版社2001年出版。

《三星堆文化的一个重要特色——神》，赵殿增，载《中华文化论坛》2002年1期。

《三星堆青铜神坛赏析》，赵殿增，载《文物天地》2002年5期。

《又一个"三星堆"惊世现成都》，周其俊、李绪成，载《北京晚报》2001年4月3日。

《金沙遗址的主人是古蜀国王》，新华社，载《北京晚报》2001年4月5日。

《金沙遗址再次震惊世界》，丁文亚、宋阳，载《北京晚报》2001年11月14日。

《继三星堆后四川最为重大的考古发现》，朱章义、张擎、王芳，载《中国文物报》2001年12月7日。

《金沙：闪耀古蜀国珍宝的辉煌》，朱章义、王芳、李绪成、李升，载《中国文物报》2001年12月19日。

《成都金沙遗址发现与文物抢救记》，张擎、朱章义，载《中国历史文物》2002年1期。

《成都金沙遗址的发现、发掘与意义》，朱章义、张擎、王芳，载《四川文物》2002年2期。

《金沙——一个可能是古蜀国都邑的地方》，王芳、张擎、朱章义，载《文物天地》2002年5期。

后　记

  在采访与写作过程中，得到了国家文物局、中国社会科学院考古研究所、中国历史博物馆、故宫博物院、四川省文化厅、四川大学考古系、四川省博物馆、四川省考古研究所、三星堆博物馆等单位的大力支持与帮助，同时得到了黄景略、邹衡、吴九龙、林向、马继贤、赵殿增、陈德安、陈显丹、胡昌钰、杨晓邬、王家祐、王有鹏、敖天照、肖先进、邓懿梅、张文彦、朱章义、张擎、肖平、刘铃、钟丽霞等专家学者，以及燕道诚四世孙燕氏兄弟的关怀与支持，在此一并表示感谢。

岳　南

2011年11月18日